PSICOLOGIA
PARA ADMINISTRADORES

O GEN | Grupo Editorial Nacional – maior plataforma editorial brasileira no segmento científico, técnico e profissional – publica conteúdos nas áreas de ciências sociais aplicadas, exatas, humanas, jurídicas e da saúde, além de prover serviços direcionados à educação continuada e à preparação para concursos.

As editoras que integram o GEN, das mais respeitadas no mercado editorial, construíram catálogos inigualáveis, com obras decisivas para a formação acadêmica e o aperfeiçoamento de várias gerações de profissionais e estudantes, tendo se tornado sinônimo de qualidade e seriedade.

A missão do GEN e dos núcleos de conteúdo que o compõem é prover a melhor informação científica e distribuí-la de maneira flexível e conveniente, a preços justos, gerando benefícios e servindo a autores, docentes, livreiros, funcionários, colaboradores e acionistas.

Nosso comportamento ético incondicional e nossa responsabilidade social e ambiental são reforçados pela natureza educacional de nossa atividade e dão sustentabilidade ao crescimento contínuo e à rentabilidade do grupo.

José Osmir Fiorelli

PSICOLOGIA
PARA ADMINISTRADORES

Razão e Emoção no Comportamento
Organizacional

10ª edição

O autor e a editora empenharam-se para citar adequadamente e dar o devido crédito a todos os detentores dos direitos autorais de qualquer material utilizado neste livro, dispondo-se a possíveis acertos caso, inadvertidamente, a identificação de algum deles tenha sido omitida.

Não é responsabilidade da editora nem do autor a ocorrência de eventuais perdas ou danos a pessoas ou bens que tenham origem no uso desta publicação.

Apesar dos melhores esforços do autor, do editor e dos revisores, é inevitável que surjam erros no texto. Assim, são bem-vindas as comunicações de usuários sobre correções ou sugestões referentes ao conteúdo ou ao nível pedagógico que auxiliem o aprimoramento de edições futuras. Os comentários dos leitores podem ser encaminhados à **Editora Atlas Ltda.** pelo e-mail faleconosco@grupogen.com.br.

Direitos exclusivos para a língua portuguesa
Copyright © 2018 by
Editora Atlas Ltda.
Uma editora integrante do GEN | Grupo Editorial Nacional

Reservados todos os direitos. É proibida a duplicação ou reprodução deste volume, no todo ou em parte, sob quaisquer formas ou por quaisquer meios (eletrônico, mecânico, gravação, fotocópia, distribuição na internet ou outros), sem permissão expressa da editora.

Rua Conselheiro Nébias, 1384
Campos Elísios, São Paulo, SP – CEP 01203-904
Tels.: 21-3543-0770/11-5080-0770
faleconosco@grupogen.com.br
www.grupogen.com.br

Designer de capa: MSDE | Manu Santos Design
Imagem de capa: Kubkoo | iStockphoto
Editoração Eletrônica: Luciano Assis

CIP-BRASIL. CATALOGAÇÃO NA PUBLICAÇÃO
SINDICATO NACIONAL DOS EDITORES DE LIVROS, RJ

Fiorelli, José Osmir, 1949-

Psicologia para administradores: razão e emoção no comportamento organizacional / José Osmir Fiorelli. – 10. ed. – São Paulo: Atlas, 2018.

Apêndice
Inclui bibliografia
ISBN 978-85-97-01471-6

1. Administração de empresas. 2. Psicologia aplicada. I. Título.

18-47322	CDD: 658.3
	CDU: 005.95/.96

Prefácio à 10ª Edição

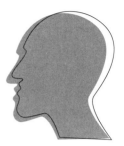

Este livro trata do *comportamento humano no ambiente organizacional* sob a ótica da *psicologia*. Visão holística, pensamento sistêmico e senso de realidade, diferenciais indispensáveis ao Administrador, orientaram o desenvolvimento desta obra.

Ela serve de *livro-texto* para a disciplina *Psicologia aplicada à administração* e constitui *fonte de referência* em questões a respeito do comportamento de pessoas nas Organizações.

O público-alvo deste livro compreende:

- profissionais e o estudiosos de Administração de Empresas;
- supervisores e gerentes;
- psicólogos organizacionais;
- profissionais que atuam em recrutamento, seleção e desenvolvimento de pessoas;
- professores e estudantes da disciplina Psicologia em cursos de Administração de Empresas;
- professores e estudantes dos cursos de Psicologia.

O uso do *jargão* da Psicologia limita-se ao imprescindível.

Os casos ilustrativos encontram-se numerados sequencialmente em cada capítulo. Além deles, incluem-se muitos exemplos de situações simples, contudo, significativas e esclarecedoras.

Interpretações e comentários não têm a pretensão de verdades absolutas. As análises dependem do contexto, do momento histórico dos acontecimentos e dos conhecimentos dos especialistas neles envolvidos. O objetivo principal é o *entendimento*.

Do cotidiano de diversas Organizações recolheu-se a maior parte dos casos e situações apresentados, obtidos mediante vivência do autor ou de relatos conhecidos por ele. Aderentes à realidade brasileira, contemplam questões frequentes na administração e gestão de empresas.

Pessoas e Organizações foram cuidadosamente preservadas; semelhanças inevitáveis devem-se ao fato de as situações apresentadas nada terem de excepcionais.

A *quantidade* e a *extensão* dos temas seguiram um critério simples: sustentar um curso de Psicologia aplicada à Administração de, no mínimo, 90 horas-aulas.

Para a *seleção* dos temas, foram analisadas ementas de uma dezena de instituições de ensino superior procurando-se os conteúdos mais presentes.

Os seguintes objetivos gerais nortearam o desenvolvimento dos conteúdos:

a) Transmitir *conhecimentos* a respeito de Psicologia, úteis à gestão de pessoas.

b) Capacitar o leitor para reconhecer *fatores* que influenciam o *comportamento* humano e *possibilidades de atuação* com o objetivo de obter maior eficiência e eficácia.

c) *Integrar conceitos* que favoreçam a visão sistêmica de assuntos ligados à aplicação da Psicologia nas Organizações, sob a ótica do Administrador.

A respeito da terminologia adotada, cabem os seguintes esclarecimentos:

- denomina-se "Organização" toda entidade constituída para atingir objetivos comuns a seus integrantes, por quaisquer meios, mediante processos de trabalho;
- no referir-se às pessoas que atuam nas Organizações, em lugar de *empregado*, ou do demagógico *colaborador*, optou-se pelo termo *profissional*, mais ajustado à dinâmica das relações de trabalho, com ou sem vínculo empregatício;
- o termo *profissional* aplica-se a todos os que atuam na Organização, incluindo-se os assim denominados "terceirizados", quando couber, independentemente de cargo ou função;
- os termos *cargo* ou *função* são utilizados indistintamente e referem-se às *atividades* do profissional;
- adotou-se a expressão *transtorno mental*, mais adequada do que os termos *doença* ou *enfermidade*, utilizada no Manual Diagnóstico e Estatístico de Transtornos Mentais – DSM-5, da American Psychiatric Association (2014);
- terminologia e descrições relacionadas a Transtornos Mentais, de Personalidade e outros aspectos clínicos, seguem o Compêndio de Psiquiatria, de Kaplan e Sadock, (2017) e, também, o DSM-5.

Espera-se que este livro:

- desperte a motivação dos profissionais de Administração e Psicologia para aprofundar-se em questões ligadas à qualidade de vida no trabalho, valendo-se da Psicologia aplicada às Organizações;
- seja útil a professores e estudantes de Administração e Psicologia, pelos conteúdos teóricos, casos e situações apresentados, cuja análise, acredita-se, enriquecerá e permitirá melhor entendimento dos conteúdos teóricos;
- traga elementos e conceitos que possibilitem ao leitor imprimir maior eficiência e eficácia às suas atividades, seja na gestão de pessoas no ambiente de trabalho, seja na condição de profissional atuante nas áreas administrativas ou de psicologia;
- contribua para ampliar a utilização da Psicologia na Administração, como uma das ferramentas para a formulação das estratégias empresariais.

A realização e a revisão deste livro contaram com o apoio inestimável da professora, matemática e psicóloga Maria Rosa Fiorelli, atuante em Conciliação e Mediação de Conflitos, que pacientemente sugeriu conteúdos, buscou exemplos, selecionou referências bibliográficas, criticou e realizou a correção técnica dos textos.

O Autor

Sumário

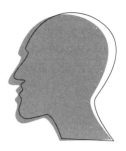

1 Introdução, 1

2 Conceitos, 5

    2.1 PSIQUIATRIA, PSICANÁLISE E PSICOLOGIA, 5
        2.1.1 Psiquiatria, 5
        2.1.2 Psicanálise e Psicoterapia, 6
        2.1.3 Psicologia, 8

    2.2 APLICAÇÕES DA PSICOLOGIA NA ADMINISTRAÇÃO, 9
        2.2.1 Objetivos da Psicologia como ciência, 9
        2.2.2 Uso da Psicologia na Administração, 11

    2.3 PRESENÇA DA PSICOLOGIA – TEORIAS E PRÁTICAS, 15
        2.3.1 A força do inconsciente, 15
        2.3.2 O psiquismo é dividido, 15
        2.3.3 Inconsciente coletivo, 16
        2.3.4 A força do símbolo, 17
        2.3.5 O comportamento pode ser modificado, 17
        2.3.6 Individualização e relacionamento, 18
        2.3.7 A luta pelo poder, 18
        2.3.8 Importância da visão, 19
        2.3.9 Visão holística, 20
        2.3.10 Visão de mundo: o advento da percepção, 20
        2.3.11 Percepção e comportamento: a importância do processo, 21
        2.3.12 "Existo; portanto, penso", 21
        2.3.13 Trabalhando a mente por meio do corpo, 22
        2.3.14 O poder do condicionamento, 23
        2.3.15 O ser humano busca a autorrealização, 24

2.3.16   A importância dos modelos, 26
      2.3.17   O poder da crença, 27
      2.3.18   Dissonância cognitiva, 31
      2.3.19   A força da equipe, 32

  2.4   CONSIDERAÇÕES FINAIS, 32

3 Funções Mentais Superiores, 35

  3.1   INTRODUÇÃO – O FIO DE ARIADNE, 35

  3.2   SENSAÇÃO E PERCEPÇÃO, 36
      3.2.1   Conceito de sensação, 36
      3.2.2   Conceito de percepção, 38

  3.3   ESTUDO DA SENSAÇÃO, 39
      3.3.1   Tipos fundamentais de sensações, 39
      3.3.2   Limiares de sensação, 41
      3.3.3   Relatividade das sensações, 43

  3.4   ESTUDO DA PERCEPÇÃO, 44
      3.4.1   Fatores que afetam a percepção, 45
      3.4.2   Fenômenos da percepção, 48
      3.4.3   Como o cérebro trata a percepção, 55
      3.4.4   Percepção subliminar, 57

  3.5   ATENÇÃO, 59
      3.5.1   Conceito, 59
      3.5.2   Características, 59
      3.5.3   O Desafio da Concentração, 61

  3.6   MEMÓRIA, 61

  3.7   LINGUAGEM E PENSAMENTO, 65
      3.7.1   Conceitos de linguagem e pensamento, 65
      3.7.2   Desenvolvimento do pensamento, 66
      3.7.3   Pensamento e resolução de problemas, 68
      3.7.4   Linguagem e pensamento: uma complexa influência, 69

  3.8   EMOÇÃO, 70
      3.8.1   Conceito de emoção, 70
      3.8.2   Emoção e as funções mentais superiores, 72
      3.8.3   Felicidade, 74

  3.9   CONSIDERAÇÕES FINAIS, 75

4 Condicionamento, Motivação e Modelação: Introdução ao Estudo do Comportamento Individual, 79

- 4.1 INTRODUÇÃO, 79
- 4.2 LIMITAÇÕES AO ESTUDO DO COMPORTAMENTO, 81
- 4.3 COMPORTAMENTO NA ORGANIZAÇÃO, 82
  - 4.3.1 Comportamento por instinto, 82
  - 4.3.2 Comportamento habitual: conceito de personalidade, 83
  - 4.3.3 Comportamento na Organização: particularidades, 85
- 4.4 PODER DO CONDICIONAMENTO, 86
  - 4.4.1 Condicionamento respondente, 88
  - 4.4.2 Condicionamento operante, 89
  - 4.4.3 Condicionamento operante por reforço positivo, 92
  - 4.4.4 Condicionamento operante por reforço negativo, 94
  - 4.4.5 Punição, 96
- 4.5 MOTIVAÇÃO, 98
  - 4.5.1 Motivação pela deficiência, 99
  - 4.5.2 Modelos de enriquecimento técnico e social, 103
  - 4.5.3 A questão da expectativa, 106
  - 4.5.4 A percepção de justiça, 109
- 4.6 PERSPECTIVA COGNITIVO-SOCIAL DO COMPORTAMENTO, 111
- 4.7 CONSIDERAÇÕES FINAIS, 113

5 O Indivíduo na Organização: Papéis e Interações, 117

- 5.1 INTRODUÇÃO, 117
- 5.2 O INDIVÍDUO E OS PAPÉIS, 118
  - 5.2.1 Acolhimento na Organização – a cerimônia de batismo, 119
  - 5.2.2 Análise do acolhimento – um enfoque psicológico, 121
  - 5.2.3 Reacolher, 124
- 5.3 O PAPEL DE JOÃO, 126
- 5.4 ELIMINAR BARREIRAS, 130
  - 5.4.1 Barreiras tecnológicas, 131
  - 5.4.2 Barreiras de linguagem, 131
  - 5.4.3 Barreiras culturais, 132
  - 5.4.4 Barreiras individuais, 133

5.5 EXERCÍCIO DA TAREFA, 139

5.6 CONVIVER COM AS NORMAS, 141
    5.6.1 Normas e sátiras organizacionais, 141
    5.6.2 Mensagens paradoxais, 142

5.7 ENFIM, NO PALCO, 144

6 Trabalho em Equipe, 147

6.1 GRUPO OU EQUIPE?, 147

6.2 VANTAGENS DO TRABALHO EM EQUIPE, 151

6.3 POSSÍVEIS ASPECTOS NEGATIVOS DO TRABALHO EM EQUIPE, 154

6.4 PAPEL EMOCIONAL DA EQUIPE, 158

6.5 FATORES QUE AFETAM O FUNCIONAMENTO DA EQUIPE, 161

6.7 AS EQUIPES QUANTO À FINALIDADE, 171
    6.7.1. Atendimento a clientes, 172
    6.7.2. Produção, 173
    6.7.3. Aprendizagem, 174
    6.7.4. Desenvolvimento de produtos e serviços, 175
    6.7.5. Gerenciais, 176

6.8 CONSIDERAÇÕES FINAIS, 176

7 Liderança, 181

7.1 INTRODUÇÃO, 181
    7.1.1 Conceito de liderança, 181
    7.1.2 Poder e liderança, 182

7.2 LIDERANÇA E EMOÇÃO, 183

7.3 ATRIBUTOS DOS LÍDERES, 185
    7.3.1 O líder e a construção de visões, 185
    7.3.2 Características cognitivo-comportamentais, 189

7.4 HABILIDADES, 192
    7.4.1 Habilidade para observar, 192
    7.4.2 Habilidade para escutar, 193
    7.4.3 Habilidade para falar, 196
    7.4.4 Envolvimento, 197
    7.4.5 Compreensão, 199

		7.4.6	Congruência, 200
		7.4.7	Dar e receber *feedback*, 201
		7.4.8	Expressão corporal, 203
		7.4.9	Habilidade para orientar, 204
	7.5	ERROS COMPORTAMENTAIS, 205	
	7.6	LIDERANÇA E SUPERVISÃO, 207	
	7.7	CONSIDERAÇÕES FINAIS, 208	
8	**Seleção e Desenvolvimento de Pessoas, 211**		
	8.1	SELEÇÃO DE PESSOAS, 211	
		8.1.1	Cuidando da "porta de entrada", 211
		8.1.2.	Estudo de caso – primeira parte: diagnóstico, 213
		8.1.3	Estudo de caso – segunda parte: requisitos, 214
		8.1.4	Análise, 216
	8.2	DESENVOLVIMENTO CONTÍNUO DE PESSOAS, 224	
		8.2.1	Ajuste do perfil em situação de mudança, 227
		8.2.2	Processo de desenvolvimento, 230
		8.2.3	Fatores que obstam o processo de desenvolvimento, 230
		8.2.4	Objetivos para o processo de desenvolvimento de competências, 236
	8.3	CONSIDERAÇÕES FINAIS, 242	
9	**Transtornos Mentais no Trabalho, 245**		
	9.1	INTRODUÇÃO, 245	
		9.1.1	Aspectos culturais, 246
		9.1.2	Transformações dos transtornos mentais, 247
	9.2	ORIGENS DOS TRANSTORNOS MENTAIS, 249	
	9.3	ATENÇÃO À SAÚDE MENTAL: UMA DECISÃO ESTRATÉGICA, 250	
	9.4	O "ESPÍRITO DA ÉPOCA", 252	
	9.5	NOÇÕES SOBRE TRANSTORNOS MENTAIS, 254	
		9.5.1	Estresse, 254
		9.5.2.	Transtornos de ansiedade, 265
		9.5.3	Transtornos de estresse pós-traumático, 268
		9.5.4	Depressão, 269
		9.5.5	Transtornos não orgânicos do sono, 271
		9.5.6	Alcoolismo, 273

9.6 MODIFICAÇÕES EM PADRÕES DE COMPORTAMENTO, 276
    9.6.1 Alterações de personalidade, 276
    9.6.2 Transtornos de personalidade, 277

9.7 CONSIDERAÇÕES FINAIS, 279

10 Aplicações, 281

Apêndice – Visão Sistêmica das Relações Humanas nas Organizações, 287

1. INTRODUÇÃO – A VISÃO SISTÊMICA, 287
2. AS FORÇAS ORGANIZACIONAIS, 287
3. SUBSISTEMAS: CONFLITOS E ALIANÇAS, 290
4. PADRÕES DE FUNCIONAMENTO, 291
5. FRONTEIRAS ENTRE SISTEMAS E SUBSISTEMAS, 293
6. COMUNICAÇÃO, 295
7. CICLOS VITAIS, 298
8. SISTEMA SOCIAL, 299
9. PALAVRAS FINAIS, 301

Referências bibliográficas, 303

Introdução

Nos comportamentos das pessoas encontra-se a essência dos acontecimentos organizacionais. As relações interpessoais envolvem parceiros, superiores, subordinados, clientes, colegas, fornecedores, no incessante *jogo dos negócios*.

As pessoas, entretanto, *encontram-se longe de seguir uma lógica estereotipada* em suas ações. Elas surpreendem e subvertem, com inusitada frequência, as expectativas a respeito de seus comportamentos. Por esse motivo, compreendê-los, tanto quanto possível, apresenta grande interesse aos Gestores, como forma de assegurar os melhores resultados organizacionais.

A Psicologia traz elementos úteis para enfrentar esse desafio. Seus conceitos e métodos proporcionam excelentes subsídios para a administração de pessoas. Dessa maneira, contribuem para o alcance dos objetivos e metas das Organizações.

Questões como as apresentadas a seguir frequentam as preocupações do Administrador em sua missão de obter os *melhores* resultados *por meio* de pessoas:

- razão e emoção conflitam entre si, complementam-se ou constituem faces opostas de uma mesma moeda?
- trabalho em excesso provoca *mesmo* estresse?
- líderes são inatos, ou "liderança" não passa de um conjunto de técnicas de relacionamento, passíveis de se aprender?
- testes psicológicos constituem ferramentas úteis para selecionar pessoas?
- o trabalho em equipe é sempre produtivo e recomendável, ou apresenta limitações? Em caso positivo, de que natureza?
- até que ponto pode-se alterar o comportamento de uma pessoa? Dentro de quais limites?
- as pessoas "são o que são" ou se modificam com o passar do tempo?
- saltar de uma plataforma, exibindo coragem ou medo de altura para colegas e estranhos, contribui para que o executivo desenvolva a capacidade de enfrentar o desconhecido?
- percepção de detalhes que encantam o cliente e fazem a diferença é inerente à personalidade do profissional ou algo que se pode desenvolver?

Em síntese, resultados são produtos finais de comportamento.

A Psicologia desenvolve conhecimentos que proporcionam respostas a estas e muitas outras questões, ajustadas aos contextos em que ocorrem os acontecimentos. Enquanto *ciência*, encontra-se em contínua evolução. Comparada a outras áreas do saber, destaca-se por sua juventude. Os trabalhos de Sigmund Freud em Psicanálise iniciaram-se, apenas, ao final do século XIX. Praticamente todos os fundamentos das diversas teorias em Psicologia têm sua gênese no início do século XX.

Essa juventude abre espaço para farta literatura não especializada, com um autêntico arsenal de diagnósticos e fórmulas mágicas dedicados a prever e interpretar as mais variadas questões relacionadas com o comportamento humano.

A esse respeito, Françoise Dolto alerta:

> *os jornais e revistas chegam ao ponto de oferecer a seus leitores a possibilidade de fazer um juízo acerca de si mesmos, por intermédio de uma série de testes de padrões imprecisos, e que, com maior ou menor seriedade, difundiram entre o grande público noções de Psicologia* (Dolto, 1981:10).

Encontram-se, nos mais variados veículos de comunicação, questionários para "autoavaliação de níveis de estresse", "identificação de tendências depressivas", e toda uma enxurrada de dados e informações que apenas confunde, sem qualquer respeito à Ética e à Ciência. A internet, pela facilidade com que dissemina todo o tipo de informação, acentua ainda mais esses equívocos, principalmente quando apresentados em linguagem atrativa e de fácil compreensão pelo público leigo.

Neste livro, não se pretende avaliar ou aprofundar-se em teorias psicológicas. Em vez disso, apresentam-se conceitos e ideias de diversos autores, amparados em consistente conjunto de referências bibliográficas. Essa visão caleidoscópica evita a perspectiva única, polarizada por uma óptica limitada e circunscrita às fronteiras de percepções e crenças particulares.

O **Capítulo 2** inicia-se com a distinção entre Psiquiatria, Psicanálise e Psicologia; sugerem-se possibilidades de aplicação da Psicologia nas Organizações e apresenta-se um panorama das **teorias** mais conhecidas e/ou utilizadas. Por meio delas, proporciona-se uma visão geral dos fundamentos conceituais indispensáveis ao estudo do comportamento humano.

Procurou-se estabelecer um percurso propício ao destaque das contribuições de diferentes autores, com diversas linhas de pensamento, e à caracterização do amplo espectro teórico e prático possibilitado pelos desenvolvimentos em Psicologia.

O princípio de que *mente* e *corpo* constituem entidades indissociáveis conduz, em vários tópicos, à menção de fenômenos de natureza fisiológica, com destaque para suas influências nos psíquicos e vice-versa.

O leitor encontrará fortemente essa ligação, no **Capítulo 3**, no estudo das seguintes *funções mentais superiores*: sensação, percepção, atenção, memória, pensamento, linguagem e emoção, com nítida ênfase no papel desta última, influenciadora das demais. Sugere-se uma reflexão a respeito da *felicidade* – emoção que traz significativos reflexos sobre a criatividade e a produtividade e tem grande importância para o desempenho.

As funções mentais superiores afetam as respostas aos diversos estímulos proporcionados pelo ambiente; constituem base para o entendimento do comportamento individual nas mais variadas situações.

No estudo do **comportamento individual**, objeto do **Capítulo 4,** recebem ênfase o *condicionamento*, a *motivação* e o papel dos *modelos*.

A *precariedade do ensino básico*, o *aumento da proporção de idosos no mercado de trabalho* e a *cultura do imediatismo*, entre outros fatores socioculturais, influenciaram decisivamente na condução dessas abordagens.

Cuidou-se de destacar a influência dos equipamentos portáteis de comunicação (EPC) e de diversos aplicativos e tecnologias sobre os comportamentos: telefones celulares, WhatsApp e redes sociais deixam de ser fenômenos da vida privada para se incorporar às realidades organizacionais.

Apresenta-se o **condicionamento** enquanto *método de aprendizagem* e seu papel no estabelecimento de comportamentos estereotipados, potencialmente geradores de dependência, como se verifica entre os usuários de EPC.

No estudo da **motivação**, além das análises de diferentes concepções teóricas, salientam-se duas que, muitas vezes, ficam obscurecidas pelo prestígio de outras (como a popularizada hierarquia de necessidades de Maslow):

- a *perícia*, em que se acentua a importância de se investir na especialização dos profissionais, acompanhada da atualização tecnológica;
- a *expectativa* quanto aos resultados para os indivíduos e para a Organização como um todo.

O papel dos **modelos**, de grande significado teórico para o entendimento da gênese de muitos comportamentos, além de estar contemplado como um fator para a formação daqueles, encontra-se evidenciado no estudo da *liderança*. Também aqui se destaca o papel das redes sociais, indutoras do surgimento de um novo tipo de liderança: a *virtual*, capaz de exercer influências diversas sobre as pessoas, com efeitos surpreendentes e inusitados.

Dessa fundamentação conceitual parte-se, no **Capítulo 5**, para o estudo do comportamento do indivíduo no exercício de ***papéis*** organizacionais.

O estudo do *relacionamento do indivíduo com a Organização* coloca o foco no ponto de vista do profissional e ancora-se no minucioso acompanhamento do processo de acolhimento de um recém-contratado.

Analisam-se questões associadas a *mecanismos psicológicos de defesa* por meio de situações em que se mostra como o indivíduo lida com barreiras, idealizadas ou reais, por ele percebidas no ambiente organizacional.

Olhar semelhante encontra-se, no **Capítulo 6**, na análise do **trabalho em equipe**: clarificam-se vantagens e limitações, promove-se a comparação entre aspectos positivos e negativos, muitas vezes negligenciados; evidencia-se o papel da *emoção* no desempenho, funcionamento e estabilidade de equipes.

O estudo da **liderança (Capítulo 7)** mantém sintonia estreita com o trabalho em equipe e inclui minuciosa descrição de atributos e habilidades de líderes; acentua-se o papel do líder no desenvolvimento, manutenção e estreitamento dos laços emocionais dos liderados. Recebe atenção especial o papel do *supervisor*, profissional que combina, em geral, a competência técnica com atributos de relacionamento e conquista espaço emocional na condição de *pessoa significativa* entre seus subordinados.

Em **seleção e desenvolvimento** *de pessoas,* objeto do **Capítulo 8**, o foco inicial dirige-se à *"administração da porta de entrada".* Aborda-se criticamente a utilização de testes psicológicos; discutem-se suas limitações e benefícios, particularmente quando se trata de seleção de profissionais altamente qualificados.

Reconhece-se a *plasticidade* comportamental (muitas vezes surpreendente) dos indivíduos. Assinalam-se falsos conceitos a respeito da capacidade de resposta de profissionais mais avançados em idade, a projetos de ensino e aprendizagem. Essas considerações têm reflexo tanto nas estratégias de desenvolvimento de pessoas, como nas questões financeiras associadas à rotatividade do quadro e ganham importância pelas perspectivas de aumento do tempo mínimo para aposentadoria por tempo de trabalho.

Afastamentos e redução de produtividade, questões sempre presentes, conduziram, no **Capítulo 9**, ao estudo dos **transtornos mentais no trabalho** de maior prevalência. A influência recíproca entre os sistemas nervoso, endócrino e imunológico comprova e reforça a importância do pensamento sistêmico e justifica essa preocupação. A presença marcante e preocupante desse tipo de transtorno acentua-se em decorrência do clima de *violência* que permeia a sociedade brasileira e que, em curto prazo, não demonstra sinais de arrefecimento. Por esse motivo, pode-se afirmar que o *estresse* encontra-se presente no "espírito da época".

Contempla-se a influência dos eventos no ambiente de trabalho sobre as relações familiares, e vice-versa, com reflexos sobre o desempenho e o equilíbrio emocional dos profissionais.

Assinala-se o *assédio moral,* com desdobramentos na esfera judicial e causador de transtornos psicológicos redutores da produtividade e comprometedores do equilíbrio emocional do profissional, com desdobramentos nas relações familiares.

Acompanhando a visão sistêmica que permeia o texto, aponta-se o *conflito familiar* como importante causa primária de psicopatologias relacionadas com o estresse; elas comprometem o trabalho produtivo e harmonioso e prejudicam programas e projetos de aumento de criatividade e produtividade. Muitos comportamentos observados no ambiente organizacional somente encontram explicações quando se estende o olhar para além de seus limites formais (trata-se do conceito de *organização com fronteiras ampliadas*).

Alerta-se para a importância do *alcoolismo,* de grande impacto na produtividade e imenso custo pessoal, organizacional e social (agravado pela associação mórbida com o *trauma*). Suas devastadoras consequências solicitam o esforço conjunto de administradores, médicos e psicólogos.

Efeitos da disseminação extraordinária das redes sociais encontram-se contemplados por meio de observações e análises ao longo do texto, com a indicação de possíveis influências desse movimento social sobre as teorias e conceitos.

No **Apêndice**, trata-se do conceito de **visão sistêmica**, por meio da qual se integram todos os conteúdos teóricos e possibilita-se amplo entendimento de como atuam as forças e os mecanismos organizacionais.

Conceitos

> *"Utilizar a psicologia para controlar, dominar e manipular pessoas é um abuso autodestrutivo do conhecimento. É também uma forma repugnante de tirania."*
> Martin e Spilane (2005:256)

Neste capítulo sugerem-se possíveis aplicações da Psicologia no apoio à Administração e apresentam-se as principais **teorias em psicologia**, com destaque para as contribuições de diferentes autores, reconhecidos pela importância de suas contribuições.

2.1 PSIQUIATRIA, PSICANÁLISE E PSICOLOGIA

A diferença entre Psiquiatria, Psicanálise e Psicologia não é clara para muitas pessoas, apesar da divulgação que cerca os acontecimentos ligados a essas disciplinas. Justifica-se, pois, a variedade de interpretações a que se encontram sujeitos os assuntos que envolvem aspectos psicológicos.

Por falta de conhecimento, esses assuntos nem sempre recebem o devido encaminhamento e, muitas vezes, são simplesmente ignorados ou se tornam objeto de tratamento preconceituoso.

2.1.1 Psiquiatria

Constitui uma especialização da Medicina voltada para o tratamento do transtorno mental. O psiquiatra, pois, é um *médico,* e sua ação privilegia o **cérebro**, órgão que realiza as funções mentais.

O cérebro tem funções orgânicas e psicológicas indissociáveis. *Funções orgânicas* relacionam-se com os comandos dos diversos órgãos do corpo. *Funções psicológicas* estão relacionadas com as atividades mentais.

O psiquiatra dispõe de conhecimento sistêmico, funcional e anatômico do cérebro e de suas funções. Sua atuação, muitas vezes, confunde-se com a de outros profissionais, como o neurologista e o neurocirurgião.

O leitor, com certeza, já presenciou ou ouviu relatos de situações como as seguintes:

– um indivíduo tem a escuta comprometida pela presença de tumor que pressiona a área cerebral responsável pela audição;

- uma pessoa enfrenta dificuldade para organizar ideias, como resultado de um acidente vascular cerebral;
- um indivíduo idoso passa a apresentar comportamento estranho a seus costumes habituais, diagnosticando-se Mal de Alzheimer.

Em todos esses casos, modificações na *estrutura física* do cérebro contribuem para afetar seu funcionamento.

O leitor interessado em casos ilustrativos encontra instigantes relatos nas muitas publicações do neurocientista e escritor Oliver Sacks, em linguagem simples, objetiva e estimulante. "O caso do pintor daltônico" é um texto emblemático (Sacks, 1995:21-58).

O tratamento desses tipos de transtornos, em que ocorre funcionamento inadequado do cérebro, dependendo de sua natureza, pertence aos campos da Neurologia, da Neurocirurgia ou da Psiquiatria.

Por exemplo, uma inflamação em condutores nervosos pode ser tratada por um neurologista; a extirpação de um tumor alojado no cérebro requer o serviço de um neurocirurgião; a recomposição do equilíbrio de substâncias químicas que afetam o funcionamento cerebral poderá ser objeto de trabalho do psiquiatra.

É crescente a cooperação interfuncional entre neurologistas, neurocirurgiões e psiquiatras.

O avanço da medicina demonstra, com exaustivas evidências, a correlação entre diversos distúrbios de comportamento e afetações dos mecanismos cerebrais, várias delas decorrentes de causas estritamente orgânicas.

Muitas vezes, atribui-se a queda de produtividade do profissional a razões estereotipadas do tipo "desmotivação", "problemas com a família" etc. Raramente se considera a intervenção de um neurologista, neurocirurgião ou psiquiatra. O Caso 2.1 sugere a reflexão do leitor.

> **Caso 2.1**
>
> Jovem especialista em informática passou a apresentar sonolência profunda após o almoço; chegava a dormir reclinada sobre o teclado do computador.
>
> O gerente, desconhecedor da possibilidade de transtorno orgânico, atribuía o sono excessivo a maus hábitos (o que se denomina "má higiene do sono") e ao tipo de alimentação da profissional ("coisas da idade", comentava-se).
>
> A jovem passou a receber seguidas orientações, do superior e dos colegas, a respeito de como dormir melhor e adquirir hábitos alimentares, e de comportamento "mais saudáveis", compatíveis com sua função.
>
> A situação evoluiu desfavoravelmente: sem os devidos cuidados, ela foi a óbito. Entretanto, o comportamento da profissional refletia uma questão orgânica, que nem mesmo chegou a ser cogitada por superior, colegas e familiares, que desconheciam ou desconsideravam essa possibilidade.
>
> Tratava-se de um tumor no cérebro.

2.1.2 Psicanálise e Psicoterapia

A Psicanálise, iniciada com os trabalhos de **Sigmund Freud** (Tchecoslováquia, 1856 – Inglaterra, 1939), constitui, em uma de suas acepções, *"um método de investigação que consiste* *essencialmente em evidenciar o significado inconsciente das palavras, das ações, das produções imaginárias (...) de um sujeito"* (Laplanche e Pontalis, 1995:384).

O termo *psicanálise* também é utilizado para nomear a *prática profissional* e a *teoria psicanalítica* (Kaplan e Sadock, 2017:151).

Freud, ao longo de toda sua vida, garimpou meticulosamente e aperfeiçoou o conhecimento psicanalítico. Seus estudos e escritos são referência fundamental para os principais conceitos em Psicanálise. Suas contribuições para a compreensão dos mecanismos mentais foram extraordinárias.

A Psicanálise atua por meio da **psicoterapia**: o *psicanalista* escuta o paciente e, utilizando técnicas apropriadas, dá-lhe condições de reordenar suas ideias e, assim, chegar ao conhecimento da causa de seu desconforto.

Segundo Dewald (1989:181):

> *a psicoterapia pode ser definida como o processo psicológico que ocorre entre dois (ou mais) indivíduos, no qual um deles (o terapeuta), (...) procura aplicar sistematicamente conhecimentos e intervenções psicológicas com a intenção de compreender, influenciar e, finalmente, modificar a experiência psíquica, a função mental e o comportamento do outro (o paciente).*

Para a Psicanálise, acontecimentos ocultos (**inconscientes**) encontram-se na gênese dos conflitos intrapsíquicos, os quais produzem desconforto e manifestam-se na forma de **sintomas** (as queixas subjetivas apresentadas pelo paciente) e/ou **sinais**, observados pelo médico ou psicoterapeuta.

Portanto, enquanto sinais podem ser *observados* (p. ex., por meio do comportamento do indivíduo), sintomas dependem de uma informação da pessoa para que deles se possa ter conhecimento. Na cultura brasileira, é bastante comum que as pessoas, no ambiente de trabalho, relatem seus sintomas para supervisores e colegas (elas "desabafam").

Caso 2.2

Bons professores de ensino fundamental, sensíveis "administradores da sala de aula", são os primeiros a detectar quando o aluno precisa utilizar óculos; a encaminhar ao psicopedagogo os que não conseguem concentrar-se no estudo; e a alertar pais de alunos a respeito do excesso de agressividade dos filhos.

Na Organização, quando gerentes e supervisores abdicam da "observação de sinais" (afinal, lidam com "adultos") perdem oportunidades de obter ganhos de produtividade, conquistar a confiança de seus subordinados e melhorar a qualidade de vida no trabalho.

O estilo de gestão também influencia. Quanto mais ela se realiza por meio de troca de informações automáticas, empregando facilidades de comunicação a distância (com a consequente redução do contato pessoal), tanto mais a observação de sinais fica prejudicada e reduzem-se as chances de o profissional relatar eventuais sintomas.

As redes internas de comunicação e os métodos de controle remoto podem tornar escassas as interações entre profissionais e entre estes e seus superiores. No entanto, é surpreendente como as pessoas, através dos já mencionados EPC, relatam sintomas a amigos e familiares, e deles recebem orientações, criando-se uma rede informal de pseudotratamento desses transtornos!

O fundamento da Psicanálise é que, quando o sujeito fala e, *por meio da fala*, chega à *origem* do que causava o desconforto, este diminuirá (em Psicanálise, adota-se o termo *sujeito*, em lugar de *indivíduo*, adotado em Psicologia). O sujeito melhora o conhecimento de si mesmo. Por isso, diz-se que na Psicanálise ele busca sua *verdade*.

Não basta, contudo, apenas "o conhecimento intelectual do problema". O passado deve ser *revivido*; existe um *conteúdo emocional* a ser desencadeado nesse processo (Davidoff, 1983:630).

Para falar, o sujeito necessita de alguém que o escute: o psicanalista. Portanto, a matéria-prima do trabalho psicanalítico é a **palavra** e o instrumento essencial do terapeuta é a escuta.

2.1.3 Psicologia

> "A Psicologia não pode ser dissociada da filosofia e da ética, nem tampouco da sociologia e da economia."
> Erich Fromm (Alemanha, 1900 – Suíça, 1980)

A Psicologia é a ciência que estuda o comportamento humano e os processos mentais (Davidoff, 1983:2) com o objetivo de "entender por que as pessoas pensam, sentem e agem da maneira que o fazem" (Myers, 1999:4).

Em seus primórdios, na busca de reconhecimento como ciência pura, a Psicologia concentrou-se no *método experimental*: isolava-se cada variável – usualmente, um aspecto do comportamento – para estudo.

O aprofundamento da compreensão da complexidade do comportamento humano proporcionou o surgimento de diversas *escolas* ou perspectivas de Psicologia. Cada uma delas enfoca o comportamento humano de maneira diferente quanto à sua origem e às possibilidades de atuar sobre ele. Todas têm pontos em comum e, em vez de se contradizerem, complementam-se.

Assim, encontram-se psicólogos que, por meio de diferentes procedimentos e estratégias, são especializados em trabalhar com famílias, crianças, grupos de adolescentes, adultos, idosos, executivos, doentes e, também, com Organizações.

A Psicologia concentra-se nos fenômenos relacionados com o *funcionamento* de indivíduos e grupos.

Em suas brilhantes aulas de Psicopatologia na Universidade Tuiuti do Paraná, o psiquiatra e psicólogo Dr. César Skaf distingue com precisão: da Psicologia, pode-se dizer que abraça a ética da Felicidade, enquanto a Psicanálise esposa a ética da Verdade.

Na Organização, a ação da Psicologia estende-se a várias áreas, atuando com indivíduos e/ou grupos, com vários objetivos. Emprega extensamente a metodologia científica; parte da observação em profundidade dos fenômenos e se vale de uma série de instrumentos e técnicas.

Qualquer que seja a linha de pensamento teórico utilizada, o psicólogo considera fatores **estruturais** e **socioculturais** que afetam o indivíduo e a Organização para a escolha da forma de abordagem e avaliação das possibilidades do trabalho.

Os exemplos a seguir mostram a importância desse cuidado:

- os requisitos de comportamento de um executivo diferem substancialmente dos de um operário de linha de montagem, um motorista, uma telefonista etc.;

- pessoas que trabalham em Organizações estruturadas na forma de *"unidades de negócios"* apresentarão comportamentos diferentes dos observáveis em profissionais, de igual formação e função, em outras estruturadas por células de produção ou linhas de montagem;
- o conceito de *higiene*, sem qualquer preconceito ou demérito, varia de uma região para outra. Por exemplo, o estabelecimento de práticas de asseio (*Seiketsu*), preconizadas no conhecido *programa "5S"*, requer que se considerem as *percepções* do público-alvo sobre esse conceito.

Caso 2.3

Uma Organização, por motivos ligados ao fornecimento de matéria-prima e ao escoamento da produção de origem animal estabeleceu uma Unidade de Produção em determinada região litorânea caracterizada por extensos alagadiços.

A implementação de rígido programa de higiene e asseio tornou-se obrigatória.

Os operários, em sua maioria, moravam em barracos e palafitas. A tentativa promover essa transformação esbarrou na realidade socioeconômica.

O fracasso inicial em preencher os rígidos requisitos desejados criou conflitos interpessoais ocasionados pela aparentemente intransponível distância entre o conceito local de higiene e o apresentado pelos profissionais oriundos de outra realidade.

Fatores socioculturais e questões ligadas a cada pessoa, aos grupos, aos processos, entre outras, facilitam ou constituem barreiras notáveis para promoção de mudanças comportamentais. Desafio recorrente no ambiente contemporâneo, marcado pela rapidez e frequência com que ocorrem as transformações.

A Psicologia, enquanto *ciência do comportamento*, constitui um instrumento do Administrador nessa busca de contínuo aumento da eficiência dos processos e da melhoria da qualidade dos produtos e das condições de trabalho.

2.2 APLICAÇÕES DA PSICOLOGIA NA ADMINISTRAÇÃO

Desde o início do século 20, conhecimentos de Psicologia no apoio à prática administrativa recebem crescente utilização, graças ao trabalho de cientistas e profissionais, no plano individual e no coletivo.

Psicólogos atuam nas mais variadas áreas e atividades, nas situações em que há interação entre pessoas e, inclusive, no tratamento de questões que envolvem a relação entre *indivíduos e equipamentos ou sistemas*. Para isso, contribuíram os próprios objetivos da Psicologia enquanto ciência.

2.2.1 Objetivos da Psicologia como ciência

A Psicologia, enquanto ciência, dispõe de quatro objetivos principais: "descrever, explicar, predizer e modificar o comportamento" (Huffman, Vernoy e Vernoy, 2003:24). Para alcançá-

-los, segundo o neurologista e psicólogo russo Alexander R. **Luria** (1902-1977; 1991, v.1:1), propõem-se tarefas descritas a seguir.

A. Estabelecer as leis básicas da atividade psicológica

A atividade psicológica dos indivíduos apresenta notável *indiferença* aos mandamentos cartesianos dos programas organizacionais e dos modelos de gestão.

A compreensão insuficiente de mecanismos que regem essa atividade leva o Administrador a desgastes emocionais e custos desnecessários.

Por outro lado, o crescente entendimento do funcionamento das atividades mentais contribui para a eficiência e a eficácia das ações, notadamente em áreas como o Marketing, a Comunicação e a gestão de conflitos de qualquer natureza (trabalhistas, societários, com fornecedores e parceiros).

B. Estudar as vias de sua evolução

A melhor compreensão dos processos que envolvem o desenvolvimento humano capacita o Administrador a estabelecer planos mais factíveis e reduz os riscos de implementação.

Por exemplo, no ambiente organizacional, o Administrador depara-se com pessoas nos mais diferentes estágios de evolução do pensamento, contrariando a perspectiva tão popular de que todos dispõem dos mesmos potenciais e capacidades. As estratégias devem levar em consideração essas diferenças para se obter máxima efetividade nas ações.

C. Descobrir os mecanismos que lhe servem de base

A Psicologia preocupa-se com os efeitos que diferentes fenômenos provocam sobre a atividade psicológica. Por exemplo, a reação do indivíduo a situações de *estresse* – termo ao qual se atribuem vários significados e que se encontra virtualmente banalizado, gerando entendimentos bastante distorcidos – será discutida no Capítulo 9.

D. Descrever as mudanças que ocorrem na atividade psicológica nos estados patológicos

A Psicologia busca *compreender* as mudanças na atividade psicológica consequentes aos estados patológicos, porque a *percepção* que o indivíduo tem dos fenômenos liga-se à forma como a mente trata as diferentes sensações. Para isso, ela trabalha com a *realidade mental* do indivíduo.

Mudanças na atividade psicológica dos indivíduos ocasionam alterações de comportamentos, capazes de serem refletidos no ambiente de trabalho. São exemplos:

- indivíduo em longo conflito conjugal pode ter a produtividade reduzida pelo *estresse* causado pela situação;
- dificuldade em prestar atenção concentrada, alterações de humor, mudanças no sono *podem* relacionar-se com um *estado depressivo*;
- absenteísmo e demora excessiva na execução de determinadas tarefas *podem* eventualmente associar-se a *estresse pós-traumático*;
- *alcoolistas* têm comprometimento das funções mentais superiores; tornam-se mais propensos a acidentes, à perda de produtividade e a envolver-se em conflitos diversos.

2.2.2 Uso da Psicologia na Administração

A convergência de objetivos entre a Psicologia e a Administração enseja possibilidades instigantes para:

- promover ganhos de produtividade;
- imprimir maior eficiência e eficácia na gestão de pessoas;
- facilitar a promoção da qualidade de vida.

Por meio da aplicação de suas práticas e conceitos em várias áreas de interesse, como sugerem os tópicos a seguir.

A. Comportamento das pessoas em diferentes situações de trabalho

Conciliar características de pessoas e grupos aos requisitos das tarefas constitui um campo inesgotável para a Psicologia aplicada à Administração:

- existem trabalhos caracterizados pela constante presença de desafios, aos quais as pessoas se submetem – *querendo ou não* – e a eles reagem de variadas maneiras. Nessas situações, busca-se vencer barreiras como o medo do desconhecido, o receio da avaliação de desempenho, o apego demasiado a cargos e funções etc.;
- algumas atividades impõem uma rotina rígida de acordo com padrões estabelecidos e pouco sujeitos a alterações a fim de assegurar precisão e produtividade, não se tolerando desvios aos procedimentos fixados. Trata-se de adequar padrões e estilos de atuar às especificações das tarefas. Nestes casos, a Psicologia contribui com técnicas de enriquecimento do trabalho, possibilitando às pessoas, dentro de certos limites, desenvolver a criatividade e/ou aumentar a capacidade de conviver com períodos de monotonia ou de excesso de estímulos;
- o conflito interpessoal pode emergir a qualquer momento em algumas atividades; técnicas comportamentais e cognitivas contribuem para tornar os profissionais menos sensíveis a essas situações e com maior habilidade para gerenciá-las.

Caso 2.4

Atendentes de um serviço de controle de inadimplência enfrentavam situações constrangedoras e conflituosas no relacionamento contínuo com os clientes. Estes, em geral, apresentam-se prontos para contestar as cobranças, muitas vezes de maneira explosiva, com esse tipo de serviço de atendimento.

Resultado: havia ansiedade, descontentamento e rotatividade excessiva de pessoal.

Um treinamento especializado, com base em técnicas comportamentais e cognitivas, possibilitou desenvolver comportamentos eficazes para dar conta da maior parte dessas situações com benefícios para atendentes e clientes.

Por meio da aplicação de técnicas de comunicação de comprovada eficácia, os atendentes aprenderam a se fazer ouvir e a conseguir acréscimo substancial do índice de conflitos solucionados amistosamente.

> A Organização saiu-se amplamente beneficiada pela redução do absenteísmo, da rotatividade do quadro e do tempo médio de ocupação dos circuitos do SAC e/ou das posições do atendimento pessoal, refletindo maior satisfação dos profissionais.

– modificações radicais nas tarefas constituem motivos frequentes de prejuízos emocionais graves e exigem trabalhos preventivos para uma transição eficiente.

> **Caso 2.5**
> Uma Organização industrial contava com grande número de operadores de máquinas. Mudanças tecnológicas levaram à gradativa redução da quantidade de equipamentos por meio da automação de processos.
> Resultado: o trabalho dos operadores de máquina passou a se tornar cada vez mais obsoleto à medida que se implementava a automação gradativa das linhas de produção.
> A perspectiva (ou o fato) da redução dessas atividades fez muitas pessoas apresentarem sinais de transtornos somáticos e psicológicos (refletidos na procura pelo serviço médico e no aumento do absenteísmo), resultantes da combinação do medo da demissão com o sentimento de inutilidade, comum nessas situações.
> A Organização, entretanto, lançou um programa de treinamento para as novas funções, com amplo suporte psicológico, tendo por objetivo manter o nível de autoestima dos profissionais. Esse posicionamento, aos poucos, fez diminuir os indicadores relacionados com o estresse provocado pela mudança.

Pode-se argumentar que a Organização não é responsável pelo indivíduo; contudo, muitas pessoas necessitam de orientação para aceitar novos desafios, principalmente quando existe a percepção de que a *perícia* que as diferenciava foi comprometida. Assumir esse papel – sem paternalismo – proporciona diversos tipos de vantagens para a própria Organização, para as pessoas envolvidas e suas famílias, e para a Sociedade.

B. Efeitos das condições do trabalho sobre o desempenho

Esses efeitos incluem questões ligadas à ergonomia, de maneira geral, e outras, como a minimização das consequências de longos deslocamentos entre o trabalho e a moradia, períodos de esforço concentrado etc. Não se trata, pois, do trabalho em si, mas das condições para que ele seja realizado.

> **Caso 2.6**
> Uma grande Organização precisou deslocar um grupo de profissionais experientes para local distante da sede, para atuar em nova divisão, instalada por motivos econômicos e estratégicos.
> O isolamento transformou-se em diferencial negativo: a área, aos olhos dos profissionais, tornou-se uma espécie de gueto, um local de punição, o que ocasionou grandes dificuldades para fixar o quadro e obter produtividade.

A reversão dessa situação demandou grande esforço gerencial e significativa aplicação de recursos para compensar os aspectos emocionais relacionados à imagem desse local de trabalho junto aos profissionais.

Para isso, foi de grande valia a intensa utilização de redes de comunicação interna, como alternativa para substituir, na medida do possível, o contato físico pelo virtual.

C. *Alterações de desempenho causadas por transtornos de fundo emocional*

O indivíduo com algum tipo de transtorno emocional apresenta produtividade insatisfatória, afeta o desempenho dos colegas, compromete o relacionamento com os clientes, sofre e faz sofrer quem com ele convive, tanto no lar quanto no trabalho.

Esse tema sensível será objeto do Capítulo 9. Destaca-se o aspecto central para gerentes e colegas: como conduzir a questão, para equilibrar os interesses do profissional aos da Organização, sem que isso configure intromissão indevida na vida privada do indivíduo e gere a percepção de mero paternalismo.

D. *Aspectos psicológicos relacionados com seleção e desenvolvimento de pessoas*

Essa temática será desenvolvida no Capítulo 8, que aborda dois aspectos centrais: a seleção dos profissionais e o desenvolvimento contínuo de suas competências.

A "administração da porta de entrada", analisada em primeiro lugar, tem importância estratégica, porque a "porta de saída" é estreita e dispendiosa.

Essa questão diz respeito aos *candidatos a colocações (não necessariamente com vínculo empregatício),* cujo estado emocional, costumeiramente, apresenta-se alterado no momento da seleção. Aplica-se também aos profissionais nos processos *internos* de promoção, em que há competição por novas oportunidades, e aos profissionais responsáveis por essas atividades.

Toda pessoa que participa de algum tipo de seleção apresenta, em algum grau, uma reação emocional a ser considerada, que afeta os comportamentos do indivíduo e acarreta consequências cognitivas diversas, dependendo de como ele reage aos estímulos.

Caso 2.7

Em uma loja de departamento, o gerente observou que se contratavam apenas mulheres *loiras* para as atividades de atendimento ao público (SAC).

Constatou-se que o responsável pela seleção deixava-se influenciar por sua preferência pessoal. Esse comportamento encarecia o processo e tornava a Organização vulnerável a acusações de preconceito e favorecimento.

Confrontado com essa realidade, o profissional demonstrou surpresa!

Mecanismos psicológicos inconscientes *reduziam* sua percepção para as deficiências de candidatas com essa característica, justificando, assim, as escolhas. Observe-se que, em inúmeras situações, é praticamente impossível evitar um elevado grau de subjetivismo.

E. Relações interpessoais no ambiente de trabalho

As ações no ambiente de trabalho produzem consequências no campo das **relações interpessoais**.

Desenvolvimento de lideranças, habilidade para dar e receber *feedback* e aumento da disposição para o trabalho cooperativo constituem inesgotáveis fontes de aumento de produtividade e motivação, aplicáveis a todas as Organizações.

> **Caso 2.8**
>
> Uma Organização com serviço de radiochamada contratou a assessoria de um psicólogo para melhorar o trabalho de recepção das ligações, considerado "o coração do serviço". Buscavam-se frases e comportamentos capazes de aumentar a produtividade e melhorar as relações com os clientes.
>
> O profissional concluiu, em seu diagnóstico, que menos de 20% das situações indesejadas (relatadas pela supervisão) originavam-se na recepção das ligações; 80% delas provinham do relacionamento interpessoal entre o profissional prestador do serviço em campo (taxista) e o cliente.
>
> A falta de diálogo interno conduziu a um *deslocamento da percepção* sobre as causas raízes dos conflitos: do influente grupo de profissionais taxistas para os recepcionistas de ligações.
>
> Para chegar a essa conclusão, o psicólogo realizou um levantamento estatístico e estabeleceu uma base objetiva, fundamentada em dados.
>
> A avaliação do jogo de poder possibilitou recomendar uma ação prioritária de melhoria no relacionamento interpessoal, envolvendo as equipes de campo e de recepção de chamadas.
>
> O passo inicial foi promover eventos simples e eficientes, em que os integrantes dos dois grupos pudessem conhecer uns aos outros e interagir pessoalmente.

F. Questões ligadas a liderança, motivação e trabalho em equipe

Os temas *liderança, trabalho em equipe* e *motivação* encontram-se entre os mais estudados em Psicologia Organizacional. São temas sempre atuais porque as pessoas se transformam; as formas de trabalhar ajustam-se às mudanças sociais e tecnológicas, e a maneira como os indivíduos relacionam-se uns com os outros adapta-se a essas modificações de natureza sociotécnica.

O *trabalho em equipe* recebeu extraordinária injeção de ânimo com o sucesso, a partir da década de 1960, dos *Círculos de Controle de Qualidade* (CCQ), tema abordado por Campos (1992:170-171) e outros especialistas apreciadores da *adaptação consciente* da cultura japonesa à realidade brasileira.

> **Caso 2.9**
>
> Administradores de muitas Organizações engajaram-se em programas de desenvolvimento de Círculos de Controle de Qualidade na época em que essas iniciativas experimentaram notável ênfase.

A luminosa empolgação do momento, entretanto, obscureceu em muitas Organizações princípios fundamentais ligados à Psicologia do *trabalho em equipe* e à *aculturação dos métodos*.

Em diversos casos acompanhados, a concentração de esforços na promoção da cooperação ocorreu em detrimento da produtividade, conduzindo à desmoralização gradativa da técnica perante administradores mais críticos.

Essas e outras áreas de aplicação da Psicologia à Administração encontram suporte em teorias e práticas em evolução contínua, cuja trajetória será esboçada no item a seguir por meio da apresentação de conceitos amplamente difundidos.

2.3 PRESENÇA DA PSICOLOGIA – TEORIAS E PRÁTICAS

2.3.1 A força do inconsciente

O termo **inconsciente** incorporou-se de tal forma à linguagem corrente que se torna difícil imaginar o **pensamento** e o **comportamento** sem aceitar sua existência.

Atualmente atribui-se, com naturalidade, a responsabilidade por determinados atos ao *inconsciente*. Isso passou a ser assim a partir dos trabalhos de Sigmund Freud.

Médico e escritor brilhante – *"por sua fecundidade, sua obra constitui um dos eventos mais importantes jamais registrados na história das ciências da mente"* (Sillamy, 1998:108) –, pressupõe que *"o corpo é a fonte básica de toda experiência mental"* (Fadiman e Frager, 1986:6), antecipando-se em mais de meio século as conclusões da medicina.

Freud estudou extensamente as *manifestações* de conteúdos do inconsciente, por exemplo, por meio dos sonhos (publicou *A interpretação dos sonhos* em 1900), e fundamentou suas teorias quase exclusivamente em suas experiências clínicas.

Algumas de suas ideias e conceitos transcendem as práticas psicanalíticas e têm ampla aceitação, como comprovam os exemplos a seguir:

- nada ocorre ao acaso e muito menos os processos mentais (Freud, 1974:7);
- há conexões entre todos os eventos mentais (Freud, 1974:7);
- existem processos mentais conscientes e inconscientes e a maior parte deles é absolutamente inconsciente (Freud, 1974:171);
- no inconsciente, não existe o conceito de tempo, de certo e errado e não há contradição (Freud, 1974:237).

2.3.2 O psiquismo é dividido

Para Freud, o aparelho psíquico compõe-se de três elementos: o *id*, o *ego* e o *superego*.

ID: é a parte mais primitiva e menos acessível da personalidade, constituída de conteúdos inconscientes, inatos ou adquiridos, que buscam a contínua gratificação (Laplanche e Pontalis, 1995:219).

O *id* não conhece juízo de valor (bem, moral), busca sempre a satisfação imediata e atua de acordo com o *princípio do prazer* (Freud, 1974:39). A ele não se aplicam as leis lógicas do pensamento. Nele podem habitar conteúdos *contrários* sem que um anule ou diminua o outro (Fadiman e Frager, 1986:11).

EGO (palavra latina que significa "eu"): é responsável pelo contato do psiquismo com a realidade externa; contém elementos conscientes e inconscientes (Freud, 1974:37).

O *ego* atua de acordo com o *princípio da realidade* (Freud, 1974:39). Ele procura unir e conciliar as reivindicações do *id* e do *superego* com as do mundo externo, harmonizando suas reclamações e exigências, frequentemente incompatíveis (Freud, 1974:99).

SUPEREGO: atua como censor do ego. Representa, em geral, as exigências da moralidade. Tem a função de formar os ideais, a auto-observação etc. (Freud, 1974:70-71). O superego constitui "a força moral da personalidade. Ele representa o ideal mais do que o real e busca a perfeição mais do que o prazer" (Hall, Lindzey e Campbell, 2000:55).

Esse componente do psiquismo recompensa o ego pelos comportamentos aceitáveis e cria sentimentos de culpa para castigá-lo por ações ou pensamentos contrários a princípios morais (Davidoff, 1983:521).

Pelo *id*, o empregado deixaria de comparecer ao trabalho em um belo dia ensolarado, dedicando-se a alguma aprazível atividade de lazer, como pescaria, surfe, caminhada. Espiaria o aplicativo de mensagens WhatsApp a qualquer trepidar do telefone. Aproveitaria um descuido de supervisão para visitar alguma rede social por meio do equipamento de trabalho.

O *ego* aconselharia prudência e buscaria uma oportunidade ou momento apropriados para essas atividades. O *superego* diria ser inaceitável ocupar o tempo do trabalho e/ou os equipamentos da Organização com questões de ordem privada.

O comportamento, de modo geral, "é quase sempre o produto de uma interação entre esses três sistemas e raramente um sistema opera com a exclusão dos outros dois" (Hall, Lindzey, Campbell, 2000:53).

2.3.3 Inconsciente coletivo

Carl Gustav Jung (Suíça, 1875-1961), discípulo de Freud, criador da *Psicologia analítica*, formulou o conceito de "inconsciente coletivo" (Jung, 1991a:319 e Jung, 1991b:33), algo impessoal, que não deriva da experiência da pessoa. Jung exemplifica seus estudos com os símbolos, entre eles as imagens religiosas (Jung, 1995:55).

Segundo Jung, o indivíduo nasce "com uma *herança psicológica* que se soma à biológica" (Jung, 1991a:287); as duas heranças constituem os elementos essenciais para a determinação do comportamento humano.

Jung concebe um *inconsciente pessoal*, repleto de memórias da vida de cada indivíduo, e um *inconsciente coletivo*, constituído pelas memórias da história coletiva.

Para ele, divergindo de Freud, o ego dispõe somente de elementos **conscientes,** derivados da experiência pessoal (Jung, 1991a:126).

2.3.4 A força do símbolo

"O simbólico percorre seus caminhos e nos aproxima do mundo."
André Fiorelli (2017)

Para Jung, o *símbolo* constitui um produto natural, espontâneo, que "significa sempre mais do que o seu significado imediato e óbvio" (Jung, 1991b:55), assinalando que existem muitos símbolos de natureza e origem coletiva, sobretudo as imagens religiosas (Jung, 1991a:55; 1991a:186).

> **Caso 2.10**
> O conceito de símbolo de Jung remete ao papel desempenhado pelas *logomarcas* de muitas Organizações.
>
> Existem logomarcas praticamente sagradas. Pessoas (profissionais ou não) trazem-nas ao peito; reverenciam-nas em distintivos, quadros, na bandeira da Organização; quando viajam, *emocionam-se* ao vê-las em outros países.
>
> Distintivos de equipes esportivas e outros símbolos identificadores de grupos de indivíduos unidos por objetivos comuns produzem efeito semelhante. Não é incomum vê-los tatuados.
>
> Para essas pessoas, tornaram-se símbolos; desempenham o extraordinário papel de uni-las à Organização e de ligá-la ao real desses indivíduos. Ao portá-los, ajustam seus comportamentos ao que esses símbolos representam ou significam.

Profissionais de Marketing utilizam intensamente e reconhecem a importância dos elementos simbólicos como instrumentos para criar fortes vínculos entre o cliente e a Organização – não faltam exemplos. Fenômeno similar ao que ocorre, em dimensão muito maior e mais complexa, com as bandeiras nacionais, para muitos, merecedoras de respeito de veneração.

2.3.5 O comportamento pode ser modificado

Jung também concluiu que "na medida em que se passa a agir de determinada maneira, a desempenhar um papel", ***o ego altera-se*** gradualmente na direção desse papel desempenhado (Fadiman e Frager, 1986:54).

Ele estudou em profundidade o *comportamento humano* e antecipou uma visão que, hoje, seria rotulada de "holística".

> *Quando se diz que uma pessoa é introvertida,* ele afirma, *normalmente pensa-se que ela prefere um comportamento ou hábitos introvertidos, o que não exclui, entretanto, a existência de um lado extrovertido; todos somos dotados dessa ambiguidade, caso contrário, não nos adaptaríamos (...).* (Jung, 1991b:27).

Trata-se de um pensamento de notável aderência à gestão de pessoas contemporânea, em que se aceita amplamente a plasticidade do comportamento humano.

Os estudiosos de Psicologia utilizam técnicas para auxiliar pessoas "introvertidas" a comportarem-se de modo a exercer atividades que, em outros tempos, seriam privativas de "extrovertidos". Cursos de supervisão, gerência, vendas e atendimento a clientes utilizam-nas amplamente com êxito comprovado.

Nas Organizações, essas técnicas possibilitam melhor aproveitamento do "pessoal da casa" em remanejamentos e adequações funcionais, aproveitando conhecimentos já adquiridos e evitando custos de recrutamento, seleção e treinamento de novas pessoas.

2.3.6 Individualização e relacionamento

Segundo Jung, todo indivíduo tem uma tendência para a **individualização**, o que significa tornar-se um ser único, homogêneo, singular, incomparável (Jung, 1991a:114 e 154). Essa questão é central na elaboração teórica apresentada por Jung: cada pessoa diferencia-se e sua personalidade evolui em direção a uma unidade estável (Hall, Lindzey e Campbell, 2000:103), capaz de distingui-la de todas as demais.

Individualização, entretanto, não se confunde com *isolamento*: para Jung, o indivíduo só pode descobrir-se *"quando está ligado de forma profunda e emocional a alguém"* e *"relacionado a muitos indivíduos com quem ele pode se comparar e, através dos quais ele é capaz de discriminar a si mesmo"* (Jung apud Fadiman e Frager, 1986:60).

Isolado, o indivíduo perde a referência e o sentido da própria existência. O que faz alguém sentir-se "alto" ou "baixo", "rico" ou "pobre", "brasileiro", "paulista" etc.?

2.3.7 A luta pelo poder

Alfred Adler (Áustria, 1870 – Escócia, 1937), influenciado por Charles Darwin, baseava-se *"na premissa de que a adaptação ao meio ambiente constitui o aspecto mais fundamental da vida"* e de que a **luta pela superioridade** dirige o ser humano (Fadiman e Frager, 1986:73).

Ele acreditava que a inferioridade orgânica poderia servir de estímulo para o sucesso, e que a *"cooperação e o sentimento comunitário são mais importantes do que a luta competitiva"* (Fadimam e Frager, 1986:73).

O leitor, ao avaliar esses conceitos, deve considerar que eles foram formulados em um tempo em que a Engenharia Industrial reinava soberana. Expressões como *satisfação do cliente*, *produtividade*, *qualidade total* viriam à luz somente na década de 1950, impulsionadas pelo "milagre japonês". Naquela época, *cooperação e senso comunitário* pouco ajustavam-se ao discurso das Organizações.

Adler conceituava como "saudável" o indivíduo que luta *construtivamente* pela superioridade, com forte interesse social e cooperação. Acreditava que "o interesse social é inato, mas os tipos específicos de relacionamentos com pessoas e instituições sociais que se desenvolvem são determinados pela natureza da sociedade em que a pessoa nasce" (Hall, Lindzey e Campbell, 2000:118).

Para ele, "a pessoa normal busca metas de caráter primariamente social" (Hall, Lindzey e Campbell, 2000:121).

Pensamento semelhante encontra-se em Erich Fromm, apud Hall, Lindzey e Campbell, para quem "as pessoas encontram as raízes mais satisfatórias e saudáveis em um sentimento de afinidade com outros homens e mulheres. Mas também queremos ter um senso de identidade pessoal, ser indivíduos únicos" (Hall, Lindzey e Campbell, 2000:130).

Para Adler, os *maiores obstáculos* ao crescimento do indivíduo encontram-se na inferioridade orgânica, na superproteção e na rejeição. Assim, chefes que superprotegem profissionais contribuem para obstar o crescimento dessas pessoas.

O espírito paternalista presente em muitas Organizações contribui para desenvolver, nos indivíduos, acomodação e incapacidade de enfrentar desafios internos e/ou impostos pela competição. No mínimo, quando não ocasiona retrocesso, provoca estagnação.

A *luta pelo poder* faz parte da vida organizacional. O desafio gerencial consiste em mantê-la circunscrita aos limites da ética e evitar que esse comportamento, potencialmente saudável, comprometa, por exemplo, o *trabalho em equipe* (ver item 2.3.18 e Capítulo 6), a visão de cliente, a produtividade.

2.3.8 Importância da visão

"Na verdade, o que conta é a Visão, não o Poder."
Shimon Peres (Revista Veja, ano 34, nº. 26)

Adler também se antecipou aos modernos conceitos de Gestão dos Negócios ao assinalar que as pessoas orientam-se por **ficções,** "os determinantes mais importantes do nosso comportamento" (Hall, Lindzey e Campbell, 2000:74).

O que modernamente denomina-se **visão**, nos programas de Gestão de Empresas, representa, em essência, um conjunto de ficções individuais conjugadas, aceitas, consolidadas e consideradas plausíveis pelos responsáveis pela Organização.

Em Psicologia Organizacional, estuda-se e valoriza-se o conceito de *visão* do negócio.

Muitos Administradores debatem-se com a dificuldade de estabelecer uma missão coerente e consistente em suas Organizações, por lhes faltar a visão inspiradora, farol a iluminar as mentes em direção ao futuro.

É comum que profissionais considerem sua área de atuação como "o centro da empresa", com eventuais prejuízos para o relacionamento com os colegas de outras áreas. Esse comportamento deve-se à *visão* e pode ocorrer de maneira inconsciente. O indivíduo faz o que pensa ser o *melhor*.

Para que essa postura não dificulte os relacionamentos e engesse os processos, promove-se a *integração* entre as pessoas. Com essa finalidade, existem muitos métodos desenvolvidos pelos estudiosos de psicologia de grupos, desde os pioneiros trabalhos de **Kurt Lewin** (Prússia, 1890 – EUA, 1948) nos EUA. Por meio da integração, os profissionais desenvolvem *visão holística* da Organização, compreendem as necessidades das demais áreas e a importância da cooperação em busca de benefícios comuns.

2.3.9 Visão holística

Adler, registram Fadiman e Frager, foi influenciado pela visão holística proposta por **Jan Smuts** (África do Sul, 1870-1950), estadista, advogado e militar, autor de *Holism and Evolution* (1926). Segundo ele,

> *os sistemas como um todo frequentemente possuem propriedades que são diferentes daquelas de suas partes; que há um impulso para a organização crescente, para a totalidade, em cada indivíduo* (Fadiman e Frager, 1986:74).

Adler concluiu que o corpo em sua totalidade apresenta propriedades, que cada órgão isoladamente não tem, e um *sentido de integração*. Esse raciocínio aplica-se ao psiquismo: *"os problemas psicológicos e emocionais não podem ser tratados como questões isoladas"*, ensinava Adler (Fadiman e Frager, 1986:77). Quando a integração não acontece, tem-se uma doença física ou mental – conceito de ampla aceitação atualmente.

A Organização pode ser entendida como um "organismo vivo" (Morgan, 1996:43-74), ao qual se aplica a concepção sistêmica e holística: cada uma de suas partes contém propriedades representativas de toda a Organização, ao mesmo tempo em que ela é algo mais complexo do que a simples justaposição de suas diferentes áreas.

Os Administradores conhecem os efeitos de um *sentido de integração* frágil na Organização: falência do planejamento estratégico, custo excessivo para implementação das ações, dificuldade para responsabilização etc.

Um dos importantes e complexos projetos em Psicologia na Administração é a promoção e a manutenção da integração entre os diferentes setores da Organização e entre *as pessoas e os sistemas*.

Os resultados de muitos projetos ficam aquém das expectativas por não se incluírem, por exemplo, a *influência dos artefatos na percepção de mundo* dos indivíduos que irão utilizá-los. Exemplo eloquente encontra-se na transformação comportamental ocasionada pelos EPC (celulares e outros).

Mudanças nos sistemas promovem modificações comportamentais sensíveis naqueles que os operam e/ou utilizam. Esse fenômeno encontra-se associado ao que se denomina "visão de mundo".

2.3.10 Visão de mundo: o advento da percepção

> *"(...) Fica claro que o repertório cultural de uma pessoa influencia de forma categórica a maneira como ela vê o mundo."*
> André Fiorelli (2017)

Entre as contribuições fundamentais de Adler, destaca-se a de que o **conceito de mundo** da pessoa determina seu *comportamento*. Segundo ele, os sentidos não recebem fatos reais, mas apenas uma *imagem subjetiva* deles, um *reflexo* do mundo externo.

Oliver Sacks é conclusivo: *"o mundo não nos é dado: construímos nosso mundo através de experiência, classificação, memória e reconhecimento incessantes"* (Sacks, 1995:129). Em outras palavras, o mundo resulta da **percepção** (e retorna-se, assim, a Platão, fechando essa surpreendente *fita de Moebius*).

"Ampliar a visão de mundo" de cada profissional constitui uma forma de desenvolver a disposição para empreender, criar e correr riscos. A pessoa passa a ver oportunidades onde antes só percebia obstáculos. A ampliação da visão de mundo possibilita compreensão muito mais acurada do funcionamento e das possibilidades dos processos produtivos.

2.3.11 Percepção e comportamento: a importância do processo

Frederick S. Perls (Berlim, 1893 – Vancouver, 1970) acentuou a importância da análise da **estrutura de percepção** e da **situação** da pessoa no presente (Burow e Scherpp, 1984:29).

Perls deslocou o foco da busca de compreender-se o *porquê* de determinado comportamento para o entendimento do *como* ele se estabelece e se mantém. Assim, ele concentra-se no momento presente e no **conceito de processo**, amplamente utilizado na prática administrativa e central nos requisitos de certificação (p. ex., normas ISO).

Evidenciando sua visão holística, Perls insistia na noção de que os seres humanos são organismos unificados: existe uma *"unidade corpo, alma e espírito"* (Burow e Scherpp, 1984:30) e pode-se considerar qualquer aspecto do comportamento como uma manifestação de todo o ser.

"Na teoria de Perls, a noção do organismo como um todo é central – tanto em relação ao funcionamento intraorgânico quanto à participação do organismo em seu meio (...)" assinalam Fadiman e Frager (1986:132).

A **conscientização** constitui ponto central de sua abordagem terapêutica, e seus três principais conceitos são a visão holística do organismo, a ênfase no "aqui e agora" e a preponderância do **como** sobre o **porquê** (Fadiman e Frager, 1986:135).

Os fundamentos psicológicos de algumas *ferramentas da Qualidade*, como o conhecido "Diagrama de Ishikawa" (Campos, 1992:18), o popularizado *brainstorming* e o popular "5S", apenas para dar alguns exemplos, remetem às teorias de Perls. Nessas ferramentas, concentram-se as energias em um tema principal e a vigorosa união de esforços facilita encontrar soluções para o problema selecionado.

2.3.12 "Existo; portanto, penso"

A Psicologia reconhece a interdependência entre fenômenos somáticos (relativos aos processos do corpo) e mentais.

Não faltam motivos para o cientista **Antonio Damásio** (Lisboa, 1944) registrar que *"o organismo tem algumas razões que a razão tem que utilizar"* (Damásio, 1996:234), até concluir magistralmente: *"Existimos e depois pensamos e só pensamos na medida em que existimos, visto o pensamento ser, na verdade, causado por estruturas e operações do ser"* (Damásio, 1996:279).

Essa sentença, que a neurologia moderna se encarrega de demonstrar, colecionando evidências empíricas, tem implicações profundas (e até curiosas) para a Psicologia:

- a forma como uma pessoa *senta* exerce influência sobre seu pensamento. A postura adequada, além de favorecer o físico, propicia melhor estado de espírito. *Trabalhar a postura* aumenta a produtividade e a qualidade de vida do profissional. *A postura afeta o pensamento*;

- a *alimentação* afeta a visão de mundo do indivíduo. O comportamento dos clientes em um restaurante vegetariano difere bastante do observado em uma churrascaria, não apenas pelo consumo do álcool em diferentes proporções. Muitas Organizações estudam os cardápios em seus restaurantes para obter soluções mais adequadas às exigências das tarefas;
- *transtornos mentais* podem estar associados ao desequilíbrio de neurotransmissores, o que justifica a intensa pesquisa de novos psicofármacos, capazes de atenuá-los e, em alguns casos, facilitar ou até viabilizar o suporte psicoterápico.

A estreita e comprovada interdependência entre o somático e o mental vem abolir uma dualidade que intrigou os filósofos ao longo da História.

2.3.13 Trabalhando a mente por meio do corpo

Não causa espanto o fato de uma pessoa realizar sessões de relaxamento muscular para reduzir a tensão emocional. Em outros tempos, isso não faria sentido, porque as pessoas não associavam os fenômenos psíquicos aos orgânicos.

A aceitação e a compreensão da existência dessa ligação resultaram do trabalho de muitos estudiosos, que empregaram conceitos relacionados com visão holística e unidade corpo-mente.

Deve-se a **Wilhelm Reich** (Áustria, 1897 – EUA, 1957) a teoria de que as pessoas desenvolvem **couraças musculares** (p. ex., o quadril rígido) que impedem o fluxo natural de energia por todo o corpo. Ao eliminá-las mediante o trabalho psicoterapêutico, apoiado por exercícios físicos adequados, consegue-se liberar as emoções.

Do trabalho de Reich deriva a Bioenergética, desenvolvida por seu discípulo **Alexander Lowen** (EUA, 1910-2008) que inclui as técnicas de relaxamento e respiração de Reich e também posturas de tensão, destinadas a desbloquear a energia de partes do corpo (Fadiman e Frager, 1986:107). São muitas as técnicas orientais e exercícios de percepção corporal que se fundamentam nesse conceito.

Práticas de trabalho com o corpo em busca de aumento de produtividade e bem-estar físico e psíquico se tornam cada vez mais incorporadas às Organizações e procuradas pelas pessoas em geral – na esteira dessa busca, surgiram incontáveis academias e clínicas de fisioterapia.

Essa estratégia, entretanto, requer acompanhamento profissional **qualificado**, para que não se tornem simples *exercícios no trabalho (ou fora dele)*, com possíveis efeitos colaterais indesejáveis.

Alerte-se para o risco de aplicação indiscriminada e estereotipada de técnicas corporais. Cada pessoa dispõe de características físicas e emocionais únicas, e merece atenção especial e individual.

Por exemplo, muitas pessoas **percebem** determinadas atividades como *constrangedoras*, por uma série de fatores (religião, costumes locais e familiares, estado físico e psíquico, vivências anteriores), todos dignos de respeito.

Cabe questionar o direito de obrigar qualquer pessoa, no ambiente de trabalho, a participar de práticas em que se toca o corpo, exploram-se os sentimentos ou obriga-se o indivíduo a movimentar-se ou se posicionar de maneira que ele ou ela considere inadequada.

Especial cuidado merecem pessoas cujo estado físico, emocional ou experiências passadas possam contribuir para criar ou acentuar situações de constrangimento (p. ex., obesidade). Existem, além disso, limitantes físicos e fisiológicos individuais que *devem* orientar ou condicionar a escolha, a intensidade e a duração dos exercícios.

2.3.14 O poder do condicionamento

O ***condicionamento*** constitui forma básica e universal de aprendizagem, amplamente estudada por cientistas (em especial, russos e americanos), que remete à teoria de **B. F. Skinner** (EUA, 1904-1990).

Skinner desenvolveu a Psicologia Behaviorista (do termo inglês *behavior*, que significa *comportamento*) de **John B. Watson** (EUA, 1878-1958), que postula ser toda a atividade humana resultado do aprendizado; portanto, condicionada e condicionável. Esse conceito exerceu influência definitiva na Teoria da Aprendizagem.

Segundo Fadiman e Frager (1986:188), Skinner é, hoje, o psicólogo mais influente na América. Kaplan e Sadock compartilham da mesma opinião:

> *Pode-se dizer que suas crenças globais sobre a natureza do comportamento foram aplicadas mais amplamente do que as de quaisquer outros teóricos, exceto, talvez, as de Freud. Seu impacto foi impressionante, em alcance e magnitude* (Kaplan e Sadock, 2017:185).

Para Skinner, o comportamento resulta da interação entre o indivíduo e o ambiente. Em sua concepção, apenas o comportamento pode ser estudado, por ser passível de percepção, descrição e mensuração por meio de instrumentos. Segundo ele, *"não existe a mente como tal, apenas um cérebro que aprende, afetado por estímulos no ambiente interno e externo"* (Skinner, 1992:205).

Skinner estudou exaustivamente os diversos tipos de comportamento e desenvolveu técnicas de condicionamento operante, que consistem em **modelar e manter**, por suas consequências, determinado comportamento.

Deve-se a ele o conceito de **reforço**: qualquer estímulo que aumenta a probabilidade de uma resposta (Davidoff, 1983:178-179).

As técnicas de aprendizagem desenvolvidas por Skinner não devem ser confundidas com manipulação grosseira, embora possam receber utilização indevida, sem respeito à ética. O controle pode acontecer, sem que as pessoas percebam que estão sendo controladas, de forma coercitiva, manipuladora e sutil (Kienen e Wolff, 2002:23).

As Organizações empregam incontáveis técnicas de reforço positivo para atuar sobre o comportamento dos profissionais. Participação nos resultados, "Quadros de Honra", almoço com os Gerentes, bônus por desempenho, placas comemorativas, diplomas, viagens para colônias de férias etc. *reforçam* comportamentos. Sua utilização, muitas vezes, cerca-se de rituais sofisticados, o que não lhes modifica a natureza de condicionamento operante.

Para algumas pessoas, torna-se desconcertante ter consciência de que se pode ser condicionado, *mesmo sabendo que isso está acontecendo*!

Isso é evidente no fenômeno dos EPC: a pessoa manipula seu equipamento, por exemplo, o telefone celular, continuamente. Para muitos, "dar uma olhada" é a primeira (e também a última) e obrigatória ação do dia. Muitos sabem-se dominados pelo pequeno aparelho, mas aceitam prazerosamente o fato! Basta ver suas expressões de contentamento ao contemplar a tela deslizante!

O Marketing utiliza técnicas de condicionamento, por exemplo, nas promoções e propagandas. O *shopping center* constitui implacável e, para muitos, delicioso templo do condicionamento, incentivado por ser um refúgio eficaz contra a insegurança das cidades.

Em *Ciência e comportamento humano*, Skinner destaca a ineficácia da **punição**; comenta seus efeitos (temporários, em sua visão) e os lamentáveis subprodutos; e apresenta algumas alternativas (Skinner, 1992:179-189).

Suspensões, demissões, perda de regalias constituem exemplos típicos de punições. Os administradores *sabem* que essas formas de obter comportamentos não asseguram aumento de produtividade, são desagradáveis de aplicar e contribuem para reduzir sentimentos de cooperação e aumentar a insatisfação.

Skinner observa que a punição não satisfaz às necessidades nem do que pune, nem do que é punido.

> **Caso 2.11**
> O Administrador, muitas vezes, privilegia a punição às alternativas (como o reforço positivo) por ser mais simples e rápida de aplicar.
> Exemplo disso é uma Organização de ensino que, enfrentando atrasos e faltas de professores, opta por instituir *penalidades*, desde admoestações até corte de pagamentos – estratégia que em nada contribui para melhorar a qualidade das aulas.
> Essa solução tende a ser muito menos eficaz do que estabelecer reconhecimentos pela pontualidade (de diplomas a gratificações natalinas, passando por troféus e medalhas).

Para Skinner, divergindo de Freud, o *sintoma* é a doença e não uma manifestação dela.

A terapia comportamental tenta ajudar as pessoas a se tornarem capazes de responder às situações da vida na forma como gostariam de fazê-lo. As queixas são consideradas como material válido, não apenas sintomas de um problema subjacente.

O Administrador encontrará em *Ciência e comportamento humano*, de B. F. Skinner, uma leitura agradável, estimulante e enriquecedora. Em vocabulário facilmente assimilável, o cientista envolve o leitor e o conduz a uma percepção da natureza humana que lembra, em alguns aspectos, o etólogo e biólogo Richard Dawkins em seu cultuado, darwiniano e virótico *O gene egoísta* – outra leitura altamente recomendável para ampliar a percepção de fatores que influenciam o comportamento humano.

2.3.15 O ser humano busca a autorrealização

O conceito principal na teoria de **Abraham Maslow** (EUA, 1908-1970), "um líder na psicologia humanista" (Kaplan e Sadock, 2017:181), é o da autorrealização, que consiste no pleno uso e exploração de talentos, capacidades e potencialidades do indivíduo. A teoria motivacional de Maslow será aprofundada no Capítulo 4.

Segundo Maslow, o indivíduo que atinge esse nível desenvolverá saúde física e mental, com produtividade e satisfação.

Campos explica que a filosofia em que se fundamenta a obra de Maslow baseia-se em dois pontos fundamentais:

a. O homem tem uma natureza superior que é instintiva.
b. Esta natureza humana tem uma característica profundamente holística (Campos, 1992:150).

Maslow estudou pessoas saudáveis, de reconhecido sucesso, para compreender o que faz o ser humano desenvolver-se em sua totalidade. Sua teoria recebe forte influência das características desse público-alvo. Ele acreditava que, analisando essas pessoas, poderia explorar os limites da potencialidade humana e compreender melhor a saúde e a maturidade psicológica.

Para Maslow, a insatisfação é um estado natural do ser humano, que justifica a constante necessidade de **realizar**, típica de indivíduos saudáveis, orientados "por valores intrínsecos, não pela busca de objetos desejados" (Hall, Lindzey e Campbell, 2000:359) e que teriam, entre outras, as seguintes características (idem, p. 362):

- aceitação de si mesmos, das outras pessoas e do mundo natural tal como são;
- espontaneidade;
- capacidade de concentrar-se nos problemas;
- orientação para a realidade;
- inconformismo com a cultura vigente;
- senso de humor filosófico, não hostil;
- isenção de preconceitos;
- identificação com a humanidade etc.

Caso 2.12

Administradores de órgãos públicos conhecem o suplício de manter paralisadas as equipes de projeto e de implantação de obras e serviços, aguardando a aprovação do Orçamento e sabendo que os impedimentos, em geral, são meros procedimentos burocráticos ou resultam de manobras políticas.

Esse tipo de situação provoca, muitas vezes, sérios transtornos de ordem física e emocional nos profissionais afetados, particularmente naqueles que têm forte espírito empreendedor e são imbuídos de senso de responsabilidade e compromisso com os serviços prestados.

Algumas concepções de Maslow sobre o pensamento e o comportamento humanos merecem profunda reflexão, por sua atualidade e conteúdo filosófico sob a óptica da Gestão de Pessoas (Fadiman e Frager, 1986:266-274):

- um sentido de identidade, carreira meritória e compromisso com valores são tão essenciais ao bem-estar psicológico quanto a segurança, o amor e a autoestima. Uma Organização deve ter **valores** comuns;
- em lugar de se esperar o fim das reclamações, deve-se trabalhar para que as pessoas progridam para **níveis mais elevados** de reclamações. À medida que se rebaixa o nível de compreensão das dificuldades, a situação cronifica-se em patamares cada vez mais inferiores.

> **Caso 2.13**
> O Ombudsman de uma Organização apresentou, em reunião gerencial, relatório que mostrava que a **maior queixa** dos profissionais referia-se à falta de vagas no estacionamento. De imediato, passou-se a discutir formas de aumentar a área destinada a essa finalidade.
> Contudo, o que estava em questão não era o estacionamento!
> Ao reclamar da falta de vagas, os profissionais sinalizavam a deterioração nas relações com a Organização.
> A redução do nível de aspirações ocasiona prejuízos flagrantes. Preciosas energias passam a ser consumidas para equacionar questões que, em outro ambiente, sequer existem.

- as pessoas, com surpreendente facilidade, concentram-se no imediato porque não vislumbram a extensão e a origem dos problemas, ou porque elas mesmas perdem a percepção de suas reais necessidades. "Pesquisas de clima organizacional" conduzidas de forma amadorística, precipitada ou de pouca abrangência, podem revelar apenas as manifestações superficiais de aspirações e queixas, permanecendo ocultas as verdadeiras causas das dificuldades;
- *hábitos pobres inibem o crescimento*. Por exemplo, drogas, bebidas alcoólicas e a condução irresponsável de veículos.

O uso irrefreado e irrefletido de equipamentos pessoais de comunicação – os já comentados EPC – tornou-se, para muitas pessoas, um fator de empobrecimento do crescimento intelectual. O extraordinário potencial desses equipamentos, absolutamente úteis para uma possível expansão da visão de mundo, paradoxalmente, transforma-se em fator de restrição quando os indivíduos apegam-se a temas, mensagens e aplicativos estereotipados e plenos de banalidades. Essa questão será retomada no estudo das funções mentais superiores.

A realidade social de um país com elevado índice de alcoolismo e recordista em acidentes de veículos e violência sugere que se estabeleçam programas organizacionais de criação de hábitos enobrecedores entre os profissionais, para que estes desempenhem o papel de multiplicadores em seus lares e na sociedade.

2.3.16 A importância dos modelos

Albert Bandura (Canadá, 1925) concluiu que *"os seres humanos adquirem uma parcela muito maior do seu repertório comportamental por modelação"* (Rangé, 1995b:21), isto é, por meio da observação do comportamento de um modelo, do que pelo condicionamento. A teoria de Bandura será aprofundada no Capítulo 4.

Pais, amigos, gerentes, supervisores, colegas, artistas de cinema, esportistas, políticos etc. podem representar modelos, tanto para acrescentar como para inibir ou facilitar a emissão de comportamentos (Rangé, 1995b:21).

Sob esse aspecto, é notável a influência das redes sociais. Elas têm o condão de criar lideranças, ainda que episódicas; a capilaridade e a extensão de seus alcances contribuem para fortalecê-las, ampliar suas influências para grupos de pessoas a distâncias incalculáveis e encontrar seguidores em quantidade e diversidade insuspeitas. Muitas vezes, essas lideranças exercem poder específico, limitado a algum tema e de curta duração; isso, entretanto, não diminui a importância das redes sociais como espaço virtual para a criação de modelos.

Alguns exemplos que ilustram a importância dos modelos são bastante conhecidos:

– movimentos grevistas gravitam em torno deles. Não há "piquete" sem líder;
– negociadores sabem que argumentos fracos na voz de um modelo valem mais do que argumentos fortes emitidos por uma pessoa pouco significativa. Aquele que apresenta a argumentação representa mais do que o argumento em si;
– Organizações políticas e religiosas ancoram-se nas figuras de modelos de grande projeção popular – em geral com poderoso aparato midiático reforçando-lhes a imagem. Nisso, combinam-se técnicas de condicionamento com o poder da modelação.

As Organizações utilizam intensamente a figura de modelos, buscando conduzir pessoas com essas características a cargos em que podem exercê-la para os objetivos organizacionais.

Os profissionais aprendem ou desenvolvem comportamentos observando supervisores, chefes de equipe e colegas possuidores de qualidades reconhecidas por eles como significativas e diferenciadoras. De fato "*temos uma probabilidade maior de imitar aqueles que percebemos como parecidos conosco, como bem-sucedidos, ou como admiráveis*" (Myers, 1999:189).

O Psicólogo Organizacional pode contribuir para identificar, selecionar e desenvolver indivíduos com esse potencial.

2.3.17 O poder da crença

"Os fanáticos têm medo de pensar.
Contentam-se em repetir o que lhes foi dito.
Porque é com a dúvida que o pensamento se inicia."

Rubem Alves

Segundo **Albert Ellis** (EUA, 1913-2017), a causa dos problemas humanos encontra-se nas *ideias irracionais* que levam as pessoas a um estado de não adaptação a seu meio ambiente.

Para **Aaron T. Beck** (EUA, 1921), o criador da Terapia Cognitiva, as interpretações que um indivíduo faz do mundo estruturam-se progressivamente, durante seu desenvolvimento, constituindo ***regras*** ou ***esquemas*** de pensamento. Estes orientam, organizam, selecionam suas novas interpretações e ajudam a estabelecer critérios de avaliação de eficácia ou adequação de sua ação no mundo (Rangé, 1995b:80-90).

Assim, o comportamento decorre, em parte, do modo como a pessoa processa as informações a respeito do ambiente (Rangé, 1995a:22), isto é, *"dependendo das interpretações específicas e momentâneas que um indivíduo faz de cada situação, o afeto e comportamento que apresenta serão diferentes"* (Rangé, 1995a:37).

Portanto, reconhecer a presença de **crenças subjacentes às interpretações** permite identificar elementos que desencadeiam os comportamentos dos indivíduos.

Um exemplo clássico é o da pessoa que ingere bebida alcoólica para se excitar sexualmente, quando se sabe que o álcool tem propriedades inibidoras da função sexual. O poder da crença é tamanho que as expectativas do indivíduo alteram o efeito da substância psicoativa (Myers, 1999:152).

Essa *visão cognitiva* é bem conhecida dos Administradores: os indivíduos processam as informações sob influência de suas crenças e de outros componentes de sua organização cognitiva, conforme assinala Beck (Beck e Freeman, 1993:23), muitas vezes em flagrante contradição com informações e dados de que dispõem, comprovando que *"as convicções guiam as percepções"* (Myers, 1999:26).

Gerentes e Supervisores experientes não se surpreendem quando pessoas de reconhecidas inteligência e competência técnica, sejam profissionais da Organização, fornecedores ou clientes revelam-se inacessíveis a argumentos aparentemente incontestáveis.

Em determinadas situações, essas pessoas comportam-se como se não fossem capazes de enxergar outros pontos de vista e se negam a tomar conhecimento de novos conceitos.

Essa problemática pode sofrer, cada vez mais, forte influência de comunicações alheias à Organização. A Internet e as Redes Sociais, por exemplo, têm o poder de se estabelecerem como *referências*, a despeito do valor duvidoso de parcela substancial do que está sendo veiculado e da virtual impossibilidade de se aprofundar na origem de inúmeros dados e informações.

Caso 2.14

Um analista de negócios desenvolveu a crença de que o trabalho do Psicólogo não passava de mero charlatanismo. O contato com profissionais midiáticos e a participação em alguns eventos influenciaram decisivamente essa opinião.

Após grave problema conjugal, decidiu utilizar apoio psicoterápico, cedendo ao insistente incentivo de alguns amigos próximos.

Dois meses após o início da psicoterapia, o analista revelou haver mudado completamente de opinião, em decorrência das transformações que ele conseguiu operar em seus comportamentos.

Uma crença desprovida de fundamentação, contudo, fez com que ele protelasse uma intervenção que deveria ter sido feita há muito tempo. Isso, que acontece no plano individual, também ocorre nas percepções de muitos Administradores com respeito às possibilidades de atuação do Psicólogo na Organização. Esses profissionais encontram dificuldade para compreender que o comportamento no ambiente de trabalho recebe influências que vão muito além do que prescrevem as normas administrativas e o que se aceita culturalmente. Conteúdos emocionais dirigem as pessoas sem que estas tomem conhecimento do que fazem, qualquer que seja o ambiente.

Do ponto de vista cognitivo, tudo se passa como se as pessoas utilizassem **esquemas** rígidos de pensamento, ativados por eventos capazes de afetá-las emocionalmente. Esses eventos "disparam" esquemas de pensamento, que funcionam como ***caminhos*** predefinidos, por meio dos quais o indivíduo trafega sem conseguir experimentar outras estradas.

O Administrador experiente sabe que as pessoas se apegam às suas convicções (Myers, 1999:223) e os resultados práticos de incentivar quem quer que seja a "pensar sem preconceito" são limitados. Segundo Myers, "*aparentemente, o pensamento melhora se as pessoas forem convidadas a pensar 'de maneira oposta'*" (Myers, 1999:223), entretanto, nem sempre é simples conseguir essa disposição intelectual. O psicólogo organizacional é o profissional habilitado para identificar e implantar estratégias para lidar com esses esquemas de pensamento.

Os esquemas de pensamento podem ser de diferentes naturezas, segundo Beck e Freeman (1993:25):

- *cognitivos*, relacionados à abstração, interpretação e memória. Por exemplo, determinados estímulos evocam sempre o mesmo tipo de interpretação, ainda que variem as situações em que eles acontecem; uma pessoa vítima de assalto pode desenvolver a percepção de que isso se repetirá sempre que a situação se assemelhar àquela em que ocorreu o assalto;
- *afetivos*, responsáveis pela geração de sentimentos, conforme ilustra o caso a seguir. Podem ser fortíssimos e resultar em fanatismos diversos e que explicam terríveis acontecimentos ao longo da História da humanidade;

Caso 2.15

Um Professor relata o caso de um aluno que não consegue escutar qualquer mensagem relacionada com religião, considerando-a, automaticamente, ofensiva às suas crenças.

A simples presença de um indicativo de que certo tema religioso pode ser abordado coloca-o fora de si e incapaz de ouvir, levando-o a retirar-se da sala, dominado por forte emoção, prisioneiro de rígido esquema de pensamento.

Essa condição emocional transforma o estudo de inúmeros eventos históricos, com importantíssimas implicações para a evolução da sociedade, em autêntico suplício para esse aluno.

Situação semelhante acontece com indivíduos presos a preconceitos e convicções político-partidárias, que o obrigam a interpretar acontecimentos de maneira parcial e incompatível com os registros aceitos como verdadeiros, amplamente documentados.

- *motivacionais*, associados à vontade; a proximidade de uma panificadora ou doceria desperta a vontade de saborear um doce;
- *instrumentais*, que preparam o indivíduo para a ação; são evidentes, por exemplo, na prática esportiva;
- *de controle*, envolvidos no automonitoramento e direção das ações, amplamente utilizados pelos profissionais especializados em atividades que exigem perícia, por exemplo.

Beck e Freeman (1993:26) consideram o comportamento da pessoa como resultado da ativação dos diferentes esquemas. Eles permitem *"lidar com situações regulares de maneira a evitar todo o complexo processamento que existe quando uma situação é nova"* (Rangé, 1995a:90); são, portanto, essenciais à vida. Sem os esquemas de pensamento, todo desenvolvimento cognitivo se tornaria impraticável.

Por outro lado, fazem as pessoas, em muitas situações, procederem de forma estereotipada, ou deixarem de visualizar interpretações alternativas e válidas. Isso se traduz em perda de criatividade: as pessoas tendem a utilizar estratégias de solução de problemas bem-sucedidas no passado, acreditando, conscientemente ou não, que isso se repetirá no futuro (Weiten, 2002:235).

Assim se manifesta o lado negativo dos esquemas de pensamento. Na forma de *pensamentos automáticos disfuncionais*, distorcem a realidade, provocam ansiedade e tornam-se obstáculos à vida social e profissional.

Caso 2.16

Um engenheiro químico especializou-se na produção de peças de reposição para indústrias mecânicas. Após muitos anos de poupança, conseguiu capital para instalar uma pequena empresa, com recursos próprios.

O empreendimento passou a operar com eficiência, porém, faltava-lhe massa crítica para atingir um ponto de equilíbrio na relação custo/benefício capaz de permitir ocupar nichos de mercado mais rentáveis.

Pensando nisso, o engenheiro associou-se a dois empresários, um deles especializado em vendas e outro dedicado à gerência administrativo-financeira.

Essas pessoas injetaram capital no empreendimento e desenvolveram um ambicioso plano de ocupação de mercado, fazendo a empresa multiplicar seu patrimônio rapidamente.

O engenheiro, entretanto, por motivos familiares fortuitos e perfeitamente compreensíveis, necessitou de recursos financeiros e, por isso, foi forçado a transferir aos sócios sua parcela de capital, porém, continuou na gerência industrial.

Essa situação tornou-se um autêntico tormento para ele. Sentia-se humilhado por perder a posse, ainda que parcial, da empresa. Passou a ocultar o fato de amigos, familiares e até mesmo de empregados e fornecedores.

O engenheiro desenvolveu um pensamento obsessivo em torno da questão. Passou a experimentar crescentes crises de ansiedade, acompanhadas de transtornos agudos de hipertensão.

O engenheiro do Caso 2.16 apresenta-se vítima de um conjunto de falsas crenças a respeito da importância de ser sócio-proprietário da empresa. Em sua percepção, as pessoas o valorizarão menos pelo fato de haver perdido a participação societária.

Acredita que amigos, empregados e fornecedores poderão interpretar sua condição de "empregado" como um fracasso profissional. Um esquema rígido de pensamento em torno do assunto o impede de se beneficiar de uma série de vantagens inerentes à sua nova condição.

Esquemas de pensamento encontram-se presentes em muitos comportamentos socialmente inaceitáveis. Eles comandam reações de agressividade, em que o indivíduo perde o controle de seus atos e comete delitos. O leitor encontra diversos casos relatados no livro *Psicologia Jurídica* (2017), de Fiorelli e Mangini.

Reformular os esquemas de pensamento permite à pessoa:

- identificar novas possibilidades de ação;
- dar novas interpretações a fatos e dados;
- desenvolver novas formas de tratar e resolver problemas;
- modificar, alterar e expandir sua compreensão dos fenômenos.

A **percepção** desempenha papel fundamental na ativação de determinado comportamento, ao dar o comando de partida dos esquemas a serem ativados.

Retomando o exemplo do professor do Caso 2.15: a emoção que um tema religioso desperta no aluno provoca distorção da *percepção* e aciona um *esquema de controle* extremamente poderoso. Isso o conduz a um comportamento de evitar o assunto que lhe provoca ansiedade, chegando à perda do autocontrole.

Ferreira (2010:18) alerta para "ciladas a que estamos expostos quando tomamos decisões em função das nossas limitações cognitivas que, na verdade, são também emocionais". O Administrador deve estar atento. Por exemplo, ao se prender a determinado valor, conceito, comportamento, ideia (a esse fenômeno denomina-se *efeito de ancoragem*), deixa-se de perceber aspectos colaterais de alternativas de ação.

2.3.18 Dissonância cognitiva

> *"Frequentemente acontece estar o Homem em completo desacordo com os produtos do seu pensamento."*
>
> Honoré de Balzac

Este conceito, proposto por **Leon Festinger** (EUA, 1919-1990), estabelece que, quando uma pessoa apresenta duas crenças inconsistentes, ou inconsistências entre crenças e comportamentos, ela experimenta um desagradável estado de **tensão** e motiva-se para reduzi-lo.

De acordo com Festinger, as pessoas constroem suas crenças, opiniões e necessidades comparando-as com as de outras pessoas. O estado de tensão resultaria da percepção de diferença entre o comportamento manifesto e aquele que a sociedade preconiza ou reconhece como legítimo.

A aplicação deste conceito encontra espaço nas situações em que o profissional pratica ação que contraria alguma norma empresarial, conscientemente, a fim de obter algum tipo de benefício. Por exemplo, um supervisor de almoxarifado aceita uma entrega de mercadoria fora do prazo e, por laços de amizade ou simpatia com o fornecedor, deixa de tomar medidas administrativas estabelecidas para esse caso.

Obviamente, a dissonância cognitiva encontra-se presente em inúmeros conflitos empresariais e familiares. Por exemplo, a pessoa declara querer separar-se do cônjuge, contudo, não deseja abrir mão das facilidades proporcionadas pela união; há uma nítida inconsistência nessa forma de pensar. O profissional recebe uma boa proposta de trabalho em outra Organização, contudo, não gostaria de perder a companhia dos colegas com os quais convive há muitos anos.

O estado de tensão resultante reflete-se no desempenho dessa pessoa na Organização em que trabalha (e também no relacionamento familiar).

Em teoria, o indivíduo atua para eliminar a incoerência. Contudo, alerta Acland (1993:162), referindo-se à dissonância cognitiva, que *"há pessoas sem senso de legitimidade, sumamente irracionais, imunes à persuasão amigável, indiferentes às perdas para si e para os outros"*. Seria ingenuidade esperar ou acreditar que se apresentem vulneráveis a esses conflitos interiores; praticam delitos, regozijam-se e se vangloriam de seus feitos em um círculo que avalia as pessoas pela extensão dessas mesmas práticas.

Nas Organizações, essas pessoas menosprezam os colegas que cumprem rigorosamente as normas e prezam pelo comportamento ético. Elas justificam plenamente a necessidade da auditoria.

2.3.19 A força da equipe

Kurt Lewin estudou profundamente questões de liderança e funcionamento dos grupos, tendo fundado em 1945, em Harvard, um Centro de Pesquisas para Dinâmica de Grupos.

De seu trabalho originou-se grande variedade de modalidades e formas de funcionamento de grupos, muitas amplamente utilizadas em Organizações, em particular os conhecidos Grupos-T, também conhecidos como Grupos de Treinamento em Relações Humanas, conduzidos por um facilitador e desenvolvidos com o objetivo de obter melhor integração nas atividades grupais.

Nos Grupos-T, de tipicamente oito a 15 integrantes, as pessoas têm a meta comum de conhecer mais a respeito de si mesmas, do impacto que ocasionam nos outros e dos modos pelos quais os grupos podem tornar-se instrumentos efetivos para a satisfação das necessidades de seus membros (Katz e Kahn, 1975:457).

Efetivamente, registra Chiavenato, os Grupos-T *"têm demonstrado ser um dos métodos mais eficazes na melhoria da competência interpessoal, na diminuição da ansiedade e na redução do conflito intergrupal"* (Chiavenato, 1993:642).

Contudo, Fadiman e Frager registram que a partir da década de 1960, nos EUA, o T-Group *"começou a cair em descrédito"* (Fadiman e Frager, 1986:241), à medida que as corporações começaram a perceber que não existia um aumento de produtividade assegurado, consequente a esse método. Por outro lado, nas experiências com Grupos-T, o trabalho com colegas em ambiente de relativa aceitação conduz a importantes mudanças de personalidade (Fadiman e Frager, 1986:241), relatadas na literatura norte-americana e também observadas em Organizações brasileiras.

A importância e o potencial do trabalho em equipe, tema do Capítulo 6, são reconhecidos como forma de influenciar o comportamento das pessoas nas Organizações, com efeitos positivos sobre a produtividade e o ambiente de trabalho.

2.4 CONSIDERAÇÕES FINAIS

Neste capítulo, procurou-se mostrar a vasta gama de possibilidades para a utilização da Psicologia na Administração, objetivando ganhos de produtividade e melhoria da qualidade de vida nas Organizações.

A Psicologia adota a visão holística do ser humano em seu ambiente e considera aspectos socioculturais, além dos inerentes ao indivíduo, sua formação e seus valores.

A sociedade vive transformações significativas, tecnologias à frente, a um ritmo jamais visto: processo de duração indefinida e que compreende todas as formas de manifestação da ação humana. As pessoas recebem profundas influências desse ambiente em mutação, em que se destacam, especialmente na sociedade brasileira, as escaladas da violência, da criminalidade e da drogadição.

A disseminação dos EPC faz o trânsito de conhecimentos e informações ir muito além das tradicionais barreiras que as separações entre as classes sociais já representaram. Contudo, a *qualidade* não acompanha a *quantidade*.

As *redes sociais* constituem vasos comunicantes entre todos os setores da sociedade e desenvolvem "estados de espírito" de notável abrangência, a respeito dos mais diversos temas. O que quer que aconteça e que tenha o condão de influenciar pessoas, nelas encontra-se registrado e difundido.

Os impactos sobre as Organizações, as famílias e cada uma das pessoas são perceptíveis e significativos. Conceitos como *superego, id* e *ego, inconsciente coletivo, modelos, liderança, equipe, crenças* merecem ser analisados à luz dessa ambiência. A cada ano, surgem novas nuances e tornam essa reflexão tão mais necessária quanto sofisticada.

Os efeitos sobre o processo de *individualização* (ver item 2.3.6), *visão de mundo* (ver item 2.3.10) e *crenças* (ver item 2.3.17), apenas para destacar alguns tópicos, são e serão impactantes.

O indivíduo inicia e termina o dia conectando-se a algum tipo de EPC: no controlar, é controlado. A visão de mundo assume a dimensão e a profundidade do que lhe relatam as redes sociais e os aplicativos que utiliza em seus equipamentos de comunicação. As crenças, que no passado desenvolviam-se e compartilhavam-se entre pessoas próximas, de ideias e pensamentos similares, hoje são *construídas* a partir das informações, coletadas por meio desses equipamentos, originadas nos mais remotos e insuspeitos lugares do planeta.

As redes sociais mostram-se propícias à disseminação de conceitos falsos, beirando ao absurdo, valendo-se do *status* de verdade que o compartilhamento gera automaticamente. Lideranças virtuais impõem-se pela vantagem de se fazerem facilmente presentes, portando o pretenso aval da aclamação por seus seguidores. Por outro lado, a rede social constitui um sensor dos acontecimentos. Pouco ou nada lhe escapa. Os indivíduos conectados desfrutam de informações até pouco tempo impensáveis em sua extensão e detalhes. Se antes algumas poucas opiniões moldavam as pessoas, hoje elas desfrutam da possibilidade – caso queiram – de ter acesso às mais diversas, o que traz possibilidades extraordinárias para uma percepção dialética dos acontecimentos.

Os desafios para os Psicólogos Organizacionais e profissionais dedicados à Gestão de Pessoas, considerando-se todas essas transformações e a inescrutável evolução nos anos próximos, mostram-se instigantes e motivadores.

APLICAÇÕES

1/2. Considere o item 2.3.4. Acredita-se que *brasões* e *distintivos* fortaleçam o *sentimento de união* entre integrantes de uma equipe de trabalho, de um time de futebol etc. Considere o uso de *uniforme corporativo*. Avalie possíveis efeitos psicológicos dessa prática: (a) no público interno; (b) no público externo.

2/2. Analise o fenômeno da *individualização* (item 2.3.6) considerando as influências dos sites e aplicativos de relacionamento, por meio dos quais os "contatos" multiplicam-se, porém, raramente ultrapassando o limite do virtual. Em seguida, aplique suas conclusões ao comportamento *na* Organização, levando em consideração a utilização das redes internas de relacionamento.

3/2. Há Organizações em que a bandeira da *competição* tremula em todos os setores. Analise essa filosofia de gestão de pessoas à luz dos pressupostos de Adler, apresentados no item 2.3.7.

4/2. Investigue fatores, do ponto de vista psicológico, que *dificultam* o estabelecimento de uma *visão de negócio* capaz de preencher os principais atributos sugeridos em diversas teorias e modelos administrativos de Gestão; em particular, mas não exclusivamente, considere sua adesão à realidade, sua viabilidade técnico-econômica e seu compromisso social.

5/2. A *especialização*, em uma análise superficial, pode se tornar obstáculo à *visão holística* (item 2.3.9). Analise essa proposição e seus desdobramentos para efeitos da política de *desenvolvimento de talentos* da Organização.

6/2. Analise em que condições a utilização rotineira de ferramentas úteis ao trabalho em equipe, como o *brainstorming*, podem favorecer o desenvolvimento de uma visão holística ou, de maneira inversa, podem obstá-lo.

7/2. Considere a relação entre o *estresse excessivo*, provocado pelo trabalho ou por fatores externos a ele, e o conceito de *couraça muscular*, de Reich (item 2.3.13). Avalie sob a perspectiva da medicina ocupacional.

8/2. Considere o conceito de *condicionamento* (item 2.3.14). Cite exemplos de situações, coletadas do ambiente social ou organizacional, em que pessoas ou entidades utilizam essa estratégia para obter comportamentos tidos como desejáveis em outras pessoas ou pequenos grupos.

9/2. Associe *estímulo ao consumo*, uma constante na sociedade contemporânea, e a teoria motivacional de Maslow para explicar comportamentos que se disseminam e tornam-se parte integrante da cultura.

10/2. Analise a *tomada de decisão* com base no item 2.3.17. Considere situações paradigmáticas em que *crenças relevantes* e outros fenômenos, como os *pensamentos automáticos*, encontram-se presentes.

11/2. Considere as seguintes "armadilhas mentais":
- tende-se a repetir o que já se conhece;
- tende-se a ficar preso a decisões passadas;
- tende-se a se envolver mais com o que se aprecie;
- tende-se a olhar o futuro pelo passado.

Analise-as considerando o conceito de "esquemas de pensamento".

Funções Mentais Superiores

> *"O mundo não nos é dado:
> construímos nosso mundo através de experiência,
> classificação, memória e reconhecimento incessantes."*
> Oliver Sacks (1995)

O conhecimento dos princípios que regem o funcionamento das principais funções mentais superiores constitui a base para o estudo do comportamento humano.

Neste capítulo, abordam-se as seguintes funções mentais superiores: sensação, percepção, atenção, memória, linguagem, pensamento e emoção.

Com elas, os indivíduos desenvolvem visões de si mesmos e do mundo que os rodeia, por meio de complexos mecanismos cuja compreensão a Ciência começa a desenvolver.

3.1 INTRODUÇÃO – O FIO DE ARIADNE

Algumas publicações trouxeram, tempos atrás, para deslumbramento de adultos e crianças, curiosas figuras denominadas "estereogramas" ou imagens em "3D" (três dimensões): um desenho que "oculta" figuras em três dimensões. O cinema encarregou-se de popularizar essa visão tridimensional, que pode ser acessada por meio de óculos especiais nas apresentações.

No livro *Olho mágico*, encontra-se a seguinte orientação ao leitor: *"Tudo o que você precisa para 'ver' a ilusão 3D da capa deste livro são seus olhos e um pouco de paciência"* (Olho mágico, 1994).

Essa instrução não traduz a *complexidade* do processo mental que cerca a descoberta das formas "ocultas". O cérebro necessita *aprender* para poder ver!

As pessoas, absortas na distratibilidade forçada das telas deslizantes de seus celulares, no caos do trânsito, na poluição visual das vitrines e *outdoors*, no excesso de informações dos periódicos, nos *clipes* e anúncios da televisão, na internet e, em particular, nas Organizações, observam o *olho mágico* do cotidiano. Resta-lhes desvendar o que se esconde nesse cipoal de informações desconexas, construindo trilhas que lhes proporcionem segurança.

Normas não escritas, políticas dissimuladas, orientações confusas e/ou complexas, gerentes eventualmente paradoxais, estratégias inexistentes ou mal definidas, decisões precipitadas ou a passos de tartaruga etc. compõem o *labirinto organizacional* nos quais os Teseus modernos aventuram-se em busca de desvendar suas responsabilidades, atribuições e oportunidades.

Com muita paciência (e alguma técnica), os profissionais aprendem a "ler" as mensagens contidas nos meandros da cultura organizacional e a perceber as *muitas dimensões* ocultas. Essa leitura sofisticada faz-se empregando as **funções mentais superiores.**

Compreendê-las proporciona, portanto, melhores condições para gerenciar e auxiliar as pessoas a encontrarem o fio de Ariadne que possa conduzi-las através dos meandros organizacionais.

As funções mentais superiores estudadas neste capítulo interligam-se e ocorrem simultaneamente. A percepção depende da sensação para existir e requer a atenção e a memória para recuperar informações anteriores e compará-las com as novas. A comparação requer pensamentos que a realizem; estes se vinculam à linguagem, e assim sucessivamente. A emoção afeta a todos.

Por motivos estritamente didáticos, entretanto, são estudadas como entidades discretas, de modo análogo ao estudo das partes de um organismo.

3.2 SENSAÇÃO E PERCEPÇÃO

"Sensação" e "percepção", bases de todos os mecanismos mentais, constituem um processo contínuo, desde a recepção do estímulo até a interpretação da informação pelo cérebro, valendo-se de conteúdos nele armazenados (Figura 3.1).

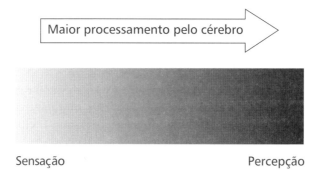

Figura 3.1 *Da sensação à percepção – um processo contínuo.*

A Figura 3.1 indica que:

- quanto mais "pura" a sensação, menor a quantidade de conteúdos armazenados no cérebro envolvida para a interpretação da informação proporcionada pelo estímulo;
- na medida em que se aumenta o processamento do estímulo pelo cérebro, caminha-se para o campo da percepção.

3.2.1 Conceito de sensação

Sensação é a operação que possibilita levar ao cérebro informações relativas a fenômenos do mundo exterior, ou ao estado do organismo (Figura 3.2). Sem ela, nenhuma atividade (física ou mental) seria possível.

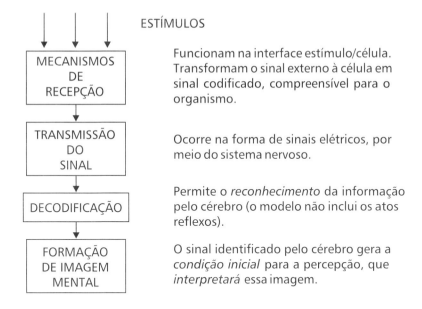

Figura 3.2 *Representação simplificada da formação da sensação.*

Por meio da sensação, através dos órgãos dos sentidos, os seres humanos relacionam-se com o meio ambiente, seus próprios corpos e compreendem como se *posicionam* em relação ao meio (Luria, 1991, v. 2:1).

Transpondo esse conceito para o campo da Administração das Organizações, destacam-se os seguintes aspectos:

a) O ***sucesso*** de qualquer comunicação organizacional depende de *como* os indivíduos tomam contato com ela. A comunicação deve atuar sobre os mecanismos da sensação.

b) Não haverá comunicação sem a formação, em um primeiro momento, de **imagem mental** correspondente à **sensação** (a *interpretação* dessa imagem mental, em seguida, constitui a percepção).

> Trata-se de princípio básico de comunicação.
>
> Quadros de Avisos, por exemplo, muitas vezes constituem autênticos "olhos mágicos". O estímulo visual, no emaranhado de papéis, não consegue impressionar os mecanismos de recepção das pessoas que passam por eles, preocupadas com os assuntos que constituem a prioridade do momento e pouco dispostas a pesquisar uma ou outra informação capaz de interessá-las.
>
> Não basta investir pesadamente no *conteúdo* da comunicação se o meio utilizado não produzir a sensação indispensável e eficaz. Em muitas situações, tão importante quanto o conteúdo é a sua **forma**.

Destaque-se que a comunicação organizacional, muitas vezes, concorre com a *comunicação particular* das pessoas, continuamente recebendo ou atenta a sinais através de seus próprios equipamentos de comunicação.

c) Sensações são *processos ativos*, assinala Luria (1991, v.2:8), em que o indivíduo *participa*. Por exemplo, na produção da sensação de "luz", o olho deve permanecer aberto para ser impressionado pelas ondas eletromagnéticas que compõem o feixe luminoso. A simples produção de estímulos pode se revelar insuficiente para a geração da sensação caso o indivíduo não corresponda ativamente.

O sucesso do Marketing é consequente aos efeitos que os estímulos ocasionam no público-alvo.

> Isso justifica a mídia concentrar-se na estética ao divulgar produtos – para *despertar sensações* – e dedicar, muitas vezes, menor esforço ao esclarecimento de suas propriedades.
>
> Já observava Millôr Fernandes: *"as pessoas acreditam muito mais no rótulo do que no conteúdo da garrafa"* (Fernandes, 1973:73). Justifica-se, dessa maneira, a existência de tantos rótulos e nomes de cerveja que não guardam qualquer relação com as propriedades do produto, significativamente não enfatizadas nos materiais de propaganda.

3.2.2 Conceito de percepção

A percepção, *"o ponto de partida em que a cognição e a realidade se encontram (...), a atividade cognitiva mais fundamental, da qual emergem todas as outras"* (Davidoff, 1983:214), é o processo mental por meio do qual os estímulos sensoriais são trazidos à consciência.

Por meio da percepção, a pessoa interpreta:

– os fenômenos do mundo que a cerca;
– os fenômenos do mundo interno a ela;
– a posição que ocupa no espaço.

A percepção conjuga a *sensação* com um *significado* que a experiência anterior lhe atribui (Braghirolli *et al.*, 1998:74). Portanto, depende da *memória* e do *pensamento*.

Por exemplo, possibilita ao indivíduo localizar uma vela, desviando-se de móveis e objetos, na casa imersa na escuridão. Bastam *vultos* dos obstáculos para permitir sua identificação, embora os receptores dos estímulos recebam apenas sombras mal delineadas.

A percepção permite o sentido de completude e continuidade: objetos e formas constituem imagens inteiras, construídas a partir de estímulos fragmentários, recolhidos pelos órgãos dos sentidos.

Enquanto a *sensação* depende, em essência, do *estímulo* e da capacidade do indivíduo de registrá-lo, a *percepção* depende de *acontecimentos anteriores* que envolveram o mesmo estímulo e que afetarão a *interpretação* da sensação pelo cérebro.

Por esse motivo, um ruído estranho emitido por um equipamento, sem significado para uma pessoa qualquer (sendo, eventualmente, ignorado), indica um defeito ou mau funcionamento para o especialista.

O corpo participa de forma ativa na percepção, conforme ensina Damásio:

> *Ter percepção do meio ambiente não é apenas uma questão de fazer com que o cérebro receba sinais diretos de um determinado estímulo. (...) O organismo se altera ativamente de modo a obter a melhor interface possível. O corpo não é passivo* (Damásio, 1996:256).

3.3 ESTUDO DA SENSAÇÃO

3.3.1 Tipos fundamentais de sensações

Luria (1991, v. 2:9-14) distingue três tipos de sensações:

A. Interoceptivas

As mais elementares, permitem ao cérebro tomar conhecimento do que acontece nos órgãos internos. Em geral, menos precisas e conscientes, nem sempre possibilitam identificar o que, de fato, ocorre. Por exemplo, uma dor à altura do estômago pode originar-se no próprio estômago ou em outra parte do abdome.

Elas podem se manifestar de diferentes maneiras (fome, calor, frio, desconforto etc.). O indivíduo aprende seus significados por meio da experiência e são de grande importância para o entendimento da saúde interna do organismo. Por exemplo, interpreta-se uma dor ou desconforto no estômago após um almoço exagerado como algo normal (*percepção associada à sensação de dor*).

Sensações interoceptivas não conscientes manifestam-se muito cedo e expressam-se de diferentes formas. Uma delas são os *pressentimentos*: sensações relacionadas com fenômenos tidos como ainda não manifestos ou acontecidos.

> Algumas pessoas têm extraordinária capacidade para experimentar *sensações* decorrentes de mínimas transformações fisiológicas nos interlocutores. Ao observador, tudo se passa como se "adivinhassem emoções".
>
> Pode ocorrer de maneira inconsciente; nesse caso, a pessoa dotada dessa sensibilidade não se dá conta de como ela funciona, embora a utilize. Por exemplo, há vendedores que "pressentem" o comportamento do comprador. Gerentes e supervisores experientes desenvolvem essa habilidade – um valor intangível nem sempre bem compreendido.
>
> Algo semelhante acontece com técnicos especializados. Mecânicos adquirem tanta afinidade com os equipamentos que se antecipam à ocorrência de falhas (tornam-se hipersensíveis a variações em ruídos, temperatura, vibrações e outros sinais).

Sensações interoceptivas também se manifestam por meio dos **sonhos**. Por exemplo, pessoas relatam haver sonhado com um órgão do próprio corpo e, algum tempo depois, experimentaram um sinal relacionado a ele (dor, desconforto).

Esse fenômeno liga-se à ocorrência dessas sensações durante o sono, quando o rebaixamento do nível de consciência facilita seu afloramento, valendo-se do sonho como uma "rota de escape".

Caso 3.1

Uma Professora relatou a seguinte experiência: dois meses após um exame de prevenção ao câncer de útero, sonhou ter desenvolvido enorme tumor nessa região.

Novo exame, realizado imediatamente, revelou tumores bilaterais de ovários, com 6 cm de diâmetro cada um, desenvolvidos em menos de 60 dias: indicativo sinistro de malignidade.

> A operação foi realizada com êxito e os tumores foram retirados em tempo de evitar consequências indesejáveis no futuro. A rapidez nas ações foi essencial e deveu-se à pessoa ter prestado suficiente atenção ao conteúdo do sonho.

Carl Jung assinala que *"muitas vezes os sonhos têm uma estrutura bem definida, com um sentido evidente, indicando alguma ideia ou intenção subjacente – apesar de estas últimas não serem imediatamente inteligíveis"* (Jung, 1995:28).

> Pessoas relatam "adormecer pensando em um problema e acordar com a solução". Ocorre rotineiramente com estudantes e profissionais que lidam com situações complexas. O cérebro funciona ininterruptamente; assim, informações continuam sendo processadas durante o sono.

B. Proprioceptivas

Denominam-se *proprioceptivas* as sensações que possibilitam ao cérebro tomar conhecimento do movimento do corpo no espaço e de sua posição em relação a outros corpos.

A propriocepção possibilita entender que os objetos permanecem estáveis, embora a pessoa movimente a cabeça.

> Ela é proporcionada pelos sentidos *vestibular* (que informa sobre movimento e orientação do corpo) e *cinestésico* (que informa a posição relativa de cada parte do corpo durante o movimento; Davidoff, 1983:218).

Uma sensação proprioceptiva especial é a de equilíbrio ou sensação estática, cujos receptores encontram-se no ouvido interno. Sua perda resulta na doença denominada *labirintite*.

> Nos equipamentos de parques de diversão, movimentos bruscos e inusitados "confundem" a propriocepção. Isso faz com que o indivíduo vivencie, com extrema realidade, percepções surpreendentes de quedas livres, voos, mergulhos etc., desencadeando emoções poderosas.

C. Exteroceptivas

Permitem o contato entre o indivíduo e o meio externo por meio do tato, paladar, olfato, audição e visão.

Oliver Sacks (1995:134) registra que *"a sensação, em si, não tem 'marcadores' para tamanho e distância, que precisam ser aprendidos com base na experiência"*.

A *sensação de cor* sempre fascinou os estudiosos. Segundo Sacks (1995:41), as cores são *"construídas pelo cérebro"*.

> O Administrador encontra, no uso da cor, poderoso aliado para atuar sobre a sensação e, em consequência, sobre a percepção.
>
> Quando, na escolha das cores, não se orienta suficientemente o especialista sobre o tipo de *emoções* que se deseja manter, estimular ou inibir em certo ambiente ou situação, deixa-se de usufruir dos potenciais benefícios do projeto.
>
> Encontram-se ambientes de elevado custo, onde as cores não guardam sintonia com o estado emocional das pessoas que os frequentam. Há cores neutras, que provocam calma; outras, excitação; algumas transmitem sentimentos de tristeza etc.

Sabe-se que a cor afeta a fixação de imagens, a noção de distância, a sensação de dor, além de influencia vários transtornos de natureza psíquica, podendo acentuar ou reduzir suas manifestações. A correta escolha das cores no ambiente de trabalho ultrapassa a questão estética: ela contribui para obter ganhos de produtividade e melhorar o relacionamento interpessoal. Alguns exemplos:

- pesquisas comprovam aumento na capacidade de trabalho de Odontólogos e no sentimento de bem-estar dos pacientes como resultado da escolha de cores adequadas para seus consultórios;
- salas de atendimento a reclamações de clientes devem prever cores adequadas à redução de ansiedade e agressividade;
- as cores nas salas de reuniões podem contribuir para o "clima" nas discussões: maior ou menor formalismo, concentração, ansiedade, tédio etc.;
- uma Organização construiu um anfiteatro de luxo com todas as paredes revestidas de imbuia. Belo e aconchegante "quarto de dormir". Madeira e iluminação difusa (e poltronas extremamente confortáveis) fazem o desespero de muitos oradores. Algo semelhante encontra-se em ambientes para eventos de muitos hotéis.

O mesmo raciocínio aplica-se ao som. Níveis e ritmos inadequados comprometem a produtividade e a saúde das pessoas, no trabalho, no lazer e no lar.

> A escolha inadequada das músicas (ou "ruídos musicais") no ambiente de trabalho reduz a concentração nas tarefas, aumenta a taxa de erros e contribui para o desconforto daqueles que não as apreciam. Em estabelecimentos comerciais o efeito é similar. Há músicas que convidam o cliente a permanecer (e, portanto, a gastar); outras, fazem-no reduzir o tempo no interior do estabelecimento. Poucos supermercados, por exemplo, exploram adequadamente esse aspecto.

O *conforto excessivo* prejudica a produtividade, conforme comentado: provoca sono e perda de concentração. No longo prazo, compromete a qualidade de vida (p. ex., induz posturas físicas inadequadas em sofás, poltronas etc.).

Adequar som, cor, temperatura e ergonomia aumenta a produtividade, a saúde física e a mental.

3.3.2 Limiares de sensação

Para existir, a sensação requer (ver Figura 3.2) a estimulação dos mecanismos de recepção celular em intensidade suficiente para ocorrer *transmissão* da informação e posterior *decodificação* pelo sistema de reconhecimento.

> O modelo da Figura 3.2 permite compreender o funcionamento de dispositivos utilizados para eliminar a sensação de dor muscular.
>
> Esses aparelhos emitem sinais elétricos nas mesmas regiões de onde emanam os estímulos que ocasionam sensação de dor. Os sinais elétricos combinam-se com os dos estímulos que se pretende neutralizar (p. ex., a dor de um músculo estirado).
>
> A interferência entre eles gera um único sinal elétrico resultante, não reconhecido como doloroso pelo cérebro.

O fato de a dor ser um fenômeno com componentes físicos e psíquicos não significa que a mente tenha pleno domínio sobre a matéria.

Hóspedes de um hotel na serra catarinense admiravam-se da resistência à dor demonstrada por um garoto da região. Agilmente, ele tirava carvões em brasa de uma fogueira e os colocava dentro de um aquecedor, para manter quente a água de uma panela de pinhões.

Não há nada de surpreendente nessa aparente "resistência à dor" porque o carvão é péssimo condutor de calor! O mesmo não acontece com os metais. Isso permite que pessoas andem sobre brasas; já caminhar sobre uma chapa quente de alumínio é muito diferente – em qualquer hipótese, contudo, convém acelerar o passo!

Estímulos muito tênues, incapazes de impressionar os receptores ou gerar resposta insuficiente para a transmissão interna, e estímulos elevados em excesso ultrapassam a capacidade de resposta desses receptores e não sofrem detecção.

A. Limiar inferior de sensação

Trata-se do nível mínimo de intensidade de um estímulo capaz de produzir sensação *reconhecível* pelo indivíduo. Abaixo dele, tudo se passa como se o estímulo não existisse.

O limiar inferior varia de indivíduo para indivíduo e depende de vários fatores, como a habitualidade, o fundo inicial etc.

> O profissional especialista em cores nota diferenças imperceptíveis ao leigo. Ele desenvolve **discriminação** de nuanças de cada cor. Mecânicos desenvolvem *discriminação auditiva* extraordinária, identificando, por meio do som, a "saúde" de um equipamento. Provadores de alimentos e bebidas *discriminam* sutilezas de gosto. Especialistas em perfumes desenvolvem discriminação para variações de odor.

Myers assinala o fenômeno da *adaptação sensorial*: quando o estímulo permanece constante, a sensibilidade decresce (Myers, 1999:108), ou seja, existe gradativa *perda de discriminação* ocasionada pela constância da estimulação. Por isso, o indivíduo não permanece consciente das peças do vestuário que utiliza.

O fenômeno da adaptação sensorial, explica Myers, constitui um mecanismo por meio do qual o cérebro concentra sua energia nos estímulos que traduzem mudanças significativas no ambiente. Ele evita a distração provocada pela infinidade de estímulos sem propriedades informativas.

Conclui-se que a adaptação sensorial tem notável importância para a sobrevivência: "percebemos o mundo não exatamente como ele é, mas sim como nos é útil percebê-lo" (Myers, 1999:109).

B. Limiar superior de sensação

A Figura 3.2 sugere, também, a possibilidade de um limiar de sensação acima do qual um estímulo:

- danifica os mecanismos de recepção, deixando de ser registrado;
- ultrapassa a possibilidade de resposta desses mecanismos; e/ou
- atinge um "patamar de saturação", de tal ordem que suas variações deixam de ser detectadas pelos receptores.

> Sons excessivamente elevados tornam-se dolorosos e variações em sua intensidade simplesmente deixam de ser sentidas pelo organismo.
>
> As pessoas, entretanto, submetem-se a esses estímulos por motivos culturais (p. ex., frequentadores de casas de shows e similares – essas modernas fábricas de surdez precoce; pessoas que utilizam fone de ouvido em altíssimo volume etc.).

Caso 3.2

Prefeituras fornecem protetores auriculares a seus operadores de cortadores de grama e de britadeiras manuais.

É comum que os *supervisores* dessas pessoas, as quais usualmente trabalham em pequenos grupos, expostos ao mesmo nível de ruído dos operadores, não utilizem o dispositivo de proteção, acreditando, talvez, na existência de um "limiar hierárquico de sensação".

A preservação e/ou ostentação de um diferencial (*status*) compromete a saúde física.

Ocorre o mecanismo de *bloqueio da sensação* quando, além de um nível máximo, o organismo se "desliga" – o que não significa que o estímulo, de alguma forma, não o afete. Por exemplo, o *desmaio* pode desempenhar o papel de reação de fuga para poupar o cérebro.

3.3.3 Relatividade das sensações

A mesma vela, acesa em um quarto escuro, produz efeito sensível; em uma sala bem iluminada, passa despercebida. A sensação e seus limiares são relativos às condições do ambiente.

A relatividade das sensações pode ser utilizada com inúmeras finalidades, por exemplo, a redução da dor em tratamentos odontológicos. A tolerância à dor aumenta quando a pessoa tem sua atenção desviada por imagens ou sons agradáveis. Por outro lado, quanto mais a pessoa se concentra no estímulo doloroso, maior será a sensação de dor. A cozinheira concentrada no *preparo da comida* manipula com maior facilidade a panela quente do que o aprendiz atento à possibilidade de se queimar.

> Uma experiência simples para sala de aula: o Professor esfrega as mãos, de início suavemente, aumentando de forma gradativa o atrito entre elas; pouco a pouco, algumas pessoas começam a sentir o som, indicando-se com facilidade a existência de diferentes limiares de sensação entre os presentes.
>
> Repete-se a experiência incluindo um ruído de fundo; por exemplo, o som de um telefone celular. Torna-se muito mais difícil ouvir o som das mãos atritando-se, o que demonstra a influência do ruído de fundo sobre o limiar de sensibilidade ao som.

Condições de trabalho, estado emocional, transtornos físicos e mentais, e uso de fármacos influenciam na sensibilidade aos estímulos e nos limiares de sensação.

- o *anestésico* elimina a *sensação* de dor porque retira a sensibilidade do receptor ao estímulo que a provoca (estágio inicial na Figura 3.2);
- o *analgésico* não elimina a sensibilidade do receptor, mas elimina ou modifica a *interpretação* da sensação (na Figura 3.2; afeta a formação da imagem mental). O cérebro não interpreta como doloroso o sinal que chega dos receptores;

- o álcool altera a interpretação dos efeitos de diversos estímulos, como distância, temperatura e dor. A pessoa até toma consciência do estímulo, mas não consegue reagir da *forma* que seria adequada;
- trabalhadores submetidos a ruídos elevados constantes têm a capacidade auditiva gradativamente *reduzida*;
- determinados ofícios contribuem para *reduzir* a sensibilidade tátil pela manipulação contínua de substâncias agressivas;
- pessoas submetidas a estresse no trabalho podem desenvolver extrema *sensibilidade a ruídos*, tornando-se mais agressivas.

A *redução* da capacidade sensorial causa **risco de acidentes** em algumas atividades; em outras, ela é *imprescindível* para o bom desempenho.

> Pessoas que removem feridos (policiais militares, bombeiros, socorristas) desenvolvem baixa sensibilidade a determinados sons e imagens: isso lhes permite a concentração nas tarefas. Operadores de máquinas devem assegurar-se de que mantêm boa acuidade auditiva e visual.

Os profissionais, como regra geral, desenvolvem sensibilidade *seletiva* a estímulos relacionados com suas áreas de especialidade e, em muitos casos, ocorre inibição da sensibilidade a outros tipos de estímulos. Alguns exemplos:

- atendentes de público iniciantes reclamam de não conseguir concentrar-se quando existem conversas contíguas no ambiente de trabalho. Nesse caso, ainda não desenvolveram dessensibilização a estímulos de fundo;
- cozinheiras desenvolvem notável perda de sensibilidade nas mãos, consequente à manipulação de objetos muito aquecidos, sem o uso de luvas de proteção;
- cirurgiões zelam pela sensibilidade tátil, abdicando de atividades manuais provocadoras de espessamento da epiderme (os "calos").

O artefato (máquina, instrumento, equipamento) também influencia a sensibilidade do operador:

- conferentes distinguem mínimas diferenças de conteúdo nas listagens;
- ajustadores de peças desenvolvem extraordinária sensibilidade ao efeito da ferramenta sobre a superfície trabalhada;
- pessoas que operam múltiplos instrumentos de controle (p. ex., pilotos) desenvolvem habilidade de leitura contínua dos mostradores, *discriminando* variações importantes nas medidas.

3.4 ESTUDO DA PERCEPÇÃO

"O marketing não é uma batalha de produtos, é uma batalha de percepção."
Al Ries e Jack Trout – As 22 consagradas leis do Marketing

3.4.1 Fatores que afetam a percepção

Processo de extrema complexidade, a *percepção* recebe influência de uma série de fatores.

A. A sensação em si

Constitui a base da percepção e ao mesmo tempo a limita.

> "O homem", observa Jung "nunca percebe uma coisa ou a entende por completo. (...) Os sentidos do homem limitam a percepção que ele tem do mundo à sua volta" (Jung, 1995:21).

B. Características particulares do estímulo

De acordo com Braghirolli *et al.* (1998:74-75) algumas são:

- *intensidade* (tende-se a selecionar estímulos de maior intensidade);
- *dimensões* (presta-se mais atenção a anúncios maiores);
- *mobilidade* (percebem-se estímulos móveis mais facilmente);
- *cor* (um amarelo destaca-se em relação a um cinza). O efeito da cor sobre a percepção é bem ilustrado nos lançamento de produtos e mudanças em produtos já existentes. Muitos têm suas cores alteradas para conseguir melhor aceitação pelo mercado. O caso clássico, amplamente conhecido, é o da Coca-Cola. Utiliza-se também a cor para estabelecer diferenças entre produtos e criar *diferencial perceptivo;*
- *frequência* (a continuação monótona reduz a receptividade ao estímulo; p. ex., quando após certo tempo, deixa-se de ouvir o ruído de um relógio). O indivíduo não escuta o que o fone de ouvido ou o equipamento sonoro do automóvel lhe transmite; ele apenas necessita de um barulho continuado, ao qual se tornou condicionado. Quando há excesso de mensagens e informações no desenvolvimento de programas organizacionais, as pessoas deixam de perceber os estímulos porque eles se tornam indiferenciados;
- *forma* (percebem-se melhor sinais de forma e contorno bem delineados) etc.

Caso 3.3

Tão importante quanto o *conteúdo* do programa empresarial é a *percepção* que promove em profissionais e clientes.

A conhecida ferramenta da Qualidade denominada "5S" fundamenta-se em despertar a percepção para aspectos particulares dos processos, diferenciando-os dos demais. "Foco" é a palavra-chave. As designações mudam com o tempo, mas as dificuldades e desafios permanecem relativamente inalterados.

Assim, quando se elege a "Limpeza" como prioridade, as pessoas desenvolvem notável percepção para tudo o que possa contrariar esse objetivo ou facilitar seu alcance.

> A implantação de programas dessa natureza leva a resultados aquém do possível, em muitas Organizações, porque as pessoas perdem a *percepção* necessária à sua continuidade.
>
> Com o tempo, as ações tornam-se *monótonas* e, pouco a pouco, desaparecem na rotina de trabalho. Perde-se a percepção para os benefícios e/ou para os estímulos que deveriam desencadeá-las.

C. O estado psicológico de quem recebe o estímulo

De acordo com Braghirolli *et al.* (1998:75), *o estado psicológico engloba:*

- *Experiências anteriores* (positivas, negativas, neutras):
    - uma pessoa não aprecia determinado modelo de automóvel porque ele lhe traz a imagem de um acidente;
    - profissionais que percebem segundas intenções nas declarações do gerente porque, em alguma oportunidade (no trabalho ou fora dele), sentiram-se traídos.

    Compreende-se, pois, porque o processo de *acolhimento de novos profissionais* exerce importante papel na geração de condições emocionais favoráveis para criar percepções adequadas de valores, crenças, objetivos e normas da Organização.

- A *formação do indivíduo*, incluindo seus valores, crenças, preconceitos, regras, normas, maturidade, saúde física, nível de conhecimento, fatores culturais etc.:
    - para determinada pessoa, todo político é desonesto (pode acontecer que ela *jamais* tenha tido contato com um único político);
    - um médico percebe características de um órgão por meio do toque na pele; detalhes imperceptíveis ao leigo, para ele, têm um significado preciso;
    - um cabeleireiro nota mínimas diferenças no penteado das pessoas.

- *Motivos, emoções e expectativas* que envolvem o estímulo ou as circunstâncias que o geram (Braghirolli *et al.*, 1998:75):
    - a moça apaixonada só tem olhos para o amado;
    - a propaganda busca *despertar a percepção* para que o cliente *discrimine* o produto na prateleira do supermercado. Despertar a percepção é importante estratégia mercadológica.

- *Pressuposições* a respeito do estímulo: na transmissão telefônica, tantas vezes precária, entende-se o que se articula porque o cérebro **constrói** as palavras, de acordo com uma lógica aprendida, embora se transmita apenas uma parte do que se fala.

- O efeito do **preconceito** sobre os mecanismos de percepção é desastroso. O preconceituoso perde a capacidade de perceber o conjunto de características relevantes da pessoa, grupo ou situação objeto desse sentimento. Percebe, por exemplo, a falta de instrução de alguém, mas não observa o quanto essa pessoa tem disposição para estudar e/ou trabalhar.

O preconceituoso julga *todos* pelo que percebe em *alguns*. Comenta que em determinada comunidade "todos são desocupados", baseando-se na notícia de que uma ou outra pessoa não trabalha. Não consegue perceber *quantos* trabalham. O preconceito ocasiona prejuízos incalculáveis às pessoas e à sociedade.

Os mecanismos que afetam a percepção são, também, **situacionais**. Imagine-se uma pessoa *tocada*, nas costas, por outra pessoa:

- dentro da sala de aula ou do escritório;
- em uma rua movimentada de uma grande metrópole;
- em uma praça deserta às duas horas da manhã.

Os mecanismos de percepção *classificam e julgam* essas diferentes situações (p. ex., hostil, perigosa, confortável, boa, ruim etc.) e, com isso, determinam o comportamento.

Como na maioria das atividades humanas, além de tendências inatas, reconhece-se a existência da *aprendizagem perceptiva* e da *maturação* (Braghirolli *et al.*, 1998:76).

Assim, mediante experimentação e exercícios de estimulação das sensações e das percepções, profissionais especializados atingem níveis invulgares de percepção de paladares, aromas, sons, cores, texturas, formas e movimentos.

A excelência na tarefa *inclui* a *aprendizagem perceptiva*, por meio da qual o profissional desenvolve a capacidade de discriminar detalhes mínimos em materiais, produtos e serviços, capazes de produzir *diferenciais* em qualidade.

Nas Organizações, profissionais de todas as áreas podem desenvolver a percepção em variados graus. Alguns exemplos:

- na remoção e controle de falhas, o especialista "vê" o defeito invisível; em muitas tarefas, formar um especialista exige anos de prática e dedicação contínuas;
- conferentes de lançamentos experientes detectam erros mínimos de registros (em organizações hospitalares nas quais estagiários realizavam o controle de lançamentos em prontuários, as taxas de erros chegavam a surpreendentes 10%, ocasionando atrasos de recebimentos de faturas e reembolsos, entre outros custos);
- revisores de textos detectam os vários tipos de falhas (gramaticais, de digitação), com velocidade e qualidade inacreditáveis.

A percepção aplica-se também a fenômenos fora do campo concreto: a *processos* de maneira geral. Os profissionais desenvolvem esse tipo de percepção à medida que adquirem experiência e conhecimento. Ela propicia *sensibilidade* aos fatores que influenciam os resultados, como ilustra o Caso 3.4.

Caso 3.4

Em Organização de produção seriada, nomeou-se, para um cargo de gestão de produção, profissional originário de outra área, cujo desempenho era amplamente reconhecido.

O novo gestor desconhecia detalhes essenciais do funcionamento do processo produtivo.

> Repetindo experiências anteriores, implementou programa de redução de custos, em que dispensou alguns profissionais ligados ao controle de qualidade, cujas atividades não foram interpretadas, por ele, como essenciais.
> O processo, pouco a pouco, sinalizou perda de eficiência, indicada por:
> - aumento nas manutenções corretivas;
> - maior tempo para *set up*;
> - rejeições de entregas feitas pelos clientes.

O desenvolvimento da percepção para inúmeros detalhes dos processos, qualquer que seja sua natureza, depende de detalhes, muitas vezes sutis.

Cabe também destacar que a percepção, da mesma maneira que um músculo, sofre atrofia pela falta de uso.

3.4.2 Fenômenos da percepção

> *"Tanto nos acostumamos às nossas ilusões, que as confundimos com realidades."*
> Daniel J. Boorstin, historiador (EUA, 1914-2004)

Esses fenômenos complexos contêm componentes inatos, de aprendizado e de maturação, e desenvolvem-se de forma tão gradativa, desde o nascimento, que se tornam despercebidos. Eles recebem influência de diversos fatores. Por exemplo, *condições ambientais* (iluminação, ruídos, temperatura etc.), capazes de provocar distorções e ilusões.

> O indivíduo alcoolizado comete erros, facilmente, na avaliação da distância – um dos motivos para acidentar-se quando dirige ou trabalha.

O excesso de estímulos constitui outro fator porque dificulta a fixação da atenção e a discriminação. Em muitas situações, tem bastante sentido a expressão popular "uma coisa de cada vez". É difícil concentrar-se na tarefa e, ao mesmo tempo, ver o que acontece em uma mensagem sinalizada pelo telefone celular.

A. Constância perceptiva

Ilusão construída pelo cérebro, permite admitir que os objetos têm sempre as mesmas características (tamanho, cor, localização, peso etc.).

Ela possibilita ao indivíduo mover-se para alcançar um objeto – atividade aparentemente banal, que requer uma sucessão contínua de cálculos de distâncias pelo cérebro.

> Sacks ensina que *"atingimos a constância perceptiva (...) muito cedo, nos primeiros anos de vida. Trata-se de uma enorme tarefa de aprendizado, mas que é alcançada tão suavemente, (...) que sua imensa complexidade mal é percebida"* (Sacks, 1995:141).

Essa capacidade é essencial para a sobrevivência porque os estímulos que produzem as sensações modificam-se continuamente.

> Todas as pessoas de uma plateia percebem o mesmo tamanho, cor e formato de uma folha de papel branco A4, apresentada pelo palestrante, embora as *sensações* variem de observador para observador, dependendo dos lugares que ocupam.
>
> O formato retangular da folha é uma *imagem mental*. O cérebro "não aceita" a hipótese de que a folha não seja um retângulo. Da mesma forma, não cria a percepção de que ela se reduza de tamanho com o aumento da distância.
>
> Caso a luz ambiental seja amarela, a folha continuará identificada como branca. Além disso, ela parecerá estável nas mãos de quem a segura, embora a pessoa e a folha estejam em contínua oscilação. (A estabilidade é outra abstração construída pelo cérebro.)

B. Organização perceptiva

Consiste em receber diversos estímulos, de um ou vários objetos, e integrá-los em uma unidade. Em *Ver e não ver*, Sacks (1995:123-164) relata o efeito da perda dessa capacidade por um indivíduo: "*via a pata, o rabo, uma orelha, mas não conseguia ver tudo junto, o gato como um todo*".

Ela é regida por alguns *princípios e tendências universais* apresentadas a seguir.

B.1. Relação figura e fundo

Tendência organizadora fundamental (Braghirolli *et al.*, 1998:79), possibilita que, em qualquer conjunto de estímulos, sempre se destaque uma porção mais definida e organizada – a *figura* – com um *fundo* coadjuvante.

Para **Kurt Goldstein** (Polônia, 1878 – EUA, 1965), eminente médico e cientista, a relação figura e fundo ocupa o centro da consciência que permanece atenta, constituindo a organização primária do funcionamento do organismo (Hall, Lindzey e Campbell, 2000:349).

> Na festa, no *shopping center*, na arquibancada, a pessoa amada destaca-se e as demais não passam de um fundo sem formas definidas.
>
> Desafio para o Marketing: entre tantos produtos e serviços semelhantes, conseguir que *seu* produto seja a *figura amada*.

Caso 3.5

Na Administração por Objetivos (ApO), indicadores selecionados ("figuras") concentram as percepções dos profissionais, dirigem as decisões e facilitam organizar e hierarquizar as ações. Isso evita que se dirija a *atenção* ao menos relevante. Esses indicadores tornam-se as "figuras" na percepção.

Dois casos opostos foram acompanhados: uma Organização, em que os indicadores selecionados *cristalizaram-se* como *figuras*, e outra, em que tantos foram os escolhidos como preferenciais, que acabaram por se tornar inúteis para as gerências.

No primeiro caso, as ações estratégicas deixaram de acompanhar transformações do mercado, porque os indicadores principais perderam sua relevância. No segundo, o excesso impossibilitava criar focos.

Burow e Scherpp (1984:25) observam o caráter *dinâmico* da relação figura e fundo: o que em um instante é *figura* pode, logo a seguir, tornar-se fundo.

Isso se verifica na *hierarquia de necessidades de Maslow*: a necessidade de ordem inferior, se insatisfeita, constitui a *figura*, enquanto as demais permanecem como *fundo*. A satisfação dessa necessidade abre espaço para que outra, de ordem superior, torne-se *figura*.

*Conclusão: o cérebro prioriza o que ocupa o lugar de **figura***, como sugerem os exemplos:

- ruídos ou movimentos *repentinos* modificam ou tiram a concentração: tornam-se a *figura* (uma vibração do celular, indicando a chegada de uma mensagem...);
- quanto mais a temperatura ambiente ultrapassa os 23ºC ou cai abaixo de 18ºC, tanto mais as pessoas modificam seus comportamentos para adaptar-se ao desconforto, comprometendo a produção em qualidade e/ou quantidade. O pensamento concentra-se na sensação de calor ou frio;
- condições precárias de assistência à saúde podem dominar a percepção do indivíduo e desviar energias essenciais ao trabalho, por exemplo, em caso de falta de assistência para um membro da família;
- determinadas ações devem ser desencadeadas em momentos adequados, em que reúnam maiores possibilidades de se tornarem a *figura*. Por exemplo, não se inicia uma complexa alteração de procedimentos em plena negociação de salários – nem os profissionais nem o empregador conseguirão se concentrar nas alterações técnicas. É pouco provável que um programa de "atualização das normas de manutenção" ganhe suficiente atenção quando a empresa passa por uma atualização tecnológica de parte da linha de produção ou por uma substituição radical de *software*.

Caso 3.6

O cuidado com lançamento de programas institucionais, com foco no público externo, deve abranger, também, o *público interno*.

Organização de projeção nacional promoveu ampla divulgação da excelência de seus serviços na exata semana em que seus profissionais iniciavam uma "operação tartaruga".

Essa ocorrência afetou a percepção de "figura" e "fundo" dos clientes, expostos a dois tipos de estímulos conflitantes: as manifestações dos profissionais e os conteúdos das propagandas.

Experiências anteriores, fatores emocionais, a natureza dos estímulos contribuem para a construção dessa relação maravilhosa e intrigante entre figura e fundo, e *que não se aplica somente a **imagens***.

Situações em que Organizações e pessoas perdem a oportunidade de se comunicarem melhor povoam o cotidiano, por se dar atenção insuficiente aos fenômenos da percepção, conforme ilustra o caso seguinte.

Caso 3.7

O serviço de atendimento a clientes de uma grande Organização enfrentava rotatividade excessiva do quadro de pessoal. Os atendimentos pautavam-se pela demora excessiva ocasionada pelo conflito entre cliente e profissional.

A dificuldade foi superada por uma simples modificação no *estilo da comunicação*.

Quando um atendente de reclamações *diz "**compreendo** seu aborrecimento, senhor"* (ênfase em *compreendo*), ele dirige a percepção do cliente para a *compreensão* e abre espaço para o diálogo e o entendimento.

Dizer *"compreendo seu **aborrecimento**, senhor"*, deslocará a ênfase para o estado emocional do cliente, colocando mais obstáculos ao entendimento.

Os atendentes foram devidamente orientados e treinados. Rapidamente os conflitos reduziram-se a índices perfeitamente toleráveis.

A determinação da "figura" oculta na fala dos clientes, de grande utilidade nas atividades onde existe o relacionamento interpessoal (serviços de manutenção, vendas, atendimento a reclamações ou solicitações, ouvidoria etc.) possibilita:

- sensível redução de conflitos, pela identificação de eventos críticos não manifestos (às vezes inconscientes para o cliente): pressa (urgência); falhas no serviço; erros de faturamento; dificuldades com os *clientes dos clientes*;
- padronização mais eficaz da fraseologia, permitindo construir diálogos consistentes com a "figura" e promover melhor entendimento;
- aumento da motivação no trabalho, decorrente da redução da ansiedade provocada pelos conflitos e da maior segurança na exposição de ideias;
- diminuição do tempo médio de cada atendimento, se for o caso.

O sucesso desse tipo de ação depende de um detalhado *diagnóstico situacional*, porque as pessoas envolvidas nas atividades e processos muitas vezes não percebem as causas raízes das dificuldades, *particulares a cada Organização*. Isso acontece porque *problemas imediatos* constituem a *figura* dominante na percepção dos envolvidos e geram *esquemas rígidos de pensamento* em torno deles.

B.2. Princípio do agrupamento

Especialistas em Organização e Métodos (O&M) recomendam que, em tabelas, não se coloquem traços separando linhas ou colunas, nem se faça um quadro de contorno. Assim, economiza-se material, reduz-se o desgaste das impressoras, diminui-se o tempo de impressão e aumenta-se a facilidade de leitura (visto que esse procedimento *despolui* a página de traços desnecessários) e melhora-se a estética.

Entretanto, os profissionais insistem em separar linhas e colunas por traços de variadas cores e espessuras. Basta observar nas telas: números perdidos em uma teia de traços.

As informações apresentadas a seguir foram transcritas de uma tela do visor em um serviço de atendimento a clientes. Percebe-se claramente:

- cinco colunas de valores;
- subagrupamentos das colunas, referentes aos bimestres;
- as linhas com os faturamentos de cada cliente;
- dois conjuntos de clientes, com receitas na faixa de R$ 100,00 e de R$ 50,00.

cliente	janeiro	fevereiro	março	abril	maio
10456	105,00	100,05	100,50	103,00	141,20
10457	100,00	90,01	90,50	93,10	94,00
10458	55,00	56,00	57,00	55,00	54,00
10459	55,00	55,50	54,50	53,20	52,80
10460	49,00	50,15	48,50	52,10	51,10

A visualização acontece pelo critério da **proximidade**. Evidencia-se a total *inutilidade* de traços de contorno. Na forma recomendada, a percepção concentra-se na informação.

O agrupamento também ocorre pelo critério da *semelhança* entre os elementos. A primeira linha da tabela, alfabética, não se confunde com a seguinte, *numérica*.

O princípio do agrupamento contribui para a percepção de uma unidade consistente: o cérebro completa os estímulos, dando-lhes sentido. *Obedecendo a uma lógica aprendida*, aplica o *critério de fechamento*.

Esse critério tem grande aplicação em *comunicação*. A comunicação telefônica vale-se do critério do fechamento porque as pessoas são *analógicas*. O sucesso dos aparelhos celulares comprova que a compreensão da voz transmitida não requer grande qualidade.

Muitos conflitos no relacionamento interpessoal ocorrem por motivos semelhantes: a interpretação é feita a partir de uma série de pequenas ocorrências ou indícios.

O fenômeno do fechamento aplica-se a todas as funções mentais. Por exemplo, bastam alguns elementos para que o cérebro recupere informações armazenadas sobre um assunto, completando **lacunas da memória** (um princípio eficaz utilizado pelos estudantes nas "colas").

> **Caso 3.8**
>
> Um executivo de sucesso gerenciava diversas unidades descentralizadas, empregando a tática de visitas periódicas.
>
> Tornou-se conhecido e reconhecido por se recordar dos nomes de muitos profissionais das instalações que visitava.
>
> Com cuidado, registrava detalhes das pessoas que o recebiam, para poder trocar palavras com elas em alguma próxima oportunidade.
>
> Esse procedimento produzia nas pessoas a *percepção* de que o último encontro acontecera há pouco tempo e que este se repetia com regularidade.

B.3. Lei da boa forma

Por esse princípio (alguns autores o incluem entre os critérios de fechamento), o cérebro atribui *continuidade* a uma sequência de elementos e estabelece a forma resultante mais aceitável pelo padrão do observador.

Caso 3.9

O uso de gráficos é comum nas atividades de Planejamento e Controle.

Os analistas percebem que a aceitação de uma inflexão grave nas curvas de projeção (Figura 3.3) requer argumentações muito fundamentadas, de obtenção mais difícil.

Esse comportamento privilegia técnicas de extrapolação de resultados (como a conhecida "reta dos mínimos quadrados" – ver Figura 2.3) que atenuam inflexões acentuadas.

Dessa maneira, a forma de apresentar os dados constitui um obstáculo "racional" às tentativas de mudanças nos rumos ou nas estratégias da Organização ou, dependendo das intenções dos apresentadores, representa uma estratégia para fazê-las serem aprovadas.

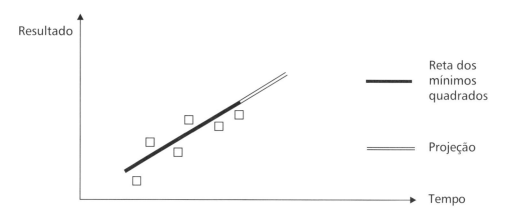

Figura 3.3 *A lei da boa forma – a "melhor" projeção é a reta.*

C. Movimento aparente e induzido

O *movimento aparente* ajuda a alegrar estabelecimentos comerciais, praças e ruas de cidades no mundo todo: luzes, acendendo-se em rápida sucessão, provocam a *percepção* de movimento de linhas de lâmpadas.

> Alunos do Instituto Tecnológico de Aeronáutica (ITA) praticavam (talvez ainda pratiquem) a curiosa brincadeira com os calouros: levavam-nos a conhecer o "freio à luz".
>
> No laboratório de máquinas, acionava-se um motor e os calouros observavam sua rotação; um veterano trazia uma *lâmpada estroboscópica* e, gradativamente, aumentava a frequência da luz, até que esta se igualava à do motor.
>
> Esse procedimento provoca a percepção de redução da rotação do motor, por meio da estabilização de uma marca de referência na parte giratória (não há registros de algum calouro ter colocado a mão sobre o motor...). Mecânicos ainda utilizam esse método para aferir a rotação de motores em veículos.

No *movimento induzido*, a movimentação de um objeto cria a percepção de que outro se desloca: a Lua parece mover-se atrás das nuvens; a pessoa no trem tem certeza de que se movimenta, quando na verdade é a composição ao lado que parte (exemplos citados em Braghirolli *et al.*, 1998:82).

A eficácia desses dois efeitos, largamente empregados (p. ex., em parques de diversões), recebe influência da aprendizagem e das expectativas do observador (Braghirolli *et al.*, 1998:82).

D. Profundidade

Arquitetos na Idade Média criavam percepção de *altura* superior à real em catedrais góticas, valendo-se das formas das colunas, da luminosidade e do formato das abóbadas, que buscavam reproduzir mãos fechando-se em prece acima de *"paredes que se dissolvem em luz"* (Michael, 1996:10).

> **Caso 3.10**
>
> A eliminação do ensino do desenho da formação pré-universitária nas escolas brasileiras privou ampla parcela da população de noções úteis, embora simples, de *perspectiva*.
>
> A falta de desenvolvimento da visão espacial dificulta a elaboração de abstrações, favorece a fixação no concreto e contribui para reduzir a visão de mundo do indivíduo, o que permite concluir que a eliminação dessa disciplina merece profunda reflexão.
>
> Essas consequências evidenciam-se na enorme dificuldade dessas pessoas para lidar com situações em que algum domínio de visão espacial mostra-se oportuno.
>
> Felizmente, muitos *jogos eletrônicos* valem-se de imagens em perspectiva, por meio das quais se consegue extraordinária percepção de profundidade; com isso, seus aficcionados desenvolvem competência em visão espacial.

A percepção de profundidade manifesta-se de muitas maneiras, algumas delas com consequências diretas para a segurança das pessoas:

- o objeto mais nítido parece mais próximo. Montanhas "aproximam-se" em dias frios porque a evaporação se reduz;
- objetos que se deslocam parecem mover-se mais rapidamente quanto mais próximos se encontram do observador (Braghirolli *et al.*, 1998:83). O cérebro da pessoa alcoolizada tem maior dificuldade para lidar com o complexo cálculo da velocidade *relativa*, o que aumenta a probabilidade de envolver-se em acidentes.

A noção de distância é **aprendida**. O cérebro percebe a distância porque, *"na convergência dos olhos, surge uma insignificante disparidade de imagens"* (Luria, 1991, v. 2, 1998:83): ele avalia a distância, comparando as ínfimas diferenças entre as imagens de cada retina.

As *perturbações das percepções*, de maneira geral, têm grande interesse para a avaliação da saúde física e mental do indivíduo e, sob esse aspecto, interessa à Medicina Ocupacional.

E. Ilusões perceptivas

Ilusão é "a distorção de imagens ou sensações reais" (Kaplan e Sadock, 2017:313). Estímulos (visuais, auditivos, táteis, gustativos e olfativos) não recebem a adequada interpretação.

Pesquisas comprovam que existem componentes culturais na percepção de ilusões, ou seja, a ilusão tem a ver com expectativas socialmente ajustadas. Os torcedores *percebem* melhor as faltas que o outro time comete; o juiz erra mais contra o time pelo qual se torce; os filhos dos outros cometem mais impropriedades; a professora é *sempre* a culpada. A emoção encontra-se presente.

Não se estranhe, pois, que as ilusões a respeito de objetos voadores não identificados concentrem-se em determinados pontos do planeta e sejam improváveis em outros. Um disco voador causa muito mais impacto aparecendo em um ponto remoto da Serra de Paranapiacaba no interior de São Paulo, ou na Chapada dos Guimarães em Mato Grosso, do que esvoaçando sobre uma grande avenida, à luz dos holofotes de vigilância, acompanhado pela segurança eletrônica do mercado financeiro, ou perturbando o sono dos trabalhadores abrigados sob os incontáveis telhados de zinco de algum subúrbio.

O mesmo acontece no ambiente organizacional:

- as pessoas das outras áreas cometem mais falhas de procedimentos;

    Indicadores numéricos objetivos e bem compreendidos, análise de resultados em colegiado são instrumentos úteis para reduzir esse efeito.

- o gerente sempre se mostra menos rigoroso na avaliação dos colegas de trabalho;

    *Avaliação de **equipes** e não de indivíduos, **critérios** previamente debatidos e compreendidos facilitam a aceitação dos resultados.*

- resistências a programas organizacionais podem decorrer de ilusões perceptivas. Por exemplo, quando processos de demissão "incentivada" povoam as notícias, qualquer ação destinada a melhorar a *produtividade* gera ilusão perceptiva de demissões.

A escolha do **momento propício** *para o lançamento de novos programas permite capitalizar a emoção favorável.*

Maurits Cornelis Escher (1898-1972), o extraordinário gravador holandês, foi o grande mago da ilusão perceptiva. Seus trabalhos encontram farta aplicação em treinamentos e inspiram criações em diversas áreas, sendo consulta obrigatória de todos os que pretendem compreender melhor esse fenômeno.

Poucas pessoas obtiveram tanto sucesso em "*expandir as limitações artísticas da superfície plana sobre a qual trabalhou*", assinala Miranda Fellows em *The life and work of Escher* (Fellows, 1999:5).

Quando há conflito entre o sentido da visão e outros, predomina a percepção provocada pelo estímulo visual. A esse fenômeno denomina-se "captura visual" (Myers, 1999:129) e constitui claro indicador da importância da visão para o ser humano.

3.4.3 Como o cérebro trata a percepção

René Spitz (Áustria, 1887 – EUA, 1974) destaca que *"a percepção, no sentido no qual os adultos percebem (...) deve ser aprendida"* (Spitz, 1980:65). Acentuada nos primeiros anos, essa aprendizagem continua ao longo da vida.

A imagem mental que representa a percepção depende dos sentidos utilizados para constituí-la. Assim, uma pessoa cega, que aprende a identificar objetos pelo tato, não os reconhecerá visualmente caso recupere a visão (Spitz, 1980:137). Essa constatação comprova, também, a existência da aprendizagem perceptiva.

A aprendizagem perceptiva acontece nas interações do indivíduo com os fenômenos, com base em um processo denominado **assimilação**, por Jean Piaget, no qual os novos dados são incorporados aos já existentes (Dolle, 1981:50).

Para administrar esses novos dados e situações com os quais continuamente se depara, o cérebro utiliza a **generalização** (Lundin, 1977:127).

Por meio dela, o indivíduo trabalha novas situações, utilizando **fatos semelhantes** já ocorridos. Ela possibilita desenvolver conceitos, encontrando *propriedades comuns* a diferentes objetos (Lundin, 1977:136). Sem a capacidade de generalizar, torna-se impossível o autodesenvolvimento.

> Quando insucessos recentes foram assimilados, as pessoas generalizam essa percepção. Isso acontece nos Programas Organizacionais, recomendando-se aos gestores de novos programas a estratégia de conduzir um trabalho de *modificação da percepção* para reduzir as resistências e minimizar os custos de implementação.
>
> Observe-se que cada novo fracasso aumentará ainda mais as dificuldades no futuro, fortalecendo o *esquema rígido de pensamento* de que "aqui nada dá certo".

Lundin destaca a importância da **discriminação**, para ele, *"a base sobre a qual aprendemos a pensar e a resolver problemas"* (Lundin, 1977:127). Ela depende de *exercício*. Alguns exemplos:

- empregados de controle de qualidade discriminam mínimos desvios, ainda que os objetos passem sobre esteiras móveis, em razoável velocidade;
- pessoas que permanecem horas na lúdica atividade de fazer deslizar as telas de seus telefones celulares, discriminam o que lhes interessa a partir de mínimos sinais (cores, palavras, imagens) e, então, interrompem o movimento;
- expectadores acostumados à dinâmica dos clipes de televisão aprendem a ver detalhes no meio daquela aparente confusão de imagens que se sucedem em alta velocidade.

O Marketing enfrenta esse tipo de desafio:

- criam-se estímulos que se tornam atrativos aos olhos dos clientes – fatores socioculturais exercem influência;
- procura-se que o cliente discrimine exatamente a informação que o fará adquirir o produto ou serviço.

Sabe-se também que o cérebro não privilegia, ou procura alternativas para ignorar, estímulos capazes de promover desconforto. Essa característica denomina-se **eliminação**. Exemplos:

- propagandas concentram a atenção dos clientes nas virtudes do produto, para reduzir a percepção de alguns defeitos. O cérebro concentra suas energias no agradável;
- supervisores impossibilitados de melhorar as condições ambientais, costumam investir em aspectos afetivos das relações de trabalho, conseguindo obter maior tolerância dos profissionais para situações adversas;
- reclamações pouco fundamentadas sobre o ambiente de trabalho indicam pobreza nas relações interpessoais.

3.4.4 Percepção subliminar

Calazans conceitua como "subliminar", do ponto de vista psicológico, *"qualquer estímulo abaixo do limiar da consciência, estímulo que – não obstante – produz efeitos na atividade psíquica"* (Calazans, 1992:26).

O estímulo ou mensagem subliminar produz efeitos no *inconsciente* e pode ressurgir a qualquer momento (às vezes, com o nome de "intuição") e afeta sentimentos e comportamentos.

Segundo Bordini e Aguiar, todos os trabalhos criativos contêm mensagens subliminares. Para esses autores,

> *o trabalho criativo não é individualista, mas individual, pois pertence ao criador, já que ele o produz. Mas esse fazer, de um lado, é orientado por tudo o que já se fez e pelos valores cultivados pela sociedade, e de outro pelo inconsciente, cujos impulsos o criador não conhece* (Bordini e Aguiar, 1988:63).

Wilson Bryan Key, citado por Calazans, demonstrou existir um componente morfológico na captação dos registros subliminares (Calazans, 1992:29).

Esse mecanismo possibilita ao cérebro organizar as informações: o que não consegue tornar-se *centro da atenção* ("figura") fica condenado ao depósito indiferenciado do inconsciente; retornar, por exemplo, em sonhos e pressentimentos.

– aspectos informais da cultura empresarial contêm poderosas mensagens subliminares;
– símbolos da Organização (do tipo *broches ou pins*) transmitem mensagens subliminares: "quem não usa não pertence à equipe"; "quem os utiliza aceita os valores comuns";
– administradores de Recursos Humanos costumam inserir mensagens subliminares nos documentos de pagamentos dos profissionais. Isso requer cuidado: a mensagem ficará associada à remuneração;
– uma rede de supermercados coloca na tela do caixa a mensagem "Sempre amando você", brilhando a cada produto que passa pela leitora de marcas. Ela chega a ser lida uma centena de vezes em uma única compra;
– em um serviço de telemarketing, o atendente repete "com naturalidade", diversas vezes, o nome de um serviço, promovendo sua memorização e tornando o cliente mais predisposto para percebê-lo na mídia.

Mensagens subliminares são intensamente utilizadas nas *páginas da internet*. Ao lado de notícias e conversas, aninha-se um número indeterminado de informações na tentativa de que se fixem no inconsciente das pessoas. Elas encontram-se nos sites, nas páginas das redes sociais, onde quer que existam aplicativos. As pessoas as recebem em seus telefones celulares. Assim registram-se marcas, imagens, produtos e serviços, que serão oportunamente reconhecidos sem que o indivíduo tenha consciência de que isso acontece. Essas mensagens subliminares referem-se, também, a *comportamentos e ideias* – prestando-se à divulgação e fixação de ideologias: nada lhes escapa.

Para o Administrador, a questão essencial a respeito da percepção subliminar encontra-se na sua eficácia para persuadir colaboradores e consumidores a comportarem-se de acordo com padrões esperados. O fato de, logo após uma exposição ao estímulo subliminar, a pessoa apresentar determinado comportamento, pouco ou nada significa em relação à permanência desse mesmo comportamento.

Myers assinala que várias pesquisas indicam a irrelevância das mensagens subliminares sobre a persuasão, ou seja, não há indicações seguras de efeitos sobre o comportamento habitual (Myers, 1999:106).

Portanto, recomenda-se cautela aos profissionais de Marketing na utilização desse tipo de estratégia com o objetivo de obter novos comportamentos do consumidor.

> O caso do assassinato do Arcebispo Thomas Becket, em Canterbury, sede da Igreja Anglicana na Inglaterra, por quatro cavaleiros do rei Henry II, encerra este estudo sobre a percepção. Provavelmente, um triste erro de percepção, que assinala a preponderância da *emoção* sobre as demais funções mentais superiores.
>
> Na corte em Paris, Henry II teria lamentado: "*Not one will deliver me from this low-born priest?*", segundo Jane Wilton-Smith (1994:8). Na *percepção* de alguns fiéis cavaleiros, a frase foi compreendida como um pedido para que o prestigioso Arcebispo fosse morto (evidentemente, os cavaleiros tinham suas expectativas de ganhos, reforçadas por condições de contorno vigentes à época).
>
> O rei procurou detê-los, mas a precariedade dos meios de comunicação da época derrotou-o: não foram alcançados e o Canal da Mancha selou o destino do Arcebispo.
>
> A 12 de julho de 1174, relata Wilton-Smith, descalço e penitente, o rei atravessou a pequena Canterbury, em peregrinação até a Catedral, onde se ajoelhou perante a tumba de Becket e passou a noite em vigília reparatória.

Robert Wright, em *O animal moral* (Wright, 1996:159-177), relaciona várias situações emocionais que envolvem a percepção das pessoas:

- laços de amizade tendem a maximizar virtudes de um amigo e minimizar defeitos;
- isso se intensifica quando o amigo ocupa um cargo importante;
- as pessoas julgam com mais tolerância as ações (falhas) de quem se encontra em posição social superior à delas e com mais severidade os atos de quem se encontra em posição social inferior.

Esses comportamentos ratificam a constatação de A. Ellis, citada por Campos, de que "*a percepção do indivíduo torna-se seletiva no sentido de perceber apenas o que for confirmatório da sua própria filosofia*" (Rangé, 1995a:83), ou, segundo Wright (1996:66), "*ignorar informações incompatíveis com suas expectativas*".

Naturalmente, "acreditamos mais depressa nas descrições lisonjeiras que fazem de nós do que nas pouco lisonjeiras" (Myers, 1999:310).

Essas constatações recomendam ao Administrador a prudência de obter opiniões de pessoas que *não desfrutam* do círculo imediato de confidentes e profissionais de confiança. *Os áulicos de plantão sempre estarão dispostos a aplaudir as extraordinárias ideias do superior.*

Além disso, o que confirma a opinião do indivíduo tende a ser considerado, por ele, demonstração de sabedoria e bom senso, fechando-se o círculo vicioso entre o elogio e a vaidade: tende-se a buscar opiniões de pessoas que confirmarão um resultado esperado.

Daí a importância do *autoconhecimento*, para que o indivíduo (re)conheça suas limitações, encontre caminhos para neutralizar seus pontos fracos e utilize melhor os fortes.

3.5 ATENÇÃO

3.5.1 Conceito

A atenção é o mecanismo que permite a *fixação em alguns estímulos*, internos ou externos, organizando as informações significativas para possibilitar algum tipo de ação.

A atenção é *seletiva* (Kaplan e Sadock, 2017:263): focaliza alguns estímulos e descarta os demais por meio de células especiais localizadas no cérebro, denominadas *detectores de padrão* (Huffman, Vernoy e Vernoy, 2003:125).

A seletividade é influenciada por necessidades, motivações, interesses e personalidade do observador. Em uma festa, um cabeleireiro presta atenção aos penteados; uma costureira, às roupas; um sociólogo, aos diálogos; um psicólogo, aos comportamentos; um arquiteto, à decoração etc.

Conteúdos culturais também afetam a seletividade; daí que ensinar as pessoas a prestar atenção às semelhanças, em vez das diferenças, constitui um método para combater os preconceitos (Huffman, Vernoy e Vernoy, 2003:622).

Atenção *aprende-se*. O profissional de controle de qualidade desenvolve notável competência para identificar mínimas não conformidades. O profissional de enfermagem experiente detecta mínimos sinais de alterações nos pacientes. O efeito da aprendizagem na atenção verifica-se em todas as profissões, das mais simples às mais sofisticadas.

O efeito da aprendizagem não se limita ao concreto. Aprende-se a prestar atenção a detalhes de fala e de comportamentos que passariam facilmente despercebidos – competência extensamente desenvolvida entre investigadores da polícia, operadores do Direito, professores, supervisores de equipe e outros. Mínimas alterações de olhares, posturas e entonação da voz bastam para despertar a atenção nesses profissionais.

3.5.2 Características

A constância ou modificação dos estímulos afeta a atenção, por meio do fenômeno da *habituação*. Aqueles que permanecem constantes tendem a ser ignorados pelo cérebro, escapando à sensação, conforme visto anteriormente.

A atenção constitui o filtro fundamental dos estímulos para o funcionamento da percepção, da memória e do pensamento. A informação ignorada (eliminada na filtragem) não participará do processo de decisão.

> A decisão do leitor de continuar lendo até aqui significa que todos os demais estímulos (fome, sono, uma dorzinha de cabeça etc.) perderam em importância.
> Despertar e manter a atenção é estratégico em muitas atividades administrativas.

Erros na *execução* de tarefas, a não identificação de comunicados, a pouca receptividade a um lançamento de produto podem justificar-se pelo simples fato de que não se conseguiu *despertar* e/ou *manter* a atenção do público-alvo.

A batalha mercadológica, em muitos momentos, não passa de uma batalha pela obtenção da *atenção* do cliente, para gerar a *percepção*.

A **obtenção e a permanência** da atenção dependem das características dos estímulos: intensidade, novidade, repetição.

O lançamento de um Programa Organizacional requer estímulos de elevada intensidade, em sua fase inicial, que despertem a atenção para a novidade. Sua manutenção exige ações com conteúdos periodicamente renovados, para manter a atenção que foi despertada, lembrando-se de que ações *inusitadas* chamam mais a atenção do que ações *sofisticadas*.

A repetição das ações enfraquece os programas, porque leva à monotonia: elas incorporam-se ao "fundo" indiferenciado das atividades da Organização.

Manter a atenção sobre um programa significa conseguir que ele permaneça como "figura" na percepção das pessoas (clientes internos ou externos).

Fatores internos aos indivíduos também influenciam no despertar e na manutenção da atenção: **necessidades**, **objetivos**, coisas que proporcionam **prazer**; indícios de algo temido, esperado ou antecipado etc.

> Na Administração por Objetivos, a **meta** representa a "figura" em torno da qual as ações desenvolvem-se, evitando dispersão de esforços. Nela se presta persistente *atenção*.
>
> Preferências técnicas podem manifestar-se de forma inconsciente, levando profissionais a prestar maior atenção a características funcionais e operacionais de sistemas com os quais simpatizam.

A identificação de expectativas, necessidades e objetivos do público-alvo é essencial para o sucesso de uma série de Programas Organizacionais, como lançamento de produtos, modificações de estruturas e procedimentos, alterações em processos etc.

Os seres humanos sempre visam a um objetivo, e podem ser condicionados por suas necessidades. **Transformar um assunto em necessidade** constitui estratégia para ganhar a atenção (e, em consequência, a percepção) do cliente interno ou externo.

A atenção pode ser *arbitrária (voluntária),* quando dirigida pela vontade do indivíduo, ou *involuntária*. A comunicação capaz de despertar a *atenção involuntária* tem grande eficácia (p. ex., quando a pessoa recebe uma mensagem em seu telefone celular. O primeiro toque basta).

Para que algo desperte a atenção, faz-se necessária sua **nomeação**. A partir da nomeação (p. ex., "computador", "internet"), as pessoas passam a reconhecer a existência de qualquer coisa, tornando-se possível despertar-lhes a atenção para ela.

> O *nome* tem extraordinária importância para gerar expectativas no lançamento e na fixação da imagem do produto ou serviço. A escolha que desperta emoções positivas contribui para o sucesso e facilita a ocupação de espaço no mercado.
>
> O fenômeno funciona, também, de modo inverso: um nome mal escolhido contribui para o insucesso. No mínimo, pode significar a necessidade de maiores investimentos para conseguir sua aceitação e fixá-lo.
>
> Organizações promovem concursos para indicação de nomes de produtos como forma de propaganda institucional, apoio ao lançamento e identificação de aspectos relacionados às percepções que envolvem a escolha.

3.5.3 O Desafio da Concentração

A portabilidade de equipamentos de comunicação (celulares e outros) acentuou ainda mais, para a administração, o desafio de *manter os profissionais com a atenção concentrada na atividade*.

O fato de o indivíduo **saber** que, à sua mão, com um simples toque, terá acesso a informações diversas já se torna um convite a desviar-se da tarefa. É evidente o *condicionamento* (tema do Capítulo 4) que se manifesta no comportamento de permanecer tocando a tela dos equipamentos, percorrendo imagens e comunicados ou trocando mensagens.

As facilidades das redes sociais, dos aplicativos como o WhatsApp, os convites dos sites de entretenimento "distraem e são um desafio à produtividade", alerta com propriedade o especialista Pedro Doria, em sua coluna do jornal Cruzeiro do Sul (09/05/2017;A2).

Algumas facilidades dos próprios *equipamentos de trabalho* contribuem para acentuar a distração. As redes internas de comunicação, que compreendem, no mínimo, troca de mensagens por e-mail, constituem outro convite à paralisação das tarefas a qualquer momento ou à desatenção ao que se faz. Um olho na tela de trabalho, outro na janela auxiliar.

É absolutamente notável e contemporânea a observação da filósofa **Hannah Arendt**: (Alemanha, 1906 – EUA, 1975): *"Os aparelhos, que outrora manejávamos livremente, começam a mostrar-se como se fossem 'carapaças integrantes do corpo humano, tanto quanto a carapaça é parte integrante do corpo da tartaruga".*

Em inúmeras funções, é possível estabelecer facilmente controles que permitem eliminar influências externas – coibindo o uso de equipamentos de comunicação e gerenciando os aplicativos aos quais o profissional tem acesso. Em outras tantas, entretanto, isso é virtualmente impossível: cada vez mais, o profissional atua de forma autônoma (dentro ou fora da Organização) e não existe possibilidade de supervisão individualizada. A solução encontra-se no campo emocional, pelas vias da motivação, da liderança e do compromisso com a equipe.

3.6 MEMÓRIA

> *"Se a realidade é precisa, a memória não o é."*
> Jorge Luiz Borges (Introdução a *Elogio da Sombra*)

Jung conceitua *memória* como *"a faculdade de reproduzir conteúdos inconscientes"* (1991b:18). Três aspectos têm interesse imediato para a Administração: o armazenamento e recuperação do material, as falhas de recuperação e a possibilidade de enriquecimento da memória.

A. Memorização e recuperação do material armazenado

Ativa-se um conteúdo da memória com base em *sinais* – informações recebidas pelos sentidos –, ocorrendo o fenômeno da *atenção*. Se ao sinal não corresponde a atenção, a informação perde-se sem ativar a memória.

> Nos programas de prevenção e combate a incêndio, por exemplo, os estímulos para despertar a atenção do indivíduo devem ser capazes de, além de quebrar a concentração no trabalho, promover a associação, por meio da memória, com o *comportamento desejado*.

Por esse motivo, o treinamento requer *repetições periódicas*.

Nos processos em que o controle de não conformidades emprega um ou mais dos cinco sentidos, dirige-se o treinamento à memorização dos sinais das inadequações. Por menores que sejam, eles devem ser capazes de despertar a atenção por meio da discriminação.

Uma vez que se tenha prestado atenção e registrado o estímulo, ocorre a possibilidade de recuperação de informações, vasculhando-se os "depósitos" da memória.

O material verbal seria armazenado por seu significado (suas ideias – as pessoas não se lembram da forma das letras). O material visual, na forma de quadros.

Agostinho, o bispo de Hipona, tinha essa percepção já no ano 400 da Era Cristã. Ele registra em suas *Confissões*:"Todas estas realidades não nos penetram na memória. Só as suas imagens é que são recolhidas com espantosa rapidez e dispostas, por assim dizer, em células admiráveis, donde admiravelmente são tiradas pela lembrança" (Agostinho, 1987:178).

O brilhante pensador continua: *"Se a sua imagem não residisse na minha memória, de modo algum poderia recordar a significação que tem o som desta palavra"* (Agostinho, 1987:182).

Na recuperação do material, entretanto, a mente humana faz composições, preenche lacunas, aumenta, distorce, abrevia etc. Tende-se a "esquecer" questões dolorosas e recuperar mais facilmente as coisas agradáveis. *Boas lembranças* fixam marcas, serviços, produtos etc. Quanto mais forte o conteúdo *emocional*, melhor o resultado da estratégia.

Em outras palavras: transformar o *fato administrativo* em um complexo de boas lembranças; inserir na frieza dos acontecimentos mercadológicos o calor da emoção especialmente agradável – o dedo esperto a apertar o nó do laço da fidelidade.

Slogans, *buttons*, logomarcas, associados a eventos de premiação e reconhecimento, representam sinais que se associam a fatos agradáveis e prestam-se a desencadear o mecanismo da memória no público interno e externo.

Ressalve-se que não há consenso, entre os estudiosos, quanto à hipótese de que as questões dolorosas são preferencialmente esquecidas. De qualquer modo, as coisas interpretadas como relevantes parecem ser lembradas com maior facilidade, ainda que o critério de relevância seja situacional e fortemente mediado pela emoção.

Além disso, pela facilidade de associar a uma imagem mental, lembra-se melhor as coisas que se referem ao concreto do que ao abstrato (Myers, 1999:195).

B. Falhas de recuperação do material armazenado

À preocupação com a memorização da informação soma-se a de se evitarem **falhas na recuperação**, decorrentes de:

- **codificação**: a codificação pode ter sido ineficiente, por exemplo, por falhas na atenção – algo muito comum no ensino; o cérebro privilegia o significado do item, mas não sua forma;
- **armazenamento:** desvanecimento dos traços com o passar do tempo; lembra-se "o quê", mas não o "como", "de onde", "quando" etc. (Huffman, Vernoy e Vernoy, 2003:242);
- **recuperação:** mesmo que o armazenamento seja perfeito, o processo de recuperação distorce (Huffman, Vernoy e Vernoy 2003:242);

- **interferência:** competição com outros conteúdos já existentes; novos conteúdos incorporados à memória influenciam os registros anteriores;
- **falhas no resgate:** o código de busca não corresponde ao de armazenamento.

Investigações a respeito de falhas de recuperação têm conduzido a conclusões que merecem reflexão por parte de administradores e, especialmente, de juízes e advogados.

Pessoas que fantasiavam costumeiramente durante a infância, assinala Myers (1999:147) *"reviviam experiências ou imaginavam cenas com tanto ardor de vez em quando que, mais tarde, tinham dificuldade para distinguir as fantasias lembradas das lembranças de eventos reais"*. Assinale-se que as crianças aprendem depressa, porém, também se esquecem rapidamente!

Naturalmente, a fantasia – que acontece também entre adultos – afeta a percepção. De fato, pesquisas indicam (Huffman, Vernoy e Vernoy, 2003:247) ser possível criar falsas lembranças e Myers alerta que as pessoas completam os hiatos da memória com suposições plausíveis, como se, de fato, tivessem observado ou experimentado aquilo de que se recordam (Myers, 1999:208). Isso se observa corriqueiramente em acidentes envolvendo automóveis.

Não há consenso quanto à possibilidade de uma pessoa reprimir e depois recuperar a lembrança inteira de um evento traumático. Para muitas pessoas, o desafio maior consiste em esquecer – as situações vividas em processos traumatizantes de "demissão incentivada" constituem exemplos típicos.

Por outro lado, "a vivacidade de uma lembrança não é uma prova de que algo realmente aconteceu"; por mais nítidas que sejam as imagens, elas não se encontram isentas de alterações com o tempo (Huffman, Vernoy e Vernoy, 2003:246).

Afinal, a memória é "tanto uma reconstrução quanto uma reprodução", não se podendo ter certeza de que algo é real por parecer real; *as memórias irreais também parecem reais* (Myers, 1999:210).

Um exemplo muito conhecido desse fenômeno são as alucinações pelas quais passam as pessoas que jejuam por longo período – mais tarde, as visões de inferno ou paraíso tornam-se reais em suas mentes. Deve-se ter muita atenção a relatos de conflitos no ambiente de trabalho, particularmente quando há grande envolvimento emocional e transcorreu extenso lapso de tempo.

Myers também registra como particularmente não confiáveis as memórias relativas a períodos anteriores aos 3 anos de idade e as recuperadas sob hipnose ou influência de drogas (Myers, 1999:213).

Existe, também, poderoso aspecto cultural da memória. Pessoas em sociedades de cultura oral lembram-se melhor do que ouvem do que daquilo que leem (Huffman, Vernoy e Vernoy, 2003:249). Esta característica traz importante alerta para a geração atual: a pessoa que lê mal apresentará dificuldade crescente para lembrar-se do que leu e o esforço para aprender por meio da leitura será cada vez maior.

O mesmo fenômeno serve para alertar os administradores de que convém pensar duas vezes antes de demitir especialistas para economizar tostões: é mais fácil treiná-los em novos conteúdos, porque eles se recordam com mais facilidade das coisas relacionadas com suas especialidades.

A ligação existente entre memória e cultura tem relação com os esquemas de pensamento, que favorecem as associações entre tudo aquilo que tem a ver com os conteúdos culturais.

C. Enriquecimento da memória

Reconhece-se a possibilidade de enriquecer a memória por meio de técnicas adequadas, como:

- concentração da atenção: nas atividades em que a memorização tem relevância para o desempenho, o ambiente deve favorecer a ***concentração***. Por exemplo, quando o profissional analisa documentos sujeitos a falsificação ou falhas sutis de preenchimento, o ambiente favorável aumenta a qualidade do trabalho;
- enriquecimento do material por associações de ideias, informações e imagens: professores costumam parear conteúdos teóricos com exemplos do cotidiano para gerar associações de ideias;
- organização e classificação do material: as conhecidas "ferramentas da Qualidade" utilizam fartamente essa estratégia; diagramas de árvore, "espinhas de peixe", fluxogramas, gráficos de Pareto e outras são formas de organizar e classificar o material. Elas facilitam ao profissional desenvolver *esquemas de pensamento flexíveis*, ajustados à análise das tarefas, e a criar "figuras" no conjunto pouco estruturado de informações disponíveis;
- integração com outros assuntos: em treinamentos técnicos, exemplos ligados à vida doméstica facilitam memorizar os conteúdos: comuns a todos os alunos, eles contêm forte apelo emocional, de fácil compreensão, e possibilitam participação ativa;
- estimulação repetida: a estimulação intensiva, concentrada, por um longo período de tempo, tem menor eficiência na formação da memória do que a estimulação repetida, espaçada, em que os conteúdos vão sendo paulatinamente agregados. O estudo espaçado é superior ao intensivo (Myers, 1999:194). Estudar um tema extenso em várias etapas é mais produtivo do que tentar aprendê-lo de uma única vez.

A eficiência dessas técnicas aumenta quando desenvolvidas em grupo, porque diferentes percepções enriquecem as associações.

Observa-se que o uso de diferentes sentidos ativa diferentes formas da memória. Existem pessoas que memorizam melhor um assunto por meio da visão; outras privilegiam a audição, outras o tato etc. A combinação dos sentidos amplia a recepção dos estímulos (daí o poder do audiovisual).

Por outro lado, também se reconhece a existência de um ponto de saturação da memória, a partir do qual o esforço de memorização torna-se desproporcional ao resultado. Identificar o ponto de saturação permite poupar gastos em comunicação mercadológica e em programas de treinamento.

> **Caso 3.11**
>
> É comum, nas grandes Organizações, que a área de desenvolvimento de pessoas estabeleça para indicador de seu desempenho o *número de horas de treinamento por profissional*.
>
> Esse indicador, caso não seja bem compreendido e gerenciado, acarreta o risco de estimular excesso de treinamentos, ultrapassando, em alguns assuntos, a possibilidade de resposta dos profissionais.

Determinados conhecimentos, principalmente aqueles que exigem a prática com o equipamento ou intensa repetição para a fixação das orientações, exigem maturação em campo antes de cada nova etapa de treinamento.

Em relação à idade, o declínio da capacidade de *reconhecer* é mínimo (recordação a partir de alguma pista) e é maior a diminuição da capacidade de *recordar* (recordação sem pista) (Myers, 1999: 94). Myers também assinala haver pouca diminuição da memória "futura", isto é, associada à lembrança de realizar determinada ação.

3.7 LINGUAGEM E PENSAMENTO

"Do viscoso lodo das palavras, do granizo e da nevasca das imprecisões verbais,
Das ideias e dos pensamentos inexatos, das palavras que lhes tomam o espaço,
Desvela-se a sequência harmônica da frase, e a beleza das palavras mágicas."

T. S. Elliot (1981)

Nas Organizações convivem duas linguagens. A técnica, mais precisa, exata e objetiva, e a de relacionamento interpessoal, com suas inexatidões, falhas e subjetividades, como bem assinala a epígrafe de T. S. Elliot.

O desafio gerencial é conseguir que a linguagem de relacionamento seja relativamente uniforme, independentemente de formação, escolaridade e atribuições dos profissionais. Trata-se de um desafio mais complexo do que parece à primeira vista.

Essa uniformização impõe-se por uma razão simples: *quanto mais diferentes as linguagens, mais diferentes os **pensamentos.*** Linguagem e pensamento são funções mentais superiores associadas. Fiorelli e Mangini alertam: "A *falta de sintonia* entre pensamentos e entre pensamentos e linguagem, muitas vezes, encontra-se na gênese, na manutenção e na ampliação de graves conflitos" (Fiorelli e Mangini, 2017, p. 22), que podem ocorrer entre os profissionais e também entre profissionais e clientes e fornecedores de produtos e serviços.

3.7.1 Conceitos de linguagem e pensamento

"A **linguagem** é a maior realização do homem e o sinal que, acima de todos os outros, o distingue dos antropoides" (Krech, Crutchfield e Ballachey, 1973:317). Ela é *"uma forma especializada de comunicação (...) demarcada por um repertório limitado de sons ou movimentos que são realizados sempre que certos estímulos os evoquem"* (Huffman, Vernoy e Vernoy, 2003:286).

A linguagem é, efetivamente, um produto social (Hall, Lindzey e Campbell, 2000:434). Observe-se a comunicação que transita nas *redes sociais*: surgem expressões, símbolos, palavras, representações típicas, específicas a grupos de pessoas. O indivíduo que não emprega determinada linguagem, automaticamente encontra-se excluído do grupo que a utiliza.

Para dominar uma linguagem, a pessoa tem de representar, mentalmente, alguma coisa por um som, imagem ou signo. O usuário de uma linguagem precisa compreender regras (Davidoff, 1983:340).

As palavras ajudam a pensar sobre pessoas e objetos não presentes. Assim, expandem, restringem ou limitam o pensamento.

Um estudante de Administração deu o seguinte exemplo: basta entrar alguém falando que "não dará certo" e um trabalho em equipe, que caminhava bem, começa a esmorecer. A palavra exerce poder sobre o pensamento.

Para Hobbes, *apud* Souza, *"a linguagem é o instrumento que capacita o homem a estabelecer maneiras diferentes de obter os objetos de seu desejo"* (Souza, 1996:199).

"É por meio da linguagem (...) que se passa do nível dos sentidos ao nível do racional, possibilitando a formação do pensamento abstrato e lógico" (Davis, 1992:72). Portanto, enriquecê-la contribui para desenvolver as pessoas.

Funções mentais estreitamente associadas, a linguagem depende do *pensamento* e o influencia.

O **pensamento** é *"a atividade mental associada com o processamento, a compreensão e a comunicação de informação"* (Myers, 1999:216) e compreende atividades mentais como raciocinar, resolver problemas e formar conceitos. Pouco se entende, ainda, sobre seus mecanismos.

Existe um *pensamento não dirigido*, a atividade mental errante, sem meta específica, em que lembranças, fantasias, percepções e associações misturam-se, em oposição a um *pensamento dirigido*. Este tem meta, destina-se à *resolução de problemas* e interessa diretamente à Administração. *O sucesso na solução de problemas liga-se à forma de pensar.*

3.7.2 Desenvolvimento do pensamento

Sob a óptica da Administração, a ideia de **Jean Piaget**, brilhante biólogo e psicólogo suíço (1896-1980), de que inteligência seja *a capacidade de utilizar o pensamento para a solução de problemas* é a que melhor se aplica para defini-la.

Jean Piaget estudou, em profundidade, o desenvolvimento do pensamento. Ele acreditava que os bebês humanos já nascem com a necessidade e a capacidade para, à medida que recebem estímulos, *adaptarem-se* ao ambiente, por meio de dois mecanismos (Dolle, 1981:48-52):

a) *Assimilação* do estímulo, isto é, sua modificação para adequá-lo à sua estrutura de funcionamento. Por exemplo, o bebê vem com uma estrutura física adequada para sugar e consegue fazê-lo no seio, na mamadeira ou em uma xícara.

b) *Acomodação* ao estímulo, isto é, modificação de sua própria estrutura para adaptar-se a ele. Por exemplo, o bebê que somente ingeria líquidos passa a adaptar sua forma de ingerir para deglutir sólidos.

Para Piaget, a *herança filogenética* garante que todos nasçam com a capacidade de adaptar-se ao meio e organizar-se, combinando dois ou mais processos e gerando um terceiro. Herdam-se as estruturas (sugar, pegar, olhar), não a *forma* de adaptação, que acontece mediante assimilação e acomodação.

As pessoas, segundo Piaget, desde o nascimento, desenvolvem-se, passando por vários estágios, cada um deles apoiado no anterior.

Ao primeiro denominou *estágio sensorio-motor* (do nascimento até o final do segundo ano de vida aproximadamente), em que a criança descobre o mundo e a si mesma, fisicamente. O domínio do corpo é incompleto e inicia-se a aquisição da linguagem.

No segundo estágio, o *pré-operacional* (aproximadamente do 3º até o 7º ano), a criança inicia a solução de problemas com objetos concretos; até o final do 5º ano, a maioria utiliza a mesma *linguagem* empregada pelos adultos em seu ambiente.

A aquisição da linguagem significa o *início* da capacidade de abstração. Nas brincadeiras imaginativas a criança começa a representar a realidade com figuras. Egocêntrica, vê o mundo a partir de suas perspectivas e confia cegamente no sensorial.

Entre o 7º e o 11º ano, aproximadamente, ela passa pelo *estágio operatório-concreto*, em que domina uma estrutura lógica e perde a confiança cega no sensorial. Expande a capacidade de distinguir *aparência* de *realidade*, *características temporárias* de *permanentes*. Tende a resolver problemas por ensaio e erro; porém, persiste a dificuldade para lidar racionalmente com *ideias abstratas*.

No *estágio de operações formais*, iniciado por volta dos 11 anos, desenvolve a capacidade de compreensão lógico-abstrata, de pensar sobre o *pensamento* e a respeito do que pensa. Consegue gerar alternativas para os problemas e confrontar mentalmente as soluções (permite-se abandonar a técnica de "ensaio e erro"). Ao final desse estágio, atinge a capacidade mental do adulto.

Saliente-se que o aspecto essencial da teoria de Jean Piaget a respeito do desenvolvimento do pensamento não se encontra nas idades em que determinado desempenho ou marco é atingido, mas na sequência em que os estágios se sucedem.

Assim, a evolução do pensamento ocorre do *concreto* para o *abstrato*, do *real* para o *imaginário*, da *análise* para a *síntese*, do *racional* para o *emocional*, acompanhando a evolução anatômica, fisiológica e psicológica do indivíduo.

Esse sofisticado processo evolutivo levanta uma *questão essencial para a Administração*, assinalada por Kaplan e Sadock: **as pessoas não necessariamente completam o último estágio piagetiano** (2017:96).

Assim, *"dependendo da capacidade dos indivíduos, alguns podem simplesmente não alcançar o estágio das operações formais, permanecendo no modo operatório concreto por toda a vida"* (Kaplan e Sadock, 2017:96). Esse fato, com certeza, é perfeitamente reconhecido por Administradores experientes, professores e profissionais especializados em desenvolvimento de competências.

> Conclusão: *a evolução do pensamento não é homogênea em todas as pessoas e os indivíduos atingem variados níveis de desenvolvimento mental.*

Isso explica por que não se obtêm determinadas respostas, apesar de intensos treinamentos. Pode-se estar exigindo resultados que requeiram desenvolvimento mental superior ao atingido pelo indivíduo.

Programas de difícil implementação requerem estratégias capazes de torná-los tangíveis e operacionais. Trata-se de ajustá-los às possibilidades cognitivas dos profissionais quando demandam entendimento *filosófico* de seus propósitos, nem sempre acessível a todos os participantes.

> *As mensagens e os desafios devem guardar sintonia com o estágio de desenvolvimento mental do público-alvo.*

A capacidade de absorção e elaboração, pelo indivíduo, das informações que recebe, vincula-se ao *estágio de desenvolvimento do pensamento* por ele atingido. Quando o profissional ainda não desenvolveu na plenitude o raciocínio abstrato, objetivos e metas de programas organizacionais podem fugir às suas possibilidades.

A Organização deve ajustar os desafios e conteúdos das mensagens às limitações dos diferentes grupos de pessoas, ou perderá em eficiência e eficácia.

> O cientista **Kaoru Ishikawa** (Japão, 1915-1989), criador do Diagrama de Causa e Efeito ou "Espinha de Peixe", alerta para o erro de se levarem cálculos matemáticos a determinados profissionais. Essa orientação nada tem de elitista.
>
> O significado da mensagem "encantar o cliente" (ou "surpreender o cliente"), por exemplo, é altamente variável e depende do nível de pensamento. Para uns, pode significar "fornecer produtos de baixo custo", para outros "produtos sem defeitos"; outros enxergam a "disponibilidade", a "entrega imediata", um "design futurista" e assim por diante.

O comportamento elitista consiste em forçar pessoas a tratar com fórmulas e números para os quais não se encontram preparados, levando-os a depender, em excesso, de "facilitadores", muitas vezes para o prazer destes e o desconforto daqueles, despertando sentimentos de ansiedade e queda de produtividade.

Essas questões devem estar presentes na admissão de novos profissionais e na elaboração dos programas de desenvolvimento. A expectativa de que todos possam ser treinados para assumir determinados desafios poderá frustrar-se pelas razões já expostas.

3.7.3 Pensamento e resolução de problemas

O pensamento tende a repetir esquemas que se revelaram úteis ou válidos em situações anteriores. Essa propensão aumenta em razão da quantidade de situações vivenciadas e da importância dos resultados das decisões.

Entretanto, as transformações ambientais podem tornar esses esquemas inadequados, como sugere o Caso 3.12.

> **Caso 3.12**
>
> Uma empresa familiar construiu, ao longo de mais de duas décadas, sólido mercado, na área de móveis sob medida, atendendo famílias de classe média.
>
> Os preços dos móveis sempre foram calculados por meio de *mark-up*, determinado pelo sócio-gerente responsável pelas finanças.
>
> Com o passar do tempo, o critério de *mark-up* passou a se revelar inadequado àquele mercado, prevalecendo o conceito de *valor agregado*. Essa transformação, entretanto, não foi percebida pelo sócio-gerente e, com isso, a empresa passou a perder participação.

O pensamento segue esquemas e a tendência, obedecida pelo sócio-gerente da empresa, no Caso 3.12, foi a de aplicar à nova situação de mercado as mesmas soluções praticadas historicamente.

Não lhe ocorre que, em regime mais competitivo, o preço mais adequado para cada produto deva ser estabelecido por meio de criteriosa comparação com a concorrência, tornando muito mais complexo o trabalho de determiná-lo.

Segundo Myers (1999:218), *"um grande obstáculo para a resolução de problemas é a nossa ansiedade em buscar informações que confirmem nossas ideias"*.

Um exemplo de como isso ocorre está no fato de gerentes e supervisores tenderem a apresentar *atenção seletiva* para as ações de empregados com os quais simpatizam porque, naturalmente, sintonizam com a forma de pensar dessas pessoas. Esse fato contribui para reduzir a diversidade de pensamento na Organização e, ao longo do tempo, compromete a criatividade na solução de problemas.O tratamento habitual que o cérebro dá às informações que recebe contribui para dificultar a resolução de problemas:

– eventos recordados com maior facilidade são considerados mais comuns; eles influenciam nas decisões porque se assume que terão maior probabilidade de ocorrer (Myers, 1999:220);
– a informação *mais prontamente disponível pode sobrepor-se a informações necessárias* (Ferguson, 2009:323) e afetar as decisões, tanto mais quanto maior for o impacto emocional dessa informação;
– a percepção sobre um acontecimento depende da forma como ele é apresentado. O efeito sobre uma decisão pode variar dependendo de se informar que 1 em cada 1.000 clientes pode processar a empresa ou que há 99,9 % de chance de ela não ser processada.

A linguagem, por outro lado, influencia *no quê* e *como* se pensa (Myers, 1999:232).

3.7.4 Linguagem e pensamento: uma complexa influência

Linguagem e pensamento constituem a base do processo de comunicação interna e externa. O vocabulário desempenha papel definitivo na qualidade da comunicação. A não compreensão dos termos é importante causa de falhas na implementação de planos de ação nas empresas. Sem o vocabulário adequado, o observador não consegue discriminar detalhes indispensáveis à avaliação de uma tarefa, um processo ou um sistema.

Conclui-se que o desenvolvimento da competência dos colaboradores passa pela aquisição de novos conteúdos de linguagem porque, com eles, expande-se a capacidade de pensar.

Um novo conteúdo traz muito mais do que a simples compreensão de um vocábulo: ele inclui novos elementos na visão de mundo do indivíduo e estabelece novos esquemas de pensamento possíveis de ser utilizados. Amplia-se o vocabulário por meio da leitura; portanto, ela ensina a ver, a pensar e a compreender os acontecimentos.

Esse fenômeno explica porque, no Brasil, torna-se cada vez mais difícil o treinamento de profissionais de todos os níveis: o limitadíssimo vocabulário adquirido na educação básica restringe a capacidade de incorporar e elaborar novas ideias. Simplesmente, **há falta de palavras** para algumas pessoas.

O vocabulário empregado nas redes sociais agrava essa situação, ao oscilar entre o preocupante e o desanimador. Muitas vezes tosco e limitado, empobrece o pensamento.

O pensamento, por outro lado, cria novas imagens mentais e situações que precisam ser nomeadas; com isso, inventam-se palavras. Portanto, *o pensamento influencia a linguagem e esta afeta o pensamento.*

Um programa organizacional tem maior probabilidade de proporcionar os resultados esperados quando emprega linguagem ajustada à compreensão das pessoas: desencadeia atenção, percepção e sequência de pensamentos capazes de conduzir à ação. Ao mesmo tempo, por meio de estratégia de ensino e aprendizagem adequada, torna-se ainda mais bem-sucedido quando amplia a linguagem, ao incorporar novos termos e novas maneiras de comunicação, resultantes dos conhecimentos aprendidos. Se há enriquecimento da linguagem, também o pensamento sairá enriquecido.

A adequação da linguagem é necessária nos dois sentidos: a Administração, às vezes, surpreende-se com ações dos profissionais porque não entendeu mensagens por eles enviadas (consciente ou inconscientemente).

Deve-se observar que a linguagem compreende a fala e todas as maneiras de se comunicar: postura física, comportamentos, imagens etc.

> **Caso 3.13**
>
> Encontram-se exemplos de linguagem inadequada em muitos Programas organizacionais de baixa receptividade pelos profissionais.
>
> Ao tentar empregar uma nova linguagem *de maneira padronizada* para todos os profissionais, provoca-se distorções de percepção generalizadas.
>
> Enquanto alguns consideram as mensagens como de extrema *trivialidade*, outros não conseguem compreendê-las.
>
> Existe – fato comum – uma grande diferença de linguagem entre profissionais de escritórios, de relações com os clientes, de vendas e os das equipes técnicas, por exemplo. Em lugar de uma padronização rigorosa, pode-se ter mais eficiência procurando linguagem ajustadas a cada um desses grupos.

Muitas das ações organizacionais encontram dificuldades na implementação porque, às questões de linguagem e pensamento, somam-se aspectos puramente emocionais.

3.8 EMOÇÃO

3.8.1 Conceito de emoção

A emoção é *um estado complexo de sentimentos*, relacionados ao afeto e ao humor. O *afeto* é "a expressão do humor" ou o que ele parece ser para o observador, enquanto o *humor "é definido como o estado emocional interno e continuado (...) Sua experiência é subjetiva"* (Kaplan e Sadock, 2017:201).

Portanto, o afeto apresenta correspondentes nos comportamentos: gesticulação, voz etc. Do humor, somente se pode obter informação questionando-se a pessoa, pois se trata de experiência interior, subjetiva, que tem a ver com a *percepção de mundo* do indivíduo.

A emoção apresenta três componentes básicos (Huffman, Vernoy e Vernoy, 2003:426):

- **cognitivo**: pensamentos, crenças e expectativas, cuja combinação determina o tipo e a intensidade da resposta emocional;
- **fisiológico**: modificações internas no organismo, resultantes do alerta emocional;
- **comportamental**: sinais exteriores das emoções vivenciadas pela pessoa.

Segundo Schachter, apud Weiten (2003:300), a estimulação do sistema nervoso autônomo e a interpretação cognitiva dessa estimulação concorrem para a formação da experiência emocional. Para ele, "os fatores cognitivos têm um papel fundamental na determinação de como um sujeito interpreta suas sensações corporais".

A influência das crenças e expectativas sobre as emoções é notória. Segundo **Henry Murray** (EUA, 1893-1988), apud Hall, Lindzey e Campbell (2000:204), *"o indivíduo não só aprende a responder de maneira a reduzir a tensão e experimentar satisfação, mas também aprende a responder de maneira a criar tensão, que mais tarde precisará ser reduzida, o que aumentará o prazer"*. Isso acontece, por exemplo, nos preparativos para a conquista sexual, para um concurso etc.

As emoções básicas têm componentes culturais. Seis são identificadas em todas as culturas: felicidade, surpresa, raiva, tristeza, medo e repugnância (Huffman, Vernoy, Vernoy, 2003:437).

A complexa interação entre as funções mentais superiores leva à conclusão de que as decisões conscientes têm componentes emocionais e racionais, sendo a distinção entre eles meramente formal. *A emoção encontra-se presente nas decisões organizacionais.*

Ao longo deste texto será enfatizado o quanto é nociva a *cisão* entre o *conhecimento* e a *emoção*. Damásio enfatiza:

> *A atenção e a memória de trabalho possuem uma capacidade limitada. Se sua mente dispuser apenas do cálculo racional puro, vai acabar por escolher mal e depois lamentar o erro, ou simplesmente desistir de escolher, em desespero de causa* (Damásio, 1996:204).

Jung assinalava a primazia da emoção sobre a razão: *"a emoção é a principal fonte de consciência"* (Jung, 1995:96). Perls considerava *"a emoção como a força que fornece toda a energia para a ação"* (Fadiman e Frager, 1986:140). Freud reconhecia a existência de forças emocionais que dirigiam o sujeito e cuja origem encontrava-se no inconsciente (Fadiman e Frager, 1986:25).

Caso 3.14

Trata-se de empresa familiar, conduzida por executiva decidida, voluntariosa, casada com economista experiente, dedicado a serviços de consultoria financeira.

Marido e mulher, costumeiramente, discutiam questões da empresa; ele acabava por se envolver em questões administrativas e interferia no cotidiano da Organização.

O casal, entretanto, desenvolveu um conflito por razões ligadas à intimidade familiar. Dessa situação resultou grande desavença. Fragilizada, ela buscou apoio afetivo extraconjugal e, dominada pela emoção do momento, ligou-se a um executivo da própria Organização.

> O conflito familiar, entretanto, resolveu-se e o casal reconciliou-se. Infelizmente, a executiva, no calor do conflito com o marido, permitiu ao amante tomar conhecimento de alguns dados altamente estratégicos da empresa.
>
> Essa pessoa, tão logo terminou o romance, vinculou-se a um concorrente e ocasionou graves prejuízos à Organização.

O caso 3.14 alerta para dois fatos de grande importância para a gestão das empresas.

O primeiro refere-se à **sexualidade**. Essa situação é comum nos conflitos em empresas familiares, embora afete as Organizações em geral – o que se encontra mal resolvido em casa transfere-se para a empresa, e as consequências mostram-se imprevisíveis.

O segundo é a vulnerabilidade das pessoas à **emoção**. A partir do momento em que ela domina – independentemente de posição, conhecimentos, formação e compromissos – os comportamentos seguirão caminhos imponderáveis. De repente, assim sugere o caso 3.14, um amante tem apenas virtudes; perde-se a prudência em troca de idealizações; a satisfação do desejo torna-se a única motivação e paga-se qualquer preço por ela.

3.8.2 Emoção e as funções mentais superiores

> *"As paixões são os únicos defensores que sempre persuadem.*
> *O homem mais simples com paixão será mais persuasivo*
> *do que o mais eloquente sem ela."*
>
> Descartes

A emoção atua sobre todas as funções mentais superiores:

a) Modifica a *sensação*: um indivíduo em elevado estado de ansiedade tem seus limiares de sensação nitidamente afetados para determinados estímulos.

A sensibilidade (redução do limiar de sensação) aumenta quando a detecção desempenha papel fundamental para a segurança ou sobrevivência. Pais notam o choro mais tênue do recém-nascido; um sentinela ouve mínimos ruídos em situação de risco e deixa de ouvi-los em condição de suposta segurança etc.

b) A *percepção* relaciona-se diretamente com a emoção do momento: a interpretação que um indivíduo faz de um fenômeno depende estreitamente de fatores emocionais.

Myers sugere que os fatores emocionais produzem uma *predisposição perceptiva* (1999:129), de forma que *"é preciso acreditar em algumas coisas para vê-las"*. Esse fenômeno faz parte do combustível emocional de inúmeras crenças religiosas; ele propicia interpretar como sendo um disco voador um simples conjunto de nuvens ou enxergar suas luzes no céu de uma noite estrelada.

Emoção e contexto imediato combinam-se para produzir percepções completamente diferentes para o mesmo estímulo: a interpretação de um acidente de trânsito dada por um familiar pode diferir completamente daquela dada por um observador neutro.

c) Todos os estudantes reconhecem, de maneira nítida, como a emoção atua sobre a *memória*, em especial no vestibular e em provas.

Segundo Myers (1999:202), experiências conduzidas com a utilização de substâncias inibidoras dos hormônios de estresse comprovam que *"a ausência de emoção significa memórias mais fracas"*.

Os enamorados sabem muito bem o quanto a emoção contribui para gravar, para sempre, fatos na memória: lembram-se da brisa, dos ruídos provocados pelas folhas das árvores, da luz da lua, do aroma do perfume no primeiro encontro.

Treinamentos empresariais, com muita frequência, resultam inúteis simplesmente porque não trazem emoção (positiva ou negativa) associada. Conforme se diz popularmente, "passam em branco", isto é, não têm colorido emocional.

Existe uma congruência entre ânimo e memória (Myers, 1999:205). O empregado deprimido pode recordar o chefe como opressor. A pessoa independente, ativa, percebe a empresa como um ambiente de oportunidades. Conclui-se que o estado emocional afeta a interpretação que se dá às ações de outras pessoas – fato evidente em inúmeras situações do cotidiano.

d) Os efeitos da emoção sobre *pensamento* e *linguagem* são inquestionáveis.

Uma vez que a experiência emocional requer interpretação consciente do estímulo que a provoca, o pensamento constitui um ingrediente da emoção (Myers, 1999:292). A mesma piada que provoca extrema euforia em algumas pessoas, causa efeito nulo ou indignação em outras.

Exemplo típico: aumento de salário. Ele provocará diferentes emoções dependendo dos pensamentos que despertar nos beneficiados; certamente, para uma pessoa endividada, o efeito será diferente daquele que experimentará outra que percebe o acréscimo como pouco significativo.

Existem reações emocionais pouco influenciáveis pelo pensamento consciente, por exemplo, determinados medos (do escuro, de répteis, de tempestades etc.). Em outras situações, contudo, as interpretações e expectativas desempenham papel fundamental na formação da emoção. Assim, **o mesmo fato** pode gerar culpa em uma pessoa e ódio em outra. O fato gera a emoção; o pensamento estabelece sua natureza.

Caso 3.15

O empresário Márcio, proprietário de uma indústria eletromecânica, viu-se às voltas com dificuldades financeiras.

Embora fabricando um produto de boa aceitação no mercado, não conseguia estabelecer uma estratégia de *marketing* adequada e debatia-se com custos fixos proibitivos para seu ramo de negócio.

Poderia ter buscado diversos tipos de saídas, contudo, deixou-se envolver por um consultor que assumiu, na prática, todas as decisões da empresa.

Pouco a pouco, Márcio perdeu o comando efetivo do empreendimento e, mesmo recebendo sugestões de outros empresários, recusava-se a buscar novas opções.

O caso do empresário Márcio (Caso 3.15) ilustra a influência da emoção sobre o pensamento. A perspectiva de perder um negócio construído com dificuldade ao longo de muitos anos conduziu-o à absoluta perda de flexibilidade: cada vez mais, deixa de ver alternativas e subordina-se às orientações do consultor que o domina.

A emoção pode reduzir a flexibilidade do pensamento, tanto mais quanto maior sua intensidade (Myers, 1999:219).

e) O estado emocional exerce poderosa influência sobre os mecanismos de *atenção seletiva* (Myers, 1999:205).

A atenção atua no sentido de confirmar as percepções que se ajustam aos sentimentos da pessoa.

O indivíduo sem disposição para encarar os desafios do futuro não presta atenção a inovações e oportunidades; quando se recorda de outras pessoas (chefes, colegas, clientes, fornecedores), as memórias ruins predominam.

Pessoas alegres mostram-se mais dispostas a enfrentar novos desafios. O excesso de alegria, por sua vez, pode ocasionar dificuldade de concentração em tarefas imediatas.

Relevante para a gestão de pessoas e para a tomada de decisões organizacionais é a *influência do dinheiro sobre a emoção*. O historiador Niall Ferguson (2009:20) esclarece: "o dinheiro amplifica a nossa tendência para reagir exageradamente" e o faz pela via da emoção.

O risco de perdê-lo ou a expectativa de ganhá-lo desencadeiam, às vezes de maneira surpreendente, comportamentos inusitados. Nas sociedades ocidentais contemporâneas, o dinheiro consolida-se como um *marcador*, cuja posse significa benefícios reais ou imaginários que vão muito além de segurança ou conforto.

Resultado: em larga escala, a perda de poder aquisitivo desencadeia o fenômeno de "*desvalorização psíquica*" do indivíduo (Ferguson, 2009:102), com graves reflexos na autoestima e no sentimento de felicidade.

Esse fenômeno ocasiona impacto na dedicação ao trabalho, na geração de ideias, na qualidade do desempenho, na motivação.

O sentimento de perda de poder aquisitivo pode ser absoluto (redução real dos ganhos do indivíduo ou da família) ou relativo (em relação aos ganhos de outros profissionais).

3.8.3 Felicidade

> "Se, ao longo dos séculos, os filósofos às vezes consideraram a felicidade o bem mais almejado, os psicólogos e psiquiatras tenderam a ignorá-la."
>
> Kaplan e Sadock, 2017:128

Entre as emoções que interessam diretamente aos administradores, a felicidade ocupa posição especial porque se reconhece amplamente que pessoas felizes (Myers, 1999:286):

- tomam decisões com maior facilidade;
- percebem o mundo como mais seguro;
- mostram maior satisfação com a vida em geral;
- apresentam relacionamentos interpessoais mais promissores;

- contribuem para despertar esperança nas outras pessoas;
- são mais propensas a ajudar os outros – sendo indicadas, portanto, para trabalho em equipe.

A administração moderna presta grande atenção a fenômenos como a competitividade, porém, pouco se investiga a respeito da *felicidade* nas organizações, apesar das reconhecidas vantagens de se trabalhar com e para pessoas felizes.

Felicidade, contudo, é uma emoção complexa. Despertá-la é muito mais fácil do que mantê-la. Os efeitos sobre ela de eventos positivos, ainda que de grande impacto (como ganhar na loteria ou receber uma promoção) apresentam pouca permanência (Myers, 1999:287). (Daí a ideia popular de que "dinheiro não traz felicidade".)

Observa-se que a falta de recursos pode ser fonte de infelicidade, porém, *sua posse não garante a felicidade*. Aquilo que, em um primeiro momento, poderia ser percebido como um luxo, após algum tempo de uso torna-se uma necessidade, e assim sucessivamente.

Conclui-se que "*a busca da felicidade através da realização material exige uma abundância sempre crescente de coisas*" (Myers, 1999:289) e esse fato deve ser considerado pelo administrador quando se propuser a promover felicidade em sua Organização, como forma de despertar a motivação.

Para dificultar ainda mais, *a felicidade é comparativa*. A pessoa sente-se bem ou mal dependendo de quem são e como são os outros (Myers, 1999:289). Os anúncios exploram, à exaustão, essa característica humana.

Torna-se claro que a ascensão na escala socioeconômica não constitui passaporte para a felicidade, porque o termo de comparação sempre serão os que se encontram em degraus superiores. Não se estranhe, pois, o prazer com que tantas pessoas assistem a programas de televisão construídos sobre desgraças humanas: o telespectador compara-se com pessoas em situação real muito pior em relação a ele. Se isso não o torna propriamente feliz, auxilia-o a se sentir menos infeliz!

Conteúdos emocionais, em geral, determinam o sucesso (ou fracasso) de programas organizacionais à medida que a tecnologia apresenta-se, cada vez mais, com qualidade padronizada ou assegurada – uma tendência que a globalização encarrega-se de acentuar.

Redes sociais têm o condão de distribuir "*drops* de felicidade"; por meio de pequenas e ingênuas mensagens, disseminam-se pensamentos e imagens que apaziguam, dão esperança e, enfim, felicidade (ainda que momentânea) a seus integrantes. Com isso, aumentam o condicionamento dos frequentadores, que se conectam em busca dessas pílulas de prazer.

3.9 CONSIDERAÇÕES FINAIS

Este capítulo tratou dos mecanismos relacionados com funções mentais superiores, destacando-se o papel da emoção.

Ações administrativas ganham em eficácia e eficiência à medida que utilizam instrumentos capazes de despertar a *percepção* no público-alvo – uma *condição necessária*, contudo, *não suficiente* para a obtenção de comportamentos esperados. Nesse sentido, *a emoção é fundamental*.

As técnicas de comunicação contemporâneas privilegiam o *movimento frenético das imagens* e o *excesso de volume sonoro*. Isso torna praticamente impossível ao mecanismo fisiológico da *atenção* (ver item 3.5) captar detalhes da comunicação, exigindo do cérebro esforço excepcional na tentativa de realizar essa proeza.

O cérebro, economizador de energia por excelência, abandona a luta com relativa facilidade; contenta-se com a observação superficial. Isso acontece exaustivamente em *propagandas, novelas e filmes*. Compromete-se o estabelecimento de "figuras" (ver item 3.4.2, subitem B1), essencial para os mecanismos da *atenção*.

Consequência: desenvolve-se uma espécie de *distratibilidade*, que pode ou não se tornar patológica e dificultar a aprendizagem (evidenciada mais facilmente em crianças). Essa *volatilidade da atenção* (ver item 3.5) acentua-se nos EPC. Manifesta-se na agilidade com que as pessoas "saltam" de uma página para outra, "navegam" entre recados e emitem comentários superficiais, ou simplesmente "rolam" páginas enquanto manipulam seus equipamentos. O fenômeno, por motivos óbvios, mostra-se mais evidente entre adolescentes e adultos jovens, mas atinge todas as faixas etárias.

Essas questões interessam aos Administradores porque afetam a compreensão das políticas organizacionais, as estratégias de treinamento, as relações com o público externo (clientes, fornecedores), a concentração nas tarefas etc.

São impactantes as influências das redes sociais sobre *linguagem* e *pensamento* (ver item 3.7), muito além da simples adoção de jargões específicos – naturais em qualquer nova tecnologia. Novos termos e convenções ortográficas tornam hermética, para os não iniciados, as comunicações trocadas entre integrantes de grupos específicos.

Essa *linguagem própria* é colocada à prova quando o adolescente (o mais sujeito a ela) inicia os rituais para a passagem ao mundo adulto; não raro, chega a lhe dificultar a comunicação formal, tamanho o grau de condicionamento em sua utilização. Essa situação transparece na Seleção de Pessoas (e, sem dúvida, nos vestibulares).

A linguagem precária engendra formas igualmente limitadas de pensar, eivadas de imperfeições. Os esquemas de pensamento resultantes produzem a percepção de nítida "anemia intelectual": o indivíduo demonstra dificuldade para elaborações mais complexas (as funções de análise e síntese, que requerem riqueza de vocabulário, são as mais afetadas). O cérebro trabalha para poupar esforços, ainda que em prejuízo do proprietário!

No próximo capítulo, será estudado o comportamento individual. Focaliza-se o condicionamento, a motivação e a reprodução dos comportamentos de modelos.

APLICAÇÕES

1/3. Considere o estudo da *sensação* (item 3.3). Analise diferentes estratégias e cuidados que uma Organização deve respeitar na **divulgação interna de informações**: (a) que exigem ações rápidas; (b) que solicitam amplo conhecimento de todos os empregados; (c) que devem ser interpretadas pelos empregados para posterior posicionamento coletivo. Avalie aspectos positivos e negativos de se utilizar EPC nessas estratégias.

2/3. Refaça o exercício anterior, considerando os conceitos apresentados no estudo da *percepção* (item 3.4). Considere o conjunto das duas análises e aplique as conclusões para a hipotética elaboração dos seguintes instrumentos de divulgação: (a) *folder* impresso; (b) anúncio em revista; (c) anúncio na internet; (d) manual de usuário de eletrodoméstico; (e) painel em via pública.

3/3. Dê exemplos de como os *preconceitos* e *crenças arraigadas* afetam a percepção dos empregados em relação a propostas dos gestores da empresa, relacionadas com **reivindicações trabalhistas**. Faça a mesma análise, invertendo as posições (percepção dos gestores em relação às propostas dos empregados).

4/3. Considere os *fenômenos da percepção* (item 3.4.2). Aplique-os para aumentar a eficácia de um projeto de treinamento. Suponha, para delimitação da questão, três níveis distintos de treinandos, segundo a escolaridade: básica, média e superior ou acima desta. Considere que a natureza do treinamento (técnico, administrativo, gerencial etc.) afeta a análise.

5/3. Retome a teoria apresentada no item 2.3.17. Pode-se imaginar uma relação de causa e efeito entre a *estrutura de crenças* e os fenômenos a ela associados (p. ex., pensamentos automáticos) e o mecanismo de *memória*, na fixação ou na recuperação de registros? Analise.

6/3. Repita o raciocínio anterior em relação ao *pensamento*. Dê particular atenção ao fenômeno de influência do pensamento sobre a linguagem, considerando que as crenças do indivíduo afetarão suas escolhas em todos os campos do desenvolvimento cognitivo. Dê exemplos de como essa relação de influência deve ser considerada na comunicação com os clientes (p. ex., na divulgação de produtos).

7/3 A emoção influencia todas as funções mentais superiores (item 3.8.2). Identifique cuidados na implantação de projetos organizacionais de grande *impacto emocional* sobre (a) equipes de trabalho; (b) profissionais especializados; (c) gerentes e supervisores. Considere, para cada um desses grupos, as diferentes expectativas e a forma como estas afetam suas percepções em relação aos novos projetos da Organização. Reveja esta questão após o estudo dos capítulos dedicados a Trabalho em Equipe e Liderança.

Condicionamento, Motivação e Modelação: Introdução ao Estudo do Comportamento Individual

> *"O comportamento humano é, talvez, o objeto mais difícil dentre os que já foram alvo dos métodos da ciência."*
> Skinner (1992:50)

Neste capítulo, apresentam-se conceitos básicos sobre fatores que afetam o comportamento do indivíduo, concentrando-se no estudo do condicionamento, da motivação e da modelação.

Mostra-se a importância do *condicionamento* para a Administração de pessoas, decorrente de sua ampla utilização em ações que envolvem o público interno e o externo.

No estudo da *motivação*, destaca-se a multiplicidade de fatores que a afetam, de forma complexa. Observa-se a inexistência de um modelo, até o momento, capaz de conjugar as muitas teorias existentes dentro de um único corpo teórico aplicável às diferentes situações.

O capítulo encerra com uma visão psicossocial do comportamento humano, buscando integrar os conceitos anteriores e inserir novos elementos, destacando-se a perspectiva proposta por Albert Bandura, segundo a qual parcela significativa dos comportamentos deriva da *observação de modelos*.

4.1 INTRODUÇÃO

Administradores buscam resultados – o produto final dos comportamentos. Interessa-lhes exercer influência: promover, manter, eliminar ou modificar *comportamentos* no público interno (profissionais) ou externo (clientes).

> Não basta uma *percepção favorável* ao produto, por parte do cliente, se ela não se transformar em *comportamento* para adquiri-lo.
>
> Conseguir dos profissionais uma ótima *percepção* para as *filosofias* de um Programa de Ação é bem menos complexo do que conseguir que a *atitude* se transforme em *comportamento*: o indivíduo continua lançando o toco de cigarro pela janela do automóvel, enquanto discursa sobre a necessidade de se praticar a limpeza; persiste em espiar a telinha do celular entre um atendimento a cliente e outro; ao se deslocar para reparar um defeito, não resiste à tentação de "dar uma passa-

dinha no supermercado"; ao programar uma viagem ao exterior, um alongamento de dois ou três dias, porque ninguém é de ferro...

Se no âmbito dos profissionais da empresa existem dificuldades (particularmente quando se trata do serviço público), elas são ainda maiores quando se referem ao comportamento dos clientes.

Para os objetivos deste capítulo, considera-se *comportamento*, adotando a concepção de muitos autores, como a ação do indivíduo *observável* por outra pessoa.

"Atitude é uma predisposição a responder cognitivamente, afetivamente e comportamentalmente a um objeto específico de modo particular" (Huffman, Vernoy e Vernoy, 2003:616). Predisposição, entretanto, não significa ação: ela pode, simplesmente, não se consumar.

As atitudes transformam-se ao longo da vida, e a discrepância entre elas e os comportamentos provoca variáveis níveis de tensão psicológica (essa questão foi abordada no item 2.3.18 referente a *dissonância cognitiva*). O indivíduo motiva-se para mudar sua atitude com o objetivo de reduzir essa tensão. A cultura influencia fortemente os efeitos que essa discrepância provoca e na escolha das estratégias de mudança.

Assim, o indivíduo percebe a *atitude* como parte integrante de sua maneira de ser; ela pode conter elementos não observáveis e refletir-se em mais de um tipo de comportamento, em razão das circunstâncias.

Muitos fatores influenciam o comportamento do indivíduo (Figura 4.1); porém *nenhum deles* é *determinante* de suas características.

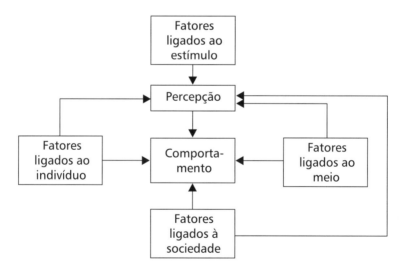

Figura 4.1 *Fatores que influenciam o comportamento.*

Por exemplo, alguém toca um indivíduo, à noite, em uma rua deserta e lhe provoca a *percepção* de uma tentativa de assalto (no item 3.4.1, tratou-se dessa questão, no estudo dos fenômenos da percepção). A Figura 4.1 ilustra que diferentes comportamentos podem ser desencadeados, dependendo dos fatores presentes e preponderantes.

O indivíduo conhecedor de técnicas de defesa pessoal pode ser tentado a utilizar alguma ação física em relação ao assaltante potencial.

Aquele dotado de aptidão para correr pode disparar pela rua, acreditando que o assaltante potencial não o alcançará (e, se de posse de arma de fogo, tem má pontaria).

Outro indivíduo, tendo enfrentado experiência anterior altamente negativa em situação semelhante, pode entrar em pânico, perder os sentidos ou até sofrer um ataque cardíaco.

O portador de uma arma pode sentir-se estimulado a utilizá-la.

Essas e outras possibilidades derivam de *fatores ligados ao indivíduo*.

O conhecimento da notícia de que um *grupo organizado de meliantes* atua nas imediações do local poderá afetar essas alternativas de reação: o noticiário estimula possibilidades de ação, transmitindo informações que virão à memória, construindo uma imagem situacional.

A *disponibilidade* de objetos de defesa ou agressão, o fato de encontrar-se em local ermo e/ou desconhecido também influencia o comportamento. *Fatores ligados ao meio afetam a decisão*.

O indivíduo pode pertencer a um grupo social em que se percebe o enfrentamento como dignificante. Mesmo com risco de vida, tenderá a lutar.

Outro grupo social condena esse comportamento. A percepção de perigo não provocará reação de agressividade em um integrante desse grupo, que aguardará passivamente o desfecho.

Essas possibilidades têm a ver com aspectos *culturais* da *sociedade* à qual o indivíduo pertence.

Portanto, fatores ligados à sociedade, ao meio e ao indivíduo concorrem com a *percepção* para promover o comportamento. Em síntese:

> *"É possível considerar que os seres humanos atuam a partir de uma determinada história pessoal, bem como a partir de um contexto, composto por inúmeras variáveis, como o ambiente social, econômico, cultural, político"* (Kienen e Wolff, 2002:19).

4.2 LIMITAÇÕES AO ESTUDO DO COMPORTAMENTO

Skinner (1992:33) alerta que *"o estudo distorce a coisa estudada"*. Três questões merecem especial atenção do leitor: a *influência do observador*, sua *capacidade de perceber e discriminar*, e o *autoconhecimento*.

a) Ao se perceber estudado, o indivíduo recebe *influência* do observador. O emprego de *elementos neutros* reduz esse efeito.

> Observadas por gerentes, supervisores ou colegas de trabalho, as pessoas *inconscientemente* alteram seus comportamentos na tarefa, podendo afetar os registros.
>
> Esse fenômeno foi extensamente estudado nos EUA, na Western Electric Company, em 1924. Concluiu-se que a produtividade dos profissionais era mais afetada pela **atenção** por eles percebida, do que por fatores ambientais. Tornou-se conhecido como *"Efeito Hawtorne"*, em homenagem a seu realizador.
>
> Esse fato dificulta a ação de observar realizada por Gerentes, Supervisores e Psicólogos Organizacionais porque suas presenças seguramente interferem no processo.

b) O observador somente consegue *perceber* à medida que experiências anteriores, aptidões e todo o conjunto de fatores que afetam seus mecanismos de percepção permitem-lhe *discriminar* os detalhes significativos para a compreensão do fenômeno observado.

Qualquer descrição incorpora elementos de interpretação colocados pelo observador.

A observação requer do profissional o domínio de *detalhes* dos processos e das atividades que lhe permitam adequada **percepção** dos fatores que afetam os comportamentos e correta **interpretação**.

Por esse motivo, o observador deve **mergulhar** nas tarefas observadas. O desafio reside em aproximar-se com o mínimo envolvimento e influência recíprocos. Por exemplo, na observação de um serviço de atendimento a acidentados, o distanciamento pode ser desafiador.

c) Os comportamentos acontecem em um esquema de referência de valores. O observador – daí a importância do *autoconhecimento* – deverá cuidar para que esse esquema reflita os valores do público-alvo e não os seus.

Por exemplo, em um ambiente em que se aceitam castigos físicos (inclusive mutilações), o observador deve considerar esse aspecto cultural para não se deixar dominar por emoções ligadas a seus valores e costumes.

4.3 COMPORTAMENTO NA ORGANIZAÇÃO

4.3.1 Comportamento por instinto

Entende-se por *instinto* o

> *esquema de comportamento herdado, próprio de uma espécie animal, que pouco varia de um indivíduo para outro, que se desenrola segundo uma sequência temporal pouco susceptível de alterações e que parece corresponder a uma finalidade* (Laplanche e Pontalis, 1995:241).

Os reflexos (movimentos automáticos ante uma estimulação, como o reflexo patelar) constituem a limitada quantidade de comportamento *não aprendido* no ser humano (Lundin, 1977:61). Para isso contribui o processo de *civilização*, que afasta o indivíduo do "comportamento por *instinto*", característico dos animais.

Essa característica típica do comportamento humano propicia ao indivíduo:

a) Permanecer, por longos períodos, em trabalho prazeroso ou imprescindível, sem satisfazer necessidades essenciais. Conteúdos *emocionais* concorrem para que o funcionamento do organismo altere-se, favorecendo a execução da atividade eleita como prioritária; alguns exemplos:
- cirurgiões realizam longas intervenções, praticamente sem interrupção, com total absorção na tarefa;
- pessoas modificam horários de sono e vigília, sem relação com o ciclo dia/noite (principal marcador do comportamento animal), ainda que às custas do comprometimento da saúde;
- estudantes submetem-se a extensos períodos de sono escasso, preparando-se para o vestibular.

b) Incorporar comportamentos de *toda a espécie*, à medida que tomam contato com novas realidades (p. ex., praticando esportes, viajando, estudando etc.). Os meios de comunicação exercem notável efeito nesse sentido, desenvolvendo *modelos* (pessoas ou grupos) imitados nas regiões mais insuspeitas do planeta.

c) Adotar práticas em aparente contradição com a predisposição orgânico-anatômica. Por exemplo:

– o uso do vaso sanitário ocidental popularizou-se nas cortes francesas, conforme registra Pascal Dibie, a respeito de Luís XIV, que o utilizou para aumentar sua produtividade: *"Aí entrando [no quarto de dormir, onde também trabalhava], sentava-se na cadeira de latrina, observado pelos familiares mais próximos (...)"* (Dibie, 1988:111).

– a prática de dar à luz na posição de decúbito dorsal, desfavorável segundo muitos especialistas;

– a preservação da vida de indivíduos incapazes de se manter econômica e fisicamente, por motivos emocionais, religiosos, legais e éticos;

– a ingestão de alimentos e substâncias notória e comprovadamente danosas à saúde;

– a prática de atividades sabidamente causadoras de graves danos ao corpo, como a escuta de sons em altíssimo volume, lutas marciais, esportes radicais etc.

O psicólogo **Lev S. Vygotsky** (Rússia, 1896-1934) assinala que *"o comportamento humano difere qualitativamente do comportamento animal, na mesma extensão em que diferem a adaptabilidade e o desenvolvimento dos animais"* (Vygotsky, 1984:69).

O comportamento obedece a padrões. Como norma geral, qualidade e produtividade exigem *regularidade* e *previsibilidade*, indispensáveis à eficiência e eficácia dos processos. Nas Organizações, há reduzido espaço para o comportamento instintivo.

> A obediência a padrões comportamentais faz parte do *ritual diário* nas Organizações, assumido de forma inconsciente pelos profissionais de todos os níveis.
>
> Esses rituais ajustam-se à posição hierárquica ou função e obrigam a todos, mesmo aqueles que se consideram "com ampla liberdade", decorrente do cargo ou função desempenhada. Atividades simples podem fazer parte deles, como reunir-se para um cafezinho, aguardar a chegada de colegas para iniciar as atividades, comparecer a eventos sociais como o churrasco comemorativo etc.

Técnicas de condicionamento, de despertar a motivação e de liderança são continuamente aperfeiçoadas para obter comportamentos, de clientes e profissionais, ajustados aos objetivos organizacionais.

Cada indivíduo, entretanto, tem sua maneira *habitual* de comportar-se – entendê-la é o ponto de partida.

4.3.2 Comportamento habitual: conceito de personalidade

> *"Nós nunca seremos capazes de especificar qualquer entidade independente denominada 'personalidade.'"*
> Martin e Spilane (*Personality and Performance*).

Encontram-se, a despeito do alerta contido na epígrafe, diversos conceitos de *personalidade*, muitos deles "tão vagos quanto inúteis", registram Martin e Spilane (2005:71).

"A personalidade é definida como as motivações, emoções, estilos interpessoais, atitudes e traços permanentes e difusos de um indivíduo" segundo Kaplan e Sadock (2017:246).

Para Aaron Beck, *"a personalidade pode ser conceituada como uma organização relativamente estável, composta de sistemas e moldes"* (Beck e Freeman, 1993:25). Skinner considera a personalidade como um conjunto de *padrões* comportamentais (Fadiman e Frager, 1986:193).

O conceito de personalidade, em síntese, encontra-se relacionado à condição *estável e duradoura dos comportamentos* da pessoa.

Estabilidade, contudo, não significa cristalização, imutabilidade. A definição de personalidade de **Gordon Allport** (EUA, 1897-1967) transmite adequadamente essa compreensão; para ele, *"personalidade é a organização dinâmica, dentro do indivíduo, daqueles sistemas psicofísicos que determinam seus ajustamentos únicos ao ambiente"* (Hall, Lindzey e Campbell, 2000:228).

Allport entende que a personalidade adapta-se às solicitações do meio; isso, contudo, não ocorre de modo abrupto, ou o ajustamento não existiria. A estabilidade do comportamento é essencial para o convívio social.

É importante considerar que a personalidade *"só se manifesta quando a pessoa está se comportando em relação a um ou mais indivíduos",* presentes ou não, reais ou ilusórios (Hall, Lindzey e Campbell, 2000:141).

Harry Stack Sullivan (EUA, 1892 – França, 1949) reforça esse entendimento, ao afirmar que se trata de uma *"entidade hipotética que não pode ser isolada de situações interpessoais, e o comportamento interpessoal é tudo o que podemos observar da personalidade"* (Hall, Lindzey e Campbell, 2000:138).

> A palavra *personalidade* deriva de *persona,* a máscara utilizada no teatro grego pelo ator, a "personagem" (Braghirolli *et al.*, 1998:164).
>
> Classificações não científicas de personalidade procuraram relacionar o *tipo físico* com o *comportamento típico* do indivíduo (gordo – alegre, magro – sisudo etc.) e ainda se refletem em pré-julgamentos! Para isso, muito contribuem os *papéis* atribuídos a personagens de televisão, cinema e teatro, cujas características físicas são associadas aos comportamentos representados. Os efeitos desses estereótipos incorporam-se à cultura e, com o passar do tempo, perdem qualquer vínculo com os personagens e/ou situações que lhes deram origem.

Os *comportamentos típicos, estáveis, persistentes* que formam o *padrão* por meio do qual o indivíduo comporta-se em suas relações, nas mais diversas situações do convívio social, de trabalho e familiar, recebem a denominação de *características de personalidade*.

Suas manifestações possibilitam àqueles que se relacionam com o indivíduo constituir, inconscientemente, uma imagem mental do *comportamento provável* dessa pessoa *em cada tipo de circunstância*.

As pessoas, contudo, adaptam-se. Elas modificam suas características predominantes e as ajustam às variações nos estímulos recebidos. Dessa maneira, realiza-se o processo de convivência com as dificuldades e desafios da vida, podendo-se afirmar que *o ser humano tem alta flexibilidade e capacidade de adaptação*.

Essa evidência valida e justifica a existência de *programas organizacionais* destinados a desenvolver novos comportamentos ou modificar os existentes.

4.3.3 Comportamento na Organização: particularidades

Cada profissional leva à Organização um conjunto de elementos de sua vida, aos quais somará outros ligados à cultura, às normas e aos fatores ambientais.

Regina Carvalhal, em sua preciosa obra *Breve mitologia do processo decisório administrativo* (1981:25), escrita com fino humor e maestria, alerta: não se deixam os problemas em casa – o indivíduo leva ao trabalho sua **totalidade psíquica**, bagagem que se pode *tentar* conhecer e compreender, mas da qual não há como se desfazer.

Portanto, para obter determinados comportamentos das pessoas é necessário:

- neutralizar os fatores que *não acentuem* ou *se oponham* a eles;
- fortalecer os fatores que os *acentuem*.

Deve-se lembrar que apenas parte dos comportamentos origina-se no ambiente organizacional, embora a Organização possa ter extraordinária influência sobre o indivíduo. Além disso, os efeitos de fatores externos não são constantes e contribuem para tornar ainda mais complexa a ação administrativa.

Caso 4.1

Organização de abrangência nacional vem insistindo na padronização de procedimentos em todas as regiões em que atua, pressionada por exigências de certificação.

Devido às características do serviço prestado, torna-se inevitável uma profunda interação com a *comunidade*, e o Brasil é um caleidoscópio cultural.

A tentativa de **uniformizar procedimentos** entre regiões tão desiguais, na prática, ignora as diferentes *percepções* das pessoas e os fatores ligados aos indivíduos, ao meio e à sociedade local. Isso tem seu preço.

Exemplos de ocorrências:

- os profissionais atuam em regiões afastadas dos grandes centros culturais e de suas cidades de origem, por falta de especialistas locais. Não se negociam esquemas compensadores para o pouco contato dessas pessoas com familiares e amigos, e a escassez de oportunidades de autodesenvolvimento. Consequência: a *rotatividade* crônica reduz a produtividade;
- as especificações dos serviços prestados não recebem adaptação às particularidades regionais da clientela. Os mesmos requisitos de qualidade, prazos e custos aplicam-se a todo tipo de público-alvo, ocasionando vários tipos de conflito.

Caso 4.2

Uma Organização, na tentativa de melhorar o relacionamento com os clientes, tornou mais rigorosos os requisitos para os cargos de relacionamento com o público e aumentou os salários, para atrair candidatos com melhor qualificação.

Essa estratégia conduziu à contratação de profissionais com apurada sensibilidade e sofisticada visão de mundo.

> Entretanto, a maior parte das atividades compreende tarefas banais e repetitivas, tornando o exercício da função uma tortura para esses profissionais com elevados níveis de expectativas.
> A consequência logo surgiu: aumento da rotatividade.

Os exemplos dos Casos 4.1 e 4.2 mostram que o comportamento resulta de complexa combinação de fatores, cuja compreensão constitui tarefa interminável, contínua e difícil.

Aspectos do comportamento relacionados com a cultura podem tornar-se cruciais em determinadas situações.

> **Caso 4.3**
> Uma grande Organização que presta serviço no exterior encaminhou para celebração de contrato uma pessoa despreparada para lidar com determinado costume local.
> Ao final da reunião de negociação, havendo acordo sobre os termos contratuais, o anfitrião convidou o representante para um almoço e, ao saírem, tomou-lhe a mão – tradicional costume local entre os homens.
> Dominado por forte emoção, o representante manifestou – repentinamente – comportamento considerado ofensivo pelo anfitrião (recusou o contato), comprometendo a celebração do contrato. (Relato ouvido de duas fontes distintas, com pequenas variações.)

Evidencia-se, pois, o interesse na obtenção de dados sobre comportamentos mais prováveis dos profissionais e fatores que os influenciam:

- na seleção de pessoas, com o objetivo de assegurar aderência entre os requisitos do cargo ou função e o comportamento esperado;
- nos programas de desenvolvimento de pessoas, com o objetivo de facilitar novos comportamentos ou para adequar o perfil de personalidade do profissional a novas exigências do cargo;
- em processos de adequação de comportamentos aos requisitos de tarefas desempenhadas pelo indivíduo.

A obtenção desses dados constitui tarefa complexa, exige *profissionais qualificados* e pode incluir a aplicação de vários tipos de testes, além de outros instrumentos de prospecção.

Neste capítulo, estudam-se fatores que influenciam o comportamento do indivíduo, sem considerar os efeitos de líderes (Capítulo 7) e equipes (Capítulo 6).

Há estudiosos que consideram determinantes os fatores internos ao indivíduo (p. ex., características de personalidade); outros atribuem a preponderância aos externos (p. ex., sociedade e tecnologia).

4.4 PODER DO CONDICIONAMENTO

Na *absoluta maioria* das Organizações, apenas um grupo seleto e reduzido de pessoas dispõe de espaço para trabalho genuinamente "criativo".

Em geral, os profissionais seguem *padrões* (quando muito, opinando sobre eles em algum momento) na busca de procedimentos corretos e eficientes, capazes de assegurar os requisitos de produtividade e qualidade determinados pelos clientes, proprietários e *concorrentes*.

Caso 4.4

Um supervisor de *call center* reclamava que, a despeito do extenso treinamento sobre todos os conceitos e procedimentos, o índice de *reclamações sobre informações incompletas prestadas aos clientes* encontrava-se elevado.

Todas as reciclagens apresentaram resultados nulos.

Decidiu-se investigar em profundidade a causa-raiz desse resultado.

A *escuta paralela* possibilitou concluir que as conversações *aceleravam-se* ao atingir determinada duração.

No *acompanhamento em campo* (observador ao lado do atendente), verificou-se que uma luz indicava, no monitor de vídeo, o alcance da duração máxima desejável para cada conversação, transmitindo uma *mensagem subliminar*.

A partir daí, *inconscientemente*, os atendentes estimulavam o encerramento da conversa, deixando de se aprofundar em detalhes dos serviços; com isso, perdiam informações fundamentais e comprometiam as atividades posteriores.

O Caso 4.4 mostra o poder do condicionamento: atendentes bem treinados apresentavam *comportamento de resposta automática inadequada*, desencadeada pelo estímulo luminoso na tela.

Uma simples *modificação da tela* (eliminando a *inútil* e *paradoxal* indicação de duração da conversação) bastou para alterar o comportamento, sem qualquer necessidade de ação junto aos profissionais.

Esse tipo de *comportamento* ("aceleração da conversação"), desencadeado por um estímulo ("sinal na tela"), denomina-se *comportamento respondente*. Ele engloba a ação de componentes físicos do corpo (glândulas, músculos) e em geral, é involuntário (Lundin, 1977:64).

> Em programas de segurança contra incêndios, por exemplo, procura-se desenvolver *comportamento respondente*: o indivíduo aprende que, ao ouvir o som de uma sirene, deve interromper o que faz e agir de imediato, concentrando suas energias nas ações prescritas.

Um segundo tipo de comportamento exemplifica-se pela atribuição de pontos em uma escala de avaliação de desempenho. Nesse caso, o comportamento *antecede* o estímulo e denomina-se *operante*. O indivíduo atua, *opera*, para obter o resultado de sua ação.

> Nos programas organizacionais em que, a um comportamento desejado (por exemplo, executar 99,9% das peças com medidas dentro de um desvio-padrão) corresponde algum tipo de benefício, desenvolve-se um *comportamento operante*.
>
> O estímulo (o prêmio) é externo ao indivíduo e ocorre *após* a manifestação do comportamento.

A *realidade organizacional* justifica a afirmação de Bergamini, citado por Vergara (1999:47), de que os comportamentos são assegurados muito mais pelo *condicionamento* do que pela *motivação*.

4.4.1 Condicionamento respondente

O estudo do comportamento respondente levou ao desenvolvimento do *condicionamento "clássico", "simples" ou "respondente"*, celebrizado pela experiência do fisiologista russo **Ivan Pavlov** (Rússia, 1849-1936) (Lundin, 1977:62). Essa forma de condicionamento opera da seguinte maneira:

a) Observa-se que determinado estímulo (p. ex., presença de comida) provoca certo comportamento de resposta (p. ex., salivação em um cão). Esse tipo de estímulo denomina-se "incondicionado": ele causa a mesma resposta em todos os indivíduos de uma espécie.

b) Faz-se um *pareamento* desse estímulo com outro (p. ex., acompanhar a apresentação da comida por um som de sirene).

c) Após algum tempo, o comportamento de salivação passa a acontecer à simples presença do som da sirene. Diz-se, então, que esse som torna-se um *estímulo condicionado* (o cão apresenta salivação ao som de sirene, mesmo sem a presença de comida, porque o *associa* à chegada do alimento). Ocorreu um *condicionamento respondente*.

A propaganda utiliza essa técnica: associa a imagem de um luxuoso automóvel à de uma mulher bonita; um bebê saudável acompanha o leite em pó; um ambiente de luxo e requinte emoldura o copo de uísque etc.

> Odontopediatras oferecem brindes às crianças; políticos utilizam cantores populares e churrascos ao final dos comícios. Administradores aplaudiram a técnica: gerentes promovem café da manhã com profissionais; vendedores pagam almoço ou jantar para clientes, médicos são convidados para congressos.
>
> Busca-se estabelecer um **vínculo emocional** para que a *percepção* favorável desencadeie o comportamento esperado. É compreensível, pois, há *imensa dificuldade* para não olhar a mensagem no celular, sinalizada pelo som indicativo de que ela chegou, embora a maioria dessas mensagens seja reconhecidamente inútil.

O condicionamento simples tem grande efeito por ser *involuntário*. Muitos dos comportamentos individuais resultam de condicionamentos simples estabelecidos desde a infância.

O profissional leva consigo esses comportamentos respondentes condicionados. Quando eles colidem com os desejáveis pelos Administradores, nascem conflitos de difícil solução porque são atos involuntários – praticados sem consciência do que se faz.

Organizações encontram dificuldades para implantar *hábitos de higiene* (indispensáveis em muitas atividades) pelo fato de comportamentos relacionados com limpeza pessoal e ambiental, em grande parte, resultarem de condicionamentos simples adquiridos nos primeiros anos de vida e incorporados à cultura do indivíduo.

Para haver eficiência no condicionamento respondente, o indivíduo deve aprender a *discriminar* o estímulo correto e emitir a resposta esperada apenas mediante sua apresentação.

Caso 4.5

A supervisão de um *call center* considerava que os atendentes tratavam todos os clientes da mesma forma, o que aumenta a taxa de reclamações.

De fato, essa uniformidade foi comprovada por meio de gravação dos atendimentos. A análise das conversações indicou que os atendentes pouco diferenciavam características importantes das mensagens comunicadas pelos clientes, como:
- nervosismo;
- urgência;
- desconfiança;
- aborrecimento;
- sentimento de não ser compreendido etc.

Foi desenvolvido treinamento específico em *técnicas de escuta*. Percebeu-se que as fraseologias adotadas não permitiam aos atendentes compreender melhor os conteúdos transmitidos pelos clientes: faltava-lhes diálogo objetivo.

Nas novas fraseologias, buscou-se aprofundar no conhecimento do conteúdo *emocional* da comunicação.

Resultado: à medida que aprendiam a **discriminar** os conteúdos-chaves das mensagens, os atendentes desenvolveram maior empatia com os clientes e as mensagens, *emocionalmente sintonizadas*, tornaram-se ajustadas aos conteúdos das conversações. Automaticamente, a taxa de reclamações reduziu-se significativamente.

De modo similar, a divulgação de um serviço terá maior sucesso se os clientes conseguirem discriminar a *mensagem* dentro da enorme quantidade de estímulos concorrentes na mídia.

Nem sempre basta alardear a qualidade superior do produto. O comprador deve *discriminar a diferença*: a chave encontra-se na *percepção*.

> As pessoas têm notável receptividade para estímulos agradáveis ou para a remoção de estímulos desagradáveis.
> À medida que se consegue associar essa estimulação a determinado comportamento, o indivíduo estará propenso a repeti-lo.

4.4.2 Condicionamento operante

Desenvolvido por Skinner, constitui uma *estratégia de aprendizagem* (Davidoff, 1983:178). Skinner dirigiu sua atenção para as respostas emitidas (operantes), em vez das provocadas (respondentes).

O indivíduo realiza uma *ação* sobre o meio (p. ex., produz uma peça com perfeição, elabora um relatório de alta qualidade, soluciona habilmente uma situação complexa) e recebe uma *resposta* (um elogio do supervisor, o "estímulo"). Passa, então, a repetir o comportamento para permanecer merecedor do estímulo, *condicionando-se*, assim, a proceder segundo o padrão aceitável.

Dessa forma, o indivíduo ajusta-se aos requisitos da tarefa: ele manterá o comportamento enquanto dispuser de expectativa favorável sobre o resultado da ação.

> Programas de aprendizagem mediante computador utilizam essa estratégia: a cada operação concluída com sucesso, o programa "cumprimenta" o treinando. Isso constitui um estímulo para que ele se mantenha concentrado e merecedor dos elogios da máquina.

Esse tipo de comportamento inclui substancial parte das respostas por meio das quais se *age conscientemente* sobre o ambiente.

> Programas de milhagem das empresas aéreas; bônus e brindes de cartões de crédito; cupons de sorteio de *shopping centers* etc. constituem conhecidos exemplos de condicionamento operante, mediante os quais os Administradores modelam o comportamento do consumidor.
>
> É compreensível o apego das pessoas aos EPC – celulares à frente. As ações, prontamente retribuídas, muitas vezes com palavras ou imagens de estímulo, são gratificadas. Tudo a um simples toque e... pronto: abre-se uma nova tela!

A frequência e a intensidade de emissão de um comportamento operante dependerão:

a) Das *consequências* (reais ou imaginárias), para o indivíduo: uma resposta *satisfatória* (denominada "reforço") tende a manter o comportamento e a aumentar sua frequência; resposta *insatisfatória* ("punição") pode conduzir ao oposto.

O comportamento de *vendedores*, em geral, é *operante*. Eles esforçam-se para cumprir as metas e, assim, evitar punição (perder rendimentos) e/ou ganhar recompensa (gratificações).

Gerentes estressados podem descarregar suas tensões nos empregados e sentir-se aliviados. Sendo reforçados por esse tipo de comportamento, tendem a repeti-lo. Descarregar a raiva não a reduz – apenas contribui para aumentá-la.

b) Da *expectativa de sucesso*: as pessoas perseveram enquanto considerem possível a obtenção de êxito.

A vantagem pode ser uma probabilidade, como em sorteios, ou um potencial, como nas milhagens. O importante é ser percebida como *factível*. Técnica amplamente empregada nos jogos eletrônicos. Uma pseudovantagem muito difícil de se atingir não afetará o comportamento. Se a quantidade de milhas necessárias para determinada vantagem for excessivamente elevada, o cliente não manterá a fidelidade.

c) Da *frequência* e da *intensidade* do estímulo responsável por sua evocação (o estímulo consequente ao comportamento; Skinner, 1992:105-112).

Entram em cena aspectos ligados aos limiares de sensação e aos fenômenos da percepção: estímulos monótonos "desaparecem"; outros, muito tênues, não despertam a sensação; em algum momento, o estímulo deve ser a "figura" na percepção do indivíduo. Por exemplo, *premiações insignificantes*: a pessoa não *discrimina* variações muito pequenas em salário ou benefícios.

Segundo Skinner (1992:74), o meio ambiente, mediante o condicionamento operante, *modela* o repertório do indivíduo e, ao mesmo tempo, aumenta a eficiência do comportamento.

Também ocorre, no comportamento operante, o fenômeno da **generalização**, indispensável para o desenvolvimento intelectual (Lundin, 1977:136), já citado no estudo da percepção.

Assim, estímulos semelhantes podem levar a uma única resposta – tem-se a *generalização de estímulos* (Lundin, 1977:127). Por exemplo, diversos tipos de ofertas conduzem ao mesmo comportamento: comprar. O sucesso em uma promoção incentiva o indivíduo a participar de outras similares.

A generalização é necessária porque existem inúmeras situações semelhantes, porém, não exatamente iguais. Contudo, se a generalização for total, passam a ocorrer respostas erradas e, para evitá-las, o indivíduo deve aprender a *discriminar* entre os diferentes estímulos (Hall, Lindzey e Campbell, 2000:406).

Ocorre também a *generalização de respostas*: um único objeto ou fenômeno pode provocar diferentes tipos de reações em um indivíduo. Um candidato a uma vaga, desclassificado em uma entrevista psicológica, pode desenvolver diversos tipos de sentimentos (medo, raiva, ansiedade) em relação a esse tipo de entrevista e ao profissional que a conduziu.

A generalização é um fenômeno presente em muitas situações organizacionais corriqueiras. O Caso 4.6 constitui um exemplo típico.

Caso 4.6

No **atendimento a reclamações**, pode ocorrer de as atendentes criarem estereótipos de clientes, a partir de algumas frases ou comportamentos. Ouvem-se comentários do tipo "esses clientes são todos iguais"...

Em **serviços de cobrança**, onde é costumeira a renegociação de dívidas, é possível a atribuição de *intenções similares* a um amplo segmento de clientes, a partir de alguns comportamentos.

No **controle de não conformidades** a generalização dificulta a melhoria dos processos, quando o profissional, em lugar de discriminar por tipo de defeito ou falha as ocorrências, classifica-as indistintamente na categoria genérica de "outros".

Essas situações típicas costumam originar-se de um obstáculo comum e que se encontra em muitas Organização: conflito de orientações.

Caso típico é a incompatibilidade entre o *tempo esperado para a realização da tarefa* e as *exigências quantitativas de desempenho*. Pressionado para imprimir agilidade ao trabalho, o profissional, inconscientemente ou não, reduz as variações dos estímulos para padronizar e simplificar suas respostas ou comportamentos, com evidente perda de qualidade.

O comportamento operante, portanto, é controlado por suas *consequências*. Na prática, combinam-se as duas formas: inicia-se com um comportamento respondente e complementa-se com um operante.

> Algum estímulo inicial desencadeia a disposição do cliente para a compra (p. ex., uma oferta de produto), produzindo um comportamento respondente (o indivíduo vai ao *shopping* para comprar). Assim tem início o processo.
>
> O comportamento operante resulta da vantagem adicional por adquirir produtos com regularidade (estímulo consequente a uma série de respostas – no *shopping*, ele descobre que, adquirindo certo valor de bens, tem direito a cupons para um sorteio ou a acumular pontos no programa de fidelidade).

Cada indivíduo, contudo, é único. Por esse motivo, um projeto de condicionamento operante pode resultar em absoluto sucesso, aplicado a determinado público-alvo, e redundar em fracasso com outro.

Os estímulos, portanto, devem ser escolhidos considerando-se o tipo de ação desejada, o contexto e o público envolvido.

Três tipos de estímulos têm especial interesse: o reforço positivo, o reforço negativo e a punição.

4.4.3 Condicionamento operante por reforço positivo

Nesse método, provoca-se aumento na *frequência* de um comportamento, apresentando-se estímulo percebido como *agradável* (reforço positivo), após ocorrer o comportamento. Vários exemplos já foram citados.

A obtenção e a manutenção do comportamento dependem da forma como se apresentam os reforços.

- o reforço deve ocorrer *próximo* à emissão do comportamento: o passar do tempo enfraquece a associação entre ele e o estímulo, ainda que existam explicações "racionais" para a demora;

Na Administração por Objetivos, as Organizações estabelecem **indicadores de desempenho**. A celebração do atingimento das metas fixadas desempenha o papel de *reforço* para as ações gerenciais. Os resultados, contudo, devem ser apresentados com rapidez, para que as pessoas associem-nos aos fatos geradores.

> **Caso 4.7**
>
> A utilização de *indicadores de desempenho* constitui prática comum a grandes Organizações.
>
> Após intensa utilização dessa metodologia, os Gestores de uma Organização de prestação de serviços – empresa com mais de cinco mil profissionais qualificados, além de grande quantidade de terceiros – concluíram que situações excepcionais, porém de grande importância estratégica, estavam sendo ignoradas pelo corpo gerencial.
>
> Além desse fato, em si já altamente preocupante, percebeu-se que os indicadores de desempenho constituíam um *fim em si mesmo*, a ponto que no relacionamento com os clientes, os resultados prestavam-se para justificar procedimentos.
>
> Na fraseologia do atendimento a reclamações de clientes encontravam-se frases do tipo "nosso procedimento é esse porque a empresa possui certificado ISO-9001".

- deve ficar perceptível para o indivíduo a *vinculação* entre estímulo e comportamento, em particular se vários estímulos e comportamentos ocorrerem simultaneamente;

Quando muitas atividades concorrem para construir um mesmo indicador, torna-se difícil estabelecer relação causal entre suas variações e fatos acontecidos com determinada atividade. Nesse caso, o indicador perde sua eficácia como instrumento para obter o condicionamento.

- o estímulo deve ser *contingente ao comportamento*: o indivíduo precisa, necessariamente, manifestar o comportamento para receber o reforço;
- a *habitualidade* enfraquece a *percepção* do reforço; o estímulo deixa de ser *"figura"* e *"desaparece na paisagem"*, confunde-se com outros estímulos, ou perde a posição de destaque;

> Se há premiação com excessiva frequência, o indivíduo deixa de perceber a associação entre comportamento esperado e estímulo, incorporado ao cotidiano. Por exemplo, não se relaciona "produtividade" com "vales-refeições".

- variações na relação entre a *quantidade* de comportamentos emitidos e o *intervalo* entre cada apresentação do estímulo também alteram os efeitos do condicionamento.

> Por exemplo, o profissional ganha um brinde caso complete **quantidades fixas** ou **variáveis** de peças produzidas sem defeito. Nesse caso, o esquema de reforçamento privilegia a *qualidade* à *quantidade*.
>
> Caso o brinde ocorra em função do número de peças, independentemente da qualidade, o privilégio caberá à *quantidade*.
>
> As Organizações que concedem brindes ou adicionais aos salários a cada ano ou período estabelecido de trabalho na empresa, independentemente do desempenho, deixam de reforçar a produtividade e a qualidade do serviço executado.

Como regra geral, de acordo com Lundin (1977: 97-126), o condicionamento tem maior eficácia quando a *quantidade* de reforços e o *intervalo de apresentação* dos estímulos variam, podendo-se combinar essas duas formas.

> Profissionais sujeitos a premiação após o cumprimento de metas variáveis (no tempo ou na quantidade) tendem a desempenhar suas atividades melhor, desde que a possibilidade de êxito permaneça considerada viável por eles.
>
> O efeito do reforçamento explica a virtual inutilidade do aumento de salários para a obtenção de ganho de produtividade. O aumento, uma vez concedido, não pode ser revertido e perde sua utilidade como reforço.
>
> O intervalo de apresentação dos estímulos aplica-se ao treinamento. Há evidências de que o comportamento resiste por mais tempo à extinção quando os conceitos são agregados em doses menores, ao longo do tempo. A obtenção do comportamento por meio de aproximações sucessivas denomina-se *modelagem*. O treinamento concentrado não apresenta a mesma eficiência em longo prazo.

Os mesmos estímulos, as mesmas estratégias, conduzem a vários resultados, quando aplicados a diferentes pessoas, ainda que em situações idênticas na aparência.

Fatores ligados aos indivíduos, à cultura local e ao momento influenciam o comportamento, muitas vezes de maneira inusitada; basta a presença de forte conteúdo emocional.

O poder do condicionamento operante por reforço positivo fica perfeitamente exemplificado na situação a seguir (Caso 4.8), ocorrida em uma pequena cidade do interior de São Paulo. Não se trata, pois, de um caso em que os fatores estressantes típicos de grandes localidades estivessem envolvidos.

Caso 4.8

Rapaz de 26 anos permaneceu oito meses internado em Centro Terapêutico em decorrência da *dependência por salas de "bate-papo" em internet*, segundo noticiou o jornal Cruzeiro do Sul em 25 de fevereiro de 2015.

O celular e o computador tornaram-se seus companheiros constantes. O prejuízo para o casamento foi definitivo: mulher e filhos deixaram-no.

> Preso às telas dos equipamentos, esquecia-se de se alimentar, e quando o fazia, escolhia alimentos obviamente inadequados a uma rotina alimentar saudável; desenvolveu péssima higiene de sono.
>
> Esses comportamentos refletiram-se no trabalho: aumentavam os erros, os atrasos e as ausências. Abandonou os amigos do futebol de final de semana.
>
> A situação tornou-se insustentável quando um defeito no computador provocou-lhe gravíssima crise de pânico.
>
> O tratamento para a eliminação do condicionamento desenvolvido foi longo e cercado de muito sofrimento. A um observador, poderia parecer que se tratava de um caso de drogadição.

Tem razão, pois, o especialista Pedro Doria, quando afirma que "redes sociais, aplicativos de troca de mensagem e sites de entretenimento distraem e são um desafio à produtividade" (Doria, 2017:A2).

Condicionado a conectar-se ao que lhe dá prazer, o indivíduo perde a concentração nas tarefas, não consegue estudar e assim por diante. Os danos, como indica o caso patológico (em Caso 4.8), podem ser gravíssimos. Um alerta para supervisores e gerentes nas atividades em que pouco se aplicam mecanismos convencionais de controle.

Esse ambiente tecnológico constitui o paraíso para os *propensos à dependência* e os *propensos a controlar*. O controlador interrompe suas atividades ao atender o dependente, que por sua vez já interrompeu as próprias para conectar-se ao controlador. O controle aumenta por incentivo da tecnologia até tornar-se patológico: a *distratibilidade* associa-se à *compulsão para consultar a tela*.

As pessoas transportam *computadores de bolso com possibilidade de diálogo;* tornou-se *commodity* em que a matéria-prima é a comunicação. Um imenso campo de trabalho para a Psicologia Clínica e Organizacional.

4.4.4 Condicionamento operante por reforço negativo

Nesse método, aumenta-se a frequência de um comportamento pela *retirada* de um evento desagradável (aversivo) logo após sua emissão. Por exemplo, o indivíduo compra ou obtém comida (comportamento) para acabar com sua fome (evento aversivo). Come e sente-se bem. Assim, condiciona-se a procurar alimento ao sentir fome.

Duas situações apresentam particular interesse:

– a *fuga*, em que o indivíduo emite um comportamento por meio do qual elimina o estímulo aversivo *presente*. Por exemplo: a chegada à agência bancária de um cliente particularmente desagradável pode ocasionar súbito mal-estar em quem iria atendê-lo;

– a *evitação*, em que o comportamento *impede* a ocorrência de estímulo aversivo, *real ou imaginário, não presente*. Sabendo da possível vinda do cliente mencionado anteriormente à agência, o profissional designado para atendê-lo encontra solução aceitável para evitar o aborrecimento por meio de providencial consulta ao médico.

Caso 4.9

Em uma empresa de eletrodomésticos, verificou-se que a curta duração dos atendimentos guardava correlação negativa (Figura 4.2) com a demora para identificar o tipo de defeito na seção de reparação (*medir* é condição necessária para gerenciar).

A observação no local permitiu constatar que os atendentes desenvolveram *estratégias de fuga* no atendimento aos clientes.

Valendo-se de hipersimplificação de diálogos, reduzia-se o tempo de contato com os reclamantes, uma forma cômoda de reduzir a permanência do estímulo aversivo.

Dessa maneira, a equipe de atendimento deixava de explorar adequadamente as informações dos clientes e faltavam elementos úteis para orientar o trabalho dos técnicos.

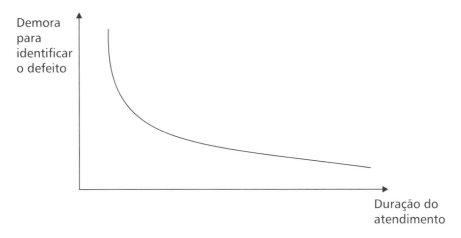

Figura 4.2 *Relação entre o tempo para identificar um defeito e a duração do atendimento (escalas omitidas).*

Técnicas de Psicologia Cognitivo-comportamental possibilitam modificar esse quadro, aumentando o tempo médio de atendimento, com o consequente ganho de produtividade na seção de reparação.

Pessoas com aversão a conflitos apresentam *comportamentos de evitação*. Por exemplo, gerentes estabelecem sofisticado esquema de "delegação de poderes" para não enfrentar situações de confronto que envolvem subordinados, clientes e fornecedores.

Caso 4.10

Um Diretor de Engenharia, reconhecido por sua competência técnica, avesso a conflitos, conduziu de forma brilhante sua área de atuação por muitos anos.

Esse profissional desenvolveu um *comportamento de evitação* de conflitos, por meio da delegação de responsabilidades, de comprovada eficácia.

Ao transpor essa estratégia para a vida particular ("veja isso com sua mãe", "você já tem idade para resolver sozinho"), passou a enfrentar dificuldades com os filhos adolescentes: os mecanismos de evitação no trato com as questões familiares revelaram-se generalização inadequada do comportamento.

Algo semelhante ocorre no âmbito organizacional: estratégias de fuga ou de evitação eficazes em um ambiente podem não se revelar funcionais em outro.

As considerações efetuadas sobre a aplicação de reforço positivo para a obtenção de condicionamento operante, devidamente ajustadas, aplicam-se ao reforço negativo (proximidade, vinculação, habitualidade, intervalo, contingência, intensidade).

A obtenção de um comportamento também pode significar a eliminação de outro considerado indesejável.

Extinguir um comportamento significa "deixar de responder ao estímulo que o provocava". Nada tem a ver com esquecer ou desaprender. Por exemplo, uma telefonista apresenta o comportamento incorreto de dizer "alô" ao atender; por meio de treinamento, facilmente condiciona-se a transmitir a mensagem de acolhimento adequada.

Os processos cognitivos desempenham um papel no condicionamento. "*O reforço não é automático quando consequências favoráveis seguem uma resposta (...) ela será fortalecida mais provavelmente se a pessoa pensar que a resposta **causou** o resultado*" (Weiten, 2002:183).

A observação de Weiten vem ao encontro do conceito de *comportamento supersticioso* referido por Skinner (Hall, Lindzey e Campbell, 2000:405), em que ocorre o condicionamento sem existir relação causal entre a resposta e o reforço (a pessoa realiza um gesto considerado, por ela, dotado de poderes mágicos e sua intenção se realiza; a partir daí, passa a repetir aquele gesto para obter satisfações).

4.4.5 Punição

Na punição, **apresenta-se** um estímulo aversivo ou **retira-se** um positivo *após* o comportamento para diminuir sua ocorrência (Lundin, 1977:308).

O uso da punição, em geral cercado de componentes culturais, continua extenso e intenso em todos os tipos de Organização.

Na prestação de Serviços Públicos, mostra-se tanto mais necessária quanto *menor* a disciplina e o espírito de cidadania da população. Sem a *multa de trânsito*, o tráfego de veículos nos grandes centros entra em colapso; sua eficácia, contudo, limita-se pela dificuldade de identificar o infrator, pela eficiência da detecção e pela representatividade dos valores cobrados.

Nas Organizações, a eficácia da punição aumenta quanto *menor* o grau de maturidade na relação entre gerências e profissionais.

Ainda que, do ponto de vista ético e filosófico, prefiram-se reforços às punições, vários motivos (além de razões relacionadas aos mecanismos e conteúdos psíquicos do próprio Administrador) conduzem à sua adoção, como:

- pouca disposição para correr determinados riscos;
- aspectos culturais do ambiente ou ligados ao negócio;
- experiências traumáticas anteriores relacionadas ao comportamento indesejado;
- segurança física e/ou patrimonial;
- urgência na obtenção de resultados para efeito-demonstração.

Levando em consideraçãoo a inevitabilidade de que, em determinadas situações, a punição constitua a ação de eleição, o Administrador deve avaliar suas potenciais consequências e os melhores procedimentos para reduzir possíveis efeitos psicológicos colaterais.

Afinal, *toda punição desagrada*. Quando praticada, transforma-se em *figura* na percepção dos punidos e ocupa o espaço que deveria ser preenchido pelo comportamento desejado.

Desagradável, ela afeta emocionalmente quem a recebe e impacta todas as funções mentais superiores. Por exemplo, o indivíduo pode estabelecer um *esquema rígido de pensamento* em torno da punição ("não consegue pensar em outra coisa"): prejudica seu desempenho e compromete sua avaliação dos fatos posteriores. Há, por exemplo, quem desenvolva o *desejo de vingança*, responsável pelo surgimento e agravamento de inúmeros conflitos e, muitas vezes, de consequências desastrosas.

Decidido a utilizá-la, o Administrador deve assegurar-se de que (Lundin, 1977:307-308):

a) Seja *exemplar* e sirva de *advertência* (no melhor "estilo Maquiavel"), para que todos saibam de sua *existência* e possível *intensidade*. Trata-se de promover *memorização* do fato – se rapidamente esquecida, o esforço terá sido inútil.

b) Aconteça tão logo ocorra o fato gerador, para que o indivíduo possa *associá-la* a ele.

c) O indivíduo *compreenda* os motivos que o conduziram a ela e passe a *discriminar* as ações merecedoras de punição. Assim, o indivíduo *aprende* com o processo.

Skinner (1992:180-189) apresenta extensa análise das consequências da punição, destacando:

a) Sua inutilidade na eliminação da *tendência* à emissão do comportamento.

b) Sua ineficácia em obter o comportamento desejado, ainda que elimine o inadequado.

c) A supressão do comportamento indesejado apenas *enquanto* durar a punição ou a perspectiva desta.

d) A inexistência de garantia de que ela *sempre* ocorra para determinada situação indesejada.

e) O risco de conflito emocional pela insegurança na emissão do comportamento (o indivíduo pode não saber, com certeza, qual é o comportamento adequado e em que situações ocorrerá a punição).

Na absoluta maioria das Organizações, adota-se a *punição* progressiva, em que penalidades sucedem-se em ordem crescente (da advertência oral até a demissão), como reação de eleição a comportamentos indesejados.

A reação oposta é a *ação restaurativa*, por meio da qual buscam-se dois objetivos complementares: a *evitação do comportamento inadequado e o incentivo ao comportamento cooperativo*.

Ela contém um elemento de punição: afinal, o indivíduo recebe uma *incumbência*, por meio da qual *reparará os efeitos de sua conduta*. Entretanto, diferencia-se pela estratégia de aplicação, que compreende:

a) Prévia discussão com o profissional: chega-se a uma composição adequada para a Organização e percebida como compatível com o problema por ele causado.

b) Realização construtiva: procura-se uma ação de reparação capaz de transformar um problema em um benefício.

c) Percepção, pelos colegas de trabalho, como uma contribuição para o bem comum.

d) Preocupação com a preservação da autoestima daquele que recebe a incumbência.

A percepção de justiça, tanto pelo profissional como pelos colegas, é crucial. Importa a *visibilidade* da ação, para que ela impacte a equipe, e apresente *caráter educativo* para quem a pratica e para os observadores.

A identificação de ações de reparação pode valer-se de *técnicas de mediação e solução de conflitos* (ver Fiorelli, Fiorelli e Malhadas, 2008), entre outras.

Cada Organização apresenta características que a distinguem, e não existem soluções estereotipadas capazes de aplacar os diversos tipos de conflitos nas mais diferentes situações. Cultura e contexto são palavras-chave. Contudo, o *medo de ser punido*, ainda que modifique comportamentos, não traz os benefícios da *motivação*.

4.5 MOTIVAÇÃO

> *"Acordo pela metade*
> *vou à repartição de olhos fechados*
> *conheço o serviço de cor.*
> *Um cafezinho me mantém sonâmbulo através da manhã."*
> Sérgio Kleinsorge (*Teseu, Funcionário Público*.
> Prêmio Emílio Moura de Poesia, 1988)

Imagine-se o profissional recém-contratado, iniciando suas atividades. Ele recebe instruções e atua em conformidade: a estímulos determinados dará respostas específicas – adquire *comportamento respondente*.

Ele aprende, também, a buscar resultados estabelecidos para, *em troca*, obter os estímulos esperados (salário, permanência no cargo etc.) – *comportamento operante*. Desenvolve comportamentos para evitar receber punições (p. ex., sendo pontual) e outros estímulos desagradáveis (não passará perto do chefe em dias de atraso na produção).

Esses mecanismos, contudo, não explicam todos os tipos de comportamentos que apresenta:

– ao realizar um serviço (p. ex., a usinagem de uma peça), em um momento, ele reduz os desvios a um mínimo; em outro, conforma-se em mantê-los nos limites de tolerância;
– quando se relaciona com os colegas, com alguns, limita-se à exigência da tarefa; com outros, desdobra-se em atenções e minúcias.

Tudo se passa como se, em algumas situações, o profissional fosse movido por uma energia interior, *intrínseca* a ele, impelindo-o a, *espontaneamente, exceder o requisito de papel*. Essa energia denomina-se "motivação".

Motivação, explica Vergara (1999:42), *"é uma força, uma energia, que nos impulsiona na direção de alguma coisa (...)"* que *"nasce de nossas necessidades interiores"*. Quando ela acontece, as pessoas tornam-se mais produtivas, atuam com maior satisfação e produzem efeitos multiplicadores.

Despertá-la, mantê-la e canalizá-la para os objetivos da Organização tem sido preocupação constante dos Administradores.

> Dejours e Abdoucheli assinalam, entretanto, que *o conceito de motivação não é admitido por todas as teorias em Psicologia, e notadamente não o é pelas teorias (...) que não têm a necessidade desse conceito para explicar comportamentos, sua extinção ou seu reforço"* (Dejours, Abdoucheli e Jayet, 1994:35).

A motivação origina-se, em alguns casos, dos *mecanismos de homeostase* do corpo humano, destinados a regular o equilíbrio do meio interno (Lent, 2001:484); aqui incluem-se o calor, a fome, o frio e a sede. São ajustes fisiológicos indispensáveis à vida. Outras motivações encontram-se ligadas à *sobrevivência da espécie*, como é o caso do sexo (Lent, 2001:484).

Outras, ainda, são ligadas ao *equilíbrio psicológico* e constituem aquelas que mais despertam a atenção dos estudiosos do comportamento humano. São comportamentos complexos, sem qualquer determinação biológica identificável, motivados por forças interiores puramente subjetivas (Lent, 2001:484,485).

Não há unanimidade quanto à origem dessa energia. Teorias que parecem explicar fenômenos motivacionais em um contexto falham em outros. Conforme assinalam Bouditch e Buono,

> talvez o melhor modo de proceder seja, ao invés de interpretar essas teorias como regras universais (...), considerar os modelos motivacionais como teorias intermediárias (...) úteis para se considerar como despertar a motivação de pessoas de diversas maneiras (Bouditch e Buono, 1992:56).

Neste capítulo, comentam-se algumas teorias bastante conhecidas, que abrangem várias concepções sobre esse tema complexo e inesgotável.

4.5.1 Motivação pela deficiência

Essa linha teórica admite que o ser humano se move para completar o que lhe falta. A ela pertencem as teorias de Herzberg e Maslow, estudadas tradicionalmente na disciplina Teoria Geral da Administração.

Para esses estudiosos, modelos *paternalistas* de gestão de pessoas contribuem para *inibir* a motivação, porque o indivíduo receberá recursos para dar conta de carências ou ameaças sem esforço correspondente.

Parece razoável acreditar que no início da vida profissional, salário e estabilidade no emprego incluam-se entre os aspectos essenciais ou prioritários. Após certo tempo, somam-se conforto e segurança física no trabalho, possibilidade de progresso profissional etc.

Progredindo na profissão, o profissional agrega itens como sentir-se aceito pelos colegas, obter reconhecimento pelo trabalho bem realizado etc.

Maslow e Herzberg incluíram esses e outros tipos de fatores ou necessidades em suas análises, e chegaram a conclusões semelhantes em alguns aspectos, complementares em outros, construindo modelos cujo foco são *fatores ligados ao indivíduo*.

A. Teoria de Herzberg

Herzberg dividiu os fatores que afetam o comportamento do indivíduo em dois grupos: os **higiênicos** e os **motivacionais** (Chiavenato, 1993:548).

Os *fatores higiênicos*, **extrínsecos** ao indivíduo, compreendem salário, benefícios recebidos, segurança no cargo, relações interpessoais no trabalho etc.

No caso de *insuficiência*, provocariam **insatisfação**, porém, quando atendidos, eles não despertariam a motivação (a "energia interior") do indivíduo. Esta seria despertada pelos *fatores motivacionais*, **intrínsecos** ao profissional, representados por reconhecimento, *status*, responsabilidade, oportunidade de crescimento, riqueza do trabalho, desafios etc. A ausência desses fatores, contudo, não ocasionaria insatisfação (Chiavenato, 1993:545).

Algumas considerações, do ponto de vista psicológico, merecem reflexão:

a) Os conceitos de "intrínseco" e "extrínseco" ligam-se a *valores* e *conteúdos emocionais e cognitivos* de cada indivíduo. Como definir "alto salário" e "emprego seguro"? O que é "obter reconhecimento"? Um cargo melhor? Uma homenagem privativa no gabinete do Presidente? Receber congratulações dos amigos?

Depoimento de um jovem engenheiro: o salário, em si, não o faz trabalhar mais, porém, com um bom salário ele se torna mais popular entre as garotas; portanto, o que o move é o salário.

b) Sensação, percepção e atenção são fenômenos mentais individuais e relativos. O que um indivíduo *percebe* depende do que acontece no ambiente próximo; isso impacta diretamente os conceitos de fator intrínseco e extrínseco (o que, talvez, justifique pessoas demonstrarem extraordinária disposição para trabalhos mal remunerados, em comunidades em que existe grande uniformidade entre elas, uma liderança ativa e relativo suporte afetivo).

> ### Caso 4.11
> Organização de grande porte, que atua em várias regiões e pratica salários padronizados, verificou que a insatisfação com os valores recebidos aumentava nos grandes centros.
>
> Neles, os profissionais contavam com mais elementos para se comparar na sociedade local; nos pequenos centros, onde o poder aquisitivo da população é mais uniforme, as queixas sobre os níveis salariais reduziam-se, embora o custo de vida, muitas vezes, até superasse o dos centros maiores.
>
> Resultado: a rotatividade mostrava-se maior nas Capitais. Fenômeno semelhante ocorria na comparação entre a rotatividade do quadro de profissionais quando se comparava as regiões Sul e Sudeste com as demais.

c) As conclusões de Herzberg sobre o *enriquecimento da tarefa* como fator de motivação encontram ressonância nas experiências de diferentes formas de trabalho em equipe.

d) A teoria de Herzberg, na forma apresentada em diversas publicações de cunho acadêmico, não explicita fatores ligados ao indivíduo, ao meio e à cultura (conforme sugere a Figura 4.1).

Imagine-se que o profissional venha de uma família em que se considere a posse de bens materiais uma saudável expressão de sucesso, aderente a valores religiosos. Nessa cultura, ele desenvolverá percepção mais acurada para salários e benefícios e terá aumentada sua disposição para disputar postos com remuneração melhor. Se a herança cultural valoriza a resignação com a falta de bens materiais, reivindicações nesse campo tenderão a reduzir-se.

Wagner III e Hollenbeck (1999:160-161) apresentam críticas ao modelo de Herzberg, assinalando deficiências de metodologia e inexistência de confirmação prática, concluindo que *"a teoria dos dois fatores de Herzberg não é considerada uma orientação útil para as ações gerenciais"*.

Contudo, reconhecem que a orientação de Herzberg, de que os gerentes deveriam concentrar-se mais em promover oportunidades de crescimento e enriquecimento das tarefas para despertar a motivação, concentrando-se menos em salários e outros fatores higiênicos, mantém-se bastante considerada.

B. Teoria de Maslow

Maslow estabeleceu a conhecida "hierarquia de necessidades básicas", ilustrada na forma de pirâmide em diversos livros de teoria administrativa:

a) Fisiológicas: sobrevivência, alimentação, vestuário.

b) Segurança: proteção, estabilidade no emprego.

c) Sociais: aceitação, amizade, sentimento de pertencimento.

d) Estima: autoconfiança.

e) Autorrealização: criatividade, autodesenvolvimento.

Existe uma lógica nessa sequência – afinal, "não há filosofia que resista a uma dor de dente". Há relativo consenso de que, sem a satisfação das necessidades fisiológicas (que compreendem fome, sede e outras), o indivíduo mostrará pouca propensão à prática de atividades de nível mais elevado.

Muitos estudiosos do comportamento consideram a autorrealização como o objetivo maior na motivação das ações humanas. Para Goldstein, *"o organismo normal, sadio, é aquele em que a tendência para a autorrealização vem de dentro e supera a perturbação do choque com o mundo, não por ansiedade e sim pelo prazer da conquista"* (Hall, Lindzey e Campbell, 2000:353).

Carl Rogers ensina que *"há uma única meta na vida: autorrealizar-se, melhorando sempre"* (Huffman, Vernoy e Vernoy, 2003:369) e, *"embora existam muitas necessidades, elas subordinam-se à tendência básica do organismo de manter-se e de melhorar"* (Hall, Lindzey e Campbell, 2000:370).

Vários autores analisam a teoria de Maslow; para Campos (1992:150-153), *todas as necessidades encontram-se sempre presentes, mas **uma delas** receberá ênfase em um dado momento*. De modo similar, Moscovici, mestra em psicologia social pela Universidade de Chicago, ensina que *"a motivação humana é constante, infinita, flutuante e complexa (...). O homem (...) logo que satisfaz a um desejo, (...) surge outro, sucessivamente"* (Moscovici, 1995:77).

> Conclusão: a satisfação de uma necessidade dá lugar a outras, latentes, prontas para aflorar.

A simples observação do cotidiano, acompanhando-se a análise de Campos, possibilita concluir que as necessidades imediatas não obedecem, *sempre*, à sequência proposta na hierarquia de Maslow. O ser humano apresenta extraordinária propensão para se opuser às mais simpáticas teorias, conforme sugerem as situações a seguir:

- para satisfazer a ideais (autorrealização), as pessoas abdicam da satisfação de necessidades de categorias inferiores. Desses ideais elas extraem a energia para lutar – até sacrificando a própria vida e a de seus seguidores;
- pessoas de extraordinária capacidade de realização abandonam carreiras brilhantes em troca de *consideração e afeto*: estacionam em nível intermediário na hierarquia de Maslow, recusando a solidão – inevitável ônus da ascese;
- indivíduos praticam comportamentos inadequados para preservar seus grupos de amigos, movidos por forças poderosas de origem emocional – às vezes com sérios prejuízos físicos e psíquicos. Esses grupos podem ser *virtuais*, criados e mantidos nas redes sociais;
- pais de família sacrificam-se para obter *estabilidade* no lar ou no emprego, muitas vezes enfrentando privações e sofrimentos;
- artistas suportam necessidades notáveis, na busca da autorrealização que a arte lhes proporciona.

Verifica-se, nessas "inversões da hierarquia", a presença de fatores ligados ao indivíduo, ao grupo familiar, ao momento histórico, à sociedade.

A cultura exerce significativa influência nos comportamentos: pilotos suicidas, guerreiros dispostos a rasgar o ventre com a espada e pessoas dispostas a explodir granadas atadas ao corpo não encontram espaço nas sociedades ocidentais. Observe-se, entretanto, o poder das redes de relacionamento virtual: o indivíduo pode *residir* em uma região onde prevalece determinada cultura, e *ter a visão de mundo* de outra cultura situada em lugar distante. Vive fisicamente em um ponto da Terra e, mentalmente, em outro.

A cultura organizacional também promove efeitos marcantes, como sugere o Caso 4.12.

> **Caso 4.12**
> Um ambicioso plano de trabalho exigiu a elaboração de novas versões dos sistemas para a substituição do parque de computadores.
> Por se tratar de Organização prestadora de serviços *online*, a modificação deveria ser preparada para acontecer fora do horário habitual de trabalho.
> A mudança foi realizada pelos profissionais da área de computação, que trabalhavam, todos os dias, várias horas no período noturno, com prejuízos pessoais identificados.

Os ganhos financeiros dos envolvidos não justificariam o esforço. A notável "energia psíquica" investida nesse trabalho decorreu de dois fatores básicos:

a) *O exemplo do chefe da seção* – trabalhando com os demais, acompanhou todas as atividades do primeiro ao último dia.
b) *O espírito de equipe* – marcado pela coesão e pelo orgulho de manter os resultados durante e apesar da mudança.

O Caso 4.12 ratifica a ideia de que *"o comportamento do trabalhador é influenciado não apenas pelo ambiente físico, mas também por fatores sociais no local de trabalho"* (Huffman, Vernoy e Vernoy, 2003:652).

Deve-se também atentar ao fato de que, em situações de transformações radicais em processos e sistemas organizacionais, os gerentes dedicam substancial atenção aos trabalhos que se realizam, ensejando o *efeito Hawthorne*.

> Essa experiência, conduzida pelo Conselho Nacional de Pesquisas dos Estados Unidos, concluiu, após vários anos de observação (década de 1920), que a produtividade dos empregados era mais afetada pela *atenção* por eles recebida do que por fatores ambientais. Os trabalhadores que sabiam estar sendo observados desempenhavam-se melhor do que aqueles que ignoravam essa condição.

Modelos de Melhoria da Qualidade e da Produtividade, ancorados nas experiências japonesas, encontram ressonância na teoria motivacional de Maslow, segundo Campos (1992:150), embora se encontrem estudiosos que os consideram como versões sofisticadas de técnicas de condicionamento.

Registre-se que a aplicação, à realidade brasileira, de modelos copiados de outros países, notadamente dos EUA e do Japão, deve cercar-se de cuidados. Afinal, para a maior parte da população, as necessidades fisiológicas ou de segurança das pessoas encontram-se longe do adequado atendimento, o que tornaria improvável o investimento de energia, por parte dessas pessoas, em atividades relacionadas aos níveis de afeto, estima e autorrealização.

A realidade, muitas vezes, contraria teimosamente esse raciocínio, conforme sugerem os exemplos já citados de *inversão* da hierarquia de necessidades.

4.5.2 Modelos de enriquecimento técnico e social

Esses modelos incluem fatores ligados às *tarefas* e ao *ambiente social*. Eles consideram que, além das necessidades (conscientes ou não) de cada indivíduo, outros elementos contribuem para nele despertar a motivação.

A. Enriquecimento da tarefa

De acordo com Hackman e Oldham (Wagner III e Hollenbeck, 1999:161), o indivíduo motiva-se para o trabalho quando cinco fatores concorrem, promovendo o enriquecimento da tarefa e conduzindo a estados psicológicos desejáveis e favoráveis para que isso aconteça:

– o desempenho no cargo exige aplicação de *diferentes habilidades pessoais*;
– o resultado final da atividade permite reconhecê-lo como um *produto pessoal*: há uma identificação entre criação e criador;

- o produto final exerce *impacto em outras pessoas*;
- existe um *grau de liberdade* para decidir sobre programação e procedimentos do trabalho;
- o profissional recebe *avaliação* (*feedback*) sobre sua eficácia na realização da atividade.

Esse modelo enseja algumas reflexões:

- o **enriquecimento da tarefa** realmente motiva? Há pessoas que alcançam extraordinária satisfação em atuar *sempre* da mesma forma (monótona, para alguns), desenvolvendo e ampliando a ***perícia*** e realizando-se com isso.

Imagine-se um profissional oriundo de uma família em que se valorize a habilidade em atividades manuais. Qual poderia ser sua percepção? Muitos indivíduos *identificam-se* com a tarefa que executam, merecendo epítetos ligados à sua especialidade (Paulo *é* o "martelinho de ouro", Roberto *é* o "mestre provador" etc.).

Outros indivíduos, avessos ao risco representado pelo novo, fixam-se no que fazem (eventualmente, utilizam a perícia como técnica de evitação) e evitam tudo o que lhes pareça ultrapassar suas possibilidades.

Perícia tem relação com *autoestima*. Ao se perceber de forma favorável, a pessoa melhora a autoestima e, com isso, aumenta sua disposição para criar. O verdadeiro perito, longe de se conformar com a repetição, desenvolve a criatividade.

Essa habilidade diferenciada tem a ver com o sentimento de *autoeficácia*, isto é, a "crença que se tem quanto à capacidade de ter comportamentos que levem a resultados esperados" (Weiten, 2002:359).

Perceber-se eficaz contribui para que o profissional aceite e enfrente desafios e, para isso, a perícia naquilo que realiza tem papel fundamental.

Conclui-se que os Administradores, à medida que estimulam o desenvolvimento da perícia, favorecem a criatividade (e, portanto, a competitividade) de suas Organizações. Quando isso não ocorre, acabam forçados a contratar programas de "aumento de criatividade".

Acrescente-se que *"a motivação contém raízes emocionais, ligadas às emoções positivas geradas pela realização, e cognitivas, relacionadas com a atribuição das realizações à própria competência e esforço"* (Myers, 1999:270). Aquele que é perito e se reconhece como tal, motiva-se para manter elevado nível de desempenho.

O estímulo à perícia contribui para a eliminação do supérfluo (Huffman, Vernoy e Vernoy, 2003:371), porque a tendência natural dos peritos é concentrar-se nas atividades mais significativas e canalizar sua necessidade de realização para o trabalho (Huffman, Vernoy, Vernoy, 2003:369).

O reconhecimento, quando existe, aumenta o sentimento de competência, tornando ainda maior o gosto pela tarefa (Myers, 1999:310).

Inúmeros aplicativos disponíveis nos citados EPC valem-se desse artifício para despertar nas pessoas a motivação para utilizá-los. A cada sucesso, há um reconhecimento. Com o tempo, motivação e condicionamento combinam-se e o indivíduo não consegue "se desconectar".

Caso 4.13

Uma Organização levou ao extremo a ideia do enriquecimento da tarefa: os operadores, antes separados em grandes grupos, por tipo de serviço executado, ampliaram suas ações. Tornaram-se "multifuncionais", embora reduzindo sua perícia na execução de cada tipo de serviço.

Resultado: substancial queda de produtividade. A falta de perícia provocou aumento da duração da execução de cada tarefa (decorrente do maior número de consultas ao *help*), do percentual de serviços concluídos com falhas (gerando retrabalhos – o terror da prestação de serviços) e da complexidade do treinamento.

Esse conjunto de fatores elevou o nível de ansiedade entre os artífices, ocasionando aumento de rotatividade, custos de licenças, afastamentos e perda de produtividade por motivos emocionais.

O Caso 4.13 sugere que há um limite para o enriquecimento da tarefa. Deve-se considerar que:

– em muitas atividades, a identificação entre o criador e o objeto de criação torna-se impossível; por exemplo, em produtos ou serviços em que o resultado final representa o esforço coletivo;

Exceto em serviços simples e produtos artísticos, em geral o resultado é coletivo. Por esse motivo, avaliações de desempenho *individual* merecem especial cautela.

– o impacto da atividade sobre outras pessoas tem consequências para o indivíduo quando há um conteúdo emocional *compartilhado*;

A extraordinária escassez da "visão de cliente" nas Organizações, o individualismo e a competição constroem barreiras psicológicas entre as pessoas e contribuem para tornar o profissional indiferente aos efeitos de suas ações nos clientes internos e externos.

– a propalada motivação decorrente da autoridade para o indivíduo decidir sobre o que faz também merece cuidadosa análise crítica;

Muitos profissionais colocam-se em atividades em que normas e procedimentos rígidos os protegem. A frequente falta de técnicas objetivas para mensurar desempenho favorece esse comportamento.

Essas pessoas, colocadas em situação de decidir, chegam a desenvolver transtornos orgânicos ou mentais, consequência de um desafio que não se coaduna com suas características psicológicas.

Charles Perrow alerta que:

> a satisfação no trabalho acompanha a liberdade de ação apenas em certos casos, pois se uma pessoa vem de um ambiente ou tem antecedentes que não valorizem muito a liberdade de ação, (...) ou se a liberdade de ação origina grande dose de tensão, (...) então o grau de satisfação diminuirá (...) quando se tiver liberdade de ação (Perrow, 1976:123).

Por outro lado, em *Achieving costumer satisfaction*, especialistas da empresa AT&T assinalam que *"a conquista da satisfação dos clientes acontece (...) através dos funcionários que estão satisfeitos com os seus empregos e possuem autonomia para fornecer serviços de qualidade"* (AT&T, 1990:3).

- a cultura de aversão a medidas dificulta o processo de avaliação. A esse fato soma-se a falta de critérios de eficácia comprovada para a avaliação, ajustáveis às características particulares dos diferentes tipos de processos organizacionais, e a natural dificuldade dos profissionais em explicar e compreender resultados de medidas eventualmente realizadas.

Observa-se, também, que, quando se domina uma única profissão, aprende-se a valorizá-la porque as consequências de perder o espaço de trabalho podem ser de grande proporção sob diversos pontos de vista. Trata-se de combinar *perícia* com *defesa de território*.

B. Enriquecimento sociotécnico

Consiste em acrescentar ao trabalho a participação em *atividades de grupos*, propiciando aos profissionais a oportunidade de satisfazer a necessidades sociais e obter reconhecimento por clientes internos (Wagner III e Hollenbeck, 1999:165-167).

Aqui se inclui o estímulo à cooperação, ao relacionamento interpessoal e aos processos de dar e receber *feedback*.

As questões a seguir são apresentadas para a reflexão do leitor:

- até que ponto se encontram, *de fato*, presentes as necessidades de receber e dar ajuda e de obter reconhecimento no local de trabalho?
- o enriquecimento *social* do trabalho aplica-se, de forma indistinta, a todas as pessoas? No estudo de trabalho em equipe, apresentam-se várias considerações sobre essa questão;
- quando a cultura organizacional privilegia a independência e a competição interna, os elementos motivacionais decorrentes de afeto e reconhecimento não ficam comprometidos?
- como considerar o reconhecimento de profissionais que exercem profissões "menos nobres"? A cultura organizacional pode atribuir menor valor social às pessoas que realizam atividades, ocupam cargos e/ou participam de processos considerados "de apoio", contribuindo para rebaixar a autoestima e afetar a percepção desses profissionais.

Esses indivíduos, com inusitada frequência, colecionam "pequenas humilhações do cotidiano", as quais contribuem para uma visão de mundo muito particular, colorida por sentimentos ligados a essas experiências.

4.5.3 A questão da expectativa

A teoria da expectativa sustenta que o indivíduo motiva-se mais facilmente quando acredita na *recompensa decorrente do esforço* (Vergara, 1999:46). A probabilidade de êxito também se associa ao *valor percebido da recompensa* (o indivíduo aposta mais quando percebe um ganho maior).

Existe, portanto, uma combinação entre *percepção* da pessoa e conteúdos relacionados com suas experiências anteriores.

As pessoas agiriam de acordo com alternativas por elas percebidas, em razão de suas interpretações do mundo (Hall, Lindzey e Campbell, 2000:333) – motivação e percepção, portanto, estariam interligadas.

Observe-se que Skinner considera que a expectativa não seria uma causa de comportamento, porque ela mesma resultaria de um estímulo ou um conjunto deles (Hall, Lindzey e Campbell, 2000:396).

Dessa maneira, a criança que aprende a lutar pelo que lhe interessa desenvolve a percepção de que "batalhando, sempre se consegue algo". Situações (conscientes ou não) em que obteve sucesso estimulam-na a estabelecer metas mais desafiadoras e a esforçar-se para atingi-las.

Por outro lado, a criança superprotegida acomoda-se à espera do socorro familiar. Que tipo de desafios pode-se esperar que ela estabeleça?

A *expectativa* também se liga às *aptidões*. A pessoa pensa que terá expectativas mais favoráveis de obter sucesso em atividades para as quais tenha aptidão natural ou já desenvolvida.

Pode-se supor que a *combinação* de expectativa com aptidão serve como *elemento modulador* de todos os fatores de motivação apresentados, o que sugere reflexões como as seguintes:

a) Pessoas com expectativas elevadas (aquelas que, na feliz expressão do Engenheiro Gilberto Geraldo Garbi, "possuem um *inconformismo positivo*") tendem a motivar-se para assumir riscos naturais das mudanças.

b) Expectativas limitadas conduzem à estabilização em torno de necessidades básicas, fixando-se nas tarefas para as quais o indivíduo se percebe com maior aptidão.

c) Limitações da Organização em oferecer novas possibilidades para profissionais com elevadas expectativas conduzem a aumento indesejado na rotatividade dessas pessoas. Em médio prazo, reduz-se a contratação de profissionais com esse perfil e desenvolve-se estagnação na capacidade criativa da Organização.

As expectativas sofrem influência da *percepção de risco* ou *sofrimento* – não importa se real ou imaginária, originada de experiências anteriores, crenças inadequadas, esquemas rígidos de pensamento, relatos de pessoas significativas e informações coletadas por meio da mídia.

Outro elemento a se considerar é a *probabilidade de êxito percebida* pelo indivíduo. Tudo se passa como se ocorresse um *jogo inconsciente*: a pessoa avalia suas chances e isso afeta sua perspectiva de sucesso. O resultado dessa avaliação encontra-se associado aos mesmos fatores relacionados com a percepção de risco ou sofrimento.

A teoria da expectativa tem a ver com a fixação de objetivos e metas para o trabalho. Um profissional com metas específicas apresenta melhor desempenho do que outro sem metas ou com metas "genéricas", do tipo "fazer o melhor possível" (Huffman, Vernoy e Vernoy, 2003:669).

As equipes de trabalho que tenham metas de desempenho, efetivamente, atuam melhor e acabam por atingi-las. A prática demonstra, à exaustão, que a motivação aumenta com a dificuldade da meta, até determinado limite, a partir do qual ocorre a desistência (a meta torna-se difícil demais).

As metas de desempenho constituem, pois, um artifício simples e inteligente de criar expectativas. Sem elas, as pessoas encontram-se desprovidas de referências – trabalham sem informações a respeito do resultado daquilo que realizam. As metas lhes permitem criar expectativas de desempenho a atingir.

> **Caso 4.14**
>
> Empresa familiar, conduzida por dois irmãos e um tio, tem este como o Diretor-Presidente e líder inconteste. Os outros dois dele dependem para a maioria das decisões técnicas, administrativas e financeiras.
>
> Durante seus primeiros anos de funcionamento a empresa evoluiu graças à competência desse Diretor. Os irmãos, dedicados à Organização, embora sem arrojo e criatividade, contribuíam com trabalho sério e honesto.
>
> O sucesso da Organização trouxe, entretanto, novos desafios. Surgiram competidores, as dimensões da empresa colocaram-na sob a mira de grupos maiores, o aumento da produção passou a exigir novas competências, e a gestão de pessoas tornou-se cada vez mais complexa.
>
> Essa situação, passou a consumir gradativamente as energias do Diretor-Presidente até atingir limites físico e emocional insustentáveis, culminando em um episódio de transtorno depressivo, que forçou seu afastamento temporário.
>
> Quando isso aconteceu, a Organização deparou-se com a difícil realidade: os outros dois Diretores não conseguiam, sozinhos, dar conta dos desafios que naturalmente ocorrem no cotidiano de uma empresa em franco crescimento.
>
> Deixados à própria sorte, realizaram algumas operações malsucedidas que resultaram em grandes prejuízos.

No Caso 4.14, as características de personalidade do Diretor-Presidente contribuíam para alimentar o comportamento de dependência dos outros diretores; sem estímulos para ousar e preparar-se para as exigências dos cargos que ocupavam, acomodaram-se na confortável situação de receber orientações. Faltavam-lhes desafios, metas e expectativas!

Sem desafios, as pessoas acomodam-se.

O Diretor-Presidente, por seu lado, desenvolveu o comportamento de estimular a permanência dessa situação, não exigindo esforço dos demais – nem mesmo por meio da frequência a pequenos cursos de especialização. Esse quadro incorporou-se ao cenário da Organização.

Para que as metas cumpram o papel de gerar motivação por meio de expectativas quanto ao desempenho, elas devem:

- ser percebidas como realizáveis;
- exigir algum esforço para serem alcançadas;
- estar relacionadas com variáveis sobre as quais possa haver a ação efetiva dos profissionais.

A teoria da expectativa pode ser associada à hierarquia de necessidades de Maslow: o indivíduo move-se em direção a níveis cada vez mais superiores de realização, contudo, estacionará no limite ditado por sua expectativa de sucesso.

A motivação para a busca de níveis mais elevados fica bem compreendida quando se considera o conceito de *"distância de poder"*: *"a dimensão que reflete a extensão em que uma sociedade aceita uma distribuição desigual de poder nas organizações"* (Tupinambá, 2002:92).

Danne, apud Tupinambá, afirma que *"em países com maior distância de poder deve-se preferir estilos de liderança autoritários; em países com menor distância de poder procedimentos participativos-democráticos são mais promissores"* (Tupinambá, 2002:93).

Segundo Tupinambá (2002:7), *"no caso de empregados brasileiros, (...) uma dedicação pessoal e emocional associada a orientações claras prometem sucesso no trabalho"*.

No Brasil, onde a distância ao poder apresenta-se relativamente elevada em comparação com os países desenvolvidos, as estratégias que incentivam a responsabilidade pessoal dos empregados (níveis elevados da hierarquia de Maslow) teriam menor probabilidade de sucesso para despertar a motivação. Aqui, as mais aconselháveis seriam aquelas dirigidas ao nível de afeto, porque os sentimentos de pertencimento a uma equipe, sentir-se apreciado, e gozar de reconhecimento e amizade têm grande importância relativa.

A afetividade constitui característica marcante na população brasileira, e a expectativa de desfrutá-la pode ser fator motivacional da maior importância.

4.5.4 A percepção de justiça

Outro importante fator a se considerar é a *percepção de justiça* do indivíduo, a crença de que seus esforços para produzir o comportamento necessário (ou ir além dele) receberão *justa* recompensa.

Trata-se de questão complexa, levando em consideração a subjetividade que cerca conceitos como *justo* e *valor da ação*.

> Professores recebem reclamações de alunos porque não deram o justo valor, *na percepção deles*, aos trabalhos realizados.
>
> Muitas vezes, de fato, houve *grande esforço*, mas as limitações impostas pelo conhecimento conceitual do aluno impediram a realização de algo de valor.
>
> A percepção de valor do professor também influencia: suas aspirações sobre a qualidade dos trabalhos podem superar as possibilidades do público-alvo. À medida que estabeleça metas inatingíveis, contribuirá para provocar a desmotivação dos alunos.

Confunde-se *quantidade de esforço* com *valor do resultado*. Esse fenômeno tem relações com crenças arraigadas, de fundo cultural. É comum, na cultura brasileira, que se atribua um valor intrínseco ao esforço, independentemente do efeito. Para isso contribui a *percepção*: o indivíduo focaliza o esforço em si, enquanto a "figura" para o Administrador é o resultado da ação.

O conceito de justiça também tem relação com a *equidade*, expressa, por exemplo, na ideia popularizada de "remunerações iguais para trabalhos iguais", a qual desconsidera a *produtividade*, indispensável à Administração eficaz, e a *qualidade* do ponto de vista do cliente. Como considerar, por exemplo, os aspectos intangíveis dos trabalhos, tão comuns nas áreas de prestação de serviços (p. ex., o efeito do sorriso em um atendimento)?

Em síntese, uma ação administrativa pode tornar-se *desmotivante* para alguns e despertar a motivação em outros indivíduos, em decorrência dos efeitos psicológicos que produzem nessas pessoas.

Rego *et al.* apresentam um modelo tetradimensional de justiça nas organizações, merecedor da reflexão dos administradores (Rego *et al.*, 2002:117-123). Segundo esses autores, ela apresenta-se em quatro dimensões:

- *distributiva*: concentra-se nos conteúdos (salários, benefícios, sanções etc.);
- *procedimental*: focaliza o processo para promover a distribuição;
- *interacional*: reflete a qualidade da interação com os superiores ou decisores, isto é, o modo como a pessoa é tratada durante o processo;
- *informacional*: reflete o fornecimento de informações, explicações e justificação das decisões.

O modelo sugere que a promoção de justiça requer a conjugação de sensibilidade, atenção a detalhes, postura ética e cuidados técnicos, ou uma excelente intenção acabará insuficiente para produzir os efeitos pretendidos.

Zartman e Berman, citados por Moore (1998:252), identificam três modalidades aplicáveis à justiça distributiva:

- *equitativa*: relacionada com a distribuição dos conteúdos, porém, em conformidade com as características das partes (na linha da "lei de São Mateus", isto é, "aqueles que têm mais, recebem mais");
- *compensatória*: que tem por objetivo remediar distribuição desigual de recursos (no estilo "Robin Hood": apropria-se uma parte dos possíveis ganhos para os menos favorecidos, minorando a diferença);
- *subtrativa*: em que os conteúdos são negados para todos os envolvidos (situação muito comum, em que todos perdem: muito utilizada para evitar movimentos de equiparação. Assim, para não beneficiar algumas pessoas e criar paradigmas na Justiça do Trabalho, opta-se por não oferecer qualquer recompensa).

Caso 4.15

O diretor de Marketing de uma empresa familiar, detentor de substancial parcela dos direitos, apaixonou-se pela encarregada de Produção, sendo correspondido. Essa situação, contudo, foi mantida veladamente, para evitar que o rompimento com a esposa prejudicasse a sociedade.

Esse diretor, entretanto, prevalecendo-se das liberalidades que o cargo e o fato de ser sócio lhe proporcionavam, presenteou a amante com um cartão de crédito pago pela empresa, encontrou uma frágil justificativa para lhe ceder um veículo da companhia e distinguiu-a com outros benefícios privativos dos diretores.

Esse comportamento provocou críticas de todos os empregados, porque se mostrava completamente antagônico às mensagens de ética, produtividade e probidade no uso dos recursos da Organização, veiculadas nos documentos institucionais da empresa.

Com o passar do tempo, o comportamento da encarregada tornou-se cada vez mais arrogante e surgiram conflitos que acabaram por se estender ao quadro de Diretores.

A solução para pôr fim à vasta rede de intrigas e conflitos que se desenvolveu na empresa foi colocá-la à venda, porque o Diretor de Marketing não se sujeitou a rever seu comportamento, considerando-se "dono da empresa, com direito a fazer o que bem entender".

A situação do diretor de Marketing do Caso 4.15 ilustra, por um lado, o efeito da paixão sobre o indivíduo; de outro, a consequência de uma educação em que não se impôs limites – a pessoa cresce com sentimentos de onipotência. Adicione-se a isso um falso conceito a respeito de poderes e deveres enquanto Diretor da empresa e tem-se a equação perfeita para um triste final.

Na Organização, o comportamento considerado socialmente incorreto de pessoa investida de alto poder provoca desmotivação generalizada. Surgem sentimentos de injustiça entre os empregados, que não veem correspondência entre o esforço e a recompensa. A liderança é enfraquecida e perdem-se preciosos vínculos afetivos capazes de gerar espírito de equipe.

4.6 PERSPECTIVA COGNITIVO-SOCIAL DO COMPORTAMENTO

Albert Bandura propõe uma teoria cognitivo-social da aprendizagem por observação de modelos, compreendendo quatro processos (Huffman, Vernoy e Vernoy, 2003:224):

a) Atenção a um modelo para identificação de comportamento a ser adquirido.

b) Utilização de habilidades cognitivas para organizar e lembrar do modelo comportamental.

c) Habilidade em colocar em prática o que se observa.

d) Decisão quanto a repetir ou não o comportamento observado.

Modelo é a pessoa significativa, aquela cujos comportamentos são percebidos como merecedores de serem copiados ou imitados. Ao longo da vida, as pessoas elegem diversos modelos: pais, professores, líderes estudantis, personalidades com destaque nos meios de comunicação, pessoas que realizam feitos notáveis etc. Dessas pessoas imitam-se, além dos comportamentos, muitas vezes, a *imagem*.

Os meios de comunicação dispõem de tal poder que, para muitas situações, o "modelo" não precisa estar fisicamente próximo do indivíduo. Pode, inclusive, nem mesmo ser real, como bem o demonstram as redes sociais, ou um personagem de ficção.

Ao processo de aquisição de um comportamento por meio de imitação denomina-se *modelação*. De acordo com Bandura, as pessoas nada aprenderão se não *perceberem* os detalhes significativos do comportamento do modelo.

Para que isso aconteça, alguns requisitos devem ser preenchidos (Hall, Lindzey e Campbell, 2000:464):

– o modelo deve ser visto repetidamente, para fixar a atenção: a visão episódica tende a não ser suficiente para impressionar; sob esse aspecto, os EPC produzem efeitos no-

táveis. Pessoas permanecem conectadas a seus modelos, "seguem-nos" virtualmente, o que acentua ainda mais a identificação e a fidelidade;
- ele deve deixar uma imagem de competência, capaz de provocar admiração; isso não significa que seus atos sejam socialmente adequados; pode acontecer o oposto, como se verifica entre os líderes de tráfico de drogas, por exemplo;
- a base de conhecimento da pessoa deve permitir discriminar os detalhes da ação, sem os quais a atenção não será despertada, nem será possível julgar suas características (de nada adianta apresentar o diamante se o observador não consegue identificá-lo e o confunde com vidro comum);
- as intenções e orientações da pessoa devem ser favoráveis à formação de percepção para o comportamento do modelo; dependendo do momento, a mesma ação pode ou não despertar o interesse de um determinado observador;
- as características do observador devem ser tais que contribuam para o comportamento imitativo: a pessoa admira o equilibrista no circo, porém, nem por isso chegará em casa e tentará reproduzir seus movimentos.

Verifica-se, pois, segundo a concepção de Bandura, profunda interação entre fatores de ordem individual e social na formação do comportamento. Para ele, os elementos cognitivos são essenciais para explicar por que a pessoa consegue dar novas respostas sem nunca haver, anteriormente, praticado – bastando, para isso, observar outras pessoas (Hall, Lindzey e Campbell, 2000:466).

A importância do modelo estende-se aos conteúdos emocionais das respostas. O observador exposto às reações emocionais do modelo (p. ex., o modelo reage com raiva a uma situação de conflito com um cliente ou colaborador da equipe de trabalho; esta situação ocorre tipicamente nos conflitos envolvendo torcidas organizadas) começa a responder emocionalmente a estímulos que produziam as mesmas reações no modelo (ao se deparar com uma situação de conflito igual ou semelhante, o observador também reage com raiva). Portanto, reproduzem-se o comportamento observado e a emoção subjacente a ele.

O pensamento de Bandura não é mecanicista. Ele considera que *"as consequências comportamentais alteram o comportamento subsequente, fornecendo informações"* (Hall, Lindzey e Campbell, 2000:466), porque a pessoa observa os acontecimentos, reflete a respeito deles e revê suas concepções. É possível que o torcedor, ao tomar consciência das consequências do comportamento violento do líder da torcida, decida por abandonar o grupo ou deixar de considerá-lo como modelo.

Nesse sentido, o conceito skinneriano de *reforço*, estudado neste capítulo, tem o sentido de *feedback*, servindo antes como informação a respeito das consequências do comportamento do que como um reforçador mecânico de resposta (Hall, Lindzey e Campbell, 2000:463).

Bandura considera que o ser humano tem a capacidade de pensar e de exercer autorregulação, criando uma relação de reciprocidade entre a pessoa e seu ambiente (Hall, Lindzey e Campbell, 2000:460). A aprendizagem cognitiva, mais do que um condicionamento no sentido proposto por Skinner, compreende a aquisição de conhecimento e de informação que, devidamente processados, constituirão elementos a nortear o novo comportamento (Huffman, Vernoy e Vernoy, 2003:199).

Isso significa que o ser humano desempenha papel ativo na construção e na interpretação do ambiente em que se comporta. Ele se auto-observa e se autoavalia.

Para Bandura, o conceito de *autoeficácia*, isto é, o julgamento que a pessoa faz de sua capacidade de produzir um comportamento que leve a efeitos por ela desejados, tem importância central. Quanto maior a percepção de autoeficácia, tanto mais a pessoa persistirá e envidará esforços para atingir suas metas e objetivos de desempenho.

Um forte senso de eficiência implicará a crença de chegar ao sucesso, superar fracassos passados e obstáculos atuais (Huffman, Vernoy e Vernoy, 2003:518). Verifica-se que o sentimento de *perícia* pode ser um componente importante para a construção do senso de autoeficácia, pelo próprio fato de a aprendizagem contribuir para criar experiências cognitivas favoráveis e estimuladoras.

Pesquisas conduzidas por Bandura permitiram concluir que *"o desempenho na tarefa está positivamente correlacionado aos julgamentos de eficácia"* (Hall, Lindzey e Campbell, 2000:474). Também se concluiu que o sentimento de autoeficácia aumenta quando o bom desempenho é percebido como resultado do aumento da capacitação, em vez de mera sorte ou circunstâncias especiais.

A auto-observação faz com que as cognições, ainda que tenham origem externa (Huffman, Vernoy e Vernoy, 2003:467), levem o indivíduo a ampliar suas ações para além da experiência anterior, porque ele observa o próprio comportamento, suas características e consequências. Ele se autoavalia, pune, recompensa e reflete as reações dos outros (Huffman, Vernoy e Vernoy, 2003:470). Por exemplo, ao entrar em determinado ambiente, imediatamente a pessoa procura assumir comportamentos ajustados aos que ali se praticam.

Esse fenômeno recebe a denominação de *determinismo recíproco*: influências pessoais, forças ambientais e o próprio comportamento se entrelaçam e se condicionam mutuamente (Huffman, Vernoy e Vernoy, 2003:467). Dessa maneira, ao mesmo tempo em que a pessoa é um produto do meio, ela também contribui para construí-lo.

Portanto, ao se analisarem comportamentos, devem-se considerar fatores *cognitivos, comportamentais e ambientais influenciando-se mútua e simultaneamente.*

Esta conclusão serve de importante alerta aos administradores: *"a forma como as pessoas se comportam tem estreita relação com as situações organizacionais que lhes são apresentadas"* (Kienen e Wolff, 2002:33).

4.7 CONSIDERAÇÕES FINAIS

Cada profissional chega à Organização com sua bagagem psicológica. Neste capítulo, estudaram-se três formas tradicionais de influenciarem em seus comportamentos: o condicionamento, a motivação e a imitação de modelos.

A partir do acolhimento na Organização, assunto para o próximo capítulo, o profissional defronta-se com a cultura, os valores, metas e objetivos das pessoas que nela trabalham.

Seu comportamento receberá influência de vários fatores, intrínsecos e extrínsecos a ele, sintetizados na Figura 4.3, todos mediados pela cultura e pela história de vida de cada profissional.

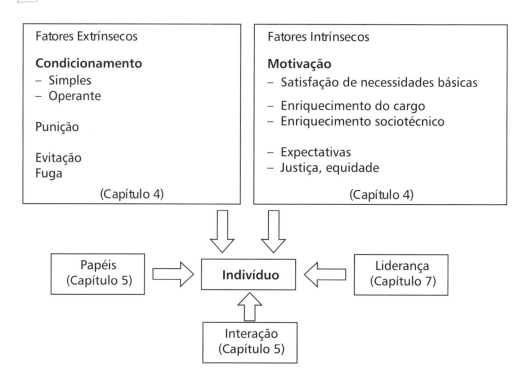

Figura 4.3 *Fatores que influenciam o comportamento do indivíduo.*

Esse conjunto de fatores insere-se no ambiente cultural, situacional e funcional, mediado pelas funções mentais superiores de cada indivíduo.

A percepção, nesse contexto, desempenha papel fundamental. Ainda que criadas novas condições para o comportamento (Kienen e Wolff, 2002:19), "a percepção das novas condições pode ocorrer lentamente, exigindo paciência e compreensão dos que esperam e planejam modificações de comportamento".

A emoção encontra-se presente a todo momento. A pessoa feliz, animada, tende a ser mais realizadora do que a triste; a primeira julga melhor os colegas de trabalho e vê oportunidades onde a segunda encontra obstáculos. Naturalmente, tende a ser mais criativa, eficiente e eficaz (Myers, 1999:205).

Tudo se passa como se a emoção fosse um filtro poderoso para todos os estímulos. Quando ele amplia e acentua os aspectos positivos, o comportamento manifesta-se em igual sentido, torna-se proativo, empreendedor e favorável às inovações e mudanças.

APLICAÇÕES

1/4. A Figura 4.1 é uma representação, simplificada, da multiplicidade de fatores que afetam o comportamento do indivíduo. Faça uma crítica a essa representação, considerando os conteúdos dos Capítulos 2 e 3, com o objetivo de melhorá-la.

Por exemplo, por meio da explicitação da *emoção* enquanto fator relevante para o comportamento.

2/4. É útil, no estudo do comportamento *na* Organização, a comparação dos comportamentos típicos de profissionais de diferentes entidades (p. ex., *equipes de vendas*). Considere os dois diferentes tipos de Organizações de serviços a seguir: uma empresa privada e uma empresa estatal. Esta última admite profissionais exclusivamente por meio de *concursos públicos*. Na empresa estatal, somente graves falhas de comportamento permitem uma demissão; as possibilidades de melhorias salariais por bom desempenho são reduzidas e os cargos de chefia preferencialmente preenchidos por indicação. Considere essas diferenças em relação ao *condicionamento* e à *motivação*.

3/4. Repita a mesma análise enfocando a influência de *modelos*.

4/4. Considerando as teorias apresentadas, analisar a motivação sob a ótica da "preparação", segundo a perspectiva de que "o melhor da festa é esperar por ela". Relacionar com a satisfação obtida pela realização bem-sucedida de cada etapa.

5/4. Analisar a motivação como reação ao risco da perda de benefícios já obtidos e/ou potenciais oportunidades.

6/4. Analisar a motivação sob a perspectiva do profissional que atua em uma Organização, mas não pertence a seus quadros: o *terceirizado*.

7/4. Repetir a análise anterior considerando a *imitação de modelos*. Estará, o "terceirizado", propenso a eleger e seguir modelos entre profissionais da Organização em que trabalha, mesmo não pertencendo a seu quadro de pessoal?

8/4. Avalie a aplicabilidade das teorias apresentadas neste capítulo considerando-se o *trabalho em domicílio*, sob duas opções: (a) a atividade é realizada por meio de conexão *on-line* com a Organização; o escritório doméstico funciona como se fosse um ponto remoto; (b) a atividade ocorre sem a intervenção da Organização, que somente toma conhecimento do produto ou serviço totalmente concluído.

O Indivíduo na Organização: Papéis e Interações

Este capítulo inicia-se com o acolhimento de um novo profissional. Detalha-se o episódio por ser generalizável a uma série de situações que envolvem profissionais e clientes das Organizações; evidenciam-se falhas, apontadas e analisadas; destaca-se a importância da *percepção inicial* na formação da "imagem mental da Organização".

Analisam-se alguns mecanismos psicológicos que afetam o comportamento do indivíduo no contexto organizacional e contribuem para o estabelecimento de barreiras entre o profissional e seus clientes.

O capítulo conclui com a análise de aspectos psicológicos relacionados com tarefas e normas, capazes de afetar o desempenho em relação ao papel esperado.

5.1 INTRODUÇÃO

A pessoa leva para Organização sua "bagagem psicológica": conhecimentos, características, preconceitos, experiências anteriores. A visão de mundo que desenvolveu acompanha-a no *teatro* organizacional, onde representará seus *papéis*. Sendo papel "*o conjunto total de expectativas que é defendido, tanto pela pessoa, como pelos demais participantes do ambiente social, incluindo aspectos formais e informais do trabalho*" (Wagner III e Hollenbeck, 1999:134).

Kurt Lewin (Schein, 1982:164) apresenta o indivíduo como um elemento dentro de um *campo de forças*, com o qual interage, influenciando e sofrendo seus efeitos.

O indivíduo afeta a Organização e dela recebe influência. Modifica seus comportamentos, atitudes e visão de mundo, como consequência do desempenho de papéis e das experiências compartilhadas nas diversas interações.

A natureza das interações interpessoais depende fortemente das *relações de interdependência* no trabalho (Wagner III e Hollenbeck, 1999:182).

Nas Organizações, esse relacionamento é bastante influenciado pela estrutura do processo. Há atividades que ocorrem em série, outras em paralelo. Algumas prestam-se a apoiar outras, próxima ou remotamente, enquanto outras respondem pelo produto ou serviço final.

Existem atividades nas quais o relacionamento é recíproco e com profunda e imediata interdependência, como ocorre com o Odontólogo e seus auxiliares. Em outras, a relação de interdependência manifesta-se de diferentes formas, de maneiras nem sempre evidentes.

É comum, no comércio, a configuração em que as pessoas agrupam-se em torno de um único fornecedor de recursos. Nessa situação, os operadores pouco interagem entre si, mas todos relacionam-se intensamente com o responsável pelo suprimento.

O que se evidencia, como regra geral, é que, independentemente da forma de trabalho, as interações encontram-se presentes, variando em grau de interdependência e na forma como elas se processam.

Raciocínio semelhante aplica-se na importante e crucial relação entre os profissionais e seus clientes externos. Em muitas situações, o *feedback* a respeito dos produtos ou serviços verifica-se imediatamente, em tempo real; em outras, pode transcorrer um longo período entre o fornecimento e o retorno da informação. Outras variáveis também são de grande importância nesse relacionamento: o valor do fornecimento, suas consequências, as expectativas em relação a ele etc.

Em todas as situações, no âmbito interno ou externo à Organização, existe um envolvimento emocional relacionado com os produtos ou serviços que afeta as relações interpessoais. Esse é mais um motivo para a *percepção* ser considerada determinante no processo mercadológico, conforme mencionado no Capítulo 2.

Neste capítulo, estudam-se, pois, aspectos psicológicos envolvidos nessas interações, nas quais e por meio das quais os indivíduos desempenham seus papéis na Organização.

Cada tipo de interação requer diferentes *características de comportamento* do indivíduo, associadas aos papéis a ele atribuídos e que levem em consideração a natureza das interações, os objetivos do profissional e dos clientes internos e externos.

5.2 O INDIVÍDUO E OS PAPÉIS

No exercício de papéis, assinala Schein (1982:17), conjugam-se as perspectivas:

- dos indivíduos, para os quais a Organização constitui um meio para o alcance de seus objetivos;
- do empresário, que se vale das pessoas para chegar aos resultados por ele pretendidos;
- dos que recebem o resultado das ações, considerando-se que se trata de um processo ativo, em que o recebedor influencia o agente por meio de seu comportamento.

A contínua modificação das relações entre pessoas e Organizações promove constantes alterações nessas perspectivas, fazendo as *"interações indivíduo-organização encontrarem-se em constante e dinâmica mudança"* (Schein, 1982:17).

Para conviver com essas mudanças, indivíduos praticam constante adaptação de seus comportamentos.

Além desse aspecto dinâmico e situacional, o desempenho de papéis relaciona-se com a trajetória do indivíduo na Organização, com início no ritual de *acolhimento*, de grande importância, sob o ponto de vista psicológico.

Observe o leitor que a narrativa do tópico a seguir deve ser entendida como um exemplo que se presta, por analogia, a diversas situações envolvendo a Organização e seus clientes e fornecedores.

O acolhimento de um fornecedor, por exemplo, passa por situações semelhantes. Ele desempenha o papel do profissional recém-admitido, ao percorrer os meandros da burocracia organizacional para efetuar seus primeiros contatos (cadastramento, participação em alguma licitação etc.). Depois, aprenderá os caminhos, mas a primeira impressão fica (e, muitas vezes, é a única) e pode ser determinante na forma como ocorrerão os relacionamentos futuros.

5.2.1 Acolhimento na Organização – a cerimônia de batismo

Imagine-se um jovem especializado em manutenção de máquinas industriais, com satisfatório conhecimento teórico e prático, iniciando seu primeiro emprego. O processo de acolhimento ocorre, com pequenas modificações, seja o profissional um empregado da Organização, seja "terceirizado".

O profissional leu e ouviu, complementando seus conhecimentos técnicos, de seus professores, conceitos sobre administração, envolvimento dos profissionais, comprometimento etc. Chega, pois, com alguma expectativa a respeito desses fatores. São eles que compõem o lado emocional da atividade empregatícia que se inicia.

A técnica foi praticada nos *laboratórios* da escola. Agora chega o momento de participar, integrar-se a um processo produtivo. O salário, para muitos, tem importância secundária, principalmente se houver pouca oferta de vagas no mercado de trabalho.

O jovem, selecionado por meio de empresa especializada em contratação de pessoal, recebeu uma carta que indicava hora, dia e local para apresentar-se. Chega, pois, no portão da Organização em seu primeiro dia de trabalho. Há de se prever que se apresenta relativamente ansioso, principalmente porque o processo seletivo transcorreu em um escritório distante da empresa, sem qualquer contato com o ambiente de trabalho. Ao novo, portanto, soma-se o desconhecido.

CENA 1

Chegou cedo e observa os futuros colegas. Nota a grande maioria "em cima da hora", apressada para o controle do "ponto", logo após o portão principal, próximo à sala de recepção, onde se encontram o vigilante e a recepcionista.

Ao lado do balcão de atendimento, onde se apresentou, aguarda o horário marcado. O vigilante o ignora. A recepcionista, terceirizada, limita-se a um, "Ah! novo contratado!". Sente que, para ela, ele nada significa. Apenas um visitante anônimo.

Observa o vigilante atento ao relógio de ponto, para evitar que uma pessoa registre o cartão de outra. A empresa ainda não implantou o reconhecimento digital.

Oito horas e a maior parte dos profissionais já estava no trabalho. Alguns retardatários enfileiram-se à frente do relógio, procurando entrar tão depressa quanto possível.

O vigilante comenta com a recepcionista: "Estão para implantar o *digital*. Aí não dá para enganar".

Ele escuta frases do tipo:

"Aqui ninguém tolera nada!"

"Bem que eu poderia compensar para poder chegar mais tarde, mas eles não deixam."

"Bobagem, a gente atrasa e acaba ficando por isso mesmo."

"Você não conhece o meu Supervisor. Na sua seção é moleza."

"A secretária do Supervisor está *sempre* atrasada e não acontece nada... Já viram..."

"Os Gerentes chegam na hora que querem."

A recepcionista encaminha o jovem para o Departamento de Pessoal, um pequeno barracão no fundo do terreno.

CENA 2

O rapaz apresenta-se no local indicado e é orientado, por uma segunda recepcionista, para aguardar. Acomoda-se em uma poltrona puída, onde folheia uma revista velha, recolhida, ao acaso, na mesinha ao lado.

Escuta a conversa de profissionais que reclamam do atraso no fornecimento do vale-transporte. No fundo da sala, alguns conversam sobre problemas com o refeitório.

Após meia hora, é conduzido à mesa do analista de cargos e salários, que lhe apresenta a documentação que deve assinar, entrega-lhe algumas requisições para exames médicos de praxe e uma folha com regras a serem obedecidas, as quais fazem parte das atribuições de seu cargo.

CENA 3

Sem tempo para ler as instruções, é encaminhado para a sala do Supervisor, na área de manutenção de máquinas. Entende de eletromecânica. Descobrirá que a Organização pratica apenas manutenção corretiva.

Seu chefe, Supervisor de Manutenção é experiente conhecedor de mecânica, eletricidade e eletrônica básica.

Em breve conversa a respeito de questões técnicas, ele confirma o nível de conhecimento do novo profissional (atestado por certificados apresentados na seleção), mostra-lhe o armário onde se encontram os desenhos dos circuitos elétricos e as plantas de todas as máquinas. Avisa-o de que deverá estudá-los porque, a qualquer momento, pode ser chamado para atuar.

"O celular", avisa o chefe, "deverá ficar trancado na gaveta. *Sempre*", ele ressalta.

Nos primeiros meses, o chefe informa, ele atuará em conjunto com Pedro, um senhor de cerca de 40 anos, mecânico experiente, há alguns anos na área, com quem aprenderá detalhes de cada máquina.

Ao final de "uns três meses", passará a atuar só, "o que servirá para lhe dar maior confiança", afirma. (Seis meses depois, ele se surpreenderá com a demissão de Pedro.)

Ainda um pouco atordoado pelo excesso de informações, percebe ao redor dezenas de máquinas e uma dúzia de operadores, formando uma célula de produção. Deixa sua pasta na mesa designada e vai ao banheiro, no fundo do galpão.

CENA 4

No banheiro, relativamente limpo, algumas frases pouco elogiosas sobre o Supervisor de Operação destilam críticas nas portas dos reservados.

Aqui e ali, alguns velhos cartazes orientam sobre medidas de segurança.

CENA 5

Retornando à mesa, abre o armário e pega o primeiro das dezenas de manuais. (Logo descobrirá que não encontrará tempo para estudá-los: aprenderá enquanto trabalha).

Ao iniciar a leitura da segunda página Pedro, interrompe-o: a lâmpada de sinalização de defeito no alimentador de uma das máquinas está acesa. Ele deve acompanhá-lo para aprender a localizar e a remover o problema.

No caminho, apresentam-se. Ele compreende que seguir as orientações de Pedro será fundamental para firmar-se no trabalho.

Enquanto observa Pedro, recorda-se do anúncio ("Procura-se Especialista em Manutenção Eletromecânica. Oferece-se: ótimo ambiente de trabalho, amplas oportunidades de crescimento").

O relato reflete o que ocorre em muitas Organizações. Se, de um lado, existem ambientes de elevadíssima qualidade no que se refere às relações com os empregados, às rotinas de trabalho, à organização do ambiente, de outro lado, em aparente paradoxo, um número incontável de Organizações encontra-se fotografado nas cenas que compõem o processo de acolhimento descrito.

O que se depreende dessa aventura inicial do recém-contratado nessa Organização, ainda desconhecida para ele? Que significados trará esse acolhimento, do ponto de vista psicológico?

Como se poderia descrever a *imagem mental da Organização* que o acompanhará no início de seu trabalho?

Em que extensão as percepções iniciais afetarão suas interpretações das mensagens que vier a receber dos colegas de trabalho sobre a empresa, as relações interpessoais, valores e deveres?

Como esse quadro ajusta-se às teorias motivacionais estudadas? A análise seguinte proporciona subsídios para possíveis respostas a essas questões.

5.2.2 Análise do acolhimento – um enfoque psicológico

Acompanhe-se o trajeto do novo profissional, desde a Portaria, até o local onde aguardará ser chamado para atuar no reparo de defeitos.

Cada evento observado produz *efeitos emocionais*. Mensagens subliminares, presentes a todo momento, também contribuem para construir a realidade psíquica da pessoa.

a. Adequação à tarefa

A contratação acontece sem a participação direta do Supervisor. Eles travam conhecimento em seu primeiro dia de trabalho.

No entanto, não seria o Supervisor um profissional adequado para dar subsídios aos especialistas na identificação de características técnicas e de personalidade desejáveis, capazes de afetar a atuação no trabalho? Além disso, ninguém melhor do que ele para verificar se o estilo e as características comportamentais do novo profissional ajustam-se ao ambiente de trabalho.

O processo de acolhimento *inicia-se na seleção das pessoas*. Os procedimentos de seleção influenciam na formação da primeira imagem mental que o indivíduo constrói a respeito da Organização.

O profissional incorpora as falhas e os pontos positivos do processo à imagem organizacional, ainda em construção.

Quando o Supervisor imediato deixa de participar da seleção, transmite-se a *mensagem subliminar* de que o relacionamento interpessoal entre eles tem importância secundária, ou que ele pouco se importa com o processo de seleção, ou, ainda, que as questões individuais não são assim tão significativas.

b. A primeira impressão

A imagem mental da Organização vai se construindo a partir do momento em que chega à Organização. Colegas apressados, fila no relógio de ponto. O vigilante controlando. A Recepcionista que não lhe dá atenção... Apenas um anônimo empregado...

c. As mensagens

O jovem ouve conversas a seu redor. Estas agregam novas informações para compor a imagem da Organização: ideias ligadas a intolerância, falta de diálogo, interesses sexuais e privilégios adicionam-se, dando formas e cores à *realidade psíquica* – pouco importando em que grau correspondem ao que, de fato, ocorre.

d. O Departamento de Pessoal

O barracão no fundo do terreno e a poltrona velha adubam, no inconsciente do profissional, a semente da mensagem subliminar sobre o significado das pessoas para essa Organização.

O tempo de espera, as conversas sobre atrasos em benefícios, consolidam sua *percepção* dos fenômenos que observará dali em diante.

Ele já colecionou elementos na memória, em quantidade suficiente, para associá-los e constituir uma base para as interpretações.

A *linguagem* que outras pessoas adotam para referir-se aos Supervisores e à Organização influencia na imagem mental e afetará, no futuro, sua *atenção* e forma de *pensar* sobre os superiores e a Empresa.

O conjunto de informações recebidas nesse momento especial, sob o efeito da *emoção* do primeiro encontro, contamina os *mecanismos seletivos* de sua consciência.

Como se espera que ele receba, no futuro, mensagens de estímulo colocadas pela Organização, eventualmente, na forma de simples comunicados em quadros de aviso? Elas correm o risco de serem vistas com apatia, suspeita ou descrédito.

e. As orientações básicas

O rapaz compreende rapidamente que o ritual de seu acolhimento na Organização limita-se às precárias instruções recebidas no Departamento de Pessoal – por sinal, sem tempo para absorvê-las.

Em um primeiro momento, sente-se desorientado. Faltam-lhe informações objetivas, que o situem naquele ambiente desconhecido. Seu pensamento, porém, adapta-se e os novos estímulos passam a receber interpretações a partir das experiências e dados já registrados. Aos poucos, desenvolve um *esquema de pensamento* que conduzirá essas interpretações.

f. O estilo de manutenção

No curso técnico, aprendeu sobre a economicidade da manutenção preventiva.

Agora, compreenderá que ao aspecto econômico junta-se o emocional: defeitos e interrupções colocam combustível na fogueira das tensões de relacionamento entre operários da Manutenção (ele, por exemplo) e operadores de máquinas.

Descobre que os colegas esperam que ele desempenhe o papel de *consertar* e não de *evitar* a paralisação de equipamentos. Isso afetará, de modo sensível, a maneira como colocará em prática seus conhecimentos de eletromecânica.

Ele adquire consciência de que, na percepção dos colegas, sua presença apenas faz sentido quando houver interrupção ou mau funcionamento das máquinas – prevalece a crença, entre todos os operadores, de que a parada para manutenção preventiva diminui a produtividade.

A eles, nessa Organização, jamais ocorreria a ideia de utilizar o período de manutenção preventiva para estudo e planejamento de melhorias contínuas. Também não lhes ocorre que as paralisações preventivas reduzem o tempo total de interrupções da produção.

g. A qualidade do trabalho

"Aprendizagem por tentativa e erro", resume a estratégia de aprendizagem contida na mensagem do Supervisor.

Ele já desenvolveu *percepção* para entender que não encontrará tempo para estudar os manuais. Para sua felicidade, a parte prática e a filosofia de ensino e aprendizagem do curso técnico permitiram-lhe desenvolver independência e autoconfiança.

Ao abrir alguns manuais, confirma, pelo amassado e pela graxa nas páginas, que a documentação frequenta a célula de produção e, portanto, aprende-se enquanto se trabalha.

Os mecanismos de percepção, atenção e memória rapidamente adaptam-se ao ambiente organizacional. Linguagem e pensamento moldam-se aos *esquemas* predominantes.

h. Perspectivas de melhoria

No futuro próximo, a demissão de Pedro, profissional com maior experiência e, portanto, maior salário, trará para ele uma mensagem muito importante sobre o que o aguarda nessa Organização, afetará suas expectativas e percepção de justiça.

Esse fato terá importância substancial em seus comportamentos.

i. No banheiro

Banheiros são porta-vozes das emoções de seus ocupantes, por mais exóticos que sejam os temas abordados, registra a Psicóloga Renata Plaza Teixeira, em depoimento para a revista *Emoção*, de fevereiro de 2000.

Nelas, registram-se sinais do ambiente psicológico coletivo da Organização.

Além das costumeiras críticas locais e sociais e símbolos sexuais, elas agasalham reclamações explícitas e queixas veladas, manifestas enquanto o serviço de manutenção não as oculta sob nova película de tinta esmalte.

j. A integração com o grupo

Não houve qualquer espécie de apresentação formal para os colegas com os quais trabalhará diretamente nos próximos meses – os clientes internos de seus serviços.

A integração acontecerá por força e graça dos acontecimentos, reforçando a percepção de pouco significado das relações interpessoais.

Essa deficiência priva os profissionais de conhecer aspectos dos trabalhos dos colegas, impossibilitando melhor compreensão das consequências das ações de cada pessoa sobre as tarefas dos demais e os motivos de exigências que lhes são feitas.

Nesse solo, torna-se difícil encontrar espaço fértil para a frágil semente da cooperação, essencial ao trabalho em equipe.

O conjunto de tais fatos delineia a *imagem da Organização* no inconsciente do profissional, que atuará influenciado por ela. Ela constitui o pano de fundo de suas *percepções*; favorecerá a atenção para determinados temas e contribuirá para que outros passem despercebidos.

Incrustada em seu inconsciente, dará o tom para as conversas com os colegas de trabalho e influenciará no entendimento das mensagens da Organização, do Sindicato, de fornecedores e clientes.

A partir daí, tudo o que se fizer para influenciar seu comportamento (programas para despertar a motivação, práticas de condicionamento, trabalhos em equipe) terá por base esse alicerce, concretado pelas emoções dos primeiros momentos.

5.2.3 Reacolher

Que tal reacolher o jovem profissional nessa Organização, para criar uma disposição favorável, com imagem positiva e ajustada a ideais de qualidade de vida e produtividade?

Não se trata de uma "receita de bolo", porque se deve projetar o acolhimento em sintonia com as atividades e processos em que ele atuará, em sintonia com a cultura organizacional.

Selecionado por meio de empresa especializada em contratação de pessoal, o jovem profissional recebeu uma carta que indicava hora, dia e local para se apresentar, **com o nome e o telefone da pessoa encarregada de recebê-lo**; ele se encontra, nesse momento, no portão da Organização para o primeiro dia no emprego.

CENA 1

Chegou cedo e a recepcionista, já ciente, entra em contato com **a pessoa encarregada de recebê-lo, que chega em poucos minutos.**

A recepcionista, **com um sorriso, anota o número de sua identidade e dá-lhe o "crachá provisório" com seu nome pré-impresso.**

O jovem, agora, tem **identidade** na Organização. O crachá ostenta, em letra grande, seu nome: "JOÃO". Não se trata mais de um anônimo visitante.

João percebe o quadro, na recepção, com várias fotografias de profissionais considerados como "destaques do mês".

Segue para o Departamento de Pessoal, próximo à entrada da Organização, acompanhado pelo profissional que o recebeu.

CENA 2

Após breve espera na recepção do Departamento de Pessoal, um local simples, mas confortável (durante a qual seu acompanhante entregou-lhe um folheto sobre algu-

mas "regras do jogo" da Organização e colocou-se a explicá-las), João é conduzido à mesa do analista de cargos e salários, que lhe apresenta a documentação que deve assinar, entrega-lhe algumas requisições para realizar exames médicos de praxe e uma cópia do contrato de trabalho.

CENA 3

O acompanhante de João encaminha-o para uma sala de projeção, onde se encontram outros recém-contratados. É apresentado rapidamente e solicitado a aguardar. Aproveita o tempo para terminar a leitura do folheto.

Alguns minutos depois, começa uma projeção sobre a Organização: o que faz, principais clientes e fornecedores, estrutura organizacional, imagens da empresa e resultados do Programa de Qualidade.

Após a projeção, um apresentador responde a perguntas dos presentes e avisa que haverá um encontro com a gerência dentro de 15 dias. O acompanhante de João encaminha-o, então, a seu chefe imediato.

CENA 4

João constata que seu chefe participou como um dos entrevistadores, durante a seleção.

Seu chefe, Supervisor de Manutenção, é experiente conhecedor de mecânica, eletricidade e eletrônica básica.

Ele explica o método de treinamento que a Organização adota e mostra-lhe o armário onde se encontram os desenhos dos circuitos elétricos e as plantas de todas as máquinas que **serão estudadas** por ele.

O chefe lhe entrega um manual descritivo do funcionamento do setor e orienta-o para estudá-lo, porque dentro de dois dias será apresentado formalmente à equipe com a qual irá trabalhar.

Nos primeiros meses, o chefe informa, ele **acompanhará** Pedro, um senhor de cerca de 40 anos, eletricista experiente, há alguns anos na área, com quem aprenderá muitos detalhes dos processos. **À medida que for considerado apto**, passará a atuar sem supervisão.

A Organização tem um esquema de manutenções preventivas combinadas com as corretivas, em razão do tipo de defeito e da gravidade das consequências (utilizam o método GUT – Gravidade, Urgência, Tendência – adaptado à sua realidade).

João ainda está um pouco atordoado pelo excesso de informações. A seu redor, distribuem-se dezenas de máquinas e uma dúzia de operadores, que formam uma célula de produção.

Deixa sua pasta na mesa que lhe foi designada e vai ao banheiro, no fundo do galpão.

CENA 5

O banheiro encontra-se limpo. **As faces internas das portas dos sanitários têm um espaço adequado para a colocação de mensagens** (pelos coordenadores de Grupos de Melhorias Contínuas), aproveitando-se o tempo de reflexão que a atividade fisiológica enseja para a transmissão de informações úteis (essa tática tem sido observada em muitas empresas).

Aqui e ali, no caminho para os banheiros, cartazes orientam sobre medidas de segurança e **algumas frases sobre metas e resultados da Organização encontram-se convenientemente distribuídas pelos corredores.**

O logotipo da Organização destaca-se no ponto principal da área de Operação.

CENA 6

Retornando à mesa, João abre o armário e pega o primeiro das dezenas de manuais. **No dia seguinte, começará o treinamento e ele já pretende acostumar-se com a linguagem técnica do fabricante.**

Conduzido pelo supervisor, um pouco depois chega Pedro, para ser apresentado a ele. Trocam algumas palavras e combinam de almoçar juntos os três.

Quando Pedro e o Supervisor se afastam, **ao terminarem de tomar o café**, João lembra-se do anúncio que o trouxe à Organização ("Procura-se especialista em manutenção eletromecânica. Oferece-se: ótimo ambiente de trabalho, amplas oportunidades de crescimento").

Cada uma dessas duas situações hipotéticas conduz a um *contrato psicológico de trabalho* diferente. Trata-se de um *contrato invisível* que se estabelece entre o indivíduo e a Organização.

Afinal, *"organizações sociais são sistemas planejados, mantidos em conjunto por laços psicológicos"* (Katz e Kahn, 1975:89), que *"permanecem intactas enquanto o intangível cimento psicológico se mantiver (...)"* (Katz e Kahn, 1975:200). *O elemento-chave encontra-se no laço psicológico.*

Inicia-se o preparo desse *cimento psicológico* durante o processo de acolhimento do profissional. As primeiras percepções lançam profundas raízes no inconsciente; alterá-las demandará sempre pesados investimentos.

João, agora, encontra-se no interior da Organização. Qual será o *papel* reservado para ele?

5.3 O PAPEL DE JOÃO

João atuará em um ou mais processos, participando com sua *bagagem psicológica* e suposta competência técnica.

A Figura 5.1 representa essa participação. Ela acentua o caráter bidirecional de toda interação, ainda que a influência resulte nitidamente maior em um sentido do que em outro.

Figura 5.1 *João na Organização.*

Quem realiza um serviço ou entrega um produto exerce efeito sobre quem recebe o resultado da atividade; ao mesmo tempo, registra-se algum tipo de *feedback*, mesmo que não exista qualquer contato físico ou visual entre os envolvidos.

Em cada atividade (a de João, a anterior e a posterior), participam duas partes complementares e distintas:

- pessoas, com seus comportamentos e visões de mundo;
- sistemas (máquinas, instrumentos, *softwares* etc.).

Cada pessoa existe na Organização em função de *outras pessoas*, formando uma cadeia que tem *início* e *fim* no cliente externo.

Expandindo esse conceito, constrói-se a Figura 5.2, em que se indica que o profissional satisfaz a requisitos de seus *clientes*, utilizando sistemas colocados à sua disposição. Os clientes podem ser *internos* ou *externos* à Organização.

Pessoas e sistemas interagem entre si. Entretanto, para que isso aconteça entre sistemas, faz-se necessária a mediação de pessoas, especificando-os, mantendo-os e ativando-os.

Qualquer que seja a complexidade dos sistemas em funcionamento, o processo de interação entre as pessoas afeta sensivelmente, de maneira direta ou indireta, a produtividade e a qualidade dos serviços ou produtos.

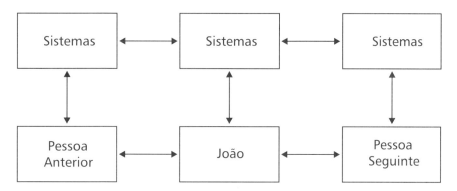

Figura 5.2 *João na Organização: o ponto de vista humano.*

Nessa interação, as pessoas desempenham seu papel fundamental, que é satisfazer seus clientes, internos ou externos à Organização.

"Satisfazer o cliente", entretanto, é insuficiente em ambientes altamente competitivos. Para lidar com as constantes novas ofertas do mercado, é preciso *ir além do que o cliente espera*, fornecer ao cliente o que ele quer e *não sabe* (ainda) que quer.

Observe-se que a *tecnologia* constitui ponto de partida. Não há competição se existir diferencial tecnológico desfavorável perceptível para o cliente; contudo, o *equilíbrio em tecnologia* não assegura o sucesso. Existe uma lista interminável de itens que exercem influência nas decisões dos clientes e que apresentam alguns denominadores comuns:

- eles dizem respeito mais ao *cliente* do que ao indivíduo que executa o serviço. Portanto, interessa a *percepção* do outro, não a *intenção*;
- o desafio encontra-se no aspecto emocional. O "encantamento do cliente" acontece quando se desperta *emoção*;

– admitindo-se que o cliente tenha disposição *favorável* para ser satisfeito ou encantado, os obstáculos encontram-se no indivíduo que executa a ação. Portanto, *maneiras de promover o encantamento* do cliente ou neutralizar as causas que o dificultam podem ser buscadas nos e mediante os *profissionais que executam as atividades* (o que não esgota as possibilidades de identificar oportunidades de encantamento).

> Todos são clientes de todos. Por exemplo, em uma instituição de ensino: professores, alunos, secretários, vigilantes, porteiros, recepcionistas, pessoal de limpeza prestam serviços uns para os outros.
>
> Observe-se que os indivíduos de uma mesma categoria também prestam serviços entre si. Alunos beneficiam ou prejudicam outros alunos por seu comportamento; professores facilitam ou dificultam o trabalho de outros professores dependendo das mensagens que transmitem, dos procedimentos ou critérios que utilizam.

O estudo da percepção e da atenção, em particular, mostra a importância dos aspectos comportamentais. Por exemplo, um professor pouco atento à disciplina modifica a percepção de muitos alunos quanto a essa questão. Professores voltados em demasia para a didática chegam a polarizar as atenções dos alunos para aspectos formais da disciplina, até mesmo com prejuízo dos conteúdos.

Um supervisor ou gerente ao adotar determinado estilo no relacionamento com seus profissionais, fará com que profissionais de outras áreas da Organização tomem conhecimento desse estilo e comparem-no com o de seus próprios supervisores ou gerentes.

Liberalidades proporcionadas por um podem se tornar aspirações de outros. Por exemplo, se um setor permite o acesso ou a utilização de *smartphones* por seus profissionais, durante o horário de trabalho, isso será percebido por profissionais de outros setores, que estarão propensos a solicitar a mesma regalia.

Em síntese, as ruas das Organizações possuem mão dupla e comunicam-se entre si. Todos os atos trazem consequências que as pessoas registram, de forma consciente ou não.

A compreensão, em profundidade, do *conceito de cliente* exige muita dedicação e atenção a detalhes. O Caso 5.1, extraído de treinamento preparado para uma prefeitura, ilustra essa questão.

Caso 5.1

Organizou-se um treinamento para a equipe de Engenheiros e Técnicos especializados da Secretaria Municipal de Obras Públicas com o objetivo de aumentar a produtividade.

Incluiu-se o desenvolvimento da noção de "cliente" e, para isso, o Consultor utilizou o processo representado pela cadeia de atividades que se inicia com a solicitação de um plantio de árvore na via pública.

Esse tipo de solicitação ocorre, com frequência, ao se abrir uma nova rua. A área encarregada recebe o pedido e o Técnico, zelosamente, procura designar um exemplar robusto, de rápido crescimento, provedor de boa sombra e pouco sujeito a quedas de folhas e ramos, escolhido entre as opções disponíveis no momento.

A árvore cresce vigorosamente, logo atingindo a rede elétrica que, na maior parte dos casos, passa do mesmo lado da rua (o lado em formação).

Pouco tempo depois inicia-se o processo de poda sistemática, porque surge um *novo cliente*: o supervisor da rede elétrica (em geral, pouco satisfeito).

Isso coloca outro cliente no processo: o Empreiteiro que realiza a poda (a qual obriga a desligar por um tempo o fornecimento de energia elétrica na região).

Mais tarde surgirá um novo cliente insatisfeito: o voluntário do movimento ecológico (as podas sempre danificam as árvores).

Em pouco tempo, o enraizamento ocasiona prejuízos à calçada, obrigando o proprietário do imóvel a constantes reparos. Ele começa a ficar descontente com a árvore quando o amor ao verde conflita com o bolso.

Logo mais, o asfalto sofre danos. Envolve-se a Secretaria de Finanças, reservam-se recursos (maiores) e realizam-se licitações para refazer o pavimento. Os Empreiteiros de obras ficam felizes (novamente).

A árvore, contudo, desenvolve-se; encobre as luminárias e desperta sentimentos de ansiedade nos moradores, temerosos da escuridão. Convoca-se a polícia para aumentar as rondas noturnas.

> Quem é o cliente preferencial do técnico que escolhe o tipo de árvore: o podador? O empreiteiro? O morador? Quem paga a conta? Ou existirão vários clientes igualmente representativos a se considerar?
>
> Sem a noção exata de "quem é o cliente", o desempenho a contento da atividade torna-se impossível. O exemplo *parece* banal, mas os fantásticos recursos públicos despendidos nesse processo (e em tantos outros similares) merecem reflexão.

Esse caso alerta para alguns aspectos ligados aos indivíduos, seus conceitos e valores:

- muitos profissionais não desenvolvem *percepção* para a *extensão* de suas ações. Uma visão de mundo limitada, muitas vezes favorecida pelas características das atividades que executam, contribui para o desenvolvimento de *esquemas rígidos de pensamento*. Outras vezes, isso resulta de características pessoais;
- outros profissionais, com sincera disposição para satisfazer sua clientela, não conseguem desenvolver *atenção* para os *detalhes* de suas atividades; falta-lhes aprender a *discriminar* as consequências do que realizam;
- tem importância fundamental o desenvolvimento de *visão sistêmica* dos processos em que as pessoas atuam, porque o *cliente principal* pode não ser o imediato, nem mesmo estar próximo na cadeia de usuários do serviço ou produto.

No Caso 5.1, recomendam-se duas estratégias básicas para iniciar o processo de promover a *mudança de percepção* dos profissionais (note-se: não se trata de "boa" ou "má" vontade, pois os elementos que afetam a percepção, em sua maior parte, são inconscientes):

a) Realização de *encontros com os clientes finais*, os moradores, para desenvolver os mecanismos de percepção e atenção, eliminar *falsas crenças* (exemplo de *falsa crença*: as pessoas "sempre" preferem árvores frondosas) e explorar as consequências de escolhas anteriores.

b) Formação de *equipes multifuncionais* que englobam profissionais das diferentes áreas envolvidas no processo, para desenvolver percepção e atenção aos problemas das outras áreas.

A estratégia recomendada possui duplo objetivo.

O primeiro, desenvolver a *visão de cliente*: conseguir que o profissional *perceba* que o cliente interno ou externo *existe*.

O segundo, muito mais difícil, consiste em torná-lo disposto a *compreender* esse cliente, o que requer *disposição mental* para efetuar trocas. Por exemplo, o técnico em árvores pode constatar que os melhores exemplares agradam somente a ele.

O desafio, escreve Tom Peters (AT&T, 1992:15), consiste em *"enxergar cada elemento de cada operação através da óptica do cliente"*. Sempre presentes, a *percepção* e os *esquemas* de pensamento.

Observe-se que tanto os funcionários novos quanto os antigos necessitam de treinamento contínuo para atender às exigências dos clientes, porque as pessoas modificam-se com o tempo, suas exigências transformam-se, surgem novas tecnologias e maneiras de prover o serviço ou produto, a sociedade evolui. Manter a percepção aguçada constitui desafio permanente.

O que satisfaz hoje passa despercebido amanhã. O que emocionava ontem, agora perde-se no corriqueiro; o que era "figura" transforma-se em parte irrelevante da paisagem. Na comunicação entre pessoas os exemplos são inúmeros!

Encantar o "outro", o cliente – papel essencial de todo indivíduo na Organização competitiva – significa percorrer um caminho cruzando uma estreita e difícil ponte: *a ponte do autoconhecimento*, a ponte do "eu".

Ao mesmo tempo em que *une* cada indivíduo a seus clientes, essa ponte acrescenta importantes *barreiras à comunicação*. Identificá-las e neutralizá-las constitui passo fundamental para a excelência no exercício dos papéis destinados a cada um no palco organizacional.

5.4 ELIMINAR BARREIRAS

Encontram-se diferentes tipos de barreiras à comunicação:

- tecnológicas: estabelecidas a partir dos *meios físicos* através dos quais a comunicação se processa;
- funcionais: representadas pelas diferenças de linguagem;
- individuais: decorrentes da forma de pensar das pessoas;
- culturais: associadas a costumes, valores e princípios da sociedade.

Essas barreiras devem ser consideradas *dinamicamente*. Os indivíduos evoluem, modificam-se, alteram seus comportamentos e suas visões de mundo ao longo do tempo. Com isso, a comunicação modifica-se em forma e conteúdo de maneira contínua e sofisticada.

Basta considerar que uma única *telenovela* de sucesso cria novos vocábulos e costumes, e altera valores (ou revela valores inconscientes) de forma inusitada; o mesmo ocorre no mundo da arte: surgem expressões, novas linguagens e formas de pensar peculiares que, muitas vezes, tornam-se perenes.

As comunicações por meio de WhatsApp e outros aplicativos encarregam-se de modificar elementos da linguagem, da forma e dos procedimentos por meio dos quais elas se processam.

Esse complexo do texto transforma o ato de se comunicar em um misto de técnica e arte. Por um lado, desafiador; por outro, apaixonante.

5.4.1 Barreiras tecnológicas

A multiplicação dos EPC conectados por meio de múltiplas redes sociais, configurando uma infinidade de grupos com múltiplas interfaces, representa a situação paradigmática.

As redes sociais, por um lado, unem as pessoas; por outro, separam-nas. O indivíduo refugia-se no mundo virtual de seus grupos enquanto as coisas acontecem ao redor. Uma forma socialmente tolerável de isolamento. Ao mesmo tempo, mergulha no universo da comunicação ainda que, fisicamente, restrinja-se aos limites do ambiente privado.

Há estudiosos que enxergam, nessa evolução tecnológica, um movimento de reforço ao *individualismo*, estimulado por um poderoso marketing que incentiva a diferenciação (apelo explícito da comercialização contemporânea de produtos e serviços), tornando-se desafiador obter a *unidade na diversidade*, indispensável ao trabalho cooperativo.

Outros, entretanto, enxergam de maneira oposta: o indivíduo não consegue deixar de se comunicar, ainda que com os integrantes de um grupo "fechado" e, ao fazê-lo, absorve valores e características comuns aos integrantes, promovendo-se, assim, a *socialização.*

Possivelmente, o que predomina, para cada pessoa, dependerá de suas características individuais: o mesmo fenômeno que, para uns, representa isolamento e separação, para outros significa integração e união.

A transformação da *linguagem,* impulsionada pela mudança tecnológica, produz perceptivos efeitos quando se observam diferentes gerações.

Sob vários aspectos, a tecnologia acentua a distância entre elas, não apenas pela criação de novas linguagens, mas, também, pelo surgimento continuado de novos conhecimentos e conceitos necessários a seu uso. Evidencia-se nos computadores pessoais e nos EPC.

Existem reflexos nas Organizações. O corpo de profissionais de maior idade, muitas vezes, enfrenta dificuldades para se adaptar às transformações decorrentes das novas tecnologias. Os efeitos emocionais são previsíveis.

5.4.2 Barreiras de linguagem

Trata-se aqui, especificamente, das *diferenças de linguagem*, tanto aquelas provenientes das tecnologias, já comentadas no tópico anterior, como aquelas derivadas do desenvolvimento da sociedade.

Cada nova geração, por diversos fatores, constrói novas maneiras de se expressar em palavras, gestos, visuais e rituais. Algo semelhante ocorre com os grupos de indivíduos com interesses afins; pertencem à sociedade maior, porém, com inúmeras características diferenciadoras que se refletem em símbolos, linguagem, comportamentos.

Para isso contribui o extraordinário movimento de globalização, que incorpora à linguagem, em sentido amplo, elementos de todas as nações com uma velocidade impensável até poucas décadas. Essa incorporação, entretanto, não é uniforme e atinge mais alguns setores da sociedade do que outros. O resultado é um *distanciamento de natureza linguística de fundo cultural* e que impacta as mais diversas áreas da ação humana.

Esse distanciamento afeta as relações no trabalho e a comunicação com os clientes. Surge o desafio de gerenciar essa barreira nas duas frentes: interna e externa e a solução encontra-se nos projetos de desenvolvimento continuado dos profissionais, tema do Capítulo 8.

5.4.3 Barreiras culturais

As barreiras psicológicas entre as pessoas podem ter, e isso ocorre com frequência, fundo cultural: os indivíduos replicam, em seus comportamentos, o *estado de espírito* que prevalece na sociedade.

As transformações culturais ocorrem de maneira que os indivíduos, ao mesmo tempo agentes e pacientes, não as percebem em sua totalidade, pois são inerentes à vida em sociedade.

Contudo, quando se fazem recortes das características culturais de uma sociedade em épocas diferentes, a intervalos significativos de tempo, verifica-se facilmente a profundidade com que ocorreram as transformações.

Exemplo importante, pelo seu impacto, encontra-se na *constituição dos núcleos familiares*. Torna-se evidente a nova formatação dos relacionamentos: a família padrão contemporânea difere substancialmente daquela de poucas décadas atrás. As consequências sociais e econômicas são incalculáveis.

Outro exemplo encontra-se no *alongamento da adolescência*. Há poucas décadas, um jovem de 21 anos invariavelmente almejava a independência em relação aos pais; hoje, a *adolescência estendida* caracteriza-se pela permanência dos jovens nas casas dos pais até uma idade bem mais avançada.

Essas transformações afetam significativamente o perfil daqueles que buscam trabalho e as suas intenções imediatas e expectativas futuras em relação a ele. Portanto, impactam o processo de seleção, retenção e desenvolvimento de profissionais; a atuação em atividades cooperativas; as relações com chefes e supervisores e assim sucessivamente.

Barreiras culturais podem ocorrer por motivos simples na aparência: um grupo de empregados, fanático por uma equipe de futebol, não aceita pessoas adeptas de diferentes agremiações. Esse tipo de separação, principalmente em épocas de turbulência social, econômica e política, pode fundamentar-se em conceitos e valores mais profundos: preferências político-partidárias, religião, valores morais, sexualidade etc.

Quanto mais essas barreiras refletirem preconceitos e fanatismos, tanto mais danosos são seus efeitos para a integração dos profissionais e a obtenção de trabalho cooperativo. Os reflexos sobre a produtividade e a qualidade dos serviços serão notórios.

As barreiras culturais são claramente percebidas em Organizações que atuam em diferentes países, ou mesmo em diferentes regiões dentro do mesmo país. Os costumes variam bastante de um lugar para o outro, ainda mais quando há diferenças de idioma.

Exemplo claro é a tolerância com o atraso para o início de atividades: enquanto há locais em que se trabalha com relativa flexibilidade, em outros há rígida exigência de cumprimento de horários.

Diferenças culturais encontram-se nos mais diversos aspectos da vida organizacional: desde os serviços de limpeza e conservação, até o uso de uniformes; da maneira de atender os clientes até o ritual do tão conhecido "cafezinho"; do estilo de planejamento às estratégias de manutenção.

Elas, muitas vezes, explicam porque um plano implantado com relativa facilidade em um local encontra resistências ou até se inviabiliza quando levado a outro: regionalismos existem e são importantes sob aspectos, às vezes, surpreendentes.

5.4.4 Barreiras individuais

Barreiras de fundo psicológico, inerentes à própria pessoa, são representadas pelo conjunto de *conteúdos inconscientes* capazes de *interromper* a ponte que a liga ao cliente ou ao colega de trabalho.

Os "*mecanismos psicológicos de defesa*" (denominação dada por Freud) constituem uma das causas dessa interrupção. Eles são proteções do ego contra a ansiedade, por meio de distorção da realidade (Myers, 1999:298).

Esses mecanismos psicológicos, acionados de maneira *mais ou menos consciente* (Sillamy, 1998:70), possibilitam diminuir a angústia nascida dos conflitos interiores.

Quando o indivíduo utiliza algum deles, na tentativa de adaptar-se a uma situação provocadora de conflito *real ou percebido*, poderá, ainda que sem intenção, aumentar a distância psicológica que o separa de seu cliente ou colega de trabalho.

Identificação, distração, sublimação, fantasia, negação da realidade, racionalização, deslocamento, regressão, projeção e isolamento constituem alguns dos mecanismos descritos na literatura, encontráveis com frequência nos comportamentos dos indivíduos e presentes no exercício de seus papéis organizacionais.

A contínua busca do autoconhecimento aumenta as chances de a pessoa conscientizar-se, por meio da análise de seus comportamentos e sentimentos, da presença desses mecanismos de defesa: o primeiro e mais fundamental passo para neutralizá-los.

A ***identificação*** consiste em um indivíduo modelar sua conduta para tornar-se parecido com outra pessoa (Myers, 1999:124). Por meio da identificação, a pessoa protege sua autoestima "através do estabelecimento de uma aliança real ou imaginária com alguém ou algum grupo" (Weiten, 2002:351).

A identificação não é um fenômeno circunscrito ao círculo próximo das pessoas, no lar, no lazer ou no trabalho.

A poderosíssima influência dos meios de comunicação faz o indivíduo identificar-se com pessoas ou grupos que se destacam em suas redes sociais e que, em algumas situações, conduzem suas opções e orientam suas decisões.

Esse comportamento aparece nítido nas manifestações de massa, organizadas, dirigidas e convocadas através das redes sociais para os mais diversos fins (alguns não propriamente "nobres", como as brigas entre torcidas organizadas).

A identificação pode provocar alterações profundas nas pessoas, conforme sugere o Caso 5.2.

Caso 5.2

Em uma grande Organização ocorreu a substituição do principal executivo. O novo presidente, jovem carismático, de grande energia, tornou-se fortemente admirado por seus assessores imediatos.

> Vários deles procuraram adotar seu modo de vida – comportamento típico quando há forte identificação. Os primeiros sinais verificaram-se nas aquisições de veículos de mesma marca e modelo; na indumentária (que se tornou mais sofisticada); no requinte dos escritórios, até então despojados.
>
> Rapidamente, a imitação estendeu-se aos restaurantes e locais e formas de lazer, com os previsíveis impactos no custo de vida desses profissionais.
>
> Após algum tempo, consequências começaram a surgir, na forma de conflitos familiares.
>
> O estilo de vida do novo presidente, acostumado à prática de comportamentos inaceitáveis para padrões mais conservadores, mostrou-se incompatível com os valores e princípios até então prevalecentes.

A identificação com o líder foi o mecanismo de defesa, inconsciente, daqueles assessores, para lidar com profundas diferenças de valores.

O mecanismo inconsciente da identificação explica a dedicação de muitos profissionais para atingir suas metas, muito além dos requisitos de papel, sem necessidade de estímulo adicional, quando percebem em seus superiores empenho de igual natureza. Trata-se do poder do *modelo*, conforme comentado no Capítulo 4, no estudo das teorias motivacionais.

Essa aceitação incondicional traz o risco da *redução da crítica*, perigosa para ambos, líder e liderado. A identificação, quando exagerada, torna o profissional cego aos defeitos e fraquezas do líder e reduz a análise das consequências das decisões.

Na ***distração***, o indivíduo desloca a atenção, inconscientemente, para objeto diferente daquele com o qual se ocupava (Sillamy, 1998:81).

> Em atividades penosas, as pessoas costumam derivar para distrações como forma de reduzir a ansiedade provocada pela tarefa. Isso pode ocasionar acidentes no trabalho e conflitos com os clientes, colegas e superiores.
>
> Evita-se a distração intercalando-se atividades diversas ou promovendo-se intervalos para recuperação física e emocional.
>
> Por exemplo, a qualidade do atendimento de reclamações começa a reduzir-se quando o atendente permanece tempo excessivo executando a tarefa. Da mesma forma, artífices perdem a capacidade de *discriminar* detalhes nas peças que executam (cansaço e monotonia influenciam a capacidade de concentração e os limiares de sensação).

Combater a *distração* torna-se um desafio quando o profissional tem livre acesso ao telefone celular ou outro equipamento de comunicação de uso privativo durante o período de trabalho.

A qualquer pode chegar uma nova mensagem (perceptível mesmo que não exista sinalização sonora) e a atividade corre o risco de ser interrompida.

Há situações de trabalho em que simplesmente não se permite o aparelho, contudo, essa solução não é possível em inúmeras atividades.

Entretanto, mesmo que o profissional não acesse a mensagem, há o risco de ter a produtividade comprometida, porque se mantém sintonizado com ela; a pessoa, como se diz popularmente, "não desliga". A observação continuada das mensagens constitui um *condicionamento* de dificílima eliminação.

A **sublimação** consiste em desviar a energia (p. ex., decorrente de uma tendência agressiva) para algo socialmente valorizado (Kaplan e Sadock, 2017:162). Dessa maneira, a pessoa consegue se adaptar melhor ao meio social, o que contribui para seu desenvolvimento e aceitação.

Caso 5.3

Um gerente de almoxarifado, com dificuldade para fixar profissionais em uma extenuante atividade de manipulação de sucatas, passou a convidar, para trabalhar nessa tarefa, pessoas reconhecidas pela *agressividade*.

Foram também oferecidas algumas vagas para *detentos*, como forma de reintegrá-los à sociedade.

Essas experiências revelaram-se muito bem-sucedidas. As pessoas apresentaram notável adaptação à nova atividade, em momento algum demonstrando comportamentos inadequados. Observou-se, também, a redução do consumo de bebida alcoólica, usualmente frequente entre pessoas com essas características.

Vergara (1999:49) explica a **fantasia** de forma saborosa: "*a troca do mundo que temos por aquele com o qual sonhamos*". Sillamy (1998:102) acentua sua manifestação "nos adultos normais após fracassos".

Caso 5.4

O acompanhamento psicológico de profissionais incluídos em Planos de Demissão Voluntária (PDV) permite identificar a costumeira utilização desse mecanismo de defesa (a fantasia).

Infelizmente, a substituição da realidade pelo sonho, em alguns casos, concorre para graves prejuízos financeiros em iniciativas alicerçadas no onírico.

Por exemplo, muitos profissionais envolvem-se na gestão de negócios para os quais não estão devidamente preparados, na *falsa crença* de que terão sucesso assegurado, bastando para isso o recurso financeiro proporcionado pelo acordo trabalhista.

Acreditam que, dedicando-se a atividades que muito apreciam, encontrarão sucesso enquanto empresários.

O apego excessivo às mensagens (vídeos e textos) que povoam os conteúdos das redes sociais tem um componente de fantasia. Por meio delas, a mente produz imagens que distanciam a pessoa da realidade que a cerca. A fantasia surge na forma de uma sutil sugestão para deixar as preocupações e viver momentos de devaneio.

A fantasia traz notáveis riscos quando, dominado por ela, o profissional deixa de perceber sinais de falhas ou dificuldades de um projeto que deveria ser paralisado para reanálise. Ela induz o indivíduo a ignorar esses sinais, dando-lhes pouca ou nenhuma relevância, até que as consequências tornem-se suficientemente impactantes para trazê-lo à realidade – eventualmente, tarde demais.

Por outro lado, ela tem o mérito de evitar que se dê excessiva importância a tais sinais de alerta, transformando-os em impedimentos definitivos que colocariam por terra a iniciativa.

Sob essa ótica, a fantasia incentiva o profissional a acreditar que encontrará soluções viáveis para obstáculos que, muitas vezes, são plenamente compreensíveis e passíveis de solução.

Na **negação da realidade**, o indivíduo recusa-se a reconhecer fatos reais e os substitui por outros imaginários (Sillamy, 1998:162).

> **Caso 5.5**
>
> Na sala de um gerente de controle de qualidade, um gráfico de taxa de defeitos mostra a consistente melhora dos resultados ao longo de um período de mais de 10 anos.
>
> Um assessor confidenciou que, após determinado ano, as taxas efetivamente apresentaram uma piora, resultante de modificação nos procedimentos.
>
> Contudo, o gerente alterou o critério de contagem dos defeitos, excluindo uma parte dos ofensores e conseguindo manter a tendência (aparentemente) descendente do gráfico.

Esse mecanismo de defesa – negação da realidade – evidencia-se também com muitos profissionais em Programas de Demissão Voluntária.

A pessoa não se prepara para o desligamento, preferindo acreditar que "está imune a isso"; afinal, sempre foi "um profissional exemplar", "um reconhecido especialista", "muito bem avaliado" etc.

A consequência pode ser grave: o indivíduo toma conta da realidade quando ela o afeta diretamente e constata que não se preparou para lidar com os efeitos.

Constata-se a presença desse mecanismo psicológico de defeito, de maneira surpreendente, na área da drogadição. São comuns os casos de supervisores e gerentes que constatam sinais de alcoolismo em algum profissional.

Chamado para uma orientação, o indivíduo recusa-se a aceitar as evidências (p. ex., chega ao trabalho exalando odor de álcool), trazendo justificativas que, evidentemente, não se aplicam. Muitas vezes a Organização leva a questão à família, na tentativa de orientar e, até mesmo, contribuir para um tratamento. Contudo, é comum que o Psicólogo Organizacional ou Assistente Social enfrente a negação da realidade: o cônjuge, os filhos ou outros familiares simplesmente desconhecem a questão!

A **racionalização** consiste na "*criação de desculpas falsas, mas plausíveis, para poder justificar um comportamento inaceitável*" (Weiten, 2002:351).

O profissional justifica o desinteresse por um treinamento porque "isso poderia acabar em um cargo de chefia e '*todo mundo sabe*' que é melhor ser subordinado e manter-se livre daquelas reuniões com os diretores".

> Costuma-se ouvir de pessoas demitidas: "afinal, aquela empresa estava realmente em decadência"; "depois das mudanças de Administração, ficou mesmo impossível trabalhar lá"; "somente o pessoal menos qualificado permaneceu".

Essa figura frequenta as reuniões de planejamento em que se avaliam planos que *não deram os resultados esperados*. Reflete-se em frases do tipo "ninguém poderia esperar esse comportamento daquele concorrente"; "quem poderia imaginar que o comprador seria tão intransigente?"; "se houvesse mais dedicação dos empregados..."; "a situação internacional era mesmo imprevisível...".

Esse mecanismo de defesa combina, muitas vezes, com a negação da realidade.

Por meio do **deslocamento**, a pessoa transfere a emoção ligada a uma ideia de aceitação difícil ou impossível para outra, mais condizente com suas possibilidades (Sillamy, 1998:75). Assim, desviam-se *"sentimentos emocionais de sua fonte original a um alvo substituto"* (Weiten, 2002:351).

Percebe-se claramente o deslocamento em conflitos envolvendo profissionais de diferentes setores da Organização.

Um dos setores enfrenta alguma questão grave e o alvo substituto acaba sendo o colega de outra área. Por exemplo, a área de suprimentos encontra dificuldade para obter determinado componente; o atrito surge com a área de produção, que "poderia ser menos rigorosa quanto aos prazos...", ou que "não consegue fazer um mínimo planejamento de suas necessidades...".

Não é incomum que o cliente sofra os efeitos do deslocamento. O profissional vivencia conflito na Organização (ou no lar) e, por motivo fútil, "explode" durante um atendimento.

Caso 5.6

Em um município, os fiscais do serviço de ônibus urbanos são percebidos pelos motoristas como petulantes e sem compreensão.

Os motoristas permanecem em estado de tensão, preocupados com eventuais atrasos no itinerário. Essa situação afeta a forma de conduzir os veículos e relacionar-se com os passageiros.

Cada pessoa que demora para subir ou descer um pouco mais do que o desejável (pelo condutor) provoca-lhe aborrecimento. São frequentes os excessos de velocidade. Os veículos são freados e movimentados bruscamente, trazendo desconforto e insegurança aos passageiros, principalmente os mais idosos.

O foco exagerado no cumprimento do horário resulta no aumento dos custos de manutenção da frota e as infrações de trânsito; além disso, qualquer desatenção de um passageiro pode resultar em súbita explosão de agressividade do motorista e gerar conflitos que acabam por se refletir em atrasos perfeitamente evitáveis.

A Prefeitura promoveu programas de treinamento para os motoristas, objetivando ensinar comportamentos adequados ao trato com os clientes.

Entretanto, uma das causas principais do problema permanece intacta: o *conceito de cliente dos fiscais*, evidenciando a importância de se buscar a causa-raiz da tensão.

Regressão é *"um retorno a um estágio anterior de desenvolvimento ou funcionamento para evitar as ansiedades e as hostilidades envolvidas em estágios posteriores (...) incorporando modos de comportamento previamente abandonados"* (Kaplan e Sadock, 2017:161).

Esse fenômeno é observado com frequência, em indivíduos *e grupos* nas Organizações, quando conflitos graves ocorrem. Nesse tipo de situação, avançar para um estágio seguinte de desenvolvimento significaria enfrentar uma situação geradora de muita ansiedade.

> **Caso 5.7**
> Uma greve duradoura e de grande adesão tornou-se um flagelo para uma Organização.
> A regressão manifestou-se em comportamentos e atitudes do grupo de grevistas: do movimento organizado e aberto ao diálogo passou-se à ação descontrolada, repleta de incidentes em que não faltaram agressões e violências contra o patrimônio.
> Os Administradores não souberam identificar sinais de regressão, mediante os comportamentos emitidos no transcorrer das negociações.
> Deixaram-se surpreender pela radicalização de posições e adotaram uma linguagem incompatível com o estado emocional dos grevistas.
> Esse comportamento serviu para ampliar a pauta de discussões e alongar o conflito.

Na regressão, o indivíduo perde a compreensão que seria de se esperar dele em um estágio mais desenvolvido, tornando-se mais imediatista e prisioneiro de rígidos *esquemas de pensamento*. Um único elemento transforma-se na *figura* dominante de todo o processo.

> No movimento grevista do Caso 5.7, o impasse tornou-se insuperável – fixado em itens de mínima relevância para os dois lados – porque cada lado passou a adotar a linguagem compatível com sua maturidade.
>
> A comunicação interrompeu-se e somente foi reatada quando a Administração adotou uma técnica condizente com essa diferença.

A regressão manifesta-se com clareza no comportamento de acompanhantes de pacientes hospitalares internados em estado grave. A forte emoção que domina os familiares provoca esse tipo de mecanismo de defesa inconsciente: as pessoas fixam-se em exigências sabidamente impossíveis de serem satisfeitas, o que leva a conflitos com a equipe médica e de enfermagem.

Nessas situações, é comum a regressão combinar-se com a *negação da realidade* – representada pelos resultados dos exames e pelas reações do paciente – e com a *fantasia*, manifesta na esperança de retorno a estados anteriores de saúde sabidamente inatingíveis.

A *projeção* "envolve atribuir os próprios sentimentos não reconhecidos aos outros" (Kaplan e Sadock, 2017:161). Ela pode "tomar a forma de má atribuição ou má interpretação de motivos, atitudes, sentimentos ou intenções dos outros" (idem, 2017:161), tornando-se fonte de conflitos.

> Nas relações entre profissionais e/ou grupos nas Organizações, esse mecanismo aparece com frequência: "as pessoas daquela seção são mesmo assim, sempre ligadas no que estão fazendo, não têm a menor ideia de 'cliente interno' etc.".
>
> Percebe-se o "outro lado" como reativo a mudanças, sem espírito de equipe, não trabalhando em função da Organização. Nos conflitos familiares, religiosos e políticos mostra-se evidente, para os observadores neutros, em inúmeras situações.
>
> A utilização de grupos multifuncionais para realização de atividades e projetos contribui para quebrar esse mecanismo. A palavra-mágica é "convivência". Por meio dela, as pessoas desenvolvem percepções semelhantes para as questões e haverá menos espaço para os mecanismos de projeção.

O *isolamento* constitui um mecanismo adequado à evitação de conflitos ou à fuga ao convívio com pessoas.

Reiterando comentários anteriores, nada melhor do que os equipamentos de comunicação (computador pessoal, *laptops*, *smartphones*, celulares e outros) para uma providencial fuga por meio do isolamento.

Foge-se do real e mergulha-se no confortável mundo virtual, onde não existem surpresas e cujos conteúdos encontram-se sob relativo domínio do usuário. O condicionamento contribui para impermeabilizar as fronteiras visuais e acústicas e bloquear os sentidos (uma conveniente habilidade que se desenvolve com facilidade).

A pessoa pode, também, valer-se da própria atividade como refúgio eficaz, socialmente aceito. Em um primeiro momento, essa disposição para o trabalho pode soar altamente desejável para a Organização, contudo, em pouco tempo ela demonstra ser contraproducente por muitos motivos, plenamente conhecidos dos Administradores.

> Existe o indivíduo que sempre tem um trabalho para terminar, depois do expediente, "a hora em que consegue concentrar-se melhor". Aos poucos, todos se acostumam com a ideia de que ele trabalhará até mais tarde (por isso também chegará mais tarde, e assim sucessivamente).
>
> O computador também se presta com perfeição para esse mecanismo. O profissional aperfeiçoa-se em algo que exige domínio do procedimento para que ninguém possa avaliar o tempo de duração da tarefa e/ou a qualidade do que se faz. Os colegas acostumam-se com o *culto à tela* que ele pratica ao longo do dia e seu isolamento incorpora-se à paisagem. Quando encontra tempo para almoçar com os colegas, queixa-se de como aquela atividade o consome.
>
> Os Programas de Demissão Incentivada têm revelado outro lado do isolamento. Muitos indivíduos aprenderam a utilizar a Organização para isolar-se da família. Com a demissão, passam a enfrentar um novo drama: o convívio com os familiares. A ansiedade pela demissão, nesses casos, tem muito a ver com a nova situação, ainda que transitória.

A persistência em desenvolver o autoconhecimento, em analisar as próprias ações e reações, aceitar *feedback* de colegas e superiores (tema do item 7.4.7), possibilita aos profissionais identificar mecanismos de defesa que, inadvertidamente, utilizam e fazem parte de suas maneiras de pensar e comportar-se.

Esse reconhecimento, contudo, requer uma dose de humildade.

5.5 EXERCÍCIO DA TAREFA

Expressões como *enriquecimento da tarefa, tornar as atividades mais complexas, equipes autossustentadas* frequentam o jargão administrativo.

Encontra-se amplamente demonstrado que o aumento da participação do indivíduo na especificação dos objetivos e métodos da tarefa e dos processos amplia a produtividade e a satisfação com o trabalho.

Dois elementos complementares convivem no exercício da tarefa: de um lado, o **componente técnico**, relativo à habilidade e à capacitação, sem o qual o indivíduo fica impossibilitado de fazer do melhor modo. Liga-se à *eficiência* e à excelência na execução. É um lado da moeda. A Psicologia Organizacional pode contribuir para o atingimento desse objetivo; por exemplo, por meio de técnicas de desenvolvimento e adequação de comportamentos facilitadores do cumprimento dos requisitos necessários ao exercício da atividade.

O outro lado da moeda tem a ver com os fenômenos mentais superiores e com o conceito de *visão* do indivíduo, sintetizado em três requisitos (AT&T, 1991:8):

- ela deve estar centrada na satisfação do cliente;
- essa visão deve ser continuamente comunicada e reforçada;
- ela deve ser estabelecida como a maneira de a Organização realizar seus negócios.

A *visão* deve permear tanto a execução da tarefa, quanto a interpretação das normas e condução dos processos.

Trata-se da conhecida metáfora do "construtor de paredes e do edificador de catedrais", citada por vários autores (p. ex., Campos, 1992:157): o construtor de uma simples parede não se *emociona* com o trabalho que executa; sabendo-se parte do processo de edificar uma catedral, enche-se de orgulho.

O outro componente da execução das tarefas, portanto, é o **emocional**, que possibilita a *sintonia* entre o executor e o cliente (interno ou externo). Não basta dominar a técnica:

> Os atores e as atrizes simplesmente dizendo suas falas não conseguem nunca emocionar uma plateia até o riso ou as lágrimas. Em uma produção de sucesso, as pessoas certas representam os papéis certos e os atores entendem toda a história e vivem o seu papel (AT&T, 1991:25).

Desenvolve-se, pois, uma solução de compromisso: à excelência na execução (eficiência) busca-se a excelência na *direção* dos esforços (eficácia). O que, de fato, faz com que isso aconteça é o *cimento psicológico* que une o profissional à tarefa que executa. Conseguir isso faz parte da tarefa dos líderes, conforme se verá no estudo de liderança.

> Cadeias de lojas com metodologia de trabalho que promove elevados padrões de qualidade estabelecem autênticas mudanças de paradigma na prestação de serviços, em muitas localidades e/ou nos segmentos do mercado em que atuam.
>
> Pessoas admiram-se de que profissionais dessas Organizações demonstrem notável conhecimento do funcionamento global do estabelecimento; quando questionados sobre algo que não sabem, deixam o que estão fazendo e saem em busca de informação.
>
> Mais do que simples treinamento nas tarefas, Organizações de elevado desempenho têm em seus quadros indivíduos com *visão* do negócio, o que lhes permite ir além do mero exercício das atividades, ampliando a dimensão do que executam.

Por outro lado, é inegável a *importância emocional*, para o profissional, ter a consciência de que emprega, na sua atividade, *tecnologia atualizada*.

Evidencia-se em todas as atividades, desde um prosaico corte de grama, até a realização de sofisticadíssimos testes de laboratórios. A percepção de que atua com dispositivos no "estado da arte" de sua classe de tarefas acentua o sentimento de orgulho profissional e de responsabilidade com o resultado.

A demonstração de que isso ocorre verifica-se facilmente pelo lado oposto: basta observar o comportamento de transparente falta de motivação, tão comum em profissionais que utilizam equipamentos ultrapassados. Essas pessoas percebem-se alijadas do mercado de trabalho e sentem-se em situação de inferioridade perante seus colegas (inclusive, fora das fronteiras da

Organização), familiares, amigos e conhecidos. É insuportável, em um encontro profissional ou em uma reunião familiar, ouvir a temida pergunta: "Vocês *ainda* utilizam *isso*...?".

Para o profissional, trata-se de um paradoxo dispor, por exemplo, de EPC em sintonia com os padrões da atualidade, e trabalhar com dispositivos tecnologicamente desatualizados ou obsoletos.

5.6 CONVIVER COM AS NORMAS

O termo *norma* compreende as instruções escritas e *não escritas*, visíveis e *invisíveis*. Uma dificuldade para o profissional que inicia atividades encontra-se em compreender o que não se escreve, o subentendido oculto nos meandros organizacionais. Um desafio para os recém-admitidos.

5.6.1 Normas e sátiras organizacionais

As normas *modulam* a forma como o indivíduo desempenha seu papel na Organização. Elas refletem a burocracia e a cultura organizacional.

A compreensão do conteúdo das normas recebe mediação das funções mentais superiores. Em sua interpretação interferem fatores psicológicos; por exemplo, os mecanismos de defesa estudados, as crenças, as experiências e muitos outros.

Por isso, sobram motivos para concordar com a afirmação popular de que "a pessoa faz a leitura que mais se ajusta a seus interesses". O conjunto de normas organizacionais constitui o retrato dos três dilemas básicos de toda Organização formal (Chiavenato, 1993:505):

– *coordenação* ou *comunicação livre*;
– *disciplina burocrática* ou *especialização profissional*;
– *planejamento centralizado* ou *iniciativa individual*.

Muitas teorias propõem soluções para identificar a forma ideal de combinar esses vetores divergentes.

Cada um desses *estilos administrativos* provoca impactos, que se encontram na gênese das inúmeras **sátiras organizacionais**, como as citadas por Chiavenato (1993:508-520; Lei de Parkinson, Princípio de Peter etc.), conhecidas dos administradores e utilizadas pelos *showmen* de palestras motivacionais.

As sátiras à Administração constituem mecanismos de defesa convenientemente enfeitados. Torna-se evidente que uma Organização que padece dos conflitos e falhas nelas apontados não sobrevive em ambiente competitivo. Elas devem ser vistas com cuidado porque contêm *mensagens subliminares* capazes de prejudicar os julgamentos de seus leitores (do tipo: todo gerente é vaidoso; os gerentes não enxergam além da ponta do nariz; é impossível desenvolver a criatividade etc.).

Na mesma linha satírica, encontram-se algumas *dinâmicas para executivos e líderes organizacionais* em que as pessoas surpreendem-se em situações nas quais demonstram, perante seus pares, sua incapacidade para dar conta de determinados desafios, seus sentimentos de angústia perante o desconhecido etc.

Esses eventos teatrais – em que os fatores emocionais colocam o indivíduo à mercê dos orientadores – forçam o profissional a se desfazer das máscaras que utiliza (da mesma forma que todos os demais colegas) no exercício de papel na Organização.

A nova situação, inusitada, não lhe permite utilizar com eficiência os mesmos mecanismos de defesa, testados e aprovados no cotidiano.

Fica a questão: de volta ao ninho, essas rápidas vivências terão sido suficientes para ampliar seu autoconhecimento, modificar seu comportamento de maneira consistente e possibilitar-lhe, no futuro, orientar-se em novas situações desafiadoras, em ambiente não controlado?

5.6.2 Mensagens paradoxais

Do ponto de vista psicológico, os efeitos dos dilemas organizacionais a respeito das normas têm grande interesse à medida que *indicam* a existência de *mensagens paradoxais*, isto é, comandos impossíveis de ser obedecidos, como o seguinte: *"Não leia esta sentença"*.

Elas podem ser *explícitas* ou *subliminares*. As situações a seguir, observadas em diversas Organizações, contêm mensagens paradoxais:

- prega-se a *cooperação*, porém cada área estabelece suas metas sem consultar os clientes internos;
- fala-se em *transparência* e *ética*, mas os resultados financeiros recebem maquilagem sutil para *preservar o patrimônio dos investidores*;
- a *qualidade* encontra-se acima de tudo, contanto que os técnicos cumpram um número mínimo de consertos por dia;
- a *satisfação do cliente* encontra-se em primeiro lugar, embora o atendimento de reclamações sempre se encontre congestionado, à mercê da falta de operadores;
- "*esta Organização vive de lucros*", salientam os gerentes, mas os principais itens de controle referem-se às despesas (e não às receitas);
- "*o profissional é o maior patrimônio*", mas o quadro de pessoal faz o papel de "*junta de dilatação*" no controle de despesas;
- "*pontualidade*" é questão de honra, dizem os supervisores, mas veem-se profissionais do *staff* chegando regularmente às 10 horas da manhã, quando o expediente começa às 8 h;
- "*o cliente é rei*", mas as áreas de atendimento reclamam que os *softwares* de gerência dos serviços são os últimos a serem atualizados;
- "*tenha iniciativa*", mas, antes de gastar com um táxi, mesmo em um atendimento emergencial, consiga autorização do gerente.

Caso 5.8

Em um *call center*, os profissionais recebiam pressão para reduzir o tempo de atendimento e, simultaneamente, aumentar a quantidade de informações obtidas do cliente.

Para compensar a tensão, a Organização investia em exercícios corporais no início do trabalho.

A causa-raiz das tensões, entretanto, permanecia intacta: a falta de coerência entre a qualidade desejada para o serviço e os requisitos de desempenho da tarefa.

As exigências paradoxais, presentes ao longo de todo o período de trabalho, rapidamente sobrepunham-se aos benefícios dos exercícios realizados.

Estes, contudo, mostravam-se válidos, pois propiciavam uma forma de atenuar o estresse provocado pela atividade.

As mensagens paradoxais afetam o equilíbrio emocional dos profissionais e comprometem suas interpretações das mensagens recebidas de Gerentes, Supervisores, líderes sindicais, administradores, colegas de trabalho e clientes.

"Tudo bem, a informação pode ser paradoxal, afinal, palavras são palavras", pode-se pensar. O que complica tudo é que o mesmo não acontece com o comportamento. A pessoa deve decidir: ou age de uma forma, ou de outra.

A respeito dessa questão, Watzlawick, Weakland e Fisch (1973: Capítulo 2) alertam para o fato de que **toda** comunicação, ao mesmo tempo em que transmite informação, impõe um **comportamento**.

Assim se instala o conflito. Ao optar, o profissional carrega o ônus psíquico da escolha. Terá agido da melhor forma? Haverá consequências? De que tipo? Qual é a opção de menor risco? Decide pela menor probabilidade de punição ou pela maior probabilidade de recompensa?

> Bateson, Watzlawick, Weakland e outros preocuparam-se com essa questão estudando a comunicação em famílias com um membro esquizofrênico, em pesquisas realizadas no Mental Research Institute de Palo Alto, Califórnia.
>
> Esses estudiosos concluíram que as comunicações contraditórias produzem consequências em diversos graus sobre as funções mentais dos indivíduos a elas submetidos (Carneiro, 1983:80-81).

Dessa maneira, pavimenta-se o *caminho da ansiedade*, estimulado pelas mensagens paradoxais, ilustrado na Figura 5.3. Ao longo dele, profissionais carregam as cruzes de seus estresses.

Mensagens paradoxais cronificam-se com o tempo; passam a fazer parte da *cultura local* (o leitor pode refletir sobre até que ponto muito do que se denomina *cultura* não passa de um *mecanismo de defesa coletivizado*).

A partir daí, elas tornam-se *subliminares*, o que dificulta a identificação e neutralização. Com elas convivem os profissionais no exercício de seus papéis na Organização.

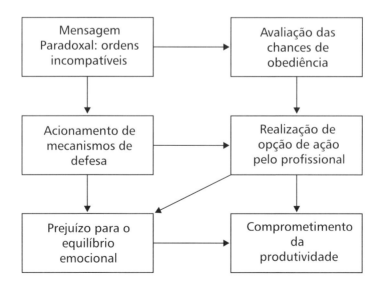

Figura 5.3 *Caminho da ansiedade e paradoxos.*

> Parte dos *Programas de Desenvolvimento da Gestão* consiste em eliminar mensagens paradoxais, ainda que este objetivo não esteja explicitado.
>
> Escrever missão, visão, objetivos; identificar os clientes; desenhar uma estrutura funcional; estabelecer metas e outras atividades afins constituem formas organizadas e socialmente aceitas de neutralizar contradições, resultantes de longos períodos em que as falhas de comunicação acumularam-se.
>
> Nesses programas, há uma fase de tornar consciente conteúdos desconhecidos (inconscientes) pelos indivíduos. A seguir, busca-se o consenso em torno dos grandes objetivos; no alinhamento das ideias, eliminam-se possíveis indeterminações e paradoxos.

5.7 ENFIM, NO PALCO

Recrutado, selecionado e acolhido, o profissional inicia sua vida na Organização, procurando entender os diferentes tipos de mensagens, as normas escritas e não escritas.

Aprende a selecionar os estímulos, a construir as *figuras* que o orientarão na imensa paisagem organizacional.

Alguns elementos terão importância fundamental para ele: as equipes com as quais trabalhará; as lideranças que exercerão influência; os sentimentos que desenvolverá sobre seu papel e suas expectativas.

As ocorrências na vida organizacional, com o passar do tempo, afetarão seus comportamentos e sua visão de mundo. Influenciará e receberá influências e, nesse sentido, seu comportamento desempenhará um papel fundamental.

Em síntese:

a) O papel *percebido* pelo indivíduo depende da *imagem* mental que ele constrói da Organização.

b) A construção dessa imagem mental inicia-se no ritual de acolhimento.

c) O exercício de papel na Organização depende do domínio da técnica e da visão de cliente, interno e/ou externo.

d) Desenvolver visão de cliente *não é* tarefa simples e óbvia, requer pensamento sistêmico e atributos que podem e devem ser desenvolvidos.

e) Demonstrar visão de cliente requer disposição para interagir com as pessoas. Para isso, o indivíduo necessita aprimorar, continuamente, seu autoconhecimento; isso inclui a identificação de *mecanismos de defesa* que possam dificultar suas interações.

f) A construção de uma estrutura normativa consistente, livre de contradições, facilita o exercício do papel, favorece o equilíbrio emocional das pessoas e o aumento da produtividade.

APLICAÇÕES

1/5. Cada tipo de cargo (os termos "cargo" ou "função" são utilizados indistintamente) tem características próprias que afetam o perfil desejável do novo profissional e que, portanto, influenciam nas estratégias de acolhimento.

Desenvolver as *estratégias de acolhimento* mais adequadas para os seguintes cargos:
- gerência de loja de atendimento a clientes;
- gerência administrativa (sem contato com cliente externo);
- supervisão de equipe de atendimento (SAC) ao cliente;
- supervisão de equipe técnica;
- profissional de nível superior;
- profissional de vendas.

Os requisitos para um bom acolhimento, além das questões relacionadas com o cargo e com o perfil, são influenciados por outros fatores como: experiência na função, idade, estado civil.

2/5. Para os cargos indicados no exercício anterior, estabelecer ou identificar:
- clientes internos e externos (se houver);
- mecanismos psicológicos de defesa típicos.

Por exemplo, é típico de vendedor justificar um rendimento acanhado nas vendas porque o produto "é muito ruim" (embora isso possa ser, de fato, real; contudo, muitos produtos de qualidade inferior são conhecidos líderes de vendas); "o momento não é adequado" etc.

3/5. Sugerir métodos para o *desenvolvimento da visão de mundo* para profissionais de diferentes atribuições, considerando suas formações e atividades. Estabelecer como a *visão de mundo* afeta a qualidade das ações e interfere no cumprimento das atribuições dos diferentes cargos ou funções.

4/5. A utilização de *terceirizados* é intensa para muitas atividades. Analise essa questão sob duas óticas: a dos profissionais da Organização que convivem com os terceirizados e destes em suas relações com aqueles.

5/5. O trabalho na residência do profissional – *home oficce* – tem sido bastante estimulado, por diversos motivos, principalmente nos grandes centros, onde o transporte, a segurança, o custo do espaço e da logística de apoio são significativos. Analise essa questão considerando os conteúdos deste capítulo.

6/5. Analise a presença de mecanismos psicológicos de defesa em atividades: (a) altamente repetitivas, de elevada interação interpessoal, que acontecem em grande intensidade (p. ex., *call center*); (b) repetitivas, de esforço físico intenso e continuado e reduzida interação interpessoal (p. ex., montagem); (c) tipicamente intelectualizadas, de elevada responsabilidade, mas pouco intensivas (p. ex., planejamento empresarial).

Trabalho em Equipe

> *"É próprio do trabalho agrupar os homens em turmas de trabalho, nas quais alguns indivíduos 'trabalham juntos como se fossem um só' e, nesse sentido, a convivência permeia mais intimamente o trabalho que qualquer outra atividade."*
> Hannah Arendt

Este capítulo focaliza dois aspectos-chaves do trabalho em equipe: interdependência nas tarefas e vínculo emocional.

Apresentam-se potenciais vantagens do ponto de vista psicológico; analisam-se situações ou condições capazes de recomendar cautela em sua utilização.

Dá-se atenção especial a fatores psicológicos relacionados ao comportamento das pessoas em equipe; enfatiza-se o papel emocional que ela representa e possíveis mecanismos de defesa presentes em seu funcionamento.

O capítulo encerra destacando algumas características úteis ao bom funcionamento de quatro tipos de equipes: produção, treinamento, desenvolvimento e gerência.

6.1 GRUPO OU EQUIPE?

Muitos autores não distinguem *grupo* de *equipe* de trabalho. Na opinião de Wagner III e Hollenbeck, *"grupo é um conjunto de duas ou mais pessoas que interagem entre si de tal forma que cada uma influencia e é influenciada pela outra"* (Wagner III e Hollenbeck, 1999:210).

Equipe, para eles, é um *tipo especial de grupo* (Wagner III e Hollenbeck, 1999:226) em que, entre outros atributos, evidencia-se *elevada interdependência* na execução das atividades.

O conjunto de alunos de uma sala de aula, como regra geral, não constitui uma *equipe*, ainda que possa ser considerado um *grupo*, segundo essa concepção.

Eles ainda assinalam que, na equipe, os membros são responsáveis pelo desempenho de funções diferentes e que *"aptidões, conhecimento, experiência e informação se distribuem de forma desigual"* entre os integrantes (Wagner III e Hollenbeck, 1999:226).

Vergara (1999:149) apresenta outro ponto de vista. Na concepção da autora, para que um conjunto de pessoas *"se torne uma equipe é preciso que haja um elemento de identidade, elemento de natureza simbólica, que una as pessoas, estando elas fisicamente próximas, ou não"*.

Essa definição desloca o foco dos requisitos da tarefa para os conteúdos psicológicos que unem os participantes.

O Caso 6.1 apresenta o funcionamento de um conjunto de pessoas, com objetivo de consolidar o conceito de *equipe*.

> **Caso 6.1**
>
> Os integrantes de um *call center* desenvolveram um *ritual de iniciação do trabalho diário*: chegam um pouco antes do horário de início das atividades e reúnem-se para refletir e praticar exercícios de alongamento corporal.
>
> Esse momento de concentração coletiva reacende a chama do *espírito de equipe*: eles iniciam as atividades revigorados pelo sentimento de união.
>
> Todos revisam, periodicamente, as metas de desempenho e, com auxílio do supervisor, desenvolvem táticas de suporte mútuo na operação do sistema, para dar conta de atrasos, afastamentos, treinamentos e absorção de novos integrantes.
>
> Quando alguém enfrenta uma situação inusitada, anota suas observações para posterior análise conjunta, em que todos participam.
>
> Esses profissionais, portanto, unem-se em torno de elementos de natureza simbólica. O vínculo emocional proporciona-lhes extraordinário sentido de *pertencer*.
>
> A supervisão faz sua parte ao avaliar a equipe **coletivamente**. Com isso, reforça a percepção de metas comuns e contribui para o fortalecimento do vínculo.
>
> Cada profissional, entretanto, atua isolado em sua posição de atendimento. A equipe é *virtual* durante a operação, mas a força emocional encontra-se presente porque, em momentos predeterminados, as pessoas reúnem-se, trocam ideias, aprendem umas com as outras e reforçam os laços psicológicos que as unem.
>
> Esses elos emocionais contribuem para que, em muitos momentos, cada profissional supere suas dificuldades pessoais, em benefício do resultado comum. Por exemplo, mesmo sentindo-se indisposto, comparecer ao trabalho é demonstração de compromisso com o "time".

Esse exemplo sugere o seguinte conceito de *equipe*, que procura integrar o *funcionamento* com o *vínculo emocional*.

> **Uma equipe é um conjunto de pessoas:**
> a) Com um *senso de identidade*, manifesto em *comportamentos* desenvolvidos e mantidos para o bem comum.
> b) Em busca de resultados de *interesse comum* a todos os integrantes, decorrentes da necessidade mútua de atingir objetivos e metas especificados.

Por essa concepção, profissionais que trabalham próximos *ou distantes* podem constituir uma equipe, mesmo que, no *momento da ação*, cada indivíduo atue isoladamente.

Portanto, um conjunto de profissionais de vendas que atuam em diferentes locais podem constituir uma *equipe*. Com as facilidades atuais de comunicação, propiciadas pelas redes de comunicação, essa integração fica extremamente facilitada.

Independentemente da forma de interação, as pessoas formarão uma equipe se, *permeando suas ações*, estiverem satisfeitas as duas condições da definição:

a) Existência de vínculo emocional.
b) Interdependência para o alcance dos objetivos.

O conceito de equipe deve ser entendido dinamicamente. O vínculo emocional ou a interdependência podem deixar de existir, fazendo com que a equipe transforme-se em grupo, ou, de modo inverso, um grupo torne-se *equipe* diante de circunstâncias favorecedoras.

Dois tipos de fenômenos conduzem a esses movimentos: transformações em liderança e mudanças situacionais.

A. Transformações em liderança

O líder transforma um grupo desarticulado em equipe coesa; seu afastamento, quando não prepara alguém que o substitua, significa o oposto. *O líder mantém atado o laço emocional.*

Não há equipe sem liderança. O comportamento do líder fortalece ou enfraquece os vínculos emocionais que dão consistência à equipe.

Líderes conseguem manter equipes comprometidas com os objetivos mesmo em ambiente virtual, valendo-se das facilidades de comunicação. Ocasionalmente, os integrantes unem-se para ações específicas, nas quais e através das quais confirmam os laços emocionais que os unem. Por exemplo, em algumas ações – ainda que socialmente condenáveis – de "torcidas organizadas", ratificam os elos emocionais que os unem.

Por esse motivo, o surgimento ou o enfraquecimento de liderança eficaz resulta em consequências para as equipes e seus integrantes, e merece atenção dos Administradores. Essa situação é bastante comum na prática administrativa: líderes afastam-se ou são deslocados por diferentes motivos: saída da Organização, mudança de atribuição, treinamento de longa duração, transformações de tecnologia que alteram a configuração das atividades constituem alguns exemplos bem conhecidos. Em sentido inverso, também há o surgimento de lideranças.

B. Mudanças situacionais

Essas mudanças afetam o funcionamento de grupos e equipes. Destacam-se três situações especiais:

– reengenharia de processos;
– alterações de estruturas;
– transformações tecnológicas.

A **reengenharia**, em sua expressão mais radical, desarranja as tramas do tecido organizacional e promove a desestruturação de equipes em consequência de mudanças introduzidas nos processos. Mesmo com outras denominações, continuam a ocorrer, impulsionadas também, mas não exclusivamente, pelo advento inevitável de novas tecnologias que se sucedem indefinidamente e envolvem sistemas ou subsistemas organizacionais, no todo ou em parte.

Alterações de estruturas acompanham, também, os processos de fusões, incorporações e privatizações. Elas modificam os arranjos administrativos e contribuem, muitas vezes, para que os profissionais percam suas referências. Costumam ocorrer, por exemplo, nas substituições de dirigente(s), para adequar a Organização ao(s) interesse(s), estilo(s) e/ou experiência(s) do(s) novo(s) gestor(es).

Observe o leitor que inúmeras alterações de estruturas fundamentam-se, em sua essência, em aspectos puramente emocionais, ainda que "racionalmente justificadas" por estudos de viabilidade econômica.

Transformações tecnológicas, de eventuais, tornaram-se costumeiras na vida contemporânea, em todas as áreas organizacionais. Podem provocar profundas alterações nos procedimentos, conforme já mencionado, nos requisitos dos fornecimentos e nas relações interpessoais.

Os conceitos de *tempo* e de *acessibilidade* transformaram-se radicalmente, em particular a partir do final do século passado.

A sociedade contemporânea transformou-se em uma "sociedade temporalizada", no sentido de que o *tempo* é o senhor das ações.

O acesso a informações, pessoas e dados passou a ser percebido como algo integrante à atualidade e se faz de inúmeras maneiras – com os EPC às mãos de todos. O contato pessoal representa apenas uma das muitas maneiras como os relacionamentos acontecem.

Esse estado de coisas faz o *novo* se incorporar ao cotidiano, trazendo consigo a *incerteza*. Esta última propicia o florescimento de mecanismos psicológicos, de que os indivíduos e grupos valem-se para conviver com o ritmo dessas transformações e lidar com as expectativas por elas geradas.

Algumas consequências desse conjunto de transformações contínuas trazem impactos notáveis sobre a *linguagem* e o *pensamento*, já comentados em capítulos anteriores.

Sob a perspectiva do trabalho em equipe, destaquem-se os seguintes efeitos:

a) Linguagem: as transformações podem afetar de maneira desigual os integrantes de equipes ou grupos existentes. Quando isso acontece, o redesenho dessas equipes ou grupos pode ser necessário.

b) Pensamento: transformações de linguagem sempre causam efeitos sobre os esquemas mentais; a eles somem-se os causados pelas transformações em si. Por exemplo, a extraordinária transformação estética – independentemente da qualidade – traz desafios até então inexistentes para os mecanismos psíquicos de interpretação, análise e solução de problemas.

c) Organização do trabalho: as transformações tecnológicas obrigam as Organizações a praticar mudanças correspondentes em suas maneiras de realizar os trabalhos, tornando ultrapassados métodos até então consolidados.

Esses ajustes, reitera-se, podem incluir indivíduos unidos pelos laços intangíveis das redes de comunicação, que se tornam poderosíssimas fontes de influência.

Nas situações em que existem grandes transformações na Organização, pelos motivos já alinhados, ocorrem dois fenômenos relacionados com as *equipes* de trabalho, decorrentes dos boatos, incertezas e crenças, nem sempre corretas, a respeito do futuro:

- Equipes existentes fragilizam-se. As mudanças afetam as lideranças e as pessoas. Os laços afetivos, nos momentos em que a própria permanência das pessoas encontra-se em questão, acabam prejudicados.

- Novos grupos surgem para substituir equipes já constituídas; eventualmente, quando não por motivos financeiros, criados para que os produtos ou serviços não sofram descontinuidade. Esses grupos, por sua vez, podem desenvolver características de *equipe,* como mecanismo de defesa contra sentimentos de rejeição (reais ou imaginários) em relação aos profissionais existentes e, também, para garantir sua continuidade.

6.2 VANTAGENS DO TRABALHO EM EQUIPE

O trabalho em equipe adequadamente conduzido traduz-se em maior produtividade e qualidade. Para os profissionais, apresenta fatores emocionais e racionais que lhes proporcionam motivos para pertencer a uma ou mais equipes.

Pertencer a alguma equipe é uma estratégia natural para aquele que se inicia em qualquer Organização, com o objetivo de não se sentir "estranho no ninho".

Equipes com objetivos e metas bem definidos demonstram grande eficácia em obter comportamentos adequados de seus membros. Elas geram *comprometimento,* cuja força provém do vínculo emocional existente entre os integrantes. Existem autores, contudo, que sugerem importantes questões éticas, relacionadas com a *manipulação* dos indivíduos, a serem consideradas quando se trata de obtenção de comportamentos.

Entre as vantagens reconhecidas do trabalho em equipe destacam-se as seguintes:

- *Melhor tratamento das informações*

Os integrantes de equipes comparam, com maior facilidade e transparência, suas *percepções e pensamentos* a respeito das informações, reduzindo interpretações subjetivas.

As equipes, ao favorecerem a franqueza, a confiança mútua e o respeito, proporcionam ao indivíduo maior *segurança* para expor suas opiniões. Ao mesmo tempo, elas possibilitam a emergência, em foro apropriado ao debate, de pontos de vista diferentes, muitas vezes complementares ou opostos.

- *Redução de ansiedade nas situações de incerteza*

Em especial nas situações de mudanças na Organização e nos imprevistos, as equipes contribuem para reduzir a ansiedade, porque:

- favorecem o apoio mútuo;
- contribuem para eliminar a *crença incorreta,* de cada integrante, de que outras pessoas *não enfrentam* a mesma ansiedade;
- constituem palco seguro para *treinar ou experimentar* novos comportamentos, quando as transformações o exigem.

- *Maior geração de ideias*

Diversas pessoas, tratando de um problema, *podem* produzir soluções *melhores* ou mais ajustadas ao processo (embora *não exista* garantia de que uma equipe gere *mais* ideias do que especialistas que trabalham isoladamente).

Inúmeras experiências, amplamente divulgadas, sugerem que são altamente produtivas as equipes que exploram, dão sustentação ou viabilizam ideias de pessoas altamente criativas (p. ex., os extraordinários feitos de Amyr Klink, em suas navegações).

Estas, sem suas equipes, enfrentariam obstáculos praticamente intransponíveis para colocá-las em práticas, pois a execução demanda especialidades, perícias e outras ideias para solução de desafios intermediários. Observe-se também, nesses casos, que a equipe encontra realização *na promoção das ideias, na contemplação do sucesso,* ainda que na vitrine brilhe praticamente solitária a estrela do idealizador.

A maior geração de ideias deve-se às naturais diferenças de habilidades e conhecimentos, obviamente, e também ao fenômeno mental de *associação de ideias*. Outras explicações podem ser vistas nas teorias de *motivação,* anteriormente apresentadas no Capítulo 4.

- *Interpretação mais flexível dos fatos e situações*

Equipes prendem-se menos a *esquemas* rígidos de pensamentos, ainda que alguns de seus componentes adotem esquemas de pensamentos preferenciais para determinadas situações.

Na confrontação dos diferentes esquemas de cada profissional, consegue-se chegar a um pensamento *mais flexível* (o que não significa *mais correto*) ou mais *exequível.*

Por outro lado, quando *a equipe* desenvolve um esquema rígido de pensamento, torna-se *muito mais difícil* modificá-lo.

- *Maior probabilidade de evitar erros de julgamento (Schein, 1982:130)*

Cada indivíduo utiliza *esquemas de pensamentos* e *percepção* relacionados à visão de mundo, atenção, memória e experiências pessoais.

Um conjunto de pessoas multiplica as possibilidades de análise das situações ao empregar diferentes esquemas de pensamento e ampliar as possibilidades perceptuais.

A maior variedade e quantidade de experiências anteriores enriquece as avaliações, sempre importantes quando se trata de tomada de decisão. Memória e experiência coletivas *não são* a soma das memórias e experiências individuais.

O mesmo acontece com os valores coletivos, o que recebe particular importância em questões relativas à ética e à moral.

- *Simplificação da supervisão*

Equipes com objetivos e metas bem definidos têm grande eficácia em obter comportamentos segundo os padrões de procedimentos estabelecidos. No mínimo, dois fatores influenciam para que isso ocorra:

- cada profissional, por interagir com outros, permanece mais atento para assegurar o cumprimento dos padrões. Existe, pois, uma supervisão informal, porém altamente efetiva, de mesmo nível;

– o vínculo emocional existente entre os integrantes da equipe faz cada deles desempenhar de acordo com os padrões, para não gerar *não conformidades* prejudiciais ao conjunto. A equipe promove o *comprometimento*.

Por outro lado, dois aspectos merecem cuidado:

– possível perda de espírito crítico em relação aos conteúdos das padronizações. O comprometimento coletivo com os resultados *não pode* significar engessamento. Há de existir, portanto, mecanismo de crítica;
– *manipulação*, quando a equipe como um todo é objeto do exercício de poder por um superior, pelo líder formal ou por liderança informal (interna ou externa à Organização).

- *Simplificação das comunicações interpessoais*

> *"Só depois que a tecnologia inventou o telefone, o telégrafo, a televisão, todos os meios de comunicação a longa distância, foi que se descobriu que o problema de comunicação mais sério era o de perto."*
>
> Millôr Fernandes

Equipes *simplificam as comunicações* quando envolvem profissionais de diferentes áreas da Organização. Elas promovem curto-circuito na burocracia ao prescindir da estrutura formal para funcionar e tornam a agilidade na transmissão das informações uma flagrante vantagem, especialmente quando utilizam a potencialidade dos meios de comunicação no envio, recepção e multiplicação de mensagens.

Deve-se, contudo, considerar o risco de *contaminação*, consciente ou inconsciente, das informações, por influência de valores particulares ou coletivos dos integrantes, e de mecanismos de defesa relacionados com estabilidade e segurança da equipe e de seus componentes.

- *Fidelidade às decisões tomadas*

Os integrantes de uma equipe costumam ser mais *fiéis a decisões em colegiado* do que às tomadas individualmente. Schein assinala que *"as pessoas têm maior probabilidade de pôr em prática uma decisão que ajudaram a tomar do que uma decisão que lhes foi imposta"* (Schein, 1982:130). Isso contribui para aumentar a chance de sucesso das iniciativas coletivas, porque as pessoas mantêm-se polarizadas para atingir os objetivos e metas estabelecidos e/ou cujo consenso foi estabelecido.

- *Maior aceitação das diferenças individuais*

O *sentimento de identidade* entre os membros da equipe facilita aceitar diferenças individuais, reduz ou neutraliza conflitos no trabalho, diminui a ansiedade e contribui para aumentar a produtividade e a qualidade de vida.

Conclui-se que o trabalho em equipe constitui um instrumento para combater o preconceito, por meio da cooperação, em vez da competição (Huffman, Vernoy e Vernoy, 2003:622). No ambiente da equipe aumenta-se o conhecimento mútuo, reduzem-se os estereótipos e desenvolvem-se elos afetivos. Sentimentos e emoções favoráveis à compreensão recíproca são fortalecidos.

Outro aspecto a ser considerado relaciona-se com a *visão de cliente*. Conforme se evidenciou anteriormente, uma das dificuldades para desenvolvê-la prende-se à compreensão das diferenças. O trabalho em equipe favorece as iniciativas para fortalecê-la na Organização, à medida que as equipes, coletivamente, disponham desse objetivo.

- *Melhor aproveitamento das potencialidades individuais*

A *integração*, pelo fato de aumentar o conhecimento mútuo, propicia maior aproveitamento dos pontos fortes (habilidades) de cada um e a superação dos pontos fracos (deficiências).

Dessa forma, a integração aumenta a produtividade e o bem-estar no trabalho, porque reduz a *carga psíquica*, segundo a concepção dejouriana, a ser estudada no Capítulo 9.

Acredita-se que o profissional que dispõe de maior oportunidade para demonstrar aptidões e desenvolver a criatividade terá suas tensões reduzidas e desenvolverá necessidades em níveis cada vez mais elevados da Hierarquia de Maslow, aos quais a integração também contribuirá para dar suporte.

- *Maior chance de sucesso para ações complexas*

Transformações organizacionais conduzidas por equipes têm maiores chances de sucesso do que as conduzidas por indivíduos isoladamente. Diversos fatores contribuem:

- equipes dispõem de elevada capacidade de influenciar pessoas. Conseguem gerar estímulos em maior quantidade e diversidade, e aumentam a *percepção da Organização* para o que executam;
- aceitam-se equipes como *modelos de comportamento*, com mais facilidade do que indivíduos isolados (Skinner, 1992:298);
- as pessoas de outras áreas têm percepção da *fidelidade* dos integrantes da equipe às decisões tomadas, o que lhes aumenta a segurança em aceitar as propostas;
- há maior (ou grande) dificuldade para aceitar ações que possam ser consideradas realizações de um único indivíduo. As equipes contornam esse obstáculo porque coletivizam os méritos, eliminando a *barreira da inveja*, por exemplo.

Essas e outras possíveis vantagens de se trabalhar com equipes nas Organizações não devem ofuscar o administrador sobre suas potenciais deficiências ou dificuldades.

6.3 POSSÍVEIS ASPECTOS NEGATIVOS DO TRABALHO EM EQUIPE

" A boa equipe não assegura o sucesso de uma iniciativa;
a má equipe, contudo, certamente o inviabiliza."

Peter Drucker

O culto às virtudes do trabalho em equipe tem contribuído para entronizá-las como remédio para todos os males e em todas as situações. Isso favorece o uso de técnicas inadequadas e a desatenção a potenciais problemas resultantes das interações entre as pessoas e das diferentes naturezas de tarefas e processos.

Malconduzido, indevidamente utilizado e aplicado a situações inadequadas, o trabalho em equipe revela-se contraproducente. As situações a seguir (evitáveis mediante adequada supervisão e orientação especializada) alertam para essa possibilidade.

- *Uso das informações para preservar o poder de integrantes ou de toda a equipe*

Essa estratégia, ainda que inconsciente, contribui para evitar medidas comprometedoras da segurança, da integridade ou da coesão da equipe ou de seus membros. É comum nas situações de mudanças organizacionais e evidencia-se com muita facilidade nas Organizações em que se pratica a *estabilidade no emprego* (p. ex., naquelas em que os cargos são preenchidos por meio de concursos públicos). Nestas, profissionais unem-se para garantir condições diferenciadas de trabalho; o sucesso da iniciativa contribui para reforçá-la.

- *Inibição do exercício da perícia*

O reconhecimento da perícia constitui sinal de maturidade. Equipes muito coesas chegam a *inibir o exercício de papel do perito, como mecanismo de defesa contra a percepção – real ou imaginária – de um perigo à sua coesão.*

O leitor encontra agradável análise dessa questão no texto de Regina Carvalhal: "Duas cabeças pensam melhor do que uma" (Carvalhal, 1981:67-91). A autora ensina que o excesso de coesão de um grupo tem o poder de inibir a manifestação de pessoas cujo conhecimento vai além do que se obteria consensualmente.

O perito atua com mais rapidez e eficácia do que um grupo de leigos. Aplica-se a todas as áreas em que a experiência combina-se com o conhecimento para a obtenção de resultados complexos. Nas áreas da saúde, da informática, da manutenção de máquinas e equipamentos, os exemplos são óbvios e marcantes.

- *Criação da cultura de "consenso obrigatório"*

Essa situação conduz a decisões forçadas, com supressão de discordâncias essenciais de minorias ou peritos (Schein, 1982:132).

A *sacralização do consenso*, típico *esquema rígido de pensamento*, faz ideias divergentes soarem enfraquecedoras dos sentimentos de coesão da equipe e de segurança de seus integrantes. Na política, essa é uma situação extremamente perceptível.

Mecanismos de defesa do tipo *racionalização* ("a decisão consensual é sempre melhor, todo mundo sabe") e *negação da realidade* ("ninguém concordará com essa ideia") podem surgir. Eles encontram respaldo em *crenças inadequadas* e sua neutralização requer um trabalho de revisão cognitiva, por vezes bastante complexo e demorado.

- *Redução excessiva da supervisão*

Supervisores e gerentes que adquirem demasiada confiança no trabalho de suas equipes acabam por se distanciar dos acontecimentos. Esse comportamento compromete suas percepções e conhecimentos do cotidiano organizacional.

> **Caso 6.2**
>
> Acompanhando-se o trabalho de uma centena equipes ligadas à melhoria da qualidade, verificou-se que os ganhos de produtividade obtidos permaneceram mais elevados nos casos em que os supervisores analisavam e opinavam sobre os resultados obtidos pelas equipes.
>
> Isso se evidenciou em quantidade e qualidade dos trabalhos produzidos.
>
> Equipes desprovidas de supervisão adequada derivaram para projetos pouco significativos, muitos deles desenvolvidos para agasalhar interesses, aptidões ou conveniências de algum integrante, demonstrando inequívoca perda do foco nas metas setoriais e diretrizes organizacionais.

Há limites para a redução da supervisão, dependendo da natureza das atividades e da maturidade da equipe. Se excessiva, pode comprometer, por exemplo:

- a atualização dos integrantes da equipe em aspectos táticos e estratégicos ligados à visão e à missão da Organização;
- o conhecimento do processo como um todo, por parte de cada um dos integrantes, ensejando a dissociação entre os objetivos e metas da equipe e da Organização;
- a atenção da equipe a ocorrências em outras áreas da Organização, que deveriam ser merecedoras de cuidados ou providências em benefício do processo produtivo como um todo.

- *Radicalização em torno de decisões tomadas*

A adesão à *decisão* tomada em equipe chega a ser tão forte que, mesmo constatada sua inadequação, torna-se difícil revertê-la.

As pessoas desenvolvem artifícios para justificá-la, com receio de quebrar vínculos de fidelidade, revelando a presença de *esquemas rígidos de pensamento*.

Esse *mecanismo de defesa* procura garantir a *continuidade* da equipe, ancorado na falsa crença de que a revisão de uma decisão possa comprometer laços de fidelidade. Para isso também concorre o já comentado "consenso obrigatório".

As pessoas podem, igualmente, perceber comprometimento da estabilidade da equipe por um recuo em decisão tomada, visto como uma demonstração de fraqueza.

- *Sentimento de identidade excessivo*

Um forte *sentimento de identidade* pode dificultar a aceitação de novos integrantes, percebidos como um perigo para a estabilidade. Essa situação acentua-se quando um potencial novo membro apresenta características de líder.

A coesão excessiva limita a incorporação de novas ideias e tendências, e compromete o desenvolvimento de toda a equipe e de cada um de seus participantes, criando esquemas rígidos de pensamento.

Esses esquemas podem atuar no sentido de criar um desejo excessivo de chegar a acordos em questões complexas (Myers, 1999:635), com o receio de que, ao não fazê-lo, isso comprometa a estabilidade da equipe. Nesse tipo de situação, a agilidade pode conduzir a soluções imperfeitas, incompletas ou precárias.

A busca do acordo reforça a cultura do "consenso obrigatório", acentua a rejeição a novos integrantes ou à participação de especialistas e contribui para ignorar ou não buscar informações.

Esquemas rígidos de pensamento associados a esses comportamentos incluem a seletividade na percepção, a supergeneralização (conclusões a partir de informações limitadas), o exagero (demasiada importância a determinados fatos) e o pensamento do tipo "tudo ou nada" (perda da relatividade; Huffman, Vernoy e Vernoy, 2003:582). Esses esquemas ganham evidência quando há grande envolvimento emocional dos participantes.

- *Comprometimento do profissionalismo*

O conhecimento mútuo, a formação de vínculos e a assunção de compromissos particulares entre os membros da equipe *podem* colocar em risco o profissionalismo.

O envolvimento emocional **excessivo** enfraquece a *visão de cliente* e geram-se objetivos fora de sintonia com a missão e a visão da Organização.

Pontos fracos de integrantes (ou de toda a equipe) e do funcionamento da equipe, em vez de servirem de estímulo para o desenvolvimento das pessoas, originam comportamentos ritualizados de acobertamento, conscientes ou não, destinados a *adaptar os procedimentos* às *deficiências pessoais ou coletivas*.

Assinale-se também que, inconscientemente (ou não), os integrantes passam a contar com esse tipo de comportamento da equipe, o que desencadeia um círculo vicioso.

- *Redução da ousadia em tomadas de decisão*

Schein (1982:130,131) alerta para duas importantes linhas de pensamento quando se trata de decisões que envolvem riscos.

a) *Grupos tenderiam a ser mais conservadores* do que indivíduos isolados, tornando-se incapazes de agir com audácia.

b) *Perde-se a responsabilidade sobre a decisão* e, portanto, *não se deve permitir* a tomada de decisão por um grupo.

Esses aspectos merecem reflexão, porque a eles associam-se questões culturais e psicológicas relevantes.

As equipes podem maximizar sentimentos de aversão ao risco, à medida que eles sejam comuns a vários integrantes, a integrantes com maior influência e/ou compartilhados pelo líder, com eventual perda de oportunidade por falta de audácia. Isso também acontece quando há percepção de perigo para a integridade da equipe.

Já a impossibilidade de atribuir algum tipo de responsabilidade individual em decisões tomadas por equipes, conforme sugere Schein, pode *reduzir o cuidado* na avaliação dos riscos.

6.4 PAPEL EMOCIONAL DA EQUIPE

Equipes constituem um *espaço psicológico* para *compartilhar emoções*. Esse papel emocional torna compreensível que as pessoas adotem comportamentos coletivos diferentes dos que escolheriam individualmente e, muitas vezes, manifesta-se de maneiras inusitadas, conforme sugerem as situações a seguir.

- *Racionalização*

A equipe adota determinado comportamento porque, afinal, "todo mundo faz assim" (*racionalização*).

As pessoas esquecem-se de que os comportamentos foram escolhidos *por todos os integrantes*. Tomada a decisão, os responsáveis pela escolha recolhem-se ao confortável anonimato.

Esse mecanismo de defesa tem eficácia na redução da ansiedade que acompanha a decisão, tanto para correr maiores riscos, como para furtar-se a eles.

> As redes sociais reforçam a ideia de que "todo mundo" adota determinado comportamento. Para isso concorre, fortemente, a identificação entre os usuários. Assim, todos demonstram a mesma indignação ou a mesma satisfação em relação a determinado acontecimento. É comum, também, a radicalização, beirando ao fanatismo. Com isso, a utilização das redes sociais recebe um poderoso estímulo de natureza emocional ao reforçar pontos de vista, promover uma "irmandade de sentimentos", ratificar o quanto o participante encontra-se correto em suas percepções, conceitos e crenças.

- *Modelação*

Os integrantes da equipe chegam a imitar, nas posturas, na indumentária e na estética, o eventual líder messiânico, em notável processo de *identificação* (visto anteriormente no estudo dos mecanismos psicológicos de defesa, no item 5.4.4).

Seus comportamentos não são somente copiados grosseiramente, mas *reproduzidos* na condição de modelo. Ocorre o fenômeno da *modelação*, já mencionado, considerado fundamental, por muitos estudiosos, na formação de novos comportamentos.

Há casos em que o líder ostenta uma barba comprida e cerrada: o mesmo acontece com os seguidores masculinos. Fuma-se o mesmo cigarro, charuto ou cachimbo, copiando-se os vícios (compreensíveis) e as virtudes (inigualáveis). Adota-se a mesma ideologia; vai-se dos cacoetes à filosofia de vida (ou de morte). A emoção conjuga-se à crença para encontrar argumentos, convincentes, que demonstram a propriedade das ideias do líder e a conveniência de seus comportamentos.

- *Negação da realidade*

Esse mecanismo de defesa pode emergir da necessidade inconsciente de manutenção do vínculo emocional.

Por exemplo, a relutância dos integrantes em utilizar tecnologias novas pode ser um sinal de luta pela continuidade da equipe, negando a realidade de que a especialização que os unia encontra-se ultrapassada.

Essa postura, por outro lado, torna a equipe mais **prudente** em absorver tecnologias ainda insuficientemente testadas, muitas vezes levadas de modo intempestivo às Organizações – fato corriqueiro nas áreas de informática e telecomunicações, por exemplo. Em muitas situações, evita modificações levianas nos procedimentos.

- *Derivativo para carências afetivas*

Profissionais transferem para a equipe a demanda por afeto que supervisores (e familiares) não conseguem suprir. Ocorre a substituição de necessidades de níveis inferiores da Hierarquia de Maslow por outras mais elevadas.

> Essa transferência também se aplica em relação ao supervisor, que pode utilizar a equipe para dar vazão a sentimentos próprios – por exemplo, um paternalismo que lhe é difícil de expressar (ou é extensamente praticada) no ambiente doméstico. Isso o faz proteger e fortalecer a equipe – com o risco de excessos.

A equipe serve como um *amortecedor psíquico* para os impactos causadores de ansiedade.

Essa função emocional da equipe, eventualmente, absorve parte da *energia psíquica* que deveria ser dirigida ao estudo das questões técnicas, ligadas às atividades.

> Reuniões após o expediente, programações de final de semana, confraternizações e outras maneiras de expressar afeto não devem ampliar-se a ponto de reduzir a atenção aos padrões estabelecidos ou ao desenvolvimento de tolerância excessiva.

Corre-se o risco de o aumento da satisfação com a atividade em equipe comprometer a qualidade dos resultados.

Por outro lado, a equipe constitui uma saudável junta de dilatação para absorver as oscilações das rotinas organizacionais e reduzir tensões nas estruturas administrativas.

- *Preservação da coesão*

A manifestação de sentimentos de coesão indica que as pessoas têm condição de encontrar e liberar energia para superar dificuldades.

A coesão da equipe, em momentos difíceis, funciona como uma tábua de salvação em meio às tempestades provocadas por acontecimentos estressantes, desafiadores e/ou difíceis de suportar, que ocorrem no plano individual ou organizacional. Ela também desempenha, com eficácia, o papel de valorizar o sucesso, de estimular comportamentos que a reforçam e solidificam.

O risco, já apontado, é de que ela se torne um fim em si mesmo, transformando-se em obstáculo à Organização e, paradoxalmente, à sobrevivência da própria equipe. A dificuldade está em estabelecer o limite do razoável para os sentimentos de coesão.

- *Espaço para representar*

Equipes constituem o palco em que o indivíduo tem importante *espaço para representar*, assumindo papéis negados em sua atividade-fim.

Ali ele tem oportunidade de dar vazão às suas *fantasias*, ao seu lado *lúdico*, sem compromissos outros que não o desempenho do conjunto.

Quando isso se viabiliza, as equipes contribuem para o crescimento do indivíduo, propiciando-lhe oportunidade de colocar em prática suas habilidades e de exercitar outras que, eventualmente, desconhecia e manifestam-se em função do contexto que o trabalho cooperativo propicia.

Pode acontecer o oposto, à medida que o indivíduo venha a desenvolver aptidões que não contribuem para seu crescimento profissional, colocando em risco seu progresso ou reconhecimento na Organização.

- *Espaço para catarse*

Em situações de crise, equipes transformam-se em *muros de lamentação*: um espaço virtual para manifestações emocionais, em autêntica catarse coletiva ou individual.

Esse aspecto tem seu lado positivo, pois proporciona às pessoas a oportunidade de descarregar preocupações e frustrações, confortando-se pela constatação de que outros comungam da mesma taça, partilham dos mesmos problemas ou, simplesmente, ouvem e compreendem – fenômeno psicológico semelhante ao que leva pessoas a assistir, compulsivamente, programas de televisão onde se exploram deficiências e dores de indivíduos desfavorecidos pela sorte e/ou por determinados acontecimentos.

Deve-se considerar, entretanto, a geração de possíveis *sentimentos de insegurança* entre os integrantes da equipe, pela constatação da impossibilidade de agir sobre as causas das dificuldades, proporcionando aumento de ansiedade e redução da disposição para o trabalho.

Nesse caso, os integrantes da equipe submetem-se ao risco de criar um círculo vicioso de ansiedade, do qual podem ter dificuldade para sair. Ocorre um *fenômeno de percepção*, por meio do qual as pessoas passam a *discriminar* qualquer indício que confirme suas preocupações.

Por outro lado, ao constatar a falta de fundamento de suas ansiedades, comparando suas percepções com as de outros integrantes, as pessoas têm a oportunidade de *reformular esquemas mentais*, rever conceitos e modificar suas percepções.

- *Útero protetor*

O trabalho em equipe proporciona a oportunidade de *isolamento*, representada por espaço e tempo exclusivos. Um abrigo contra as tempestades.

Essa situação gera notável conforto emocional, e tanto pode evoluir para acomodação, decorrente do excesso de bem-estar, como permitir concentração maior na análise dos problemas (que se transformam em *figura* diferenciada, sobre a qual as energias psíquicas se concentrarão).

Fechados nessa espécie de útero, os integrantes conseguem dedicar-se aos aspectos sobre os quais tenham condição de atuar (como um almoxarifado virtual onde se guardam e aplicam as técnicas de análise e solução de problemas e de gestão de conflitos).

Por um efeito de sinergia, energias psíquicas que seriam deslocadas para as ansiedades individuais acabam canalizadas para a atividade concreta grupal e multiplicadas, com benefícios para todos.

Esse raciocínio aplica-se, inclusive, às *equipes de linha de frente*, em que as pessoas atuam separadas umas das outras. A certeza de que os colegas realizam sua parte da tarefa move as pessoas para agir. Essa certeza, com as facilidades de comunicação a distância, é facilmente confirmada e, com isso, o comportamento recebe reforço.

O isolamento excessivo pode, também, ser uma resposta da equipe à percepção de iminente dissolução por motivos reais ou imaginários.

A polarização dos indivíduos para a busca de suporte afetivo (item 4.5.1, subitem B, e item 4.5.2) constitui o combustível emocional por excelência das redes sociais. As pessoas comprometem-se com ideias e compromissos emanados dos grupos virtuais; chegam a afetar a segurança pessoal, familiar e profissional. Por exemplo, ao participar, com desconhecidos, de eventos de alto risco para a integridade física, conforme já mencionado anteriormente.

O fenômeno em si não é novo. Impressiona, contudo, a facilidade de arregimentação proporcionada pela simplicidade e capilaridade da comunicação. O que seria raro torna-se corriqueiro e muito mais amplo quantitativa e qualitativamente.

Esse fenômeno, contudo, traz consequências para o cotidiano. As pessoas não se "desligam" dessas forças externas quando adentram os recintos empresariais, ainda mais porque carregam consigo seus EPC, eficientes instrumentos de comunicação (celulares, *iPhones* e outros), *cordões umbilicais psicológicos conectados na web*.

Esses aparelhos constituem modernos *objetos transicionais* (designação dada pelo pediatra e psicanalista inglês **David Winnicott** – 1896-1971 – para os "cobertores de proteção" que os bebês carregam consigo, enquanto se desligam da simbiose com a mãe); com eles e por meio deles, os indivíduos mantêm-se "conectados" às pessoas significativas ou aos grupos que lhes proporcionam alguma forma de segurança emocional.

6.5 FATORES QUE AFETAM O FUNCIONAMENTO DA EQUIPE

"A equipe certa não garante a produtividade, mas a errada a destrói."

Peter Drucker (1999:60)

Caso 6.3

Organização fornecedora de produto perecível possui linha de produção fortemente ancorada em equipamentos de tecnologia intensiva. Distribuída em vários Estados, ela enfrenta forte concorrência.

Detalhes de qualidade fazem a diferença para a clientela, o que leva a Direção a permanecer atenta à necessidade de atualização contínua dos processos de produção, para ajustar a Organização aos mais recentes avanços de tecnologia, sob pena de perder espaço no restrito mercado em que atua.

Com esse objetivo, foram organizadas três equipes para estudar inovações necessárias em áreas importantes para a qualidade da produção.

Em duas delas, os trabalhos de prospecção de soluções e formulação de plano estratégico para a implantação avançaram com a agilidade prevista. Uma das equipes, entretanto, não correspondeu à expectativa.

Os diretores constaram que as pessoas perdiam-se em debates inúteis; muitas se queixavam da falta de oportunidades para participar; outras, de que não dispunham de tempo para se dedicarem às atividades conduzidas em conjunto.

O profissional designado pela Diretoria para coordenar a equipe – fato facilmente diagnosticado – não gozava da simpatia dos participantes. Reconhecido pelo conhecimento técnico, não angariou o comprometimento dos colegas; mostrava-se sempre mal-humorado e acabou por conquistar o apelido de "urtigão".

Pelo fato de a produção ser um processo integrado, o atraso daquela equipe comprometeu o resultado do conjunto.

O caso apresenta uma situação em que uma equipe constituída com finalidade específica não consegue apresentar resultados. Efetivamente, o *grupo* não se tornou uma *equipe*.

Isso acontece, também, em situações de rotina. A gerência, pelo fato de a situação apresentar-se *crônica*, pode simplesmente não tomar conhecimento do que ocorre, como sugere o Caso 6.4.

Caso 6.4

Loja de eletrodomésticos é subdividida em dois setores, cada qual com uma linha de produtos. Os profissionais de vendas são treinados para conhecer em detalhes o funcionamento dos aparelhos que compõem seus respectivos setores de atuação. A cada novo eletrodoméstico, proporciona-se um treinamento preliminar – em geral, ministrado pelo fornecedor.

Um dos setores apresenta vendas mais regulares, embora de menor margem; os vendedores dessa área, muitas vezes, não conseguem atender com a presteza necessária todos os clientes, porque coincidem várias pessoas procurando pelos produtos simultaneamente.

O outro setor trabalha com produtos mais sofisticados, de menor procura, porém, de margem substancialmente mais elevada.

A situação mais comum no setor de produtos mais sofisticados é a ociosidade dos vendedores, que permanecem conversando entre si enquanto aguardam a chegada de potenciais compradores.

No Caso 6.4 observa-se que a loja desenvolveu equipes relacionadas com as linhas de comercialização de produtos.

Entretanto, os profissionais de uma linha de produtos não consideram como integrantes de suas equipes os colegas de trabalho que atuam em outras linhas. Na prática, aparentemente, cada uma das linhas atua para uma empresa diferente.

Consequência: clientes da linha de produtos de maior procura desistem de comprar porque não se dispõem a aguardar pelo atendimento quando todos os vendedores encontram-se ocupados. O fato de haver vendedores "ociosos" nas proximidades acentua ainda mais a pouca disposição de potenciais compradores para aguardar.

Esse caso mostra que existem diversos fatores, a seguir descritos, que afetam o *funcionamento* de uma equipe, podendo torná-la mais ou menos eficiente ou, até mesmo, definitivamente *ineficiente*. A importância de cada um depende das características da equipe, da natureza do produto ou serviço e de aspectos situacionais.

- **Objetivos e metas**

A equipe sem objetivos bem definidos não sabe a direção que o trabalho deve tomar.

Em caso anterior, a equipe debatia-se entre investir na melhoria de desempenho dos equipamentos já existentes ou substituir esses equipamentos por outros de concepção mais avançada, contudo, a um custo bem mais elevado.

A falta de objetivos claramente definidos ocasiona falta de *eficiência e eficácia* nos trabalhos. Muitas vezes, os **aspectos afetivos** tornam-se tão proeminentes que as pessoas sentem-se muito bem nas reuniões, em conversas com os colegas de trabalho, contudo, não conseguem gerar resultados *para* a Organização. Verifica-se esse fenômeno em várias atividades: clubes, organizações sem fins lucrativos, entidades esportivas etc.

O *excesso de coesão* de uma equipe pode indicar, além da falta de objetivos, outras dificuldades, como a falta de liderança, a má escolha dos integrantes e a supervisão inadequada ou inexistente. Observa-se um *deslocamento*: cessa a busca de produtividade e concentram-se os esforços nos rituais dos encontros.

Não basta a definição de *objetivos. Metas bem determinadas* fazem com que as pessoas não se percam em detalhes e concentrem-se no *realmente* prioritário. Metas têm relação com o fenômeno de *figura e fundo*. As pessoas precisam criar suas *figuras* poderá fim de *discriminar* os *estímulos corretos,* conforme visto no estudo da percepção (Capítulo 3).

- **Responsabilidades**

A atuação *em equipe* não significa transferir o ônus pelo fracasso ou o bônus pelo sucesso, para o *conjunto*. Caso isso aconteça, corre-se o sério risco de, em falhas, não se encontrar um responsável. O sucesso tem muitos pais, mas o fracasso, como bem se sabe, é órfão. Cada integrante da equipe deve ter claramente estabelecidas suas responsabilidades dentro do processo de trabalho.

Quando não há atribuição de responsabilidades acaba-se facilmente transferindo *toda a responsabilidade* pelos resultados para o supervisor ou coordenador da equipe.

A falta de clareza nas atribuições de responsabilidade, por outro lado, ocasiona sentimentos de *ansiedade e insegurança* em profissionais desejosos de saber o alcance de suas ações.

- **Perfis dos integrantes**

Os perfis dos integrantes da equipe devem ser estabelecidos considerando-se as características de seu funcionamento, os objetivos e responsabilidades e a competência para realizar as atividades que lhes cabem.

Não é função da equipe suportar integrantes que não tenham perfil para as atividades a ela atribuídas.

Isso não impede que a equipe se valha de profissionais "*ad hoc*". Não são *todas as pessoas* que reúnem as características indispensáveis a um trabalho cooperativo e à criação de vínculos afetivos. Profissionais altamente qualificados, que realizam trabalhos de extraordinária qualidade, mas que não reúnam condições ou não tenham perfil para integrar a equipe devem ser solicitados ou designados para contribuir com seus conhecimentos em momentos e condições adequados.

As tentativas de manter na equipe pessoas não indicadas traz o potencial inconveniente de *indispor* os colegas contra elas e gerar comportamentos de *exclusão e preconceito* (p. ex., não convidar para o café, o churrasco no final de semana ou o *happy hour*). Por exemplo, se o cumprimento do horário é essencial ao bom andamento do trabalho, um profissional que se atrasa com frequência (ainda que compense o atraso) pode prejudicar a equipe.

Contudo, é comum que pessoas **não indicadas** para um determinado trabalho sejam designadas para ele. Há motivos: nem sempre a seleção é simples; muitas vezes, a disponibilidade de profissionais mostra-se limitada; outras vezes, há urgência.

A *demora* na substituição desse profissional por outro mais ajustado ao perfil desejado (ou sua exclusão da equipe) produz efeitos negativos sobre o trabalho e deve ser considerada sob esse aspecto. O prejuízo à produtividade aumenta dependendo da natureza da atividade ou da função que a pessoa desempenha na equipe. Sua presença pode, também, reduzir a coesão e deteriorar o ambiente.

Há casos, entretanto, em que as características pessoais do profissional contribuem para facilitar ou viabilizar sua permanência, por meio de empatia e demonstração de motivação para contribuir (mesmo com resultados inferiores aos dos demais integrantes). Nesse caso, prevalecem os laços emocionais entre a pessoa e os demais companheiros – uma situação merecedora da atenção e, possivelmente, da atuação do supervisor.

- **Quantidade de pessoas**

Sabe-se que existe um limite de operacionalidade, a partir do qual o número de participantes contribui para deteriorar a coesão e a objetividade. Especialistas situam o número ótimo de componentes de uma equipe entre 5 e 7, contudo, esse quantitativo é altamente variável, dependendo de muitos fatores, como experiência dos participantes, natureza das atividades, disponibilidade de tempo, estilo da liderança, metas estabelecidas.

O excesso de pessoas promove, além das dificuldades técnicas inerentes à coordenação e organização, outras de natureza psicológica ligadas à diversificação de interesses e percepções.

Grandes grupos favorecem o aparecimento de mecanismos de defesa relacionados à *exposição de ideias* (medo ou aversão a críticas, timidez) e *acobertamento* dos que preferem não participar, praticando *isolamento*: a pessoa "desaparece na multidão", utilizando técnicas de "marcar presença".

Wagner III e Hollenbeck (1999:217) assinalam o fenômeno da *vadiagem social*, favorecido por um sistema de recompensas que não reconheça esforços individuais.

> **Caso 6.5**
>
> Na busca de obter *representatividade* para os resultados dos trabalhos de grupos, uma Organização utilizava a estratégia de incluir, nas reuniões, representantes de todas as áreas de *linha* e *staff* envolvidas nos projetos.
>
> Isso ocasionava grande dificuldade de coordenação e organização, facilitando às pessoas mais eloquentes e acostumadas com esse tipo de trabalho conduzir as reuniões de acordo com suas percepções e intenções.
>
> Um resultado comum desse tipo de trabalho de grupo era a escolha de soluções mais simples (um poeta já afirmou que "aos sábios falta o espaço"), nem sempre as melhores, acompanhando o nível mediano de capacidade de entendimento dos problemas e de geração das soluções.

Essas soluções, por outro lado, mostravam-se mais facilmente implementáveis, porque todas as áreas dispunham de representantes na equipe de desenvolvimento, e estes encarregavam-se da implantação.

- **Qualificação das pessoas**

Os profissionais que compõem a equipe devem ser adequadamente qualificados para as atividades que deles se espera. Caso contrário, sentimentos de rejeição desenvolvem-se entre os participantes em relação aos integrantes menos qualificados e destes em relação aos demais, comprometendo a qualidade e a produtividade da equipe ("Fulano é protegido", "A gente trabalha e ele sai ganhando", "Entrou aqui só para aprender"...).

É bastante conhecida nas Organizações a estratégia de designar pessoas "encostadas", ou de baixa produtividade, para atuar em "grupos de trabalho". Essa atitude de proteção aparente, mais comum em entidades governamentais, desenvolve no profissional uma *acomodação* que o prejudicará de modo definitivo; na equipe, ela enfraquecerá a coesão e a objetividade.

> Registre-se o caso de supervisor de uma equipe técnica que evitava incluir especialistas em determinada especialidade por ser sua área de competência. Uma hipótese seria pelo prazer de "brilhar sozinho"; outra, relacionada a comportamentos de esquiva, possivelmente inconscientes, para não demonstrar seus receios de ser, eventualmente, contestado em alguma de suas opiniões.

Observe-se que, como consequência dos sentimentos de *coesão*, o já mencionado fenômeno da "vadiagem social" encontra espaço como forma de encobrir deficiências de qualificação. Essa situação é visível e comum nos **serviços públicos**, mesmo naqueles em que o acesso faze feito por meio de concurso. Porque existem indivíduos que, conseguido o objetivo ao qual se propuseram, derivam suas energias para outros propósitos – sem qualquer ligação com a Organização à qual se encontram ligados.

- **Formalismo**

Certo nível de *formalismo* (maior ou menor, dependendo da finalidade da equipe), é indispensável. Por meio dele as pessoas evidenciam que *pertencem* à equipe. Sem dúvida, o formalismo presta-se também à demonstração da existência da equipe *aos olhos das outras pessoas da Organização*. Relaciona-se, pois, com o senso de identidade e manifesta-se de inúmeras formas.

O formalismo é um *mecanismo de defesa*: as pessoas desenvolvem *rituais* para evitar exposição indesejável perante seus pares (p. ex., solicita-se que as ideias sejam inicialmente colocadas por escrito, protelando o debate a respeito delas).

Ele também funciona como um *deslocamento*: concentram-se energia nos *rituais* para evitar-se temas delicados ou valorizam-se detalhes do processo convenientes para os membros do grupo.

Rituais sofisticados transmitem a ideia de falso valor: as pessoas constroem imagens mentais dos resultados (reais ou esperados) com base em percepções *favorecidas* pela burocracia. Podem incluir detalhes da indumentária, execução de hinos, formas de cumprimento etc. Demora na realização de determinadas tarefas; eternização de rotinas reconhecidas como inadequadas; sucessivas aprovações e assinaturas supérfluas; testes, conferências e verificações que ultrapassam os objetivos técnicos de controle constituem exemplos reconhecidos desse tipo de procedimento.

Por outro lado, algum formalismo é essencial para criar a *percepção de identidade* da equipe, para seus integrantes e, principalmente, aos olhos das outras pessoas da Organização.

- **Condições ambientais**

Elas compreendem uma série de aspectos, desde os relativos à ergonomia até à forma como as pessoas, fisicamente, se relacionam (*e-mail*, malotes, telefonemas, reuniões etc.).

> **Caso 6.6**
>
> Organização de médio porte expandiu, em curto espaço de tempo, suas atividades para vários Estados, ampliando significativamente os negócios e a área de prestação dos serviços.
>
> No processo decisório, costumava-se ouvir os gerentes dos diversos departamentos. Isso era feito em vários encontros, todos os anos, na capital do Estado onde está a matriz da empresa.
>
> Com a expansão para outros Estados, aumentou a quantidade de gerentes envolvidos, mas a Organização manteve o mesmo procedimento, encontros periódicos na capital, apesar do aumento de custos.
>
> A Diretoria considerava indispensável a participação de todos, para manter o espírito de equipe e criar responsabilidade pelos resultados.
>
> Cada reunião, entretanto, ocupava cerca de uma semana dos gerentes provenientes dos locais mais distantes; isso causava desconforto porque, além dos custos de hospedagem e transporte, a ausência prolongada das respectivas sedes provocava descontentamento dos familiares.
>
> Existiam, pois, problemas de ordem prática e emocional.

Verifica-se no Caso 6.6 uma dificuldade relacionada com as *condições* de trabalho. A distribuição geográfica torna-se um obstáculo porque a Direção não se dispõe a utilizar novas formas de promover a integração entre os profissionais.

As facilidades existentes para assegurar uma participação efetiva, por meio de tecnologias de comunicação amplamente disponíveis, são muitas e seus custos são inferiores aos dos deslocamentos e diárias.

Dois fatores evidenciam-se: de um lado, possível desatualização tecnológica – improvável, em uma competitiva Organização de médio porte; de outro, aspectos emocionais – a Diretoria preza o encontro com os gerentes, momento em que as relações interpessoais renovam-se.

- **Técnicas de trabalho em equipe**

O domínio de *técnicas de trabalho em equipe* aumenta a eficiência e a eficácia das atividades.

Ainda que existam líderes inatos, os incontáveis textos produzidos para ensinar a coordenar e liderar sugerem a possibilidade de se aprenderem técnicas para melhor desenvolver o trabalho cooperativo.

Ainda que elas não tenham objetivos explícitos no campo emocional, pelo fato de contribuírem para tornar as relações interpessoais mais prazerosas e eficientes, produzem efeitos emocionais positivos e devem, portanto, ser aprendidas e estimuladas.

- **Tipo de trabalho executado**

Um grupo de montagem de equipamentos tem características diferentes de outro que realiza apresentações teatrais. Grupos em que os profissionais têm conhecimentos de mesma natureza atuam de forma bem diferente de outros, em que cada profissional tem uma especialidade (multifuncionais).

Muitas vezes, a maior dificuldade de manter uma equipe atuante e integrada reside no fato de que alguns profissionais não encontram, em significativa parte das atividades coletivas, encontros e reuniões, estímulos capazes de *despertar suas atenções*. Pouco do que se trata requer suas habilidades.

Em outras ocasiões, os trabalhos exigem competências para as quais os profissionais não se sentem os mais indicados, despertando sentimentos de inutilidade ou ansiedade.

O tipo de trabalho executado influencia a coesão da equipe, suas características afetam a forma como ela funciona.

- **Experiências anteriores dos participantes**

A **memória** afeta a percepção; pessoas com experiências anteriores negativas sobre trabalho em equipe, sujeitas a esquemas rígidos de pensamento, discriminam melhor os fatos e comportamentos que confirmem suas ideias, contribuindo para enfraquecer os vínculos.

De modo inverso, pessoas com experiências positivas tornam-se *catalisadoras de coesão* e contribuem para a objetividade do trabalho.

Experiências anteriores também favorecem o afloramento de *mecanismos de defesa* que se revelaram eficientes em outras ocasiões; por exemplo, uma pessoa que obtete sucesso em evitar atividades desagradáveis por meio de isolamento, poderá voltar a utilizá-lo em outros momentos. Eventualmente, isso se transforma em um esquema rígido de pensamento, limitando suas percepções e comportamentos.

Caso 6.7

Um gerente de Recursos Humanos manifestou-se totalmente contrário a um programa de desenvolvimento de trabalho em equipe porque "já havia passado por isso anteriormente: no final, sai todo mundo amigo, mas o trabalho continua da mesma forma", declarou.

A experiência anterior marcou-o de forma tão profunda que ele recusa a nova oportunidade. O efeito da experiência negativa amplia-se ainda mais quando o tomador de decisões guarda sequelas do processo, com consciência de ter sofrido prejuízo profissional ou pessoal.

Outro gerente apreciou demais uma atividade desenvolvida em contato com a natureza. Submeteu seus subordinados ao mesmo programa de desenvolvimento, ainda que ocasionando desconfortos em muitos deles.

As duas situações, aparentemente opostas, são similares e mostram a presença de esquemas rígidos de pensamento.

- **Cultura organizacional para trabalho em grupo ou equipe**

Quando a Organização cultua a interdependência construtiva e valoriza o esforço para o bem comum, ela estimula o trabalho em equipe. As pessoas adquirem a percepção de que *o adversário encontra-se do lado de fora* e canalizam as energias para encantar os clientes, descobrir fraquezas dos concorrentes e apoiar os colegas de trabalho.

Prevalecendo a competição interna e o isolamento, torna-se difícil o trabalho cooperativo, ainda que existam metas bem definidas.

Apelar para a *cultura* da Organização pode, entretanto, ser uma *racionalização* ("aqui as coisas funcionam assim") para explicar determinados resultados ou justificar a impossibilidade de se atingirem metas estabelecidas, um conveniente mecanismo de defesa para eximir as pessoas de suas responsabilidades.

- **Fluxo das atividades**

Cooperação e atividades em colegiado dependem das relações de *interdependência* entre as tarefas (Wagner III e Hollenbeck, 1999:226).

A elevada interdependência favorece o desenvolvimento de espírito de cooperação (para evitar que se comprometa a eficiência). Deve-se observar, entretanto, que levado ao extremo, este pode funcionar como *mecanismo de defesa* e servir de pretexto para evitar mudanças de qualquer natureza ("em time que está ganhando, não se mexe"; Carvalhal, 1981:101-107).

Caso 6.8

Uma Organização promoveu extenso programa de desenvolvimento de trabalho cooperativo nos setores de atendimento ao cliente.

O programa concentrava-se no pessoal de linha de frente. Descuidou-se, entretanto, do conceito de *cliente interno*, deixando de se considerar peculiaridades das relações entre esses profissionais e o *staff* normativo e de projeto.

No transcorrer do trabalho de desenvolvimento, conduzido por assessoria especializada, as equipes de atendimento, comercialização e apoio ao consumidor passaram a apresentar queixas severas em relação ao pessoal interno.

Os profissionais do *staff* passaram, por sua vez, a reclamar de exigências descabidas da "turma do balcão", que "não compreendia suas dificuldades".

A análise das reclamações possibilitou concluir que existiam incompatibilidades entre metas de desempenho e de qualidade dos serviços das diferentes áreas, que deveriam ser compatibilizadas para dar consistência ao trabalho.

- **Características comportamentais das pessoas**

Os conteúdos psíquicos dos participantes, valores, sentimentos, conceitos e preconceitos, experiências anteriores e expectativas influenciam seus comportamentos.

Eles podem ser determinantes para os papéis que o indivíduo desempenhará no grupo, incluindo comportamentos de dependência, conflito, fuga e união (Moscovici, 1995:122).

Dependendo da capacidade de exercer influência de cada profissional da equipe, seu comportamento afetará a eficiência e a eficácia do conjunto de pessoas.

Dentro do conjunto de características comportamentais desejadas de cada participante, não há uma característica *ótima* e que se possa rotular de *obrigatória*. Os comportamentos esperados dependem dos problemas, das atividades, do momento, dos objetivos que se pretende atingir e oscilam em torno de um padrão considerado adequado, de maneira a acomodar as diferenças individuais.

Um comportamento favorável em determinada situação (p. ex., agressividade) pode prejudicar em outra. O mesmo comportamento será mais acentuado em um profissional e menos em outro.

A diversidade de características pessoais tem vantagens e desvantagens e conduz a algum ponto de acomodação entre a harmonia absoluta e o conflito.

Carvalhal (1981:82) ensina que *"se o conflito excessivo pode prejudicar o processo decisório em grupo, a uniformidade excessiva também é capaz de empobrecê-lo"*.

- **Situações excepcionais**

Quanto maior a frequência de situações excepcionais, *que requerem demonstração de perícia individual,* maior será a necessidade de coesão entre os integrantes.

Esse requisito aumenta quando a ocorrência de excepcionalidades pode comprometer o alcance das metas estabelecidas para a equipe: trata-se da *percepção de risco*.

Situação típica é a do **atendimento hospitalar de emergência**, quando graves ocorrências, a qualquer momento, exigem a união de todos, e os profissionais vão além do que fariam segundo os padrões estabelecidos para a rotina de atendimento. Por exemplo, a chegada praticamente inesperada de algumas dezenas de feridos em um violento acidente rodoviário recém-ocorrido. Grandes acidentes industriais também se enquadram neste tópico: a explosão de uma caldeira, um incêndio que se alastra etc.

Por outro lado, atividades repetitivas e independentes, praticadas com elevada padronização, reduzem a necessidade de apoio mútuo no *momento da execução*.

- **Tecnologia**

A *tecnologia* adotada na execução das tarefas afeta as funções mentais superiores, particularmente os mecanismos de atenção, sensação e percepção, e acrescenta outras dimensões às atividades. Ela produz efeitos marcantes e definitivos sobre a *visão de mundo* do indivíduo.

Por exemplo, facilidades de computação, como consulta a bases de dados a distância, *help* automático e autoconferência de procedimentos ampliam alguns aspectos do campo de ação e percepção individual, ao mesmo tempo em que reduzem outros.

Elas podem ser determinantes da forma como se manifesta a necessidade de interação física entre colegas na execução de determinadas tarefas.

A tecnologia modifica a *natureza* das relações interpessoais, qualitativa e quantitativamente. Ela provoca a *migração* da interdependência do tipo mecânico-operativo (em que as relações acontecem no concreto das trocas, p. ex., de documentos e relatórios) para o *virtual*, em que as trocas processam-se no domínio de registros eletromagnéticos e ideias.

- **Disponibilização dos insumos**

Insumos incluem todos os recursos necessários à execução da tarefa. A forma utilizada pela Organização para disponibilizá-los influencia a percepção e o funcionamento dos indivíduos, no exercício dos respectivos papéis, e da equipe, na avaliação dos acontecimentos.

> Atendentes de *call center* devem manter-se atentos aos detalhes das conversações e manifestar disposição para bem servir, temperada com bom humor e objetividade.
>
> O cliente desconhece, em geral, a extensão em que o atendente depende da atualização das informações contidas na tela de computador.
>
> Quando essas informações (*insumos*) encontram-se desatualizadas, ou há lentidão no acesso a elas (sem contar as paralisações dos sistemas de computação), o atendente desenvolve ansiedade capaz de comprometer seu desempenho e refletir em sua vida pessoal, instaurando-se um círculo vicioso.
>
> Excesso de falhas e dificuldade de acesso aos cadastros informatizados polarizam as percepções dos atendentes para o fornecimento dos conteúdos necessários aos atendimentos, e dificultam sua concentração em outros aspectos da atividade (fenômeno *figura e fundo*) como, por exemplo, as *necessidades não faladas* dos clientes.

Caso 6.9

Uma Organização desenvolveu um programa de treinamento de seus atendentes do serviço de cobrança, com o objetivo de reduzir conflitos com os clientes.

A análise revelou que o principal obstáculo ao bom atendimento encontrava-se na demora de atualização dos pagamentos: os clientes viam-se submetidos a situações constrangedoras e extravasavam o aborrecimento nas pessoas do atendimento telefônico.

Estas desenvolveram mecanismos de defesa, tornando-se pouco sensíveis às queixas e comprometendo ainda mais a qualidade do serviço de atendimento.

Treinamento cognitivo-comportamental reduziu a sensibilidade dos atendentes a estímulos aversivos, ao mesmo tempo em que procurou despertar a percepção para detalhes das questões levadas pelos clientes, essenciais às providências do suporte administrativo.

Isso, entretanto, apenas atenuou o problema, porque não atacou a causa-raiz: a disponibilização tardia de informações essenciais. Os resultados somente passaram a apresentar significativa melhora com o aperfeiçoamento do processo de atualização dos cadastros.

- **Comportamento dos clientes**

Ou a Organização conhece as necessidades de seus clientes, ou se encontrará impossibilitada de, em um primeiro momento, *satisfazê-los* e, em continuidade, *obter-lhes a fidelidade*.

Caso 6.10

A equipe de atendimento a reparos de defeitos de uma Organização registrava elevada taxa de reclamações improcedentes.

Quando os clientes entregavam equipamentos para conserto, os atendentes questionavam sobre o conhecimento dos clientes a respeito do funcionamento.

Constatava-se que, em geral, o *manual do cliente* fora lido superficialmente e, em consequência, procedimentos operacionais adotados pelos clientes contribuíam para provocar defeitos.

Nesses casos, classificavam-se as reclamações como *improcedentes*, sem detalhar as ocorrências em torno de cada tipo de problema.

Esse procedimento impedia o registro de informações úteis ao aperfeiçoamento dos produtos (para torná-los menos dependentes da leitura dos manuais – comportamento este que, sabe-se bem, está longe de ser uma prática) com o objetivo de reduzir a ocorrência de defeitos, e dos manuais, para torná-los mais atrativos e objetivos.

Combinavam-se, pois, duas *crenças incorretas*: a de que o projeto era *o melhor possível* e de os clientes de fato *leem* os detalhes dos manuais. Portanto, na concepção das gerências, se ocorria uma falha devido ao uso inadequado, ela ficava restrita ao comportamento dos clientes, não interessando aos projetistas.

Por outro lado, a área de projetos considerava eventuais informações transmitidas pelo serviço de atendimento a reclamações como intromissões impertinentes.

Um trabalho de criação de *visão de cliente* permitiu reformular essas crenças e desenvolver nova concepção de prestação do serviço.

O aperfeiçoamento dos canais internos de *feedback* e das fraseologias dos atendentes possibilitou subsidiar a área de projeto com informações confiáveis, coletadas a partir da seção de atendimento a solicitações de reparos.

O *manual do cliente* foi reestruturado e alterações de projeto passaram a evitar falhas decorrentes de *design* e entendimento inadequado das instruções de operação.

Para que isso acontecesse, mostrou-se essencial o desenvolvimento do conceito de **cliente interno**. As pessoas compreenderam a importância de obter informações precisas sobre mau funcionamento e a necessidade de melhorar continuamente os projetos. As equipes, que não se comunicavam, encontraram excelentes motivos para integrar-se. Projeto e atendimento constituem lados diferentes da mesma moeda – o adversário (o concorrente) encontra-se do lado de fora.

Todos esses fatores combinam-se e influenciam o comportamento individual, no exercício de papéis, e coletivo, no trabalho em equipe.

Eles devem ser considerados no estabelecimento das metas e na orientação sobre a forma de funcionar das equipes, facilitando o aproveitamento de seus aspectos positivos e a neutralização dos desfavoráveis.

6.7 AS EQUIPES QUANTO À FINALIDADE

A finalidade das tarefas realizadas influencia no funcionamento da equipe, no comportamento de cada integrante e nos papéis atribuídos a cada um deles.

Em uma mesma Organização, encontram-se muitos tipos de equipes. Elas atuam das mais diversas maneiras, buscam atingir metas particulares às suas atividades e são constituídas por profissionais com características comportamentais e competências específicas para os objetivos das respectivas áreas de resultados.

A *finalidade* da equipe, portanto, é tão determinante quanto à sua constituição e maneira de atuar. A título de exemplo, apresentam-se os cinco tipos seguintes de equipes:

- Atendimento a Clientes;
- Produção;
- Desenvolvimento de Produtos e Serviços;
- Aprendizagem;
- Gerência.

6.7.1. Atendimento a clientes

Cada profissional atua de forma praticamente isolada. Ele têm referências para avaliar sua atuação, mas nem sempre o *feedback* do cliente encontra-se disponível ou é claramente enunciado. Existe, pois, uma incerteza quanto à qualidade do serviço prestado, inerente à atividade.

A eficiência e a eficácia do atendimento dependem dos dois lados: do profissional e do cliente. Conseguir *interagir* com o cliente, de maneira objetiva e, ao mesmo tempo, empática, costuma ser um requisito fundamental para cada profissional que atua nesse tipo de equipe. Muitas vezes, o comportamento do cliente *depende* da maneira como o profissional comunica.

O profissional que não corresponde às exigências de papel esperadas compromete o resultado coletivo de modo não perceptível pelos colegas, mas, com certeza, percebido pelos clientes.

Por exemplo, o atendente (de SAC, 0800 etc.) que demorar mais do que o necessário na realização do serviço, ou cometer uma taxa de falhas considerada elevada para os padrões estabelecidos, não despertará a atenção dos colegas (embora o equipamento de supervisão automática ou pelo próprio supervisor detecte o comportamento). Contudo, estará gerando insatisfação nos clientes, trará ônus para o serviço e afetará a imagem da Organização.

Equipes de atendimento aumentam a eficiência e a eficácia quando:

- aspectos puramente higiênicos relacionados ao trabalho encontram-se solucionados;
- todos os integrantes partilham as mesmas percepções de visão, missão, objetivos, metas e prioridades para a solução de problemas, facilitando o estabelecimento de critérios uniformes e consensuais;
- cada profissional demonstra atenção às ocorrências que escapam dos padrões estabelecidos e atua espontânea e preventivamente para que as soluções sejam aperfeiçoadas e se incorporem aos procedimentos padronizados em benefício dos resultados coletivos esperados;
- encaram-se os resultados do trabalho como coletivos, estendendo-se os reconhecimentos a todos os integrantes da equipe;
- falhas ou imperfeições são preocupações presentes de cada profissional, para que elas não comprometam o resultado da equipe;
- todos contribuem de maneira criativa e proativa para a melhoria dos resultados da equipe.

6.7.2. Produção

Nessas equipes, cada indivíduo participa na execução ou responde por uma parcela do produto ou serviço fornecido aos clientes. O profissional em uma clara noção daquilo que realiza e percebe claramente o resultado de seu trabalho.

Compartilhamento da visão do negócio, espírito de cooperação e equilíbrio de competência técnica facilitam um trabalho eficiente, seja em um pequeno salão de beleza ou em uma linha de produção sofisticada.

O profissional que não corresponde às exigências de papel esperadas compromete o resultado coletivo com muita chance de ser percebido pelos colegas, seja pela observação direta, seja pelas consequências sobre o processo produtivo.

Por exemplo, a demora na realização de uma atividade ocasiona retardo na linha de produção; uma tarefa realizada de maneira imperfeita ou incompleta ocasiona retrabalho e afeta a etapa seguinte. A consequência pode não se estender ao cliente, mas será detectada e trará efeitos internamente.

Em algumas situações, as consequências podem ser de longo prazo, com impactos financeiros, na imagem da Organização e, até mesmo, na segurança. Por exemplo, um técnico que realizar uma ação fora do padrão na montagem de um equipamento poderá gerar futuro defeito de funcionamento, eventualmente não detectável no controle estatístico de qualidade (uma *solda fria* pode ser de difícil detecção em um bastidor com dezenas de milhares de conexões; um *vedante* mal ajustado poderá provocar um vazamento muito tempo depois do início de funcionamento do produto).

No trabalho em equipe, os próprios colegas revelam-se eficazes supervisores dos resultados individuais, quanto maior for a polarização dos integrantes da equipe para o alcance das metas de produção.

Riscos de comprometimento dos resultados podem desencadear ações coletivas de neutralização, compreendendo movimentos de rejeição ou suporte aos indivíduos desviantes dos padrões de desempenho considerados aceitáveis pela equipe.

Equipes de produção aumentam a eficiência e a eficácia quando:

– as *relações interpessoais* entre os componentes refletem necessidades em níveis elevados na hierarquia de Maslow;
– aspectos puramente higiênicos relacionados ao trabalho encontram-se solucionados;
– todos os integrantes partilham as mesmas percepções de visão, missão, objetivos, metas e prioridades para a solução de problemas, facilitando o estabelecimento de critérios uniformes e consensuais;
– cada profissional atua espontânea e preventivamente para cobrir dificuldades experimentadas pelos colegas, em benefício dos resultados coletivos esperados;
– encaram-se os resultados do trabalho como coletivos, estendendo-se os reconhecimentos a todos os integrantes da equipe;
– aceitam-se as falhas como uma questão a ser solucionada pela equipe, ainda que provocadas por um integrante em particular, aproveitando a oportunidade para praticar a melhoria contínua do processo;

- cada profissional contribui de maneira criativa e proativa para a melhoria dos resultados da equipe; por acreditar que o sucesso coletivo beneficiará a todos e a cada um, disponibiliza sugestões e ideias para o desenvolvimento em colegiado.

6.7.3. Aprendizagem

O processo de ensino e aprendizagem pode ser desenvolvido na forma de trabalho em equipe; é comum, porém que ocorra com **menor** integração entre os profissionais, quando:

- os participantes ainda não se conhecem – situação mais comum em grandes Organizações, principalmente quando existem vários polos ou locais de atuação, geograficamente distantes uns dos outros;
- a permanência no ambiente de treinamento ocorre por pouco de tempo, eventualmente fora do local de trabalho ou residência;
- os treinamentos são comuns a profissionais de outras Organizações;
- objetivos imediatos distintos, em relação aos resultados da aprendizagem, norteiam cada participante, mesmo quando pertencem à mesma Organização, pelo fato de atuarem em equipes de distintas naturezas (p. ex., técnico de manutenção e técnico de implantação: cada qual tem um enfoque sobre a tarefa).

Nessas situações, torna-se mais difícil o estabelecimento do *vínculo emocional* capaz de iniciar e manter o espírito de equipe. Por exemplo, no estudo de equipamentos, realizado no ambiente do fornecedor, podem se reunir técnicos de manutenção, projetistas e supervisores, provenientes de Organizações distintas, cada qual com uma visão diferente em relação ao processo. Isso não significa que o treinamento não seja proveitoso. Muitas vezes, o compartilhamento com profissionais de outras Organizações contribui para enriquecê-lo, pela troca e comparação de experiências.

Por outro lado, as equipes de aprendizagem constituídas por profissionais de uma mesma Organização, com propósitos convergentes, permitem extraordinário aproveitamento porque *cada um dos treinandos* dispõe de amplas condições de contribuir para o processo de diversas maneiras:

- apresentando situações específicas que podem ser estudadas em conjunto;
- dando depoimentos a respeito de situações vivenciadas;
- colocando dúvidas cujo esclarecimento enriquece o conhecimento de todos;
- demonstrando motivação e empenho, o que, em geral, contribui para contagiar os colegas;
- estimulando os demais treinandos por demonstrações de companheirismo;
- sendo *paciente* com os colegas menos ágeis no aprendizado, *disciplinado* para não interferir no andamento das atividades e *disposto a dividir* seus conhecimentos, para apoiar e incentivar os demais;
- apoiando os instrutores na disseminação dos conhecimentos.

Haverá maior eficiência e eficácia quando:

- todos se preocupam com o autodesenvolvimento;
- todos tiverem nítida percepção da ligação entre a aprendizagem individual e o ganho de conhecimento coletivo;
- cada treinando cooperar espontânea e preventivamente na solução de dificuldades experimentadas pelos colegas (a melhor forma de aprender é ensinar);
- cada profissional contribuir para a melhoria dos resultados da equipe, acreditando que o sucesso coletivo beneficiará a todos e a cada um;
- todos compartilham conhecimentos e experiências, enriquecendo as associações de ideias, flexibilizando o pensamento sobre as questões de ensino e aprendizagem e tornando as atividades mais dinâmicas.

6.7.4. Desenvolvimento de produtos e serviços

Em Organizações maiores e complexas, encontram-se grupos relativamente estáveis de profissionais dedicados a esse tipo de atividade, em que os projetos renovam-se continuamente à medida que surgem novos desafios.

Os integrantes podem pertencer a uma área com atribuição específica de desenvolvimento ou originar-se de diferentes áreas da Organização, o que não impede a formação de fortes vínculos emocionais.

Nesse tipo de equipe, cada profissional tem grande chance de ser o único especialista em sua atividade ou área de conhecimento. Assim, seu desempenho afetará substancialmente a totalidade dos resultados (algo que, em geral, não acontece em equipes de atendimento, produção e de aprendizagem).

Ocorrendo efetiva integração, mais do que em outras formas de trabalho em equipe, os colegas mostram-se severos e eficazes supervisores dos resultados individuais (porque, nessa equipe, a interdependência pode ser absoluta).

A percepção dos resultados pretendidos deve estar muito nítida para todas as pessoas, facilitando o desencadeamento de ações de compensação ante qualquer risco de não obtenção ou desvio das metas pretendidas.

Essas equipes costumam orientar seus trabalhos por meio de cronogramas, acompanhados de forma sistemática e, muitas vezes, inseridos em um processo maior de planejamento empresarial. Essa forma de atuar exige muita disciplina, porque os resultados não ocorrem de imediato e os *feedbacks*, úteis para corrigir desvios, praticamente não acontecem – a não ser esporadicamente.

A eficiência e a eficácia desse tipo de equipe aumentam à medida que:

- as *relações interpessoais* entre os integrantes da equipe refletem necessidades nos níveis mais elevados na hierarquia de Maslow;
- aspectos puramente higiênicos relacionados ao trabalho encontram-se solucionados;
- todos os integrantes manifestam comprometimento em relação às metas de resultados estabelecidas;

- a visão sistêmica do negócio e os objetivos do processo ao qual o projeto se refere encontram-se muito bem compreendidos e compartilhados por todos;
- as prioridades da Organização prevalecem sobre as das respectivas áreas às quais pertence cada integrante (quando isso se aplicar);
- percebem-se como *coletivos* os resultados do trabalho e os eventuais reconhecimentos;
- encaram-se as dificuldades como desafios a serem solucionados por toda a equipe;
- os integrantes contribuem espontaneamente para a melhoria dos resultados coletivos, acreditando que o sucesso da equipe beneficiará a todos e a cada um. No caso de evidenciar a necessidade, cada integrante estará disposto e buscará meios de suprir alguma eventual carência de conhecimento e/ou informação de sua responsabilidade, se necessário através do autodesenvolvimento.

6.7.5. Gerenciais

Esse tipo de equipe compreende profissionais com autoridade sobre pessoas e patrimônio da Organização. Eles constituirão equipes, caso consigam polarizar-se para a obtenção de resultados coletivos.

Gerentes voltados para o culto a seus privilégios comprometem a qualidade das decisões (muitas vezes, a principal – ou única – tarefa das equipes de gerentes é decidir).

Ocorre aumento de eficiência e eficácia desse tipo de equipe quando:

- as aspirações de cada participante situam-se em níveis elevados na hierarquia de Maslow; predominam a busca de *status* e de autorrealização;
- todos os integrantes comungam das mesmas percepções de visão e de prioridades para a solução de problemas;
- cada participante conhece o suficiente dos processos das áreas de trabalho dos demais para compreender como os efeitos das decisões individuais e coletivas os afetam;
- cada profissional manifesta disposição para ceder recursos, espontânea e preventivamente, cobrindo dificuldades experimentadas ou antecipadas pelos colegas, sempre que isso maximize os benefícios coletivos;
- percebem-se os resultados do trabalho como coletivos, priorizando-se as ações que mais contribuam para o alcance das metas;
- há aceitação das falhas e dificuldades, encaradas como questões a serem solucionadas por toda a equipe, ainda que originárias das tarefas ou processos realizados em outras áreas.

6.8 CONSIDERAÇÕES FINAIS

Empregam-se muitas *analogias* para criar uma ideia tangível do funcionamento das equipes, comparando-as a conjunto de *jazz*, orquestra sinfônica, time de futebol, dupla de tênis etc.

Nesses modelos simplificados, as equipes apresentam características situacionais, dinâmicas e evolutivas; elas modificam suas estratégias e comportamentos para ajustá-los às circunstâncias.

Assim, por exemplo, uma *orquestra sinfônica* têm certas características no momento do *desempenho* perante a plateia, e outras bem diferentes durante os ensaios. Mais do que isso, a orquestra muda o comportamento dependendo da plateia: existe notável fenômeno de *sintonia* entre artistas e público, muito conhecidos desses profissionais.

Suas apresentações buscam, por outro lado, satisfazer as intenções de desenvolvimento profissional de seus integrantes, acrescentando seguidamente interpretações de novas peças, enriquecedoras do repertório.

Entretanto, cada equipe tem características próprias. A teoria geral dos sistemas ensina que as características do conjunto não são a soma das individuais e podem apresentar nuances inesperadas.

O funcionamento das equipes encontra-se cada vez mais sujeito às influências de fenômenos novos, por exemplo, as redes sociais.

A participação em redes sociais inicia-se cada vez mais cedo. Crianças, adolescentes e adultos integram-se a diversos tipos de grupos e, por força da participação, ganham contato e aprendem a desempenhar diferentes papéis: criador, líder, observador, seguidor. Esse contato soma-se à costumeira participação em grupo, tão típica da adolescência.

O jovem profissional que chega à Organização de trabalho já se encontra, pois, iniciado em aspectos da atuação em grupo. Pode até ocorrer que, por meio das redes sociais, integre algum tipo de equipe, com finalidade específica.

As redes sociais incorporam amigos e desconhecidos. Nelas, há grande flexibilidade. Na prática, virtual é o meio; as influências ocorrem reais, concretas, significativas.

Esse ambiente repete-se no trabalho. Por exemplo, as equipes virtuais ganham força na promoção das reivindicações trabalhistas: sem a necessidade de reuniões presenciais, as pessoas discutem, trocam ideias, traçam estratégias de ação. É inegável o poder dessas equipes em causas sociais, políticas e religiosas que conquistam a simpatia de grande número de seguidores.

Esse estado de coisas encontra-se em franca expansão e evolução. Amplia-se, torna-se cada vez mais complexo e solicita a atenção dos Administradores. A participação em equipes virtuais integra o enxoval psíquico dos profissionais; desempenha papel emocional relevante e, em muitas situações, seus efeitos emocionais mostram-se tão significativos quanto os das presenciais. Um exemplo são equipes na área da saúde, que arrebanham centenas de integrantes e conseguem inegável sucesso em inúmeras campanhas, cujos resultados passam totalmente despercebidos pela mídia em geral, mas são altamente significativos para o público a que se destinam.

O trabalho em equipe tem se revelado desejável mesmo em setores historicamente tidos como santuários do individualismo, assinala Wilson em *Minha luta contra a pesquisa em equipe* (1984:63-72), em que o autor demonstra a interdependência entre as atividades desenvolvidas por vários pesquisadores (tidas como paradigmas do trabalho individual).

A rapidez com que se obtém resultados em inúmeras áreas do conhecimento comprova essa observação: somente o trabalho conjunto de grande quantidade de pesquisadores possibilita obter sucesso em investigações de altíssima complexidade, em tempo recorde.

Existe, pois, um campo vasto e fértil para estudo e aperfeiçoamento contínuos do trabalho em equipe.

Em especial, espera-se que este capítulo tenha possibilitado ao leitor desenvolver, ainda mais, sua percepção em relação a:

- possibilidades de utilização da Psicologia na condução, administração e desenvolvimento de equipes;
- importância de considerar o estágio em que se encontram a utilização da Administração por Objetivos, as técnicas de Administração e, em particular, o Sistema de Gestão, na formulação de metas e objetivos de desempenho para as equipes de trabalho;
- o papel das equipes como fator de equilíbrio emocional dos profissionais, contribuindo assim para o aumento da produtividade.

O funcionamento das equipes possui ligação umbilical com o próximo tema: a *liderança*.

APLICAÇÕES

1/6. O conceito de *visão de mundo* (itens 2.3.8 e seguintes) fornece subsídios para a compreensão do comportamento individual. Em uma equipe de trabalho, cada integrante participa com sua visão de mundo particular, a qual nem sempre converge com as visões dos demais integrantes. Essa situação pode ser fonte de conflitos. Analise a questão, sugerindo estratégias para superar essa dificuldade, que podem ser adotadas **pelos integrantes da equipe**.

2/6. Considere os conceitos apresentados a respeito das *crenças*, no item 2.3.17. No trabalho em equipe, em inúmeras situações, diferenças entre as crenças individuais evidenciam-se e ocasionam tensões entre os integrantes. Analise essa situação, com ênfase nos efeitos presumíveis sobre a integração da equipe e sua produtividade.

3/6. No item 6.7 analisaram-se quatro tipos de equipes, em razão da finalidade de suas atividades. Aprofunde essa análise considerando aspectos como: (a) autonomia no exercício da tarefa; (b) exigência de perícia; (c) importância do conhecimento do negócio para a atividade; (d) integração com os demais participantes da equipe; (e) integração com outras equipes; (f) influência no desempenho de mecanismos psicológicos de defesa (item 5.4).

4/6. Elabore análise semelhante para os seguintes tipos de equipes: (a) vendas; (b) distribuição de produtos; (c) suporte logístico; (d) controle financeiro.

5/6. O *trabalho em domicílio* apresenta vantagens e desvantagens, sob inúmeros aspectos. Faça uma análise comparativa do trabalho em domicílio com o trabalho realizado nas dependências da empresa, considerando os aspectos psicológicos envolvidos nessas duas formas de realização das tarefas. Para isso, dê especial atenção às questões associadas a ou decorrentes da interação com outras pessoas (colegas de trabalho e clientes).

6/6. A utilização de equipes para o desenvolvimento de pequenas melhorias tem sido considerada uma forma de integração e favorecimento da criatividade. Analise essa estratégia considerando aspectos como: simplificação excessiva; forma de expressão de frustrações; palco para atuação dos descontentes; conciliação de aspectos táticos e estratégicos.

7/6. Empregado atuou por cerca de dez anos em equipe de *produção*, sempre a perseguir metas de curtíssimo prazo. Foi transferido, por bom desempenho, para equipe de *controle de qualidade,* cujas metas são de médio e longo prazo. No novo cargo, analisa resultados e emite relatórios periódicos. Analise possíveis *consequências psicológicas* dessa mudança. Considere as diferenças entre as características de personalidade mais desejáveis para cada um desses tipos de equipe de trabalho e prováveis condicionamentos desenvolvidos por ele em sua antiga atividade.

8/6. Avalie os impactos da mesma mudança de equipe de trabalho, sobre os *fatores motivacionais* que possivelmente afetam o desempenho daquele empregado.

9/6. Analise os seguintes mecanismos de defesa possivelmente presentes no trabalho em equipe:

- com alguns colegas o profissional se *identificará* em maior ou menor grau;
- com outros, empregará a *fantasia*, sonhando a Organização ideal nos horários de pacífica confraternização;
- em alguns momentos, encontrará apoio para *negar a realidade, racionalizar* e praticar *estratégias de deslocamento*.

Liderança

O profissional de Administração convive com o desafio de liderar pessoas, que se impõe pela natureza das atividades e pelo tipo de relacionamentos profissionais.

Justifica-se, pois, o grande interesse dos administradores em compreender, desenvolver e exercer competências em liderança.

Neste capítulo, apresenta-se uma visão compreensiva de *fatores de natureza psicológica* relacionados com a liderança, destacando-se:

– a importância dos aspectos emocionais relacionados à aquisição dessa competência e seu continuado desenvolvimento;
– características de personalidade encontradas em pessoas conhecidas pela capacidade de liderar;
– habilidades úteis a seu exercício;
– comportamentos inadequados a serem evitados pelo líder.

O profissional, conjugando treinamento especializado, dedicação e perseverança, pode desenvolver e/ou aperfeiçoar essas características e habilidades.

*Liderança é **situacional, dinâmica e profundamente ligada à natureza humana**.*

7.1 INTRODUÇÃO

7.1.1 Conceito de liderança

Sem liderança, não há Organização.

Não se confunde "chefia", "supervisão" ou "gerência" com "liderança". Na Organização, gerência e supervisão possuem objetivo específico: conseguir que as pessoas *cumpram seu papel*. Para isso, exercem influência sobre os indivíduos, valendo-se do *poder* que o sistema normativo racional-legal lhes proporciona.

Contudo, conseguir obter, de cada pessoa, o cumprimento das prescrições de papel, não torna o superior hierárquico reconhecido como *líder*.

Katz e Kahn clarificam essa diferenciação, estabelecendo *"a essência da liderança organizacional como o incremento influencial além e acima do cumprimento mecânico das diretivas rotineiras da Organização"* (Katz e Kahn, 1975:343).

Por exemplo: a pessoa chega no horário estabelecido unicamente para não receber descontos do salário; o indivíduo esforça-se para atingir um percentual de acerto em suas operações, evitando consequências de erros excessivos, e assim por diante. Bastam os mecanismos coercitivos à disposição do Administrador para promover o cumprimento do que estabelecem as normas regulamentadoras do trabalho.

A obtenção do comportamento e dos resultados *prescritos* para o papel do indivíduo não caracteriza, portanto, o exercício de liderança, uma vez que a influência acontece em decorrência de estímulos consequentes a normas sobre as quais o subordinado pouco tem como atuar durante o exercício da atividade.

O líder, conforme assinalam Katz e Kahn, consegue esses resultados sem precisar desses mecanismos.

A esse respeito, Lobos (1978:299-310) assinala que o verdadeiro líder prescinde da *relação de dependência*, em que a influência resulta de algum tipo de temor, por parte do profissional, de que o poder coercitivo venha a ser exercido pelo superior.

Em síntese:

> *Liderança* é a capacidade que algumas pessoas têm de conseguir que outras, de modo espontâneo, *ultrapassem* o estabelecido formalmente.

O líder, por meio de sua ação, obtém a cooperação entre as pessoas; estabelece, mantém e desenvolve uma direção aceita por todos; promove a convergência de diferentes percepções, interesses e objetivos.

Sem a presença do líder, as pessoas (individualmente ou enquanto *grupo*) se limitarão a dar conta dos mínimos aceitáveis requisitos de papel e, dependendo das características da Organização, nem esses mínimos serão cumpridos!

Em diferentes proporções, o mesmo se aplica à Organização em sua totalidade. Por mais que se profissionalizem as relações no trabalho, criem-se processos de "Planejamento de Negócios", "Desdobramento de Políticas", "programas motivacionais" etc., a presença de líderes permanecerá indispensável para o sucesso do empreendimento.

Nas Organizações em que os processos destacam-se pela complexidade, ressalte-se que o mesmo profissional que exerce liderança em determinado conjunto de atividades, subordina-se a outro líder quando atua em outro conjunto. Portanto, será líder e subordinado simultaneamente, conforme oscilem suas ocupações. Em vez da mera hierarquia organizacional, prevalece a sofisticada teia de relacionamentos.

Observa-se que os grandes líderes, quando necessário, são excelentes liderados porque *não perdem o foco nos resultados*.

7.1.2 Poder e liderança

Poder distingue-se de *liderança*. A *liderança representa uma forma de poder.*

O poder deriva de fontes externas e internas ao indivíduo. Entre as externas, encontram-se riqueza, posse de bens, posição na hierarquia organizacional, participação em grupos de interesse e outras.

Perícia e *características de personalidade*, por outro lado, constituem exemplos de fontes de poder internas ao indivíduo.

A capacidade de exercer liderança constitui um *atributo da pessoa*, exercido por ela de acordo com circunstâncias relativas aos seguidores e à situação (Wagner III e Hollenbeck, 1999:244).

> Muitas vezes, o fato de o profissional exercer algum tipo de poder na Organização, gera no indivíduo a crença, que pode ser desprovida de fundamento, de que é um líder. O comportamento dos áulicos que o rodeiam reforça-a. Na política, isso se torna evidente. A perda do poder revela se houve ou não a liderança: os mesmos áulicos encarregam-se de demonstrar.
>
> Medo e tradição encontram-se relacionados ao poder que emana da autoridade transmitida familiarmente. Filhos herdam esse poder de seus pais, antigos líderes carismáticos.
>
> O peso da tradição estende a sombra dos fundadores sobre as imagens dos filhos; contudo, sua força tem limites que o comportamento dos herdeiros encarrega-se de mostrar. Em parte dos casos, as novas gerações não conseguem firmar-se como líderes; ocorre também o oposto: enquanto a geração anterior conseguiu impor-se pela hierarquia ou outra fonte de poder, a sucessão estabelece a liderança que impulsiona e diferencia a Organização.

À autoridade legal, estabelecida em função da estrutura da Organização, somam-se sentimentos de aceitação relativos ao costume, ao bom senso e à racionalidade, especialmente se essa legalidade encontra respaldo na perícia do indivíduo.

Ainda assim, trata-se de uma relação de poder.

A *personalidade do líder* legitima a autoridade carismática. Crença e visão impulsionam os liderados, o que *não assegura* que o líder conduza as pessoas a um bom porto. A liderança estritamente carismática não é saudável, do ponto de vista organizacional, porque se reflete em um exercício de poder que inibe a crítica e o desenvolvimento dos liderados.

Este livro focaliza o líder capaz de exercer influência combinando *carisma, perícia* e *mecanismos legais-racionais*.

7.2 LIDERANÇA E EMOÇÃO

Profissionais solicitados a relacionar atributos de líderes pouco mencionam aspectos como riqueza, tipo físico, inteligência e conhecimentos. A experiência indica que as lideranças não nascem dessas condições que possuem um denominador comum: elas não asseguram *envolvimento* nos relacionamentos interpessoais.

Com efeito, os atributos considerados tipicamente "emocionais" dominam essa relação. Centenas de profissionais, com diferentes níveis de formação e experiência, escolhidos ao acaso, mencionaram os seguintes atributos de pessoas reconhecidas por eles como líderes:

- "Sempre se lembrava dos nomes das pessoas, mesmo sem vê-las por um longo período."
- "Quando alguém fazia um serviço bem feito, achava tempo para mandar um bilhete de congratulações."
- "Estava sempre sorrindo e isso animava todo mundo."

- "Deixava a gente falar (...). Sempre que havia reunião com ele, primeiro ouvia sem interromper..."
- "Tinha muita paciência (...). Dava tempo para que a turma encontrasse uma solução."
- "Mais de uma vez eu errei e me deu nova oportunidade."
- "Ninguém era igual a ele para adivinhar o que os clientes precisavam."
- "Antes de mais nada, era muito humano."
- "Precisei de seu apoio apenas uma vez e ele acreditou em mim..."
- "Conseguia equilibrar as discussões sem tomar partido... Dava para confiar nele."
- "Quando era o dia de nossa categoria, visitava a seção e cumprimentava todo mundo... Muitos ele chamava pelo nome..."
- "Chegava bem cedo e cumprimentava as pessoas na entrada."
- "Quando de mau humor, não discutia problemas do trabalho. Dizia que era para não perder a cabeça..."
- "Não gostava de dar aumentos, mas se a gente precisava de adiantamento, não criava problemas..."
- "Comia com a gente no refeitório e sentava em qualquer lugar... E também não avisava quando ia aparecer..."

Essas manifestações mostram que, na relação de liderança, existe um poderoso *vínculo emocional*.

> Existe forte componente emocional no exercício da liderança.
> A liderança instala-se pela emoção.

Grandes líderes da humanidade comprovam essa percepção. O elo emocional com os seguidores fortalece a identificação de suas qualidades pessoais, ao mesmo tempo em que obscurece ou atenua a percepção de seus defeitos por seus admiradores (fenômeno anteriormente comentado no estudo da *percepção*, no Capítulo 2).

Outro denominador comum no fenômeno da liderança, conforme sugere a pesquisa, liga-se ao papel que o líder *representa* para o liderado. Ele, em algum grau, de alguma forma – real ou imaginária – contribui para que o indivíduo supere suas dificuldades. Ao fazê-lo, torna-se *pessoa significativa* para o liderado: conquistam admiração e reconhecimento.

> Líderes são pessoas significativas para os liderados.

Líderes orientam em decisões cruciais, mostram-se presentes em momentos de fragilidade, proporcionam amparo psicológico em situações angustiantes, quando o indivíduo encontra-se fragilizado e necessita fortalecer a estabilidade emocional.

Fazem-no, contudo, de maneira espontânea e desinteressada, e isso transparece para o liderado.

O *líder* desenvolve, no liderado, a *percepção* de relacionamento interpessoal significativo, positivo e proativo, capaz de estimular a ação, o desenvolvimento, sob o impulso do envolvimento emocional.

Trata-se, aqui, da **liderança carismática**.

Essa forma de liderança, se exclusiva, conforme anteriormente observado, constitui um risco no ambiente organizacional. Falta-lhe, muitas vezes, o *feedback,* a crítica construtiva.

A liderança eficaz, sob a ótica da Organização, requer alicerces em componentes psicológicos duradouros e consistentes.

Para que isso aconteça, é essencial que o líder seja *"uma pessoa sensível tanto aos seguidores como à situação"* (Wagner III e Hollenbeck, 1999:244). Essas pessoas têm *atributos pessoais* que as distinguem.

7.3 ATRIBUTOS DOS LÍDERES

Líderes *irradiam energia psíquica.* Líderes colocam as pessoas em ação.

Os atributos e características dessas pessoas *especiais* e a forma como elas se ajustam às mudanças contínuas e aos desafios crescentes no campo cognitivo e emocional constituem referências para todos os que almejam exercer ou compreender esse papel.

Um desses atributos é básico, comum a todos os líderes; condição *necessária*, embora não *suficiente*, para liderar: a capacidade de *produzir visões*.

7.3.1 O líder e a construção de visões

> *"I have a dream..."*
> Martin Luther King Jr.

Nem todo o que produz visões exerce liderança, mas não há liderança sem uma *visão*. Segundo Campos:

> *A Visão deve ser inspiradora e positiva. Ela deve ser idealista. Ela deve poder tirar o melhor de cada um, desafiando as pessoas a crescerem e a utilizarem as possibilidades infinitas de seu potencial mental. Uma Visão deve ter alcance social* (1992:71).

O líder tem *percepção* clara do que deve ser edificado, do alvo a ser atingido, e consegue *"inspirar seus colegas a se juntarem a ele na construção desse futuro"* (AT&T, 1991:16).

A base de toda liderança consiste no estabelecimento de uma *visão compartilhada* por todos os liderados (AT&T, 1991:14). Isolada, paralisada nos meandros da imaginação do criador, permanecerá estéril.

A visão compartilhada e *aceita como válida* orienta a decisão e gera a cooperação de todos para alcançá-la (AT&T, 1991:15).

Morgan (1996:76) assinala: nas Organizações, o trabalho cooperativo e harmonioso, na maioria das vezes, não acontece de forma espontânea. *"Os diferentes elementos da Organização são capazes de viver vidas separadas e, frequentemente, fazem isso."* Essa é a realidade dominante em inúmeras Organizações, que desempenham papéis importantíssimos na Sociedade com baixíssima eficiência.

Líderes atenuam essas divisões e conflitos ao polarizar os profissionais em direção às visões tornadas comuns a todos eles.

Daí a importância da *linguagem*: a transmissão da visão requer conhecimento da linguagem capaz de produzir efeitos emocionais nas pessoas (conforme item 3.7 sobre linguagem e pensamento). Ele tem sensibilidade para identificar e utilizar *a linguagem compreensível* pelos liderados, adaptando-a à situação.

> Observe-se que a disseminação do acesso às redes sociais e de seu uso é responsável por uma **linguagem característica** que a população intensamente emprega, permeada por símbolos, abreviações, expressões, palavras cifradas e, principalmente, **conteúdos** que se multiplicam e ganham foro de verdade com impressionante facilidade.
>
> Essa realidade sugere que as lideranças podem ser solicitadas, em determinadas situações e com públicos específicos, a dominar essas linguagens para se comunicar, mesmo que não as utilizem corriqueiramente e ou não se sintam confortáveis ao empregá-las.

Não se estranhe que pessoas sem instrução sofisticada tornem-se líderes notáveis: elas, de maneira simples e objetiva, empregam linguagem capaz de produzir emoções em seu público-alvo. Exemplos, marcantes na política e na religião, encontram-se ao longo da História – muitas vezes conduzindo a resultados catastróficos.

Observe-se que, enquanto determinadas pessoas tangibilizam uma ideia a partir de palavras, outras requerem formas mais concretas para visualizá-las: desde pinturas, até modelos em escala reduzida.

> *Linguagem* compreende as palavras e tudo o que possa estabelecer a comunicação, incluindo a forma de se vestir, o comportamento, a participação em eventos etc.
>
> Os Evangelhos trazem magníficos exemplos da prática da transmissão da visão, adotados por Jesus Cristo. Ele *ajustou sua linguagem* às características da plateia e, com essa estratégia, desenvolveu a percepção, no público-alvo, da visão de que dispunha.

Estudar, compreender e praticar linguagem adequada às características dos liderados constitui ponto de partida para que o Administrador, em qualquer nível da hierarquia, desperte a atenção e desenvolva percepção favorável às suas ideias.

Não basta, porém, construir e compartilhar a visão.

Do líder organizacional exigem-se outras habilidades, possíveis de se desenvolver com dedicação e método, para reforçar e manter viva a visão. Três são essenciais e formam uma espécie de tripé de apoio: exemplo, perseverança e compromisso.

a) Demonstrar a visão pelo exemplo

As pessoas precisam perceber que à fala corresponde a ação.

> **Caso 7.1**
>
> Uma empresa de comércio de produtos de reposição para veículos automotivos dispunha de equipe de vendedores que atuavam em lojas de autopeças em uma vasta região.
>
> Essa equipe não trabalhava com metas previamente estabelecidas; a seleção de produtos era opção de cada vendedor; os descontos praticados não seguiam uma política consistente.

O gerente da equipe de vendas acreditava que o caminho para melhorar os resultados passava exclusivamente pelo empenho dos vendedores. Para consegui-lo, desenvolveu o costume de reunir o grupo, periodicamente, para encontros de "relaxamento emocional", em que bebidas e outras "diversões" preenchiam as longas horas da noite. Acreditava que, assim, conseguiria manter a equipe motivada e unida.

Ele não tinha, contudo, percepção para o fato de que, em nenhum momento, conseguia liderar as pessoas para os objetivos da Organização.

A falta de boas estratégias causava conflitos com os clientes e resultava em vendas com margens extremamente reduzidas. Essa situação tornou a empresa pouco competitiva e, com o tempo, levou-a à insolvência.

O Caso 7.1 apresenta um comportamento que se opõe ao esperado da efetiva liderança. Ausência de metas, comportamentos socialmente discutíveis ou condenáveis, mensagens paradoxais, falta de visão de futuro e má utilização dos recursos financeiros da empresa constituem um autêntico "kit de imprudência" com resultado previsível.

A motivação vem do esforço, da perseguição de metas e objetivos, do comprometimento em torno de valores e o verdadeiro líder consegue despertar a disposição e mantê-la por seu *exemplo*.

A intenção do líder nada vale sem a percepção do liderado.

> *Líderes de empresas bem-sucedidas aprenderam que, se quiserem que seus funcionários pensem que a satisfação do cliente é importante, eles precisam mostrar-lhes, além de dizer-lhes que ela é importante* (AT&T, 1991:18).

Caso 7.2

O Presidente de uma grande corporação lançou um programa de criação de novos locais de prestação de serviços.

O Programa foi lançado, internamente, com suporte de *folders* e vários tipos de mensagens.

Mais do que toda a estratégia mercadológica, ficou marcante para os profissionais o papel desempenhado pelo Presidente: ele incluiu em sua agenda visitas frequentes aos locais em que se preparavam os novos centros de serviço, "marcando presença".

Para conciliar a viagem com os compromissos rotineiros, criou a estratégia do "escritório itinerante". Esta mostrou-se duplamente vantajosa: impressionava pela dedicação dos profissionais dos locais distantes e, também, os da sede administrativa.

Assim, à prioridade divulgada correspondia uma ação definida e precisa, com enorme influência sobre os profissionais, refletida em sua disposição para realizar serviços extraordinários, demonstrando comprometimento com o novo projeto.

Os líderes devem ser modelos para os profissionais: *"sem esses modelos dedicados, as palestras e as afirmações sobre a visão representariam simplesmente mensagens vazias que poucos funcionários seguiriam"* (AT&T, 1991:51).

O exercício da liderança requer, portanto, a habilidade de compreender os elementos que produzem a percepção desejada nos liderados.

Percepção, muitas vezes, encontra-se mais relacionada a **detalhes** (um sorriso, um cumprimento, a palavra correta no momento certo) do que nas sofisticadas técnicas comportamentais e gerenciais, tantas vezes produto de modismos, e que desaparecem com a mesma velocidade com que surgiram, como sugere o Caso 7.3.

> **Caso 7.3**
>
> Um profissional de um setor em que cinquenta pessoas atuavam, vivenciando grave dificuldade no lar, passou a ter sua produção comprometida.
>
> Seu supervisor observou a queda de produção, mas não teve *sensibilidade* para relacionar esse fato a um possível problema vivenciado pelo profissional.
>
> O *superior* do supervisor, entretanto, nos contatos periódicos que mantinha com a área, notou que algo acontecia e chamou a pessoa para conversar. Ele simplesmente observou traços no semblante da pessoa.
>
> O profissional pôde, então, expor sua situação e uma providência administrativa foi encaminhada para contornar aquele momento delicado.
>
> O superior do supervisor tornou-se um líder para aquele profissional. O *essencial* de sua ação foi, de fato, ouvir a pessoa e manifestar compreensão. Isso foi possível porque ele *discriminou* o que acontecia.

Mesmo quando pouco ou nada há para ser feito, a simples escuta muito representa.

b) Perseverar nos momentos difíceis

Espera-se do líder a habilidade para *sustentar* a visão nos momentos em que dificuldades enfraquecem o ânimo das pessoas (AT&T, 1991:14).

Obstáculos pavimentam o cotidiano das Organizações, opondo-se ao cumprimento das filosofias que as norteiam e ao alcance dos objetivos e planos de ação.

O líder certifica-se de que todos entendem a visão, conseguem relacioná-la às suas atividades diárias e encontra-se presente nos momentos em que as pessoas podem esmorecer, pressionadas por revezes, dificuldades ou incertezas. Para tanto, ele:

- comunica a visão continuamente, ainda que de forma subliminar;
- alerta para os perigos no horizonte e procura antecipar-se a eles;
- analisa, com a equipe, as causas de eventuais resultados negativos;
- mantém as pessoas informadas dos resultados positivos;
- manifesta sua apreciação pelas iniciativas que reforçam a persistência para atingir as metas e perseguir a visão.

Verifica-se, pois, a importância da *perseverança* para o líder. Sustentar a visão representa um fantástico desafio, porque ela é algo estritamente mental.

O líder tem a capacidade de *transformar* essa construção intelectual em elementos tangíveis, capazes de produzir emoção em seus seguidores e demonstrar *empenho* em persegui-la.

c) Compromisso

Líderes demonstram compromisso com as causas que abraçam, por meio de sacrifícios pessoais, e o demonstram de forma inequívoca: eles encontram *tempo* para isso.

Quando há *compromisso*, o espaço na agenda aparece, conforme mostra o Caso 7.2.

Na História das Organizações encontram-se inúmeros relatos de grandes líderes que levaram seus sacrifícios pessoais ao extremo, comprometendo sua saúde, a ponto dar a vida para levar avante seus empreendimentos.

Em muitos casos, o profissional deixa de prestar atenção a sinais e sintomas que o corpo emite; ainda que atente a eles, protela as medidas preventivas e possíveis tratamentos. Com isso, a doença instala-se e chega ao limite da reversibilidade.

São decisões pessoais que merecem respeito e admiração. Contudo, deve-se ponderar a respeito da validade do sacrifício extremo: ele priva o próprio líder e a Organização de continuar a desfrutar de sua dedicação e competência.

7.3.2 Características cognitivo-comportamentais

Habilidade e criatividade em desenvolver, manter e comunicar *visões* contagiantes não bastam para que a pessoa se torne um líder. Algumas características, descritas a seguir, são indispensáveis para que isso aconteça. Sem elas, as visões simplesmente não se sustentam e de nada vale perseverar para atingi-las.

Habilidade Interpessoal

O líder mantém ativo, eficiente e eficaz *relacionamento* com as pessoas, de maneira que, além de criar uma visão inspiradora e cativante, ele consegue que as pessoas a compreendam, considerem-na importante e disponham-se a segui-lo na busca de torná-la real.

Ele *compreende* que dessa competência depende a concretização da liderança e que ela pode e deve ser aprendida e aperfeiçoada.

Intuitivamente ou não, distingue a importância dos *componentes emocionais* sobre os quais fundamenta a influência que exerce sobre as pessoas e os utiliza com propriedade. Ele percebe que a *racionalidade* é necessária, mas em muitas situações, insuficiente.

O líder *sabe* que (Miranda e Miranda, 1993:31):

- a responsabilidade maior por sua eficácia como líder é antes sua do que dos liderados;
- os resultados que obtém dependem de suas habilidades interpessoais e que elas podem ser aprendidas e aperfeiçoadas;
- não basta conhecer essas habilidades: elas devem ser transformadas em *comportamentos*;
- os *componentes emocionais* constituem a base sobre a qual os comportamentos devem ser estabelecidos.

Autoconhecimento

Possibilita ao profissional *alguma* certeza de que não contamina, pela manifestação de conteúdos psíquicos inadequados (p. ex., seus mecanismos de defesa, pensamentos automáticos, esquemas rígidos), os comportamentos que manifesta e a interpretação que faz dos fenômenos por ele vivenciados.

Ele propicia melhor aceitação de críticas, à medida que o indivíduo aprende a reconhecer a influência de seus próprios conteúdos nas observações que lhe são trazidas por outros profissionais.

Compreender o uso que faz de seus mecanismos de defesa e os esquemas de pensamento que utiliza proporciona ao líder um poderoso instrumento para aumentar sua eficiência e eficácia. A partir daí consegue aperfeiçoar e fortalecer o que beneficia a liderança e compensar ou neutralizar o que a enfraquece.

O autoconhecimento constitui a chave para conjugar a necessidade de manter ativa a visão do futuro com as imposições da realidade ditadas pelo cotidiano (o líder não pode conduzir seus liderados através de precipícios intransponíveis), *atuando* como um fator de equilíbrio nos momentos adequados.

Autoconfiança

Propicia ao profissional *cercar-se de pessoas inteligentes e ativas*, capazes de superá-lo em muitos aspectos e de se desenvolverem, tornando-se autossuficientes, até prescindirem de seu apoio.

O líder trabalha para isso – esse comportamento distingue-o do simples manipulador, que cerceia o crescimento dos liderados. Com esse objetivo, utiliza as técnicas de condicionamento, motivação e modelação anteriormente apresentadas.

O *fortalecimento da autoconfiança* possibilita-lhe expandir a capacidade de dar e receber *feedback*, indispensável a todo aquele que se propõe a missão de liderar pessoas. Nada melhor do que o *feedback* para aperfeiçoar o *autoconhecimento*.

Quando se cerca de profissionais medíocres, o superior angaria um coro permanente de *áulicos*; conseguirá resultados limitados às possibilidades desse grupo.

O líder não hesita em cercar-se de pessoas de elevado potencial e competência; elas serão mais críticas, exigirão respostas e não se contentarão com resultados limitados. Entretanto, ele sabe que crescerá, juntamente com seus liderados, em uma espiral ascendente de qualidade e produtividade.

Autoeficácia

A *autoeficácia,* já comentada anteriormente (termo criado por Albert Bandura), significa a convicção da pessoa de que é capaz de superar os desafios. Somente se distribui o que se tem: o líder demonstra *convicção* na obtenção de sucesso e no acerto das decisões; ele combina capacidade técnica e equilíbrio emocional para suportar os desafios do caminho em direção à visão.

O líder, além de possuir convicção, empenha-se em desenvolver semelhante sentimento em seus liderados.

A autoeficácia revela-se por meio de características inspiradoras e que conduzem à admiração de todos. Entre elas:

- *ousadia*, sem resvalar na imprudência, que enseja a experimentação das inovações contínuas que o ambiente social e profissional solicita;

- *imaginação,* que lhe proporciona atualizar continuamente a visão e promover o *inusitado* nas percepções dos liderados (lembrando que o inusitado fascina mais do que o fantástico);
- *espírito crítico* de seus atos, para que a persistência não se transforme em apego a possíveis erros do passado, perigoso convite à vaidade que obscurece a percepção da realidade;
- *senso de justiça,* para atuar com eficácia nas situações de conflito que naturalmente ocorrem na vida organizacional. O oposto, *a percepção de injustiça,* destrói a motivação das pessoas e coloca por terra os esforços dos projetos e programas de melhorias e desenvolvimento;
- *disciplina,* para cumprir e fazer cumprir as decisões, sem incorrer no extremo da obstinação, como convém àqueles que possuem confiança em suas possibilidades.

Comportamentos de líder

O líder difere das demais pessoas na amplitude em que manifesta comportamentos favoráveis à liderança. Estes são alguns costumeiramente citados como típicos de líderes:

- **interação**: *participa* de atividades que envolvam contatos pessoais (o que não significa, necessariamente, ser *extrovertido*);
- **entusiasmo**, contagiando os demais;
- **ousadia**, sem resvalar na imprudência, para aproveitar as inovações necessárias à manutenção da competitividade;
- **sensibilidade**, para manter acesa a chama da visão, sem descuidar do senso prático que lhe permite compreender as questões relativas às tarefas mais elementares, cujos detalhes tecem a delicada trama do reconhecimento;
- **imaginação**: atualiza continuamente a visão que o inspira e promove o inusitado nas percepções dos liderados (lembrando que o inusitado fascina mais do que o fantástico);
- **espírito crítico** de seus atos, para que a persistência não se cronifique em apegos a erros aos quais todos se encontram sujeitos, e que a vaidade dos sucessos não obscureça a percepção da realidade; particularmente importante nas lideranças carismáticas;
- **senso de justiça**, para atuar com eficácia nas situações de conflito entre profissionais. A percepção de injustiça neutraliza os esforços dos melhores programas de trabalho e destrói a motivação das pessoas;
- **disciplina**, para cumprir e fazer cumprir decisões tomadas em equipe, ainda que discorde de algumas, sem incorrer no extremo da obstinação, como convém àqueles que tenham confiança em suas possibilidades.

Todos esses comportamentos estimulam e facilitam o desempenho da liderança. Além deles, uma série de *habilidades* adicionais demonstra ser de grande utilidade para uma liderança eficaz.

7.4 HABILIDADES

As *habilidades* descritas a seguir possibilitam reduzir as barreiras interpessoais, aumentar os sentimentos de identificação e estabelecer elos emocionais.

Sob essa ótica, destaque-se a importância de o líder acompanhar as *redes sociais,* atualizando-se e participando delas, compreendendo-lhes o funcionamento e a natureza das informações comunicadas através delas. Sob alguns aspectos, as redes sociais funcionam como uma mídia e, como tal, devem ser observadas.

Habilidades não se confundem com conhecimentos. Uma habilidade é um conhecimento posto em prática.

7.4.1 Habilidade para observar

Observar compreende:

- perceber as *mensagens não verbais* contidas nos comportamentos da(s) pessoa(s) (Miranda e Miranda, 1993:71);
- identificar os *comportamentos favoráveis e não favoráveis* aos objetivos pretendidos, a forma como acontecem e os fenômenos que os desencadeiam, para reforçar os favoráveis e neutralizar os não favoráveis;
- discriminar *detalhes dos comportamentos* que passam despercebidos pelas pessoas, desde aspectos relacionados à postura física, até inflexões de voz;
- identificar características comportamentais das pessoas, manifestadas de forma *crônica ou impulsiva*, visando reorientação ou adequação.

O bom observador:

- é **paciente**. Sabe que a percepção aumenta com a persistência; que as espigas do trigo são iguais apenas para o olho desacostumado;
- busca os **detalhes**, porque reconhece que eles fazem a diferença nas relações com os clientes das tarefas;
- usa de **discrição**, pois compreende que a simples presença do observador interfere, emocionalmente, nas respostas do observado;
- respeita a **privacidade**; guarda para si as informações confidenciais obtidas e as utiliza apenas em proveito do observado, orientando ou melhorando os processos; isso fortalece os vínculos emocionais, angaria respeito e ratifica os contratos psicológicos existentes;
- persegue a **neutralidade**, bastante difícil quando se trata de observação de pessoas.

As Organizações usam intensamente a observação por meios eletrônicos com muitas finalidades (controle, treinamento, supervisão, apoio etc.). Eficazes para imprimir neutralidade e eficiência à observação, reduzem ou eliminam o "efeito Hawthorne" já citado (item 4.2), por meio da habituação.

Recomenda-se atenção especial para com os *preconceitos* e *mecanismos de defesa,* conforme ilustra o Caso 7.4.

Caso 7.4

Um analista de Recursos Humanos observou que, em determinada área da Organização, as demissões de profissionais aconteciam, com maior frequência, com pessoas negras ou morenas.

Constatou-se que o supervisor identificava falhas de comportamento predominantemente entre esses profissionais.

Pesquisando o histórico de demissões, concluiu-se que, inconscientemente, o supervisor proporcionava orientação (*feedback*) menos precisa a esses profissionais, tornando-os mais susceptíveis de incorrerem em erros nas tarefas.

Como as contratações eram realizadas por terceiros, sob supervisão da área de Recursos Humanos, esse comportamento do supervisor não chegava a interferir na *escolha* dos profissionais, mas afetava sua *permanência* na Organização.

7.4.2 Habilidade para escutar

A observação usa todos os sentidos e a escuta faz parte dela. A grande dificuldade para escutar encontra-se na falta de modelos efetivos de "escutadores", segundo interpretam Miranda e Miranda (1993:75). O autores também destacam a presença de mecanismos de defesa que dificultam a escuta: *"não vou escutar coisas que podem amedrontar-me, porque não sei como responder ou lidar com elas"* (Miranda e Miranda, 1993:75). Assuntos desagradáveis, de maneira geral, comprometem a escuta. Levam o indivíduo, providencialmente, a "desligar-se"; uma das estratégias do psiquismo consiste em fazer com que a pessoa perca-se em pensamentos divagantes – um fenômeno extremamente frequente nas salas de aula.

Além disso, salientam os autores, em situação de entrevista, o indivíduo utiliza a tática de falar para controlar a conversa e, escolhendo temas convenientes, evita a exposição excessiva, na tentativa de limitar-se a assuntos superficiais (Miranda e Miranda, 1993:76).

Caso 7.5

Em um programa de "Administração Participativa", muitos gerentes passaram a realizar encontros para conversas informais com seus profissionais (do tipo "café da manhã", "almoçando com o Presidente" etc.).

Por conta desses eventos, os gerentes acreditavam que mantinham contato direto com os profissionais, com o "chão da fábrica".

Muitas vezes, entretanto, os encontros resumiam-se a um exercício de monólogo, com o anfitrião relatando "suas" realizações, destacando a contínua melhoria das condições de trabalho na empresa e da qualidade de vida dos trabalhadores, propiciada pela Administração. Os convidados entravam mudos e saíam calados.

Além disso, muitos profissionais encontravam dificuldade para uma verdadeira expressão de emoções, porque não eram acostumados aos ambientes de relativa sofisticação em que se conduziam os encontros.

Em lugar de integrar, essa estratégia produzia comparações desfavoráveis para a Organização (os profissionais comparavam o ambiente de trabalho com aquele em que o encontro se realizava).

Caso 7.6

A área técnica de uma Organização enfrentava um desgastante período de contenção de custos.

Um supervisor da manutenção foi convidado para participar de "café da manhã" no gabinete do Diretor Administrativo, com quem tinha pouco contato direto.

Teve, então, a oportunidade de observar o escritório central e conversar com vários colegas daquela área, com a qual raramente tinha algum contato.

Do encontro, o supervisor levou a seguinte percepção: enquanto sua área, altamente especializada, encarregada de sistemas sofisticados, debatia-se com dificuldades de informática e comunicação, na Diretoria essas facilidades mostravam-se abundantes e utilizadas para serviços burocráticos, considerados por ele de menor importância.

A percepção conta mais do que a intenção.

Para *compreensão em profundidade*, faz-se necessária a escuta em igual profundidade.

Os seguintes fatores recomendam que o líder se aperfeiçoe na arte de escutar:

- falar tem *efeito terapêutico*: a prática psicológica demonstra esse fenômeno à exaustão. A chefia que permite a "fala terapêutica" ganha pontos na escala de *pessoa significativa* do profissional;
- a função terapêutica da fala não depende da proximidade ou viabilidade da solução pretendida pelo profissional, se for o caso; ela pode, contudo, ser afetada pela *postura* daquele que escuta, pois muitas vezes os sentimentos transparecem em mínimos detalhes, detectados pelo observador;
- quando fala, o profissional *ordena suas ideias*; a oportunidade de se expressar oralmente leva a pessoa a reflexões que, sem esse estímulo, não faria. No falar, com frequência, o indivíduo modifica esquemas de pensamento, porque se vê forçado a outro tipo de estruturação das ideias, para ajustar-se ao que escuta.

Caso 7.7

Segue o depoimento de um especialista na condução de equipes de melhoria:

"Acredito que o maior benefício das reuniões que tenho conduzido consiste em permitir às pessoas falarem.

Quando falam, elas desenvolvem novas percepções dos problemas que enfrentam e, com isso, aparecem outras maneiras de resolvê-los.

Parece que as pessoas precisam, para se expressar, colocar-se um pouco mais no lugar dos que escutam.

Muitas expressam um sentimento de bem-estar após as reuniões. Acredito que isso aconteça, simplesmente, porque trocaram ideias com os outros, falaram e foram escutadas."

De maneira geral, os benefícios experimentados pelas pessoas por se expressar são substanciais. Para que eles existam, contudo, é indispensável a *escuta* eficaz.

As seguintes regras auxiliam a melhorar a escuta:

a) "Estruturar" os conteúdos das mensagens no esquema "5W + 1H":

O que (*what*) o indivíduo fala	Fixar-se *nas palavras em si*, sem procurar segundas intenções ou significados ocultos. Concentrar-se nas *evidências*. As *inferências* vêm depois
Por que (*why*) o faz	Certificar-se de que a pessoa expressa o real sentimento que a leva a falar o que fala e da forma como o faz. Se preciso, ajudar com perguntas exploratórias
Como (*how*) fala	Concentrar-se nos aspectos perceptuais da fala: linguagem, entonação, oscilações, repetições etc.
Onde (*where*) ele escolhe para falar	Associar o local escolhido para estabelecer a comunicação com o tema tratado: a oficina, o escritório, em particular, no restaurante etc.
Quem (*who*) fala	Verificar se a pessoa assume o que fala ou suas afirmações a colocam na condição de um representante de um grupo, por exemplo
Quando (*when*) a fala ocorre	Associar o relato com o *timing*: logo após um evento traumático; antes de uma experiência capaz de produzir ansiedade etc.

b) Clarificar os conteúdos para assegurar que o entendimento aconteceu de forma correta.

Não se deve hesitar em pedir para a pessoa repetir. Uma forma elegante de fazer isso, consiste em dizer: *"Vou repetir com as minhas palavras, para ter certeza de que entendi corretamente."*

c) Atentar para elementos especiais da expressão *corporal* que acompanha a fala:
– gaguejo;
– rubor repentino;
– tremor das mãos, dos lábios, da face;
– desvio do olhar;
– variação no ritmo da respiração;
– agitação geral;
– suor excessivo etc.

Eles podem representar estados emocionais a serem mais bem compreendidos e, eventualmente, explorados pelo ouvinte. Muitas vezes, representam sinais de dificuldade de expressão, conteúdos que permanecem ocultos ou relatados de forma incompleta, distorções etc.

d) Atentar para dois sinais fundamentais, úteis para separar conteúdos de maior relevância:

- *o que se repete* na fala: as pessoas, inconscientemente, insistem naquilo que tem real importância para elas (Miranda e Miranda, 1993:80).

Nem sempre o mais importante, porém, encontra-se explícito, como o Caso 7.8 demonstra.

> **Caso 7.8**
> Os profissionais de uma Organização interromperam as negociações do acordo coletivo de trabalho por impasse em um aspecto secundário.
> Tratava-se de um item que afetava o orçamento familiar de menos de 1% dos profissionais e, pela quantia envolvida, de significado simbólico.
> Entretanto, a Administração não teve *percepção* para a *mensagem subliminar*.
> Esforços de negociação concentrados nesse detalhe específico conduziram a um resultado final insatisfatório para as duas partes.

- a *intensidade com que se fala,* medida pelo tom de voz e por outros elementos (olhar, entonação, rubor, tremor, escolha de palavras de maior impacto etc.; Miranda e Miranda, 1993:80).

Conclui-se que *escutar aproxima-se de uma arte,* cujo produto consiste em descobrir a mensagem implícita, enviada pelo inconsciente por meio das palavras, na tentativa de aliviar a ansiedade, a tensão do indivíduo.

> O *ombudsman* (Caso 2.12) que escutou a mensagem explícita dos profissionais de uma Organização, concluindo que a principal queixa era a "falta de vagas no estacionamento", concentrou-se apenas nas palavras ("o que se fala").
>
> Descuidou da visão sistêmica. Concentrou-se na queixa, deixando de observar se havia congruência com outros elementos que compunham o quadro geral das relações entre os profissionais e a Organização.

7.4.3 Habilidade para falar

A qualidade da escuta, muitas vezes, manifesta-se quando a pessoa responde a uma pergunta explícita ou implícita ou, simplesmente, opina.

A fala da pessoa que escuta sinaliza o grau de compreensão (Miranda e Miranda, 1993:93) e, muitas vezes, a única demanda do que fala consiste em ser compreendido! Ela, entretanto, pode ser o veículo de transporte de mecanismos de defesa daquele que escuta.

Algumas maneiras de se expressão indicam desatenção ou desinteresse e devem ser evitadas:

a) **deslocamento para outro assunto** ("veja o que aconteceu com seu colega..."); uma forma educada de desviar a atenção de algo que incomoda o ouvinte;

b) **identificação com o que fala** ("você pode não acreditar, mas isso também me aconteceu quando tinha sua idade..."), para criar falsa irmandade na dor e, até, justificar a impossibilidade de qualquer ação; falando de si, a pessoa evita enfrentar a fala do outro;

c) **distração**, expressa no ingênuo "queira repetir, por favor, alguns detalhes eu gostaria de aprofundar";
d) **fantasia**: "veja, vamos enxergar sob outro prisma; imagine que nada disso jamais houvesse acontecido...";
e) **negação da realidade**: "com certeza, isso não pode ser tão grave como você pinta...";
f) **racionalização**: "você tem razão no que fala, mas vejamos isso percentualmente".

Essas manifestações de *mecanismos psicológicos de defesa*, inconscientes apenas para quem as utiliza, tornam-se hábito quando empregadas com frequência.

A fala adequada compreende os conteúdos verbais e não verbais. Aqueles, exigem correspondência com a escuta; estes, com as posturas. *A boa fala contém algo de reflexão*, até como forma de demonstrar a existência de compreensão.

Para imprimir eficácia à fala, é importante a **sintonia de linguagem**, aspecto já comentado anteriormente. Esta pode tornar-se um obstáculo quando há grande diferença de conhecimento entre os interlocutores. Se um deles emprega termos e ou construções de difícil compreensão para o outro, surge uma barreira natural na comunicação.

Muitas vezes, interpreta-se a fala mais sofisticada, com termos técnicos ou eruditos, como uma forma de menosprezar o interlocutor, que não a compreende.

7.4.4 Envolvimento

Ver e escutar em profundidade requerem *envolvimento*, a capacidade de, em um momento, *fazer parte* da situação que cerca o problema que o outro apresenta.

Isso não significa *deixar-se dominar* pelos mesmos entusiasmos, alegrias, medos e ansiedades experimentados pela outra pessoa; o envolvimento, porém, constitui a chave para compreender a lógica que dirige o pensamento do outro.

O envolvimento é fundamental quando se trata de avaliar uma ideia inovadora. As pessoas, com assustadora frequência, dedicam-se a colocar dificuldades e obstáculos às inovações, a tudo que signifique uma alteração na ordem estabelecida.

Envolver-se no entusiasmo permite incorporar o "esquema de pensamento" que justifica a inovação proposta; assim, o líder transforma as vantagens em "figura" em sua percepção, permitindo-se uma avaliação francamente favorável. Mais tarde, terá tempo para pesquisar os aspectos negativos da proposição.

Líderes desenvolvem extraordinária habilidade para **demonstrar envolvimento**, dando à outra pessoa a percepção de compartilharem os mesmos valores. Algumas técnicas contribuem para solidificar ou aumentar essa *percepção* de envolvimento:

- *Opinar* sobre conteúdos dos trabalhos que as pessoas realizam. *R*equer preparação; exige atenção a detalhes e dedica*ção* para valorizar a atividade. O líder estabelecerá relacionamento mais proveitoso com o liderado à medida que:

    – conhecer suficientemente a natureza da atividade;
    – demonstrar que conhece o tipo de contribuição que dele se espera;
    – souber transmitir com precisão a visão que deve nortear o trabalho.

- Utilizar o *jargão técnico* dos liderados.

    Líderes de equipes multifuncionais favorecem a integração entre os elementos da equipe e fortalecem sua relação com eles quando dominam elementos da linguagem própria de cada especialidade, suficientes para demonstrar interesse e conhecimento.

- Compartilhar programas de desenvolvimento, ainda que em parte, valorizando a atividade e aproveitando a oportunidade para compreender mais a linguagem utilizada pelas pessoas.

- Avaliar, com a equipe ou indivíduos isolados, os resultados das atividades, principalmente se a avaliação prestar-se para estabelecer ou corrigir os rumos que elas devem seguir.

- Visitar, sem programação prévia, de tempos em tempos, os locais de trabalho e demonstrar interesse real pelas atividades desenvolvidas e *condições* em que são realizadas. Esse procedimento será mais valorizado se demonstrar, nas visitas, conhecimento dos aspectos essenciais do que acontece naquele ambiente.

- Trocar *e-mails*, telefonemas, mensagens através do WhatsApp ou por outro meio similar. O efeito emocional de uma mensagem recebida de pessoa significativa surpreende.

    As pessoas guardam essas mensagens, transformando-as em símbolos de um relacionamento.

- Participar das redes sociais, incorporando a linguagem, opinando e demonstrando conhecer aspectos significativos das opiniões e ideias das pessoas conectadas.

- Vestir-se de maneira apropriada à intenção, ao momento e ao local: isso evita inibições, sinaliza abertura ou separação, amplia ou reduz a hierarquia etc.

    Há liderados que necessitam, em determinados momentos, sentir a força de uma hierarquia solidamente estabelecida; em outros, sentem-se mais confortáveis quando percebem no superior certa proximidade.

> **Caso 7.9**
> Um engenheiro de vendas de uma Organização recriminou, com uma ponta de vergonha, a postura de um Diretor que compareceu a uma reunião realizada com um grupo de clientes, vestindo *jeans* e tênis.
> Essa demonstração de "abertura e simplicidade" ocasionou profundo mal-estar no subordinado, que percebeu, nesse comportamento, uma desvalorização de seu trabalho e uma mensagem paradoxal em relação à *importância* das relações com os clientes.

- Demonstrar **visibilidade**.

    Os líderes acentuam a visibilidade quando participam de momentos considerados especiais pela equipe. Por exemplo, nas festividades – ainda que singelas – comemorativas de datas significativas (dia da categoria profissional, celebração do alcance de uma meta difícil etc.). Existem celebrações em que os profissionais contam com a presença de seus superiores.

Demonstra-se também visibilidade *visitando* os locais de trabalho de forma rotineira, porém, sem aviso prévio.

As pessoas apresentam notável tolerância para uma série de omissões dos líderes, mas *a ausência muito se nota e pouco se perdoa*: uma visita representa a chance de receber e demonstrar afeto. O líder tem sensibilidade para identificar essas oportunidades.

Caso 7.10

O gerente de uma Divisão Organizacional, localizada em local distante, costumava acompanhar os profissionais no ônibus utilizado para o transporte, a partir do centro da cidade.

Chegando ao destino, compartilhava o "café da manhã" no refeitório coletivo.

Fazia isso uma vez a cada 15 dias, deixando claro, para os profissionais, que ele conhecia a dificuldade de transporte; participava e, quando se dedicava aos assuntos daquela seção, levava em conta essa particularidade.

Muitos anos após ter deixado de gerenciar essa área, encontrando profissionais que trabalharam ali sob sua orientação, ainda ouvia expressões de reconhecimento, demonstrando o grande efeito da visibilidade.

Caso 7.11

O Diretor de Serviços de uma Organização bastante descentralizada pratica uma espécie de "visibilidade virtual".

Por meio do WhatsApp mantém contato com grande número de profissionais – com alguns, diariamente. Obviamente, participa ativamente de alguns grupos das redes sociais dos empregados.

Utiliza esse contato para troca de ideias e para fazer um acompanhamento, qualitativo, do andamento de ordens de serviço escolhidas aleatoriamente. Contudo, é evidente que a principal virtude do contato é demonstra presença, fazer-se "visível", em todos os locais.

Ao demonstrar visibilidade, o líder leva bem-estar e segurança aos liderados, ao mesmo tempo em que incentiva a cooperação entre eles.

Deve cuidar, entretanto, para não transmitir a impressão de que fiscaliza ou controla as atividades – funções necessárias, mas obviamente, realizadas por profissionais especificamente designados para isso segundo metodologia apropriada.

7.4.5 Compreensão

Observar, escutar e envolver-se com as questões dos liderados permite a compreensão. Ela requer genuína *disposição interior de aceitar as informações,* sem preconceitos e juízos de valor. *Compreender não significa "concordar com".*

O líder compreende as forças que movem os liderados; adquire sensibilidade para *perceber* fraquezas e pontos fortes – sem isso, não saberá compensar aquelas e obter resultados com estes.

Ao compreender, discrimina a "figura" e o "fundo" nas mensagens, o essencial e o acessório; identifica *esquemas* de pensamento e, aqueles mais preparados e experientes, *mecanismos de defesa* dos liderados.

O líder *demonstra* a compreensão de uma ideia, colocação ou reclamação de várias formas. Ele pode, por exemplo, **resumir a fala**: "Verifique se resumo corretamente o que você disse:...".

Sintetizar produz melhores resultados do que dizer: "Compreendi seu problema. Pode ficar tranquilo que tomarei as providências". Ao escutar este tipo de resposta, a pessoa poderá sair com dúvidas do tipo:

"Será que ele compreendeu mesmo?"

"Já me disseram isso antes e nada aconteceu..."

"Acho que ele nem prestou atenção ao que eu disse."

"Espero que ele tenha entendido mesmo, para não me causar outros problemas."

"Fiquei com a impressão de que não expliquei bem do jeito que eu queria (...). Será que ele entendeu, mesmo?"

Ao resumir as palavras do interlocutor, aquele que escuta:

- aumenta a própria certeza de que compreendeu;
- assegura à outra pessoa que prestou atenção e entendeu;
- abre espaço para complementações e correções;
- demonstra envolvimento, possibilitando que conteúdos emocionais transpareçam em sua fala;
- possibilita, ao liderado, oportunidade de identificar esquemas rígidos de pensamento, dele mesmo ou do líder;
- enseja ao liderado reconhecer mecanismos de defesa presentes em sua fala ou comportamentos, dos quais não tomaria consciência de outra forma.

Eventualmente, um e-mail ou uma mensagem por WhatsApp ou por outro meio qualquer de comunicação poderá avaliar ainda mais a extensão dessa compreensão.

7.4.6 Congruência

O líder desempenha o papel de **modelo** para o liderado.

Por esse motivo, manter e *demonstrar* absoluta congruência entre fala e ação, e entre suas falas em diferentes momentos, tem muita importância do ponto de vista emocional.

Comportamentos paradoxais do líder destroem sua imagem de pessoa significativa. O **autoconhecimento** permite-lhe manter-se atento a possíveis incongruências, por exemplo:

- o supervisor de uma equipe apregoava que a confiança constituía a base do relacionamento em sua seção; por outro lado, controlava rigorosamente o tempo de execução de cada atividade para certificar-se de que não havia "acomodação" (esse comportamento não se confunde com o controle para finalidades estatísticas, necessário e compreensível);

- o Diretor de Recursos Humanos estabeleceu um programa de "ética empresarial"; entretanto, comparecia a eventos sem significado econômico ou estratégico para a Organização quando aconteciam próximos a competições esportivas de seu interesse;
- a empresa atravessa período de severa contenção de despesas; entretanto, os gerentes continuam a realizar suas reuniões de planejamento em luxuoso balneário – "espairecer é preciso".

A necessidade de congruência pode forçar o líder a rever estilos de comportamento. Demonstrá-la pode ser desafiador quando depende de conteúdos emocionais do próprio líder.

Aceitar a presença desses conteúdos em suas decisões constitui o primeiro passo para aprender a lidar com eles. Requer humildade e flexibilidade.

7.4.7 Dar e receber *feedback*

Técnicas de comunicação apresentadas em itens anteriores são úteis para a prática do *feedback*. Segundo Moscovici (1995:54),

> *feedback é um processo de ajuda para mudanças de comportamento; é comunicação a uma pessoa, ou grupo, no sentido de fornecer-lhe informações sobre como sua atuação está afetando outras pessoas.*

Faz parte do exercício da liderança a disposição para aceitar e dar *feedback*, com o objetivo de assegurar boa qualidade da comunicação com os liderados.

Conteúdos emocionais sempre estão presentes em conversas desse tipo. Surgem *mecanismos psicológicos de defesa, distorções cognitivas e comportamentos arraigados* (do líder e dos liderados) capazes de prejudicar ou inviabilizar a comunicação.

Alguns mecanismos de defesa tipicamente empregados pelas pessoas, ao receberem *feedback*:

- *isolamento*: a pessoa "para de ouvir" e isola-se em seu mundo interior. A conversa encerra-se com expressões conhecidas ("pensarei a esse respeito", "vou fazer o possível neste caso" etc.);
- *negação da realidade*: a pessoa, em lugar de concentrar-se nas percepções apresentadas (sem se preocupar, em um primeiro momento, em julgar o mérito), passa a procurar as falhas de interpretação do interlocutor;
- *racionalização*: a pessoa até ouve, mas justifica-se com argumentos do tipo, "isso pode estar acontecendo, mas tenho informações de que ocorre o mesmo *até* em Nova York"; "afinal, em outras Organizações também não é assim?" etc.;
- *deslocamento*: gera frases de defesa, do tipo: "concordo com suas colocações, mas a situação seria muito pior se..."; "imagine se, em vez disso que você aponta, acontecesse...";
- *distração*: de repente, a pessoa passa a folhear a agenda, chama a secretária, manipula ao acaso o telefone celular, espia a mensagem no WhatsApp, pensa em um encontro etc.

É comum, entre profissionais que respondem por cargos de elevada responsabilidade, a **distorção cognitiva** que consiste em o indivíduo acreditar-se *o responsável* por tudo o que acontece na Organização.

Encontram-se, também, profissionais que, em lugar de dialogar com um colega de trabalho ou subordinado, transformam os encontros em sessões de *conselho* ou *aulas*, formas eficientes de *bloquear a comunicação* (Patterson e Eisenberg, 1988:40) e, igualmente, poderosos e exasperantes mecanismos de defesa.

> **Caso 7.12**
>
> Na reunião semestral de planejamento, os gerentes apresentavam seus projetos de melhoria, com foco nas não conformidades a eliminar e nas propostas de ações para o período seguinte. Com esse objetivo, as reuniões pautavam-se pela objetividade.
>
> Cada apresentação era seguida de *feedback*: todos os gerentes tinham oportunidade de opinar a respeito do que foi apresentado. Esse procedimento tinha vários benefícios:
> - promover a integração;
> - estimular a participação de todos;
> - nivelar conhecimentos;
> - enriquecer os planejamentos;
> - identificar soluções para as não conformidades etc.
>
> Um gerente iniciante, entretanto, desenvolveu o comportamento de realizar preleção extremamente longa, apenas enfocando a melhoria dos resultados sob sua gestão. A repetição desse comportamento passou a provocar insatisfação nos colegas, pela pouca objetividade.
>
> Tratava-se de um mecanismo de defesa: o gerente deslocava a conversa para os resultados, *fugindo* de problemas contra os quais não havia desenvolvido uma estratégia de enfrentamento ou por se sentir inseguro perante o grupo de gerentes.
>
> Apesar de alguns comentários e orientações recebidas dos mais experientes, manteve o comportamento, que acabou por se tornar um obstáculo à sua progressão profissional.

O Caso 7.12 exemplifica uma distorção cognitiva: a pessoa confunde a função (gerência) com ela própria, convencendo-se de que sucessos (e fracassos) da Organização derivam, apenas, de seu próprio desempenho. Portanto, não quer se expor.

Patterson e Eisenberg (1988:57) alertam para os seguintes aspectos:

- é muito difícil receber *feedback*;
- a dificuldade é tanto maior quanto mais o conteúdo da mensagem não se ajusta à imagem que a pessoa faz de si mesma;
- há considerável demora para que o *feedback* seja incorporado pelo indivíduo;
- é mais fácil de ser aceito se vier de fonte confiável, transmitido em linguagem direta e clara, com calma, como uma "hipótese para consideração".

Meios de comunicação como o WhatsApp e outros mostram-se eficientes para a transmissão de *feedback*. Possibilitam o envio rápido da mensagem, tão próxima quanto possível do fato gerador e, notável vantagem, despida do "cerimonial" que sempre se associa a uma reunião, ainda que privativa. Dessa maneira há diminuição de possível impacto emocional.

Por outro lado, dependendo da frequência e da linguagem utilizada, corre-se o risco de tornar a mensagem banalizada, pouco relevante, aos olhos de quem a recebe, pelo fato de concorrer com muitas outras de menor relevância.

7.4.8 Expressão corporal

Muitos líderes desenvolvem notável habilidade para interpretar *expressões corporais*. Reconhecem que o corpo não mente e *discriminam* imperceptíveis sinais que passariam totalmente despercebidos pelas pessoas em geral.

Nas histórias das Organizações encontram-se exemplos de líderes capazes de diagnosticar estado de ansiedade elevada, mentira, sinceridade etc., ratificando a noção popular de que a verdadeira liderança pende mais para a arte do que para a ciência.

Apesar desse aparente "conteúdo artístico" da liderança, essa habilidade pode ser desenvolvida, eventualmente com o auxílio de especialistas em expressão corporal. O passo inicial é simples: criar o hábito de *prestar mais atenção*! Alguns exemplos:

- *compatibilidade entre a expressão verbal e a corporal*: "o corpo não mente": a pessoa fala que "não há problema", mas apresenta-se ruborizada, com leve tremor nos lábios, agitando demais as mãos etc.;
- *comportamentos fora do usual*: eventualmente, um mecanismo de defesa para desviar a atenção dos colegas;
- *silêncio excessivo*: possível mecanismo de defesa; a pessoa cala-se para não expor algo que a incomoda;
- *fala descoordenada ou exagerada*: forma bastante utilizada de "não falar". Fala-se de tudo para não falar de nada;
- *mudanças de hábitos* considerados característicos da pessoa: nova maneira de se vestir, pentear etc., contrastando com o comportamento ou costumes habituais.

A expressão corporal acontece nos dois sentidos: também os liderados têm percepção para os comportamentos do líder (afinal, é natural que as pessoas prestem muita atenção em seus comportamentos, afinal, são líderes). Muitos discriminam, de maneira notável, suas demonstrações de interesse, manifestas em detalhes comportamentais do tipo:

- conduzir a pessoa, segurando-a levemente pelo braço: para muitos, sinal de acolhimento altamente positivo e favorável;
- olhar nos olhos, mesmo quando o liderado verbaliza coisas desagradáveis em relação a comportamentos e decisões do líder;
- manter-se em posição de atenção concentrada, o que inclui a forma de sentar-se, movimentos etc. Um bocejo durante uma conversa pode ser fatal. A gestualidade é *"a representação corporal de uma convicção sentida"* (Patterson e Eisenberg, 1988:39);
- apertar a mão com firmeza, para receber e para despedir-se.

7.4.9 Habilidade para orientar

Possivelmente, esse requisito sintetiza todos os demais.

Líderes reconhecidos compreendem que a comunicação por meio da palavra constitui a base do estabelecimento da liderança e que, ao orientar, tornam-se merecedores de especiais consideração e respeito. Orientar inclui:

a) Identificar **o que** deve ser comunicado ao liderado. Não se trata de tarefa simples, pois inclui a interpretação das *percepções* do liderado e uma *avaliação* que, em muitos casos, pode invadir perigosamente aspectos da vida privada do orientando. Sob esse aspecto, toda orientação representa um risco, para a pessoa que orienta e para a orientada.

b) Utilizar a **forma** adequada de promover a comunicação. O **como** têm importância, às vezes, tanto quanto o conteúdo. Muitos supervisores têm notável capacidade para identificar os caminhos, mas falham lamentavelmente na escolha dos meios de transporte.

Qualquer mudança representa um desafio e abre espaço para a manifestação de mecanismos de defesa. A questão pende mais para o emocional do que para o racional.

> Uma técnica eficaz é o uso de *metáforas*. Líderes têm notável habilidade em produzi-las e adaptá-las a diferentes públicos – uma habilidade passível de desenvolvimento.

c) Comunicar no momento adequado. "**Quando**" se associa ao "como"; em momento de crise, uma importante e correta orientação corre o risco de passar despercebida ou ser entendida como inoportuna.

A *percepção*, sempre, é o que importa. A coisa certa, dita no momento adequado e na forma propícia, tem melhores condições de germinar e desenvolver-se.

São muitas as maneiras de prover a comunicação no momento oportuno. Ao utilizá-las, o líder demonstra estar atento à necessidade e importância desse contato.

d) Certificar-se do **motivo** para que a orientação possa e deva ser feita. As pessoas precisam de um **porquê** para transformar-se.

Quando não comunicadas dos motivos que levam à orientação, podem interpretá-las, por exemplo, como intromissões desnecessárias ou levianas. Diferentes pessoas têm sensibilidade a diferentes tipos de argumentos e explicações.

e) A escolha apropriada do **local**; ele valoriza a pessoa e o tema. Não sem motivos, líderes tratam de assuntos novos ou delicados promovendo reuniões em locais especiais; isso favorece a *memorização*, desperta a *atenção* das pessoas e cria *associações de ideias*.

Esse aspecto recomenda prudência no uso dos meios de comunicação à distância com o objetivo de orientar. A falta de formalismo, ao mesmo tempo que permite aproveitar o momento, também pode – como já mencionado – contribuir para desvalorizar a mensagem.

7.5 ERROS COMPORTAMENTAIS

Erros grosseiros de comportamento comprometem os esforços para estabelecer uma relação de genuína liderança. Os que se encontram descritos a seguir *não esgotam* as possibilidades.

A. Realizar atividades paralelas enquanto escuta

Há supervisores e gerentes que têm o irritante e desagradável hábito de dizer para o profissional: "Vá falando enquanto andamos, assim já aproveitamos para saber o que se passa", ou, "vá falando que eu estou ouvindo"...

Esse comportamento revela má educação e sugere, para o subordinado, que ele pouco (ou nada) representa para o superior.

B. Permitir interrupções por terceiros

Aceitar que outras pessoas interrompam o diálogo com o subordinado ou com a equipe tem efeito semelhante. Interrupções demonstram o grau de importância que as pessoas têm para o interlocutor.

Muitas vezes, elas destroem uma tentativa feita pelo subordinado, cultivada com esforço e até sofrimento, de manifestar importante emoção.

A interrupção surge como um balde de água fria, pá de cal a sepultar aquela manifestação, talvez resultante de longos períodos de reflexão e ansiedade.

Ao ser interrompido, o subordinado ficará sujeito aos seus mecanismos de defesa. Poderá racionalizar ("É, sou uma pessoa como todas as outras"), negar a realidade ("Foi azar, tenho certeza de que ele dá importância a este assunto"), isolar-se ("O negócio é deixar tudo como está e cuidar apenas do meu trabalho") etc.

A interrupção por terceiros pode ocorrer pela ação do superior, o que a torna ainda pior.

C. Interromper em momentos inadequados

Quando uma pessoa dispõe-se a relatar um problema ou algo que a incomoda, ela buscará estabelecer uma linha de raciocínio (Miranda e Miranda, 1993:81) que a liberte do labirinto emocional em que se encontra.

Qualquer interrupção nessa linha provocará reações na pessoa que fala.

Ela poderá interpretar como falta de atenção ("se estivesse concentrado no que eu estava dizendo, teria entendido"), desinteresse ("em vez de ficar me apressando, ele deveria tentar me compreender"), mecanismo de defesa ("ele fica me interrompendo para evitar que eu fale o que tenho em mente").

Por outro lado, a interrupção inteligente, feita para clarificar, aprofunda o entendimento do assunto e estreita o vínculo com a pessoa que fala; sua utilização, contudo, requer sensibilidade e atenção.

D. Escolher locais inadequados ao relacionamento interpessoal

A inadequação pode ser real ou imaginária, relacionada ao tipo de assunto ou ao estilo do interlocutor.

> **Caso 7.13**
>
> Um gerente tinha o hábito de cultivar a imagem de "gerente democrático" e acreditava que a melhor forma de demonstrar essa postura consistia em praticar absoluta transparência em seus atos.
>
> Situou sua mesa no centro da sala, para ser visto e escutado por todos os subordinados.
>
> Consequência: assuntos mais sensíveis passaram a ser postergados pelos profissionais, que precisavam encontrar horários em que pudessem preservar a privacidade.
>
> Essa atitude também foi percebida como uma forma, encontrada pelo gerente, de furtar-se a essas incômodas, porém inevitáveis, questões.

No Caso 7.13, o gerente foi aconselhado a manter a mesa na posição central, já que se sentia bem assim e considerava que isso o mantinha mais integrado aos acontecimentos do setor.

Contudo, foi-lhe recomendada a criação de espaço para conversas particulares, ou que orientasse os profissionais para marcar encontro com ele na sala de estudos da empresa, quando conveniente.

E. Atender em momento ou situação inadequada para quem escuta

Crises agudas vulnerabilizam a pessoa – quem escuta não está imune a isso.

Concentrado em seus problemas pessoais, o indivíduo poderá, a qualquer momento, surpreender-se, tentando resolvê-los e tendo que indagar: "O que você acabou de dizer mesmo?"

Às vésperas de um contrato de grande importância; logo após a paralisação do processo de faturamento por uma falha grave no sistema; o exato dia em que se descobriu um perigoso vazamento de substâncias tóxicas etc. não são momentos adequados para um diálogo proveitoso.

Em geral, a franqueza produz os melhores resultados nesse tipo de situação: reconhecer a impossibilidade da escuta, da atenção; explicar isso ao interessado e combinar uma nova data.

Os eventuais prejuízos da postergação tenderão a ser menores do que os de persistir na data inadequada. As pessoas tendem a ser receptivas quando se trata de motivo perfeitamente justificável.

F. Preocupar-se mais em julgar do que em escutar

Existe o momento de expressar a opinião sobre o que foi falado. Contudo, ao manifestar-se *durante* a fala do liderado, a pessoa, além de incorrer no erro da interrupção, obsta a livre expressão.

À medida que julga e manifesta sua opinião, aquele que escuta estabelece algum tipo de censura (Miranda e Miranda, 1993:85). Assim, inibe e transmite ao que fala suas próprias ideias, conceitos e preconceitos – coisas que, em um primeiro momento, não se encontram em análise.

Sócrates, em seu método de ensino (a *maiêutica*), dava excelente lição de liderança: ele utilizava o raciocínio do discípulo como parte do fio condutor do aprendizado, empregando as ideias expostas por ele para a construção da "verdade". Com isso, resultava uma conclusão conjunta, habilmente obtida pela sábia condução do líder.

7.6 LIDERANÇA E SUPERVISÃO

Supervisores de equipes ocupam uma posição que, naturalmente, convida à liderança.

Para eles convergem queixas, pedidos e sugestões dos profissionais. É comum que desempenhem o papel de "porta-voz" junto aos superiores.

Muitas vezes, o supervisor resolve situações delicadas entre o empregado e o cliente-final do produto ou serviço. Costumeiramente, participa de negociações com fornecedores, especialmente quando se trata de questão relacionada com aspectos técnicos e de produção dos fornecimentos.

Nada mais natural, portanto, que o supervisor seja um profissional em que os empregados devam e/ou possam depositar confiança.

Costumeiramente o supervisor chega a essa posição em decorrência de um desempenho diferenciado, o que lhe granjeia admiração e respeito decorrente da competência técnica. Os empregados sabem que, além desse mérito, ele reúne condições de avaliar, com eficácia, as atividades por eles realizadas, sob diferentes aspectos, porque as conhece.

Em geral, o que leva um supervisor a assumir o papel de liderança é, simplesmente, sua propensão para exercê-lo. Sua história profissional abre-lhe essa possibilidade naturalmente.

Entretanto, nem todo supervisor torna-se líder dos subordinados. Encontra-se essa situação, com muita frequência (mas não exclusivamente) no serviço público, notadamente quando o preenchimento do cargo ocorre por indicação e/ou favorecimento, o que provoca várias consequências, como:

a) O profissional não reconhecido como merecedor do cargo receberá, dos demais, mera tolerância.

b) Os subordinados farão o estritamente indispensável para cumprir os padrões estabelecidos; eventualmente, quando percebem que a pessoa indicada não reúne competência para adequada avaliação dos trabalhos, reduzirão os padrões de desempenho, conscientemente ou não.

c) Surge uma liderança alternativa entre os subordinados, a qual desempenha o papel que seria de se esperar do supervisor. Muitas vezes essa liderança conduz as pessoas a perseguir metas ou guiar-se por objetivos não exatamente alinhados aos da Organização. Os prejuízos podem ser notáveis.

Essas questões mostram a importância do cargo de supervisão e recomendam que a designação de profissionais para essa função mereça cuidadosa atenção.

Isso não significa que a pessoa designada deva ser *aprovada* pelos subordinados, contudo, convém que a gerência certifique-se de que ela será capaz de assumir o papel a que estará submetida.

Perícia e domínio de uma *linguagem* sintonizada com a da equipe constituem pontos de partida indispensáveis para o exercício da supervisão. Os *atributos* de líderes, anteriormente apresentados, igualmente aplicam-se e são recomendáveis.

É comum, entretanto, que se exija um *comportamento de líder* de supervisores. Quando o profissional não reúne os atributos e condições indispensáveis a esse papel, ele passa a enfrentar um desafio complexo. O fato de contar com o respeito dos subordinados, não basta para torná-lo um líder, na completa acepção do termo.

Vale sempre a antiga e conhecida máxima: colocar *a pessoa certa, no lugar certo*. Muitas vezes, agracia-se um profissional com um cargo ou função para premiá-lo pelo desempenho; em alguns casos, o prêmio torna-se castigo.

7.7 CONSIDERAÇÕES FINAIS

Neste capítulo analisaram-se aspectos psicológicos que cercam o exercício da liderança, destacando-se:

- a importância da percepção: não importa apenas a *intenção* do líder, mas como suas ações despertam a atenção, a percepção e a memória dos liderados; que tipos de comportamentos desencadeiam e como isso acontece;
- aspectos emocionais presentes na relação líder/liderado: uma troca contínua e complexa delineada por mecanismos vinculados à fala e à escuta;
- a presença de mecanismos de defesa das duas partes, que solicitam o exercício contínuo da busca do autoconhecimento.

Destacou-se o papel da liderança para a existência e a produtividade do trabalho em equipe. Exercê-lo, contudo, requer investimento de tempo e energia.

A compreensão do fenômeno da liderança constitui um esforço inesgotável; os fatores que sobre ela influenciam alteram-se com o tempo, acompanhando as transformações da sociedade.

Os conceitos e indicações apresentados não asseguram que determinado indivíduo se tornará um líder, contudo, contribuirão para melhorar suas relações interpessoais, com familiares, amigos e colegas, de equipe e de trabalho.

Um dos grandes desafios que se impõe ao líder é administrar o próprio desejo de ter poder sobre as pessoas. O líder imbuído do *desejo de servir* tem valor inestimável.

O Caso 7.14 revela um aspecto dessa questão e, também, constitui um alerta no sentido de que é preciso *saber o momento de se desligar da Organização*. Pessoas não são eternas e, mais cedo ou mais tarde, o líder terá que ser substituído.

Caso 7.14

Proprietário de empresa familiar de médio porte conseguiu relativo sucesso firmando-a como fornecedora de material de embalagem dentro de um nicho específico.

Tornou-se o grande líder da Organização, que se estabilizou com um confortável equilíbrio econômico-financeiro após anos de grandes esforços.

Conquistou a confiança de seus clientes, estabeleceu uma imagem favorável no mercado e desenvolveu fornecedores adequados ao tipo de produto e à manutenção dos equipamentos. Sua capacidade de liderar estendia-se além dos limites da Organização.

O tempo passou. Já em idade avançada, continuava mergulhado em questões da empresa por mais de 12 horas por dia. Seus dois filhos, que deveriam um dia sucedê-lo, não encontravam espaço para absorver, gradativamente, as atividades de gestão.

> O pai, sempre alegando que erros graves não poderiam ser cometidos, centralizava as decisões e principais ações, deixando-lhes apenas tarefas de menor expressão.
>
> Os filhos (um deles graduado em Marketing, outro em Ciências Contábeis), para não entrar em conflito com o pai, optaram por encontrar ocupações fora da empresa, da qual se afastaram definitivamente.
>
> Um grave infarto, diagnosticado como consequente ao estresse continuado, entretanto, afastou o pai do trabalho, e viu os filhos despreparados para dar continuidade ao negócio.
>
> A contratação de um executivo altamente qualificado para assumir as atividades resultou em uma experiência frustrante e comprometedora da saúde financeira da empresa.

A fase de consolidação da empresa contribuiu para *condicionar* o proprietário a conviver com desafios crescentes e difíceis – essa pessoa funcionava em elevado estado de tensão e o condicionamento foi tão poderoso que não conseguia mais comportar-se de outro modo. Dominavam-no poderosas *crenças inadequadas*:

– "sem a minha presença, a empresa acaba";
– "somente eu sou capaz de resolver os problemas";
– "ninguém é capaz de entender mais dessa empresa como eu".

Pouco a pouco, desenvolveu uma ideia de onipotência em torno de sua atuação na Organização. O coração, finalmente, foi o órgão de choque para o corpo reagir. Não realizou a última etapa: preparar a sucessão.

Sem desafios, sem poder assumir a responsabilidade por seus atos, seus filhos adotaram um comportamento de *evitação* para escapar de inevitáveis conflitos. Procuraram outras alternativas. Sem sucessores, a doença do líder encontrou a empresa despreparada para uma transição administrativa.

APLICAÇÕES

1/7. Desenvolva estratégias de ação recomendáveis para o líder de equipe que percebe conflitos interpessoais **entre os integrantes**, atribuíveis a diferenças de *crenças* e de *visões de mundo*. Utilize como referência os itens 2.3.8 a 2.3.10 e o item 2.3.17. Neste exercício e no próximo, atente para a análise solicitada no exercício 2/6.

2/7. Repita o exercício anterior, sob a ótica do superior imediato, considerando os mesmos tipos de conflitos interpessoais, agora, porém, entre o líder da equipe, de um lado, e seus subordinados, de outro. Considere que a Organização tem interesse em preservar essa liderança, por uma série de atributos altamente positivos que o líder apresenta.

3/7. O item 7.4 descreve *habilidades* úteis para o exercício da liderança. Elas, contudo, não se aplicam indistintamente, da mesma maneira, com a mesma intensidade e empregando as mesmas estratégias, a todos os tipos de equipes. Analise essa proposição considerando, para fins de análise comparativa, os diferentes tipos de equipes citados no item 6.7 e sugeridos no exercício 4/6.

4/7. Repita o exercício anterior considerando os *erros comportamentais* descritos no item 7.5.

5/7. Analise, do ponto de vista psicológico, possíveis comportamentos do líder, decorrentes de seu estado emocional, quando este *sabe* que deverá ceder o cargo para outro profissional. Considere possíveis motivos para que isso aconteça: novas tecnologias, fusão de empresas, troca de diretoria que será seguida de alterações no quadro gerencial, rodízio de gerentes, a própria aposentadoria, sua transferência para outra Organização. Nessa análise, inclua, entre outros fatores, os mecanismos psicológicos de defesa (item 5.4) e possíveis fenômenos de percepção. Exemplos de comportamentos: (a) um ex-presidente de uma empresa nela manteve um escritório durante longo período, comparecendo a ele nos finais de semana, preso a um "cordão umbilical" emocional; (b) ex-gerente de uma divisão, insistentemente, passou a fazer "visitas de cordialidade" para ver "como andavam as coisas e matar saudades" da antiga área de trabalho.

6/7. Faça uma análise comparativa do *trabalho em domicílio* com o trabalho realizado nas dependências da empresa, sob a perspectiva da *liderança*. Dê especial atenção às questões associadas a/ou decorrentes da interação com gerentes e supervisores.

Seleção e Desenvolvimento de Pessoas

Este capítulo destaca a utilização da Psicologia nos processos de seleção e de desenvolvimento de profissionais.

Dois modelos que empregam testes psicológicos são sugeridos e analisados criticamente.

Mecanismos psicológicos de defesa, potencialmente presentes nos processos de seleção e desenvolvimento de pessoas, recebem atenção especial.

8.1 SELEÇÃO DE PESSOAS

Este item apresenta um processo de seleção de pessoas, por meio de um estudo de caso: a seleção de profissionais para um serviço de atendimento a clientes, um cargo existente em praticamente todas as Organizações.

8.1.1 Cuidando da "porta de entrada"

Sabe-se que a "porta de entrada" de uma empresa, em geral, é larga; a "porta de saída", muito mais estreita, por força de fatores sociais, emocionais, econômicos e legais. No serviço público, a porta de saída encontra-se praticamente fechada.

Dessa realidade decorrem dois desafios para os administradores:

a) Administrar a "porta de entrada", assegurando que os profissionais contratados tenham o perfil desejável.
b) Assegurar o *desenvolvimento contínuo* desses profissionais, para que respondam às transformações ambientais e aos novos desafios.

Muitas vezes, delega-se **exclusivamente** à "área de recursos humanos", ou, pior, a terceiros, essa importante atribuição gerencial. Esse comportamento, por si só, sugere o que os profissionais representam para a Organização.

Ainda que se deleguem a terceiros as atividades de **recrutamento** e **pré-seleção** – processo comum e, por vários motivos, compreensível em grandes Organizações – considera-se indispensável a participação gerencial na **seleção final** dos profissionais, pois somente quem está diretamente ligado ao cotidiano das atividades tem a experiência e a sensibilidade indispensáveis à melhor escolha.

Dependendo da Organização, podem existir vários motivos para delegar a seleção de pessoal para terceiros, entre eles:

- trata-se uma forma econômica de lidar com quantidades expressivas de candidatos por vaga;
- algumas funções exigem seleção altamente especializada, de que a Organização não dispõe;
- o recrutamento e a seleção devem ocorrer em locais distantes dos escritórios da Organização;
- esse procedimento transmite a imagem de transparência, neutralidade e isenção no processo ao assegurar que profissionais da própria Organização não exercerão influência nos resultados.

Em grandes Organizações, muitas vezes é a única forma de operacionalizar o processo de maneira eficiente e eficaz. Isso não significa, entretanto, que a *etapa final da seleção*, em que se definem os contratados, deva ser feita, obrigatoriamente, sem a participação dos supervisores e gerentes.

O processo seletivo deve propiciar à Organização plenos conhecimentos a respeito dos perfis técnicos e psicológicos dos selecionados. Quanto maior a quantidade disponível de informações sobre esses perfis a respeito de aspirações, competências, aptidões e características comportamentais, com mais sucesso se poderá:

- evitar a contratação de profissionais de adaptação improvável;
- atuar para que os profissionais selecionados desenvolvam os comportamentos necessários ao bom exercício das funções.

A Figura 8.1 apresenta um **modelo de processo de seleção** em que o ponto de partida são as características de personalidade desejáveis para o público-alvo.

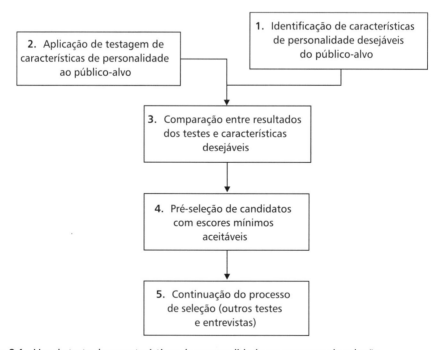

Figura 8.1 *Uso de teste de características de personalidade em processo de seleção.*

Esse modelo pressupõe:

- inexistência de personalidade "boa" ou "ruim";
- *capacidade e possibilidade de adaptação* dos indivíduos às condições de atuação.

8.1.2. Estudo de caso – primeira parte: diagnóstico

O Caso 8.1, base para o modelo a ser proposto, apresenta uma situação em que se observou elevada rotatividade do quadro de pessoal, com prejuízos para a produtividade e a qualidade dos resultados. A Administração concluiu que o processo seletivo deveria ser aperfeiçoado.

Caso 8.1

Uma Organização, ao estruturar seu *call center*, estabeleceu o seguinte conjunto de requisitos para o cargo (utilizam-se indistintamente os termos *cargo* e *função*) de atendente:

disposição e aptidão para trabalhar em equipe;
- habilidade para tomar decisões;
- capacidade de suportar situações estressantes;
- boa dicção;
- empatia;
- flexibilidade para aceitar mudanças;
- espírito de companheirismo e cooperação.

O acompanhamento do índice de *rotatividade do quadro*, após os primeiros seis meses de funcionamento, mostrou preocupante crescimento.

A elevada taxa de solicitação de demissões – em uma fase da economia francamente favorável ao empregador – impossibilitava a especialização na função, contribuía para excesso de erros na execução das tarefas, inseria elevado custo operacional e tornava-se um "calcanhar de Aquiles" nas relações com os clientes.

No Caso 8.1, a análise das demissões, realizada pela área de Recursos Humanos em conjunto com os Supervisores da atividade, indicou que a principal causa encontrava-se na *incompatibilidade entre os requisitos das tarefas* e as *características comportamentais dos profissionais selecionados*.

Essa análise foi conduzida por uma psicóloga organizacional, com a participação dos supervisores das equipes de atendimento.

A base de referência para a investigação foi o Manual de Procedimentos dos atendentes, resultado de anos de prática e recomendações consolidadas, aplicadas por diversas Organizações em atividades iguais ou similares.

O Manual distingue dois tipos básicos de situações e, para cada uma delas, estabelece procedimentos específicos:

- o Atendimento Geral ou *Standard,* correspondente aos serviços mais simples e que constituem a maior parte dos contatos com os clientes; nesta situação, adota-se *fra-*

seologia rigorosa e determinam-se *metas* para o *tempo médio de conversação* de cada tipo de atendimento;

- o Atendimento Especial, para o qual convergem casos complexos; neste, a fraseologia perde o rigor, admite-se conversação muito mais flexível com cada cliente e não existe meta para o tempo médio de conversação. O foco gerencial encontra-se na *avaliação do atendimento feita pelos clientes, ao final de cada conversação*, para a qual esperam-se resultados altamente satisfatórios.

Nas duas modalidades de atendimento:

- o atendente trabalha só;
- não se utilizam alterações ou desenvolvimentos de novos procedimentos em equipe; as atualizações são elaboradas pelo *staff* técnico, em conjunto com os supervisores;
- do atendente espera-se o cumprimento perfeito das disposições contidas nos manuais;
- a *relação com o cliente* constitui aspecto importante do trabalho;
- durante a atividade rotineira, não se admitem improvisações;
- nenhum caso que fuja à rotina pode ser resolvido pelo atendente.

A análise conduziu ao seguinte diagnóstico:

a) A Organização contratava atendentes para os dois serviços com perfil profissional **ajustado ao cargo de maior complexidade** (Atendimento Especial).

b) As situações do Atendimento Geral não representavam desafio para esses profissionais, cujas aptidões superavam os requisitos exigidos pelas tarefas.

c) A rotatividade mostrava-se mais reduzida entre o grupo que trabalhava no Atendimento Especial, indicando existir adequação maior entre os requisitos do cargo e os perfis dos profissionais.

Conclusão: indicou-se rever os critérios de contratação para os profissionais do Atendimento Geral, buscando melhor compatibilizar o perfil desses profissionais com os requisitos das atividades.

O diagnóstico foi acatado pela gerência do atendimento. A equipe composta pelos supervisores e pela especialista em Recurso Humanos elaborou, então, os novos requisitos para cada um dos cargos.

8.1.3 Estudo de caso – segunda parte: requisitos

Foi estabelecido um novo conjunto de requisitos para os profissionais do Atendimento Geral, condizentes com a natureza das atividades executadas. Esses requisitos estão descritos a seguir e, para fins de comparação, mostram-se também os requisitos do Atendimento a Serviços Especiais, para evidenciar as diferenças entre eles.

a) **Requisitos para o atendimento geral:**

- capacidade para suportar *longos períodos de rotina*: os clientes trazem questões repetitivas e o atendente dirá mesma frase dezenas de vezes;
- *empatia*: sem ela, o atendente não *discriminará* variações no tom de voz dos clientes, para ajustar-se aos conteúdos emocionais que elas indicam;
- habilidade para suportar *trabalho solitário*: o profissional disporá somente de alguns poucos minutos de intervalo, compartilhado com alguns colegas, durante o serviço;
- *boa memória*: indispensável para manter decoradas as variantes de fraseologia, sujeitas a alterações mais ou menos frequentes. A consulta excessiva ao *help* inviabiliza atingir os padrões de desempenho esperados;
- disposição para *seguir à risca* prescrições das tarefas: não se admite o questionamento dos conteúdos estabelecidos durante a execução das atividades.

b) **Requisitos para os serviços especiais:**

- *rapidez de raciocínio*, para ajustar as orientações gerais às particularidades dos diferentes tipos de situações trazidas pelos clientes;
- *empatia*: ainda mais necessária do que no atendimento geral, porque as questões exigirão percepção mais apurada de detalhes;
- *raciocínio lógico*: necessário para articular, com o cliente, o histórico da situação, as condições de contorno e explorar causas-raízes de problemas, acompanhando "árvore de decisão", *checklist* e outros instrumentos de apoio;
- *independência*: o atendente deverá decidir o nível de sofisticação do serviço técnico a ser designado ou o tipo de encaminhamento administrativo, conforme o caso, evitando a transferência para os supervisores;
- *habilidade para suportar o trabalho solitário*: situação análoga à do atendimento geral;
- *boa memória*: necessária para decorar os conteúdos de fraseologia e recordar-se de casos semelhantes vividos ou relatados nas reuniões com a supervisão, mantendo a mesma linha de pensamento (as orientações do manual não recebem atualização imediata);
- *capacidade de síntese*, para relatar as situações com *correção, concisão, clareza e precisão* (os quatro critérios essenciais preconizados pelo saudoso professor e filósofo Luiz Rubens Karazinski);
- disposição para seguir à risca prescrições das tarefas, contudo, preservando espírito crítico para identificar e propor alterações.

Com base nesses requisitos, foi possível estabelecer o novo conjunto e **características desejáveis** para os profissionais de atendimento. A Tabela 8.1 apresenta os resultados e, para fins de comparação, mostra também os correspondentes para os dois tipos de atendimento, demarcando-se as diferenças entre cada um dos perfis.

Tabela 8.1 *Características desejáveis para o cargo de atendente.*

Características	Serviços gerais	Serviços especiais
Expansividade	Média	Média
Grau de dependência	Médio	Baixo
Atenção às normas	Alta	Alta
Ousadia	Baixa	Média
Formalismo	Alto	Alto
Tolerância ao *estresse*	Alta	Alta
Espírito crítico	Baixo	Alto
Autossuficiência	Baixa	Alta
Autocontrole	Alto	Alto
Concentração	Alta	Alta
Raciocínio lógico	Médio	Alto
Escolaridade	Nível médio	Superior Incompleto

As modificações efetuadas revelaram-se adequadas para reduzir a rotatividade das posições de Atendimento Geral, evidenciando a vantagem de se adotar requisitos menos rigorosos para aquele tipo de atividade.

8.1.4 Análise

Existem procedimentos adequados para especificar e avaliar *aptidões e conhecimentos técnicos* para o exercício de qualquer função: *o que se quer do profissional*, ou seja, *o que se quer*.

As maiores dificuldades, entretanto, encontram-se na obtenção de dados sobre as *características comportamentais* dos candidatos.

Este é o aspecto crítico do processo descrito na Figura 8.1, sempre tendo em mente que *"em qualquer momento a situação imediata exerce uma poderosa influência sobre o comportamento de uma pessoa, sobretudo quando ela apresenta demandas óbvias"* (Myers, 1999:306).

1. Identificação das características comportamentais desejadas

A primeira atividade do modelo consiste em identificar as características comportamentais consideradas mais adequadas para a atividade (Atividade 1). Alerte-se para o fato de que essas características são *expectativas* quanto a um futuro exercício de papel, cujos requisitos são relativamente *idealizados*.

No Caso 8.1, os supervisores – em tese, as pessoas que mais conhecem a atividade – relacionaram os requisitos indicados e considerados válidos por eles. Esses profissionais têm suas percepções influenciadas pelas questões práticas mais imediatas. Isso não lhes tira a competência, mas afeta a objetividade, como sugere o estudo das *funções mentais superiores*.

O sólido conhecimento técnico das atividades não basta para estabelecer os requisitos mais adequados para o processo de seleção, quando:

- questões emocionais influenciam a realização das atividades;
- as atividades variam com o tempo de maneira não previsível ou de forma que as experiências anteriores não assegurem a aplicabilidade dos procedimentos às novas modalidades.

Observadas essas restrições, compreende-se que a descrição das características desejáveis para os profissionais possa ser feita a partir da observação em campo, enriquecida pelos conhecimentos dos especialistas (supervisão, *staff*).

Essa condição, aparentemente satisfatória nas atividades rotineiras, orientadas por padrões, apresenta muitas limitações quando se trata de cargos em que o requisito dominante é a criatividade – por exemplo, nas áreas de planejamento, projeto, desenvolvimento, assessoria, gerência etc.

Ainda assim, para substancial parcela dos cargos, a observação em campo constitui o método por excelência para a descrição dos atributos esperados dos profissionais.

Fundamento de todo trabalho que se pretende científico, a observação deve ser cercada de cuidados. Os conteúdos estudados no Capítulo 3, referente às funções mentais superiores, são de grande importância para orientar essa observação. Por esse motivo, cuidou-se de apresentá-los com muitos detalhes.

Destaque-se a importância de *ver* e *ouvir*, habilidades que podem ser desenvolvidas e que requerem um grande dispêndio de energia. É comum que hábeis supervisores desenvolvam com perfeição essa competência.

Na observação, é essencial a *discriminação* dos *detalhes* que fazem a diferença nos resultados. Neles encontra-se a chave para a prestação de serviços diferenciados.

2. Aplicação de testes psicológicos

O passo seguinte do modelo consiste em ratificar os resultados da observação utilizando o próprio público-alvo, por meio de entrevistas e aplicação de testes a profissionais.

Dessa maneira, confirmam-se hipóteses e se estabelece um *ponto de referência* para a realização de ajustes.

Diversas técnicas de psicologia possibilitam levantar esses dados e informações. Uma delas é a técnica de **grupos focais**, como forma de investigar, qualitativamente, atributos necessários à função, a presença de situações promotoras de *estresse* e outras merecedoras de atenção.

Na investigação por meio de grupos focais, os profissionais explicitam detalhes importantes ligados à execução das tarefas; outros são deduzidos de suas declarações.

Para a consolidação dos requisitos, pode-se também utilizar a técnica de **workshop** envolvendo atendentes selecionados, supervisores e gerentes.

Os resultados obtidos com esses procedimentos permitem realizar ajustes no quadro de características comportamentais desejáveis, elaborado nos moldes da Tabela 8.1.

Algumas observações devem ser feitas em relação a esse tipo de resultado, aplicáveis ao modelo da Figura 8.1:

- facilmente **subestima-se a influência da situação e superestima-se a influência da personalidade** na avaliação de pessoas (Myers, 1999:386).

> **Caso 8.2**
>
> O engenheiro Josmar iniciou a carreira profissional dirigindo grupo de trabalhadores de linhas de transmissão.
>
> Calmo, organizado, avesso a situações de conflito, manteve sempre a equipe coesa e produtiva. Esse resultado foi reconhecido na empresa e granjeou-lhe uma evolução rápida na hierarquia.
>
> Promovido a posto de maior responsabilidade, viu-se encarregado de um grande grupo de empregados, em ambiente pouco estruturado e com necessidade de colocação de ordem e objetivos de trabalho.
>
> Josmar adotou, então, uma postura profissional bastante diferente da costumeira. Mostrou-se pouco disposto a negociar, estabeleceu metas rígidas e passou a fiscalizar o cumprimento das normas, pessoalmente, nas diversas áreas sob sua responsabilidade.
>
> Alguns empregados de baixa produtividade e comportamentos considerados inadequados foram remanejados; excepcionalmente, alguns foram demitidos.
>
> Em um encontro de técnicos, pessoas da antiga equipe de Josmar e empregados de sua nova área de trabalho passaram a trocar opiniões a respeito do engenheiro. As descrições divergiram a ponto de parecer que se referiam a duas pessoas diferentes!

O comportamento de Josmar, do Caso 8.2, foi ditado pelas circunstâncias. Profissional de elevado preparo e competência, ajustou seu comportamento, com pleno êxito, às exigências da situação. Uma avaliação superficial de suas características, entretanto, poderia indicá-lo como inadequado a um ou outro desafio!

- **transformações tecnológicas** recomendam cautela quando se estabelecem as características desejáveis para determinada função. Elas, ao oferecerem novas facilidades, podem requerer outros tipos de exigências de desempenho. Isso faz os requisitos comportamentais serem fortemente atrelados à tecnologia utilizada.

> Deve-se considerar a notável capacidade adaptativa das pessoas.

3. Recomendações para aplicação de testes psicológicos

Os casos anteriores sugerem que os resultados de testes psicológicos devem ser encarados com bastante prudência, particularmente quando existe grande variabilidade de circunstâncias, devido à capacidade adaptativa dos indivíduos.

> *A limitação central dos testes psicológicos: uma determinada amostra de comportamento pode não ser representativa do comportamento característico [da pessoa] (...) os resultados devem ser interpretados com cautela* (Weiten, 2002:251).

De modo geral, deve-se considerar que a identificação de *características de personalidade* (Myers, 1999:501):

- ainda que proporcione uma boa descrição de comportamentos atuais de pessoas, não contribui para explicar os motivos pelos quais eles se apresentam;
- nada conta a respeito de quais permanecerão e por quanto tempo, ou que transformação cada característica poderá sofrer com mudanças no ambiente de trabalho;
- nada diz quanto ao comportamento em situações não simuladas na avaliação. A esse respeito, Wright e Mischel apud Hall, Lindzey e Campbell (2000:481) acentuam que dada característica comportamental só afetará o comportamento em determinadas condições. Por exemplo, determinada pessoa pode ser considerada "agressiva", porém, se não for exposta a agressão verbal ou desafio, essa característica poderá jamais se manifestar. O caso do engenheiro Josmar (Caso 8.2) é ilustrativo.

Segundo Cronbach (1996:37), é recomendável certificar-se de que:

- a testagem proposta já produziu resultados satisfatórios em outros ambientes;
- os testes selecionados têm documentação que comprove sua eficácia, fornecida por seus criadores ou instituições habilitadas para tal;
- os aplicadores têm a necessária habilidade para aplicar e interpretar os resultados.

Além desses aspectos, recomenda-se ao Administrador, em sua atividade de supervisão do processo, considerar, em especial, a possibilidade de manifestação dos seguintes conteúdos *inconscientes* dos examinadores:

- busca de *satisfação emocional* (Cronbach, 1996:86).
  Corre-se o risco de busca excessiva de sinais de fraquezas dos candidatos; de demonstração exagerada de brandura ou agressividade; diversos mecanismos de defesa poderão manifestar-se.
- *tendenciosidades e preconceitos* (Cronbach, 1996:86).

Conteúdos inconscientes podem influenciar na interpretação dos testes (dependendo dos instrumentos escolhidos), beneficiando resultados condizentes, por exemplo, com a consciência social dos examinadores, a identificação com uma classe ou categoria.

Esse fenômeno pode ser consequente, por exemplo, ao comprometimento do profissional com determinada escola ou linha de pensamento.

Caso 8.3

Em uma Organização de grande porte, atuando com tecnologia de ponta, a qualificação do quadro de pessoal de desenvolvimento é crucial para a manutenção da competitividade.

Constatou-se, entretanto, que, durante alguns anos, cessaram as contratações de profissionais originários de uma das melhores escolas do país.

> Nessa Organização, a seleção dos profissionais fazia-se, em um primeiro momento, por meio de uma equipe de especialistas. Os assim selecionados seguiam para uma segunda etapa do processo.
>
> Essa ocorrência, foi possível constatar, coincidiu com a inclusão, entre os examinadores dos candidatos, de um gerente com restrições aos graduados naquela instituição.

Aqueles que convivem com universitários e recém-formados conhecem o farto anedotário que cerca a aplicação de testes psicológicos nos processos de seleção.

Situações em que os candidatos submetem-se a testes idênticos ou semelhantes; desenhos de árvores carregados de regionalismos e suas interpretações; avaliações de assinaturas constituem exemplos conhecidos de fragilidades do processo.

Por trás deles, encontra-se uma perigosa possibilidade: o teste vem *antes* da pessoa. O coadjuvante torna-se astro do espetáculo.

Todos estes alertas têm por objetivo destacar o seguinte cuidado, preconizado pelos Conselhos de Psicologia: é ***imprescindível que a aplicação de testes psicológicos seja feita exclusivamente por profissionais habilitados***.

Essa competência é desenvolvida e permanentemente atualizada por meio de formação especializada, que vai muito além do mero conhecimento dos conteúdos e técnicas de aplicação dos instrumentos de testagem.

C. Determinação dos resultados das testagens

Na realização da Atividade 3 da Figura 8.1, a *comparação entre os resultados dos testes aplicados e as características desejáveis*, recomendam-se os seguintes cuidados, além dos aspectos anteriormente comentados:

- considerar que *os testes psicológicos sinalizam*, mas não constituem verdades absolutas. Além de fatores ligados à técnica de elaboração dos testes, o estado emocional e experiências anteriores dos testandos podem afetar os resultados, em algum grau;
- considerar que *os testes de personalidade (...) são métodos de provocar comportamentos em situações mais ou menos controladas* (Aguiar, 1997:210) e que *novas situações* do cotidiano organizacional influenciarão o comportamento do indivíduo;
- testes são faróis que apontam para o passado. Isso não tira sua validade, porque o passado tem real importância; mas nem sempre é *o que mais importa*.

> Há estudiosos que consideram os testes de personalidade úteis como instrumentos para melhor compreender os comportamentos mais prováveis do indivíduo, à luz de suas experiências anteriores.
>
> À medida que o ambiente sofre modificações, os comportamentos ajustam-se aos novos fatores de influência (p. ex., por meio de condicionamento e novos **modelos**).
>
> Convém ter sempre presente que testes psicológicos provenientes de outras culturas sujeitam-se às limitações que a tradução e a adaptação impõem.
>
> A esse respeito, Aguiar (1997:211) alerta que os testes de personalidade "dão alguns indicadores que, entretanto, não podem ser tomados como medida completamente válida de cada característica psicológica".

- o histórico profissional do candidato pode indicar a conveniência de nova testagem para validação dos resultados; entretanto, deve-se compreender que prazos e quantidade de candidatos podem dificultar esse cuidado;
- algumas características têm maior importância do que outras, de maneira que umas servem para efetiva seleção, e outras se prestam mais para auxiliar na classificação dos selecionados;
- as exigências dos cargos mudam com o tempo; a manutenção dos mesmos critérios por longos períodos merece atenção, pois os requisitos alteram-se, acompanhando as modificações ambientais. Sob essa ótica, em muitos testes a atualização tecnológica é determinante para sua validade.

Wilson Senne (2005:41) ensina que "os testes podem predizer comportamentos humanos desde que a situação de teste seja muito semelhante à futura situação real, o que só é possível abrangendo desempenhos bem restritos e pontuais".

Lembra, ainda, que conceitos como "inteligência" e "personalidade" não passam de abstrações teóricas, que variam com o tempo; além disso, "uma coisa é a obtenção de uma amostra de comportamento em situação artificialmente controlada e outra, bem diferente, é o desempenho de uma pessoa em situações da vida real" (Senne, 2005:41).

Espera-se do profissional que aplica os testes atenção ao risco de desenvolver crença excessiva na capacidade de predição dos comportamentos, a ponto de ignorar ou desvalorizar a capacidade de constante e permanente desenvolvimento cognitivo dos indivíduos a eles submetidos.

É louvável, pois, a preocupação do Conselho Federal de Psicologia em disciplinar o uso de testes psicológicos (para as mais diversas finalidades). Afinal, eles constituem ferramentas dentro de um amplo *processo de avaliação psicológica*.

D. Pré-seleção dos candidatos

Os resultados de testes e entrevistas psicológicas constituem material valioso para *apoiar a escolha* pelos administradores, gerentes e supervisores.

Revelam-se particularmente úteis em situações de impasse, como:

- vários candidatos apresentam experiência técnica similar;
- as entrevistas não levam a resultados conclusivos;
- decisores procuram dados "neutros" em que se apoiar.

Na **seleção de gerentes**, entretanto, Martin e Spillane (2005:254) são enfáticos ao afirmar que *"uma vasta quantidade de pesquisa tem mostrado que testes de personalidade são não confiáveis, inválidos, falseáveis, deselegantes, discriminatórios e não podem predizer o desempenho gerencial"*.

A seleção de gerentes é uma atividade complexa. As questões emocionais somam-se às estratégicas quando se trata do preenchimento de cargos gerenciais e, mais ainda, na *substituição de gerentes*.

Os Casos 8.4 e 8.5 dão uma ideia dessa complexidade. Eles ilustram a importância da identificação de características de personalidade no preenchimento de cargos destinados à gestão empresarial.

> **Caso 8.4**
>
> Em uma empresa familiar, um profissional tornou-se depositário fiel das confidências do diretor-presidente, durante tumultuado período de mudanças dos cargos de diretoria.
>
> Foram feitas coalizões e trocas de favores entre as partes envolvidas, obviamente confidenciais e estratégicas, e esse profissional, ainda no início de sua carreira na Organização, por mera casualidade (no cargo certo, no período preciso), viu-se envolvido no processo.
>
> Por adotar um posicionamento politicamente adequado, essa pessoa desenvolveu uma carreira evolutiva que culminou com a ocupação do cargo de gerente administrativo.
>
> Ao longo do tempo, entretanto, o profissional nutriu obstinado desejo de ocupar uma das diretorias da empresa; a nomeação para o cargo de gerente acentuou essa pretensão. A partir daí, passou a adotar, de modo cada vez mais perceptível, os seguintes comportamentos:
> - obstrução de projetos, fazendo com que as aprovações dependentes de sua concordância ou parecer ganhassem crescente valorização;
> - desobediência sutil às determinações dos diretores, valendo-se da influência sobre o diretor-presidente;
> - prática sistemática de não comparecer a reuniões deliberativas, alegando compromissos diversos inadiáveis e, com isso, obstando o andamento de projetos;
> - realização das atividades de sua área de resultados em ritmo cada vez mais lento, tornando-a centro de atenções dos demais gerentes; contudo, cuidando sempre de apresentar motivos convincentes, atribuíveis a outras áreas ou a fatores externos, que justificassem essa lentidão.
>
> As reclamações a respeito de sua pessoa avolumaram-se na Diretoria, contudo, por seu poder, à medida que elas não foram atendidas, tornou-se diretor de fato, mesmo não o sendo de direito.

O profissional do Caso 8.4 apresentava evidentes sinais de ansiedade (que se refletiam em inúmeros comentários a respeito de dificuldade para conciliar o sono) e elevada irritabilidade, sinalizada por baixíssima tolerância à frustração.

A Organização sofreu grandes prejuízos ocasionados por esse gerente, ao longo de anos. Não faltaram sabotagens, realizadas com o intuito de fortalecimento no cargo e ganho de *status*, em sua trajetória rumo ao sonhado cargo de Direção. Sua demissão mostrou-se extremamente difícil e onerosa, cercada de empecilhos tipicamente emocionais.

> **Caso 8.5**
>
> Empresa familiar, de porte médio, iniciou um processo de crescimento bastante auspicioso que ocasionou a necessidade de contratação de profissionais com novas especialidades, típicas de empresas maiores, como especialista em planejamento empresarial, especialista em gestão financeira e outros.

A primeira intenção foi utilizar profissionais do quadro próprio, para reduzir custos de contratação, valorizar a "prata da casa" e agilizar o início das novas atividades.

Constatou-se, então, que a área administrativo-financeira encontrava-se totalmente desprovida de elementos qualificados e/ou com potencial para crescer dentro da empresa.

A empresa, naturalmente, seria beneficiada com algum "sangue novo" em seus quadros, porém, determinadas funções são favorecidas pelo conhecimento consolidado que somente longos anos de experiência proporcionam.

O gerente administrativo-financeiro, pessoa de sólidos conhecimentos técnicos, contudo, **extremamente insegura**, adotava uma sistemática de desenvolvimento de profissionais francamente inadequada para uma empresa em expansão.

Agia como se acreditasse que sua permanência no cargo dependeria da impossibilidade de acesso de seus subordinados a melhores posições. Para dar conta dessa insegurança, cercou-se de profissionais dedicados, porém, sem grandes aspirações.

E. Finalização da seleção

A *escolha final* dos candidatos por seus futuros gerentes ou supervisores imediatos (Atividade 5) apresenta nítidas vantagens:

- aspectos de relacionamento interpessoal somente podem ser avaliados por meio do contato direto entre os interessados ou envolvidos;
- nenhum teste cobre todas as variedades e particularidades das características comportamentais desejáveis;
- há pessoas que, no relacionamento interpessoal direto, demonstram melhor suas qualificações e características;
- o corpo fala, e entrevistadores experientes têm notável habilidade para *perceber e interpretar* essa fala;
- as habilidades têm variações que somente podem ser detectadas por meio do contato direto.

O gerente ou supervisor imediato é, também, a pessoa mais indicada para avaliar a identificação entre *valores* do candidato e aqueles preconizados pela Organização, ainda que esta não pratique, formalmente, um processo de seleção por valores. Este cuidado enseja a redução de possíveis *dissonâncias cognitivas* (item 2.3.18) e a promoção de *sintonia emocional*, com efeitos benéficos sobre a *motivação*. Por outro lado, requer criteriosa atenção à ética.

O entrevistador aumentará sua eficácia, conscientizando-se de que, no relacionamento direto com os entrevistados:

- *mecanismos de defesa* das duas partes, potencialmente, podem influenciar na avaliação (daí a importância do autoconhecimento);
- *preconceitos* podem ser despertados, ainda que de maneira inconsciente, afetando o andamento da entrevista;

- pessoas sensíveis, em especial quando a seleção tem elevado significado moral ou econômico, podem apresentar desempenho inadequado por motivos emocionais (medo de serem recusadas, ansiedade provocada pela espera etc.).

Tarefa complexa, selecionar profissionais com eficácia requer elevado senso de compromisso com o ser humano e a compreensão de que *o encantamento do cliente inicia-se na seleção de pessoas.*

Por isso, a chave para o sucesso do processo de seleção inclui descrições do trabalho, critérios e procedimentos de seleção *focalizados no cliente*. No entanto, *"a tendência da maioria das empresas é enfatizar as habilidades cognitivas em vez das habilidades interpessoais"* (AT&T, 1991:29).

G. Particularidades no poder público

Percebe-se, pelas considerações feitas até aqui a respeito da seleção de profissionais, a grande dificuldade de preenchimento dos quadros no âmbito do Poder Público.

Estes cargos, necessariamente, são supridos por meio de *concursos públicos,* medida indispensável à garantia de lisura nas contratações.

As exigências de edital determinam os limites a que devem obedecer o público-alvo, em relação a conhecimentos, competências, formação e outros critérios.

Entretanto, na absoluta maioria dos cargos, o preenchimento e feito sem que o superior imediato interfira no processo. Ele simplesmente "recebe" o concursado que lhe for designado em razão do desempenho obtido no concurso. Isso faz indivíduos dotados de grande competência técnica ocuparem posições em que outros aspectos de maior relevância para os resultados pretendidos deveriam ter sido considerados: surgem, assim, graves inadequações.

O processo de seleção, contudo, não constitui uma garantia de que os profissionais escolhidos terão bons desempenhos no futuro, porque as transformações tecnológicas, sociais e culturais são contínuas.

A gestão de pessoas, em todas as Organizações, ainda que a seleção de profissionais ocorra criteriosamente, enfrenta outro desafio: assegurar a capacidade de resposta dos profissionais às exigências de desempenho que se sucederão no futuro.

8.2 DESENVOLVIMENTO CONTÍNUO DE PESSOAS

"Devemos aprender durante toda a vida.
Não devemos ser eternos estudantes, mas sim professores de nós mesmos."
Shimon Peres (Revista Veja, ano 34, n. 26)

Os desafios de um ambiente competitivo, a extraordinária riqueza do desenvolvimento tecnológico e as transformações sociais requerem soluções capazes de tornar o *desenvolvimento de pessoas* um *processo,* em lugar de uma sucessão de *eventos esporádicos.*

A atualização técnica, imprescindível à empregabilidade, tornou-se indispensável para a manutenção do equilíbrio emocional em inúmeras profissões. Sem a *perícia,* propiciada por ela, o indivíduo perde produtividade e espaço no mercado de trabalho, tendo ou não vínculo empregatício. Perícia inclui aspectos *técnicos e comportamentais* contidos nos *requisitos da tarefa.*

> O dano emocional pela desatualização atinge, inclusive, os profissionais que ocupam cargos preenchidos por meio de concursos públicos – portanto, estáveis – ainda que se possa imaginar, em um primeiro momento, que a estabilidade no emprego contribua para reduzir sua importância.

O efeito *emocional* da perda de perícia é tão forte que a *autoestima* dos profissionais prejudicados sofre indiscutíveis impactos, evidenciados por seus comportamentos: desinteresse, falta de sintonia com o trabalho, apatia, distanciamento dos colegas, conflitos no lar etc.

O indivíduo sente-se inferiorizado, também, por perceber a redução da admiração das pessoas que lhe são significativas, incluindo amigos, familiares, colegas e superiores. Os reflexos no ambiente doméstico, muitas vezes, transformam-se em graves crises.

Esses sentimentos podem representar o início de *transtornos mentais* de diversos níveis de gravidade. Surge o *estresse*, com o triste cortejo da ansiedade, da depressão e outros transtornos amplamente disseminados, conforme se comentará posteriormente no capítulo seguinte.

A tecnologia encontra-se estreitamente associada à *percepção* que o profissional desenvolve da própria tarefa, porque constitui poderosa interface ativa:

- a velocidade de resposta;
- a utilização de novas linguagens;
- a modificação dos conceitos de tempo e de espaço;
- a superação de desafios.

Os quais, por sua vez, produzem notáveis efeitos psicológicos. A tecnologia influencia decisivamente a **visão de mundo** do indivíduo e, portanto, suas aspirações, motivações e comportamentos.

Em especial, o deslocamento da energia dedicada aos aspectos *mecânicos* da tarefa para seus aspectos *cognitivos* afeta integralmente o indivíduo porque modifica decisivamente seus esquemas de pensamento.

O ser humano cria o artefato.
O artefato transforma o profissional.

Por outro lado, o desenvolvimento continuado de adultos – o público-alvo interno das Organizações – requer métodos especiais de ensino e aprendizagem.

Mudanças organizacionais derivadas da implementação de novas tecnologias encontram resistências maiores, de fundo psicológico, em pessoas de idade mais avançada, pelo simples desconhecimento ou não utilização de processos adequados para modificar suas *percepções sobre essas tecnologias*.

Resistências também se observam em profissionais altamente especializados quando as novas tecnologias deslocam aquelas por eles dominadas.

Com frequência, esses profissionais desenvolvem crenças (nem sempre) infundadas, não excludentes entre si, de que:

- essas mudanças trarão maior complexidade ao trabalho;
- eles não terão capacidade para enfrentar os novos desafios;
- outros profissionais assumirão seus lugares.

Ao lado da manutenção da perícia, impõe-se *o ajuste contínuo do perfil do empregado* às exigências da função, o que inclui, por exemplo, a adequação de linguagem; a prática de novos comportamentos; o desenvolvimento de percepção sempre atualizada de exigências do cliente.

Em termos ideais, propõe-se a *evolução do indivíduo* em sua totalidade, para que ele cresça como *ser humano integral*. O filósofo e catedrático de ética **Fernando Savater** (Espanha, 1947), em sua bela obra *O valor de educar* (1997), levanta a questão:

> *Como se pode instruir alguém em conhecimentos científicos, sem também lhe inculcar respeito por valores tão humanos como a verdade, a exatidão ou a curiosidade?*

Esses valores contribuem, de forma decisiva, para fortalecer a *autonomia pessoal*. Esta propicia ao indivíduo assumir novos desafios, encarar com realismo as adversidades e os problemas do cotidiano, e executar, com excelência, as atividades sob sua responsabilidade.

Isso se reflete em aumentos contínuos da *competitividade*, da produtividade e da qualidade da Organização.

Sem autonomia pessoal, o indivíduo permanece à mercê do obscurantismo, incapaz de competir e *decidir seu futuro* e pouco propenso a assumir sua parcela de responsabilidade em se manter atualizado técnica e socialmente.

> O desenvolvimento integral dos indivíduos constitui um tema paradoxal.
>
> Muitos dirigentes estabelecem objetivos relativos à obtenção de altos níveis de excelência nos serviços e produtos oferecidos: o que se denomina *best in class*. Entretanto, acreditam que atingirão esses objetivos com profissionais desprovidos de visão de mundo abrangente.
>
> Os melhores equipamentos produzem resultados bisonhos nas mãos de pessoas sem ambição e percepção sofisticada, e com visão de mundo limitada. Elas permanecem cegas às possibilidades dos sistemas a elas disponibilizados.

Por outro lado, há de se reconhecer que o desenvolvimento de pessoas, nas Organizações, limita-se, em muitas situações, pelas possibilidades inerentes às atividades.

Inúmeras permanecem imutáveis por longos períodos, tecnologicamente estagnadas. Repetitivas, levam o profissional a atingir um nível máximo de perícia, no qual permanecerá. Os exemplos são inúmeros e bem conhecidos.

No extremo oposto, encontram-se atividades de notável dinamismo do ponto de vista cognitivo. A tecnologia incumbe-se de promover essa evolução contínua e, além disso, as aplicações dessa mesma tecnologia trazem outros avanços. Nas áreas de engenharia, medicina, tecnologia de informação e muitas outras encontram-se inúmeros exemplos. De maneira geral, a maioria das atividades moderniza-se continuamente pelo impacto das novas tecnologias e das transformações sociais a elas associadas.

Existem cargos/funções nos quais o profissional *sabe* que atingirá um limite de desenvolvimento e terá, então, que permanecer nesse patamar ou buscar o autodesenvolvimento para assumir outras responsabilidades. Nesses casos, as Organizações podem contribuir para estimular o profissional a manter-se técnica e socialmente cada vez mais competitivo, por meio de planos de carreira adequados a esse objetivo. Isso implica, eventualmente, em ajustes de perfis, tema do item a seguir.

8.2.1 Ajuste do perfil em situação de mudança

A plasticidade comportamental da maioria das pessoas supera as mais otimistas expectativas dos estudiosos do comportamento humano. Profissionais ajustam-se a inusitados desafios; neles encontram fontes de inspiração e motivação.

Considere-se, por exemplo, o mito do "excelente técnico, péssimo administrador". *Não há qualquer evidência* de que excelentes técnicos não possam tornar-se excelentes administradores ou vice-versa.

O fato de alguns técnicos excelentes terem se revelado maus administradores nada significa. Generalizaram-se os resultados de casos isolados, em que essas pessoas foram levadas a posições de comando sem o preparo adequado e em circunstâncias complexas.

A esse respeito, Wagner III e Hollenbeck (1999:33) relatam exemplos que comprovam que *"os esforços de treinamento também podem ser voltados à mudança dos estilos de personalidade das pessoas"*.

É evidente que pode acontecer o oposto, *superestimar-se* a capacidade adaptativa, submetendo-se indivíduos a desafios comportamentais além de suas possibilidades. Mesmo nesses casos, qualquer conclusão deve estar fundamentada em cuidadosa análise dos fatores que contribuíram para os resultados indesejáveis.

A *avaliação psicológica* preliminar, feita com discrição e tato, ainda que não conclusiva, pode municiar o tomador de decisão de preciosas *indicações sobre o potencial dos profissionais*, com o objetivo de fornecer informações para facilitar o processo de desenvolvimento.

O fluxograma da Figura 8.2 apresenta exemplo de modelo utilizável em processo de **ajuste de perfil**, relatando-se sua utilização para o Caso 8.6, em que se procurou o aproveitamento de profissionais com experiência, durante a implementação de mudança significativa ("reengenharia") no processo de trabalho.

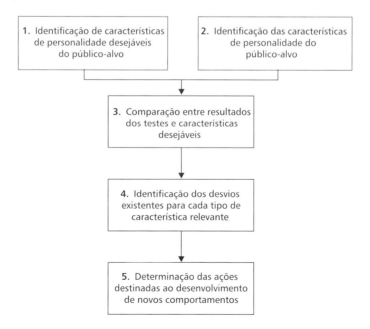

Figura 8.2 *Processo de adequação de comportamentos em mudanças organizacionais.*

> **Caso 8.6**
>
> Um novo sistema de atendimento a clientes ancorou-se em mudança em tecnologia de processo. Substituíram-se sistemas manuais e descentralizados (sem possibilidade de processamento *on-line*) por outro informatizado e centralizado.
>
> A modificação acompanhou ampla reformulação nos métodos de relacionamento com os clientes, com as seguintes consequências:
>
> a) Alteração da quantidade de profissionais dedicados a cada tipo de tarefa.
> b) Eliminação de algumas tarefas, principalmente relativas a controles manuais, e criação de outras, relacionadas a análise e planejamento tático.
> c) Modificação no estilo de tratamento dos clientes, incluindo metas de produtividade mais arrojadas e maior preocupação com a concorrência.
> d) Alterações nos procedimentos, com novos padrões de serviço, novas fraseologias etc.
>
> Os Administradores do processo depararam-se com as seguintes questões:
>
> 1. Quais são as diferenças entre os novos requisitos de comportamentos e os existentes?
> 2. Quais são os desenvolvimentos recomendáveis para promover a adequação da maior quantidade possível de profissionais, considerando-se a meta de realizar a mudança com o máximo de economia e aproveitamento do pessoal já experiente?

A. Identificação das características desejáveis para o público-alvo

Para o Caso 8.6, concluiu-se pela conveniência de um **benchmarking**.

Os dados de referência coletados foram apresentados para o corpo gerencial em *workshop* realizado para estabelecer as características comportamentais desejáveis para o público-alvo (Atividade 1).

Essas características foram organizadas na forma de uma tabela de fatores para cada tipo de atividade, seguindo modelo semelhante ao da Tabela 8.1.

B. Identificação das características do público-alvo existentes

As informações sobre as características desejadas permitiram a seleção dos testes psicológicos, levando-se em consideração:

– a rapidez na aplicação;
– a possibilidade de aplicação em grupos;
– a facilidade de compreensão dos enunciados do teste;
– a neutralidade, por meio de especialista contratado para essa finalidade.

Os testes foram aplicados (Atividade 2), obtendo-se um cadastro de características de personalidade de cada profissional potencialmente utilizável na nova atividade.

No caso de significativas transformações nos processos, deve-se considerar, na análise, que os profissionais desenvolvam *ansiedade*, capaz de afetar seus comportamentos e suas percepções e de comprometer, em variados graus, resultados das avaliações.

As recomendações e observações apresentadas no item 8.1.2, relacionadas com os aspectos psicológicos que envolvem a aplicação de testes, devem ser aqui consideradas.

C. Comparação entre os resultados dos testes e as características desejáveis

A comparação (Atividade 3) considerou a existência de características essenciais e acessórias, identificando-se os desvios para cada caso.

Os casos de desvios "significativos" foram submetidos à reavaliação, por meio de entrevistas que incluíam a participação de supervisores e gerentes, para não se decidir unicamente pelo resultado da testagem.

Nessa reavaliação, procurou-se identificar o potencial de cada profissional para o desenvolvimento de novos comportamentos, buscando manter os profissionais já existentes e evitar o custo de seleção e treinamento de pessoal novo.

Esse procedimento permitiu, como subproduto, identificar possibilidades de aproveitamento de profissionais em atividades para as quais nunca haviam sido cogitados.

Por exemplo, alguns operadores demonstraram potencial para realização de atividades nas áreas de Comunicação Social e Marketing. Outros, com formação técnica, puderam ser encaminhados para a área de manutenção. Muitos profissionais surpreenderam por demonstrar aptidões totalmente inesperadas.

> Existe a crença, arraigada mesmo entre pessoas de elevado nível de instrução, de que profissionais das áreas "exatas" têm menor "sensibilidade" do que aqueles das áreas "humanas". A respeito dessa questão, Fernando Savater (1997), registra curiosamente que entre as pessoas menos sensíveis que ele conheceu encontram-se alguns filósofos.
>
> O Administrador deve se policiar para não enveredar pelos caminhos desses preconceitos. Isto lhe abrirá a percepção para melhor aproveitar os potenciais de todos os profissionais.

D. Determinação de ações de desenvolvimento

Com base no estudo dos desvios entre o desejável e o resultado da avaliação (Atividade 4), determinaram-se ações de desenvolvimento (Atividade 5) dirigidas a cada tipo de característica para a qual se considerou importante uma modificação de comportamento.

O conjunto de ações constituiu o *plano de treinamento* para a adequação funcional, segundo o princípio de que *"os comportamentos que uma pessoa apresenta não são imutáveis e, sob certas condições, podem ser modificados"* (Rangé, 1995b:16,21).

> Pessoas deslocadas para serviços de atendimento foram treinadas a sorrir ao telefone; aquelas designadas para o serviço de balcão, a olhar nos olhos do cliente; incluíram-se programas de melhoria da habilidade de escutar e técnicas para tratar com a má educação de alguns clientes.
>
> Profissionais com timidez mais acentuada foram preparados para aumentar a descontração e seus limiares de sensibilidade a críticas e grosserias. Em profissionais mais agressivos procurou-se melhorar o grau de tolerância a estímulos considerados, por eles, como aversivos.

Neste exemplo, *combinaram-se* testes psicológicos e entrevistas com os seguintes objetivos:

a) Estabelecer processos de desenvolvimento mais adequados para as características de cada indivíduo.

b) Identificar aspectos das mudanças comportamentais capazes de despertar *mecanismos de defesa* em maior quantidade e mais intensos, incluindo comportamentos arraigados, esquemas rígidos de pensamento, preconceitos, medos etc. Por exemplo, muitos profissionais temiam atuar no ambiente do cliente, acreditando que poderiam ser mal recebidos.

c) Obter dados para determinar *prioridades* para o desenvolvimento das características comportamentais desejáveis.

d) Planejar estratégias para despertar a motivação dos treinandos para as mudanças.

8.2.2 Processo de desenvolvimento

Não há desenvolvimento sem mudança, no sentido de **crescimento** do indivíduo. Crescimento, segundo Campos, significa *"utilizar cada vez mais a mente do indivíduo e não somente a força braçal (...). Para isto, ele deve ser preparado durante toda a sua vida"* (Campos, 1992:155).

A moderna tecnologia de produção aponta nesse sentido: reduzem-se trabalhos penosos (em geral, de baixíssima produtividade), intensivos em mão de obra braçal, e aumentam-se as oportunidades para as pessoas capazes do trabalho criativo.

A Gestão desse processo de ***mudança de comportamento*** é, em sua fundamentação, uma atividade intrinsecamente associada à Psicologia Organizacional. Afinal, toda transformação comportamental duradoura é consequente à mudança de visão de mundo e de si mesmo.

Nessa direção, o processo de desenvolvimento deve levar em consideração fatores que:

- **obstam** sua criação, manutenção ou melhoria contínua;
- **despertam** a motivação para o desenvolvimento.

Os primeiros inviabilizam os últimos. Não basta criar condições para a existência do Processo de Desenvolvimento sem eliminar os obstáculos ao seu funcionamento.

Sob essa ótica, o Processo de Desenvolvimento, para ser eficaz, pode seguir os parâmetros estabelecidos nas consolidadas Normas ISO-9000, adotando-se como **ponto de partida a eliminação das não conformidades**.

8.2.3 Fatores que obstam o processo de desenvolvimento

A observação, por longo período e em diversos tipos de Organizações, sugere a existência de dois tipos básicos de obstáculos ao processo de desenvolvimento:

- relativos ao indivíduo;
- relativos à Organização.

A. Fatores peculiares a cada indivíduo

Entre os muitos fatores relacionados aos indivíduos, que inibem a motivação para o desenvolvimento, foram selecionados os descritos a seguir.

- **Experiências anteriores**

Tentativas de autodesenvolvimento, adotadas pelos profissionais, não receberam o reconhecimento ou o apoio esperado; outras vezes, podem ter sido refreadas pela Organização.

Esse tipo de situação, entretanto, pode ligar-se à crença dos profissionais de que a Organização reconhecerá *qualquer tipo* de desenvolvimento e de que *o esforço tem valor intrínseco*.

A Organização, por sua vez, pode ter contribuído para ela ao reconhecer iniciativas de alguns profissionais sem justificar, para os demais, os motivos dessa decisão, criando falsas expectativas.

- **Crença inadequada**

De que o desenvolvimento do profissional é de responsabilidade exclusiva da Organização. Essa crença gera comportamentos de acomodação em relação à busca de novos conhecimentos e de atualização das habilidades e comportamentos.

Ela manifesta-se em frases como as seguintes: "Estou nessa empresa há anos e nunca recebi nenhum treinamento...", ou "Aqui ninguém liga para o treinamento do empregado".

Vários motivos geram esse tipo de comportamento. Um deles origina-se no sistema de ensino, onde a *progressão automática* transfere do aluno para a entidade de ensino a responsabilidade pela aprendizagem. Outro motivo encontra-se nos aspectos paternalistas tão comuns à cultura brasileira – o cidadão conta sempre com a presença do Estado. Também exercem influências ideologias que induzem os indivíduos a relações de dependência.

- **Mecanismos de defesa**

Como já mencionado, manifestam-se para manter o equilíbrio emocional, a *confortável estabilidade das coisas*. Todo desenvolvimento é uma mudança, portanto, o profissional encontra-se sujeito a eles.

Faltam pesquisas a respeito do tema, contudo, a troca de experiências entre profissionais de Administração e Psicologia sugere a forte presença dos descritos a seguir. Acredita-se que eles encontram-se particularmente presentes em mudanças organizacionais de grande impacto e devem ser considerados na formulação de processos de desenvolvimento de pessoas de maneira geral.

- *fantasia*: "Não preciso me preocupar, porque sou um profissional raro na minha especialidade";
- *negação da realidade*: "As coisas também não estão mudando assim tão de repente; aqui tudo vai mais devagar";
- *racionalização*: "O que temos que fazer é trabalhar da melhor forma possível" (frase de um diretor, antes da demissão de um terço de seus subordinados após uma radical automação de processos);
- *regressão*: "Com certeza, os dirigentes estão atentos à necessidade de novos treinamentos – não precisamos nos preocupar por eles" (frase peculiar, que retrata toda uma história de dependência);

- *projeção*: "Isso está acontecendo por culpa das multinacionais...";
- *isolamento*: às vezes, manifesto por dedicação não usual ao trabalho; na verdade, um comportamento de evitação de conversas com os colegas, fontes de ansiedade.

A presença desses mecanismos de defesa denota-se por frases típicas, como as seguintes, que se escutam nos refeitórios, nas salas de reuniões, nos corredores, na pausa para o cafezinho etc.:

- "Sou imprescindível no que faço";
- "Nos próximos 10 anos nada vai mudar na minha atividade";
- "Sou o melhor em meu serviço; isso será levado em conta";
- "Meu chefe não deixará de me apoiar se eu precisar de ajuda";
- "Esse pessoal vive estudando porque não tem uma atividade difícil como a que eu executo".

Com isso, adiam-se os esforços de autodesenvolvimento.

A Psicologia Organizacional tem ferramentas para identificar esses temores e indicar soluções para os gestores, por meio de ações que levem as pessoas a reformular suas crenças e rever comportamentos de dependência e acomodação.

Identificar e atuar para neutralizar os efeitos dos mecanismos de defesa não promove a motivação para o desenvolvimento, porém elimina obstáculos psicológicos aos programas destinados a despertá-la.

- **Esquemas de pensamento**

Os *esquemas de pensamento* resultam da generalização de ações que se mostraram satisfatórias (ou insatisfatórias) em determinadas situações. O risco, conforme já indicado, encontra-se no desenvolvimento de *pensamentos automáticos* indesejáveis, quando as generalizações não se aplicam às novas situações.

Esse tipo de pensamento manifesta-se na forma de *distorções cognitivas*, como as seguintes:

- **categorização em dicotomia**: percebem-se os projetos de desenvolvimento como destinados ao sucesso ou ao fracasso absolutos; na ausência de resultados intermediários, as pessoas não se motivam para novos desafios, ante os riscos naturais de atingir apenas parcialmente objetivos e metas;
- **hipergeneralização**: um projeto de desenvolvimento de competências mal conduzido ou com resultados aquém dos previstos torna-se uma referência e contamina as propostas subsequentes.

B. Fatores relativos à Organização

- Conceito de que o Desenvolvimento é um problema de cada profissional.

Em muitas Organizações, considera-se a responsabilidade pelo autodesenvolvimento exclusivamente de cada profissional. Argumenta-se que ele já recebe, sem custo, treinamento técnico nos equipamentos e processos relacionados com os sistemas produtivos.

Organizações menores, desprovidas de recursos financeiros, contudo, empenhadas no desenvolvimento de seus profissionais, proporcionam algumas facilidades a título de estímulo. Deve-se compreender que o desenvolvimento é um investimento de custo relativamente elevado.

Encontram-se também dirigentes que acreditam que o profissional, uma vez em melhores condições competitivas decorrentes do desenvolvimento de suas competências, buscará outras oportunidades.

Por outro lado, grandes Organizações, principalmente, podem estabelecer condições para negociar, vantajosamente, as oportunidades de desenvolvimento propiciadas a seus profissionais, de maneira a estabelecer reciprocidade, por exemplo, em relação ao tempo de permanência no trabalho.

- **Crenças inadequadas**

No ambiente organizacional, encontram-se, com frequência, *crenças ou ideias não amparadas na realidade* ou nas indicações mais prováveis, originadas em um grande número de fatores, que vão desde conceitos assimilados pelas pessoas desde a infância até as experiências mais recentes.

Destaque-se o papel da mídia. Divulgando impunemente notícias travestidas de cunho científico, em especial na área do conhecimento mental, contribui de maneira decisiva para a produção de falsos conceitos relacionados à personalidade, ao comportamento humano e aos transtornos de origem psíquica.

Essas crenças manifestam-se no cotidiano da Organização, conforme sugerem o Caso 8.6 e os exemplos seguintes.

Caso 8.6

Jovem profissional, de reconhecido potencial e sólidos conhecimentos em sua área de atuação, é guindado a uma posição de gerência.

O profissional tinha a crença consolidada de que deveria desenvolver genuína amizade com todos os que lhe eram subordinados, como forma de lhes angariar a confiança.

Esse comportamento destoou do que se verificava em outros ambientes da Organização. Isso, aos poucos, passou a lhe trazer problemas de relacionamento com os colegas de cargos similares.

Por outro lado, entre seus subordinados, começaram a surgir problemas relacionados com o exercício da autoridade. As pessoas confundiam o estilo do gerente com flexibilização no cumprimento dos padrões praticados e exigidos pela Organização como um todo.

A situação tornou-se cada vez mais delicada, porque o Gerente compreendeu que o retorno às condições de relacionamento anteriormente praticadas não seria obtido de maneira simples e sem conflitos.

- muitos profissionais consideram que não ser classificado entre os primeiros em uma avaliação de desempenho significa existir favorecimento de outros colegas por parte da gerência;
- profissionais interpretam a não obtenção de um recurso para determinado projeto de desenvolvimento pessoal como o reflexo de perseguição pessoal por parte dos escalões superiores da Organização ou da ação de outros profissionais interessados em prejudicá-los.

A presença de crenças inadequadas prejudica as relações interpessoais, reduz o profissionalismo essencial à competitividade e causa consequências psicológicas para os afetados, com reflexos sobre clientes, subordinados, colegas e superiores, desdobrando-se nas relações familiares.

O conceito de "inadequada", em relação a uma crença ou ideia, depende do ambiente organizacional, do momento e da própria situação. Não se trata, pois, de um conceito absoluto.

Vejam-se os muitos exemplos citados ao longo do texto. Em determinado ambiente organizacional, pode ser, de fato, necessária a relação de amizade para o exercício do cargo gerencial; o favorecimento na avaliação de desempenho pode realmente estar ocorrendo, ligado a fatores como política, religião, sexo ou poder; a não obtenção de estímulo pode ser resultado de um movimento para reduzir o prestígio do profissional.

Crenças inadequadas devem ser, em primeiro lugar, *identificadas*. O passo seguinte, às vezes complexo, é a demonstração de que elas *são efetivamente erradas* (para descartar a chance de que, de fato, tenham fundamento).

Muitas vezes, a Direção não se empenha, com a ênfase necessária, na *divulgação* do que realmente acontece na Organização. De um lado, todos os eventos que possam ter interpretação negativa costumam – pelas vias informais do boca a boca, pela surpreendente agilidade do WhatsApp e das redes sociais – difundir-se rápida e generalizadamente, dentro e fora da Organização – o que pode afetar a imagem pública da entidade. Por outro lado, as comunicações formais costumam pecar pela lentidão, criando um déficit de informação.

Observe-se que, por meio das redes sociais, as Organizações dispõem de mecanismos de alta eficiência para, rapidamente, levar informações relevantes a seus profissionais, independentemente de localização geográfica.

Experiências desagradáveis lançam sementes de crenças incorretas. Ocorre o fenômeno da generalização: o indivíduo trata novas situações segundo premissas ultrapassadas, como sugerem os exemplos a seguir.

- **Experiências anteriores malsucedidas.**

Destaquem-se as experiências anteriores insatisfatórias decorrentes de ações trabalhistas. São conhecidos casos de profissionais que receberam treinamentos diferenciados e entraram com demandas na Justiça do Trabalho requerendo equiparações ou diferenciação nos vencimentos, apresentando como justificativa os bons resultados obtidos nos programas de desenvolvimento – isso, sem vínculo com a produtividade e a qualidade dos serviços.

Relatam-se também as situações – anteriormente indicadas – em que profissionais, adquiridas novas competências, deixam a Organização em busca de melhores oportunidades. Surge conflito entre "fidelidade" e "benefícios".

- **Inexistência de mecanismos formais, efetivamente praticados, para recompensar esforços de desenvolvimento espontâneos e vinculados aos objetivos da Organização.**

> Quando o reconhecimento fica por conta da percepção dos gerentes, torna-se difícil aos profissionais separar aspectos subjetivos dos objetivos, ensejando ideias de favorecimento ou expec-

tativa de generalização. Além disso, ainda que existam reconhecimentos, praticados de maneira não organizada, poderão dar a ideia de que alguns são mais beneficiados do que outros pela falta de padronização.

- **Insuficiente conhecimento da visão, da missão e dos objetivos da Organização, para orientar os profissionais em suas iniciativas de desenvolvimento.**

    Visão, missão e objetivos representam declarações úteis para nortear as ações. Qualquer desenvolvimento que não contribua para seu alcance terá menor chance de (ou, não deverá!) ser reconhecido. Se o for, constituirá mensagem paradoxal.

- **Não atendimento de necessidades correspondentes aos níveis mais inferiores da Hierarquia de Maslow.**

    Quando o profissional concentra energias exclusivamente no suprimento das necessidades dos níveis inferiores, compromete a motivação dos demais.

- **Objetivos e metas inexistentes, mal definidos ou conflitantes, exaurindo ou diluindo os esforços dos profissionais.**

    Visão, missão e objetivos mal definidos conduzem a extraordinário consumo de energia na discussão de metas e planos de trabalho.

    Essa energia psíquica mal aplicada impossibilita a canalização de esforços para temas relevantes, entre eles, o desenvolvimento dos profissionais.

- **Ausência de *modelos*: eles inspiram as pessoas e despertam a motivação para o autodesenvolvimento. A ausência de modelos favorece a estagnação ou a canalização das energias para objetivos desvinculados da Organização.**

- **Limitado treinamento sobre os processos organizacionais, de forma que as pessoas circunscrevem suas percepções às tarefas que executam. Seus olhares não vão muito além de suas mesas ou bancadas de trabalho.**

    O desconhecimento dos processos impossibilita a *visão de cliente* e contribui para desenvolver esquemas rígidos de pensamento.

- **Reduzida percepção de fatores relacionados à concorrência.**

    Em muitas Organizações, desenvolve-se a cultura de que o enfrentamento da concorrência constitui uma tarefa estratégica exclusiva da alta direção.

    Cria-se a falsa percepção de que a produção ou prestação do serviço pouco afetam as relações com os clientes e, portanto, não há com o que se preocupar, nem motivos para o autodesenvolvimento.

    Há Organizações que realizam escassa divulgação interna de informações sobre a concorrência e os riscos que ela representa. Outras chegam a ocultá-las ou distorcê-las, criando falsa imagem de sucesso perante os profissionais!

    Quando essa postura conduz à convicção de que os produtos ou serviços são os melhores no mercado consumidor, deixa de existir motivação para desenvolvê-los ainda mais. Facilmente desloca-se toda a atenção para o marketing, como forma de manter ou ampliar a fatia de mercado.

8.2.4 Objetivos para o processo de desenvolvimento de competências

Estes são possíveis objetivos para o Processo de Desenvolvimento, relacionados com a ação da Psicologia Organizacional:

- aperfeiçoamento continuado da visão de cliente;
- desenvolvimento do autoconhecimento;
- fortalecimento da autonomia;
- desenvolvimento da compreensão verbal;
- desenvolvimento da capacidade de raciocínio.

A. Aperfeiçoamento continuado da visão do cliente

Para olhar para si mesmo, o indivíduo precisa olhar para o outro, aquele que o rodeia, enfim, o "próximo".

Objetivo de crescente complexidade. As facilidades de comunicação que possibilitam as mais diversas formas de relacionamento interpessoal situam o próximo em um ponto qualquer do globo, a qualquer momento, alcançável por uma mensagem de WhatsApp ou outra forma qualquer, disponível para, virtualmente, todas as pessoas.

Além dessas facilidades, destaquem-se novas maneiras de comercialização dos produtos e serviços, que proporcionam inusitada acessibilidade, redução de custos e, em consequência, alargamento dos mercados consumidores, pelas vias do comércio eletrônico em suas muitas modalidades. Acompanhando esse movimento, e até mesmo aumentando-lhe a viabilidade, destacam-se os métodos de transferência de recursos financeiros e de geração de créditos. Produtos que somente se encontravam nas prateleiras de estabelecimentos, são disponibilizados nas telas dos computadores e telefones celulares para apreciação dos clientes.

Esse fenômeno transforma o aperfeiçoamento continuado da visão de cliente em tarefa cada vez mais complexa, porque a pergunta *"quem é o meu cliente?"* não mais admite circunscrição geográfica. **O conceito de "próximo" deve ser continuamente revisitado.**

Os mecanismos de percepção necessários para detectar os detalhes que fazem as diferenças na visão de cliente requerem contínuo aperfeiçoamento por meio da conjugação de novos aspectos técnicos, comportamentais e emocionais.

> Cursos a distância podem incluir participantes de lugares inusitadamente remotos, inclusive de várias nacionalidades, mesclando realidades, experiências, práticas, costumes e valores.
>
> O Professor, em seu domicílio ou escritório, recebe a visita, em um *chat*, de profissionais de outros países ou continentes; diferenças linguísticas tornam-se uma variável a mais no processo de comunicação.

Diversas técnicas de psicologia contribuem para desenvolver visão de cliente, abrangendo os públicos interno e/ou externo, incluindo o refinamento da percepção, o aperfeiçoamento da comunicação, a aceitação de *feedback* e outros aspectos.

B. Desenvolvimento do autoconhecimento

"O autoconhecimento só pode ser obtido com a ajuda dos outros, por meio de feedback."

Moscovici (1995:37)

Sem autoconhecimento, o indivíduo não desenvolve competência interpessoal. "O olho não olha dentro de si."Por outro lado, acentua Moscovici, competência interpessoal desenvolve-se por meio de treinamento (1995:42). Esse treinamento, entretanto, não pode ser episódico, isolado, único.

As mudanças trazem consequências psicológicas para os indivíduos e grupos, afetando-os em todos os aspectos e de maneira contínua.

Portanto, buscar o autoconhecimento constitui um importante objetivo para o Desenvolvimento *enquanto processo*, para que o indivíduo reflita, receba, proporcione e processe *feedbacks*.

Note-se que o desenvolvimento do autoconhecimento implica em retirar o indivíduo da "zona de conforto": requer o estabelecimento de desafios e, portanto, gasto de energia psíquica – algo em nada convidativo em comparação com o desfrute do lazer descompromissado. No mínimo, trata-se de um custo psicológico significativo, porém, altamente compensador.

O autoconhecimento possibilita ao profissional identificar:

a) Seus pontos fortes, que devem ser fortalecidos e ampliados;
b) Seus pontos fracos, que merecerão atenção com o objetivo de eliminá-los ou minimizá-los.

Este conhecimento proporciona elementos para o estabelecimento de metas e objetivos pessoais.

C. Fortalecimento da autonomia pessoal

Esse processo inclui:

- assunção de *postura crítica em relação aos padrões e resultados* da Organização, em benefício da produtividade e da qualidade dos serviços;
- capacidade de *avaliar a obrigatoriedade* das normas, as condições e as situações em que devem ser revistas ou reavaliadas;
- disposição intelectual e emocional de *defender e realizar a aplicação dos instrumentos normativos* naquilo que se encontra em seu nível de competência e responsabilidade;
- busca de *promoção de contínuos ajustes e modificações nesses instrumentos*, para mantê-los atualizados em relação às demandas do público-alvo;
- compreensão do papel enquanto profissional perante a Organização e a Sociedade, dentro de um quadro de Princípios e Valores eticamente estabelecidos.

O desenvolvimento da autonomia inclui a permanente *atualização técnica*, para desfrutar do sentimento de perícia, já amplamente comentado.

D. Desenvolvimento da compreensão verbal

A compreensão verbal *"reflete o grau em que uma pessoa pode entender e usar a linguagem escrita e falada"* (Wagner III e Hollenbeck, 1999:38).

É extraordinário o *custo invisível*, para a Organização e para as pessoas que nela trabalham, do baixo nível de compreensão verbal, decorrente de fatores como os seguintes:

- o sistema de ensino brasileiro, em todos os níveis e em significativa parcela da população, não privilegia o desenvolvimento da leitura e, menos ainda, o desenvolvimento da análise e da crítica;
- os ensinos fundamental e médio não proporcionam formação mínima em compreensão verbal, para a grande maioria dos formados. O disparate da aprovação praticamente compulsória corrompe o conceito de ensino-aprendizagem, humilha os professores e ilude os alunos. Milhões de diplomas enfeitam paredes e ocupam espaços em gavetas;
- o público em geral deixa-se condicionar pela leitura da (pior) mídia impressa, relativamente inútil para o desenvolvimento cognitivo;
- a comunicação por mecanismos como WhatsApp e redes sociais (Facebook e outras) promove, acentua e dissemina a linguagem informal e desenvolve vícios de expressão;
- a televisão exerce efeito danoso sobre a capacidade de fixar atenção, prejudicando a absorção dos conteúdos escritos;
- dificuldades relacionadas com a compreensão verbal refletem-se em comportamentos reativos a programas de Desenvolvimento, pela reatividade à leitura e à escrita;
- a compreensão da linguagem relaciona-se diretamente com a qualidade do pensamento (Capítulo 3, item 3.7). A degradação da linguagem traz consigo a deterioração da capacidade de pensar e se estabelece um círculo vicioso que obsta o autodesenvolvimento.

As diferenças de níveis de pensamento impedem o estabelecimento de programas atrativos para *todas* as pessoas e *ao mesmo tempo*. Essa realidade implica, necessariamente, em *maiores investimentos de recursos financeiros*.

E. Desenvolvimento da capacidade de raciocínio

"O sonho é o motor da criatividade."
Alceni Ângelo Guerra, Ministro de Estado da Saúde (1990-1992)

Capacidade de raciocínio é *"a aptidão para criar soluções para muitos tipos diferentes de problemas"* (Wagner III e Hollenbeck, 1999:38).

Técnicas para gerar ideias aprendem-se. Entre elas, talvez a mais conhecida seja a já citada e conhecida *brainstorming*. Contudo, há controvérsias a respeito de sua real efetividade, quando se comparam seus resultados com os que seriam obtidos com as mesmas pessoas trabalhando individualmente, alertam Huffman, Vernoy e Vernoy (2003:282).

A técnica baseia-se na possibilidade de se trabalhar os esquemas mentais, cuja flexibilização ampliaria as possibilidades de criar e de raciocinar de maneira alternativa.

Um exemplo de esquema de pensamento que se torna barreira à solução de problemas é a *fixidez funcional*, que consiste em atribuir sempre as mesmas utilidades a determinado objeto ou processo (Huffman, Vernoy e Vernoy, 2003:278).

De um lado, essa fixidez pode estar ligada à cuidadosa obediência a normas estabelecidas – indiscutivelmente necessária em inúmeras atividades, por motivos ligados a qualidade e segurança. Não se consegue imaginar uma atividade cirúrgica, por exemplo, sem esse cuidado.

No entanto, em inúmeras atividades existe a capacidade de vislumbrar opções, de criar soluções alternativas, de lidar com padrões maleáveis, para ajustar as eventualidades às possibilidades de ação dos profissionais. Na área de atendimentos emergenciais de qualquer natureza isso se torna imperioso pela imprevisibilidade das condições de trabalho no local da ocorrência.

Eliminar crenças irracionais, pensamentos automáticos, esquemas rígidos de pensamento constituem maneiras de aumentar a criatividade. Em essência, tudo o que *liberta o pensamento favorece a criação*.

Muitas Organizações promovem programas esporádicos de treinamento com esse objetivo. Contudo, *não se aumenta a criatividade com algumas palestras ou poucos exercícios*.

Também não há um corpo de pesquisa consolidado que indique ser possível treinar ou motivar uma pessoa para ser mais criativa, havendo até os que contestam essa possibilidade (Huffman, Vernoy e Vernoy, 2003:283).

O aumento de criatividade somente acontecerá mediante um processo sistemático, conduzido de modo ajustado para os diferentes públicos-alvo da Organização.

Criatividade, ao contrário do que se apregoa popularmente, exige método! Portanto, pode ser desenvolvida por meio de treinamento adequado.

A esse respeito, há grande convergência de opiniões em torno da ideia central de que o **medo** de decidir, agir, propor, fazer contribui para cercear a criatividade.

Carl Rogers (Hall, Lindzey e Campbell, 2000:380) considera que *"a criatividade construtiva é mais provável na presença de três condições"*, as quais são favorecidas por *"liberdade e segurança psicológicas"*:

- abertura à experiência;
- *locus* interno de avaliação;
- capacidade de brincar com os elementos e conceitos.

Dulce Magalhães (2003:26) acentua a importância da *segurança* quando assinala que a insegurança resulta da combinação de três estados: a ignorância, o medo e a violência.

Para a autora, o primeiro estágio para vencer a ignorância é *informar*. A informação amplia a visão de mundo e de si mesmo de cada indivíduo – sem isso, o raciocínio torna-se limitado, presa de esquemas de pensamento. A informação liberta e encontra-se ao alcance das Organizações.

O desenvolvimento da capacidade de raciocínio reflete-se na geração contínua de soluções para os problemas e de ideias para a promoção do encantamento dos clientes, *antecipando-se* às suas necessidades.

Pessoas criativas *não aceitam* a convivência com os problemas e soluções convencionais. Elas demonstram maiores persistência (porque acreditam na capacidade de encontrar novos caminhos) e níveis de energia (Magalhães, 2003:81).

O desenvolvimento do raciocínio deve ser o *fator de integração* das habilidades cognitivas. Não basta, afinal, ter visão de cliente, autonomia, autoconhecimento e elevado nível de compreensão, se isto não se transformar em *soluções rentáveis para a Organização*. Pulverizadas, não coordenadas, as habilidades cognitivas mostram-se inúteis.

F. Desenvolvimento de pessoas em idade avançada

> "Aquele que vive pela inteligência morre com a inteligência."
> Krech, Crutchfield, Ballachey (1973)

As Organizações em geral relutam em empregar pessoas em idade mais avançada e, a partir dos 50 anos, evita-se investir em desenvolvimento desse público-alvo.

As regras da aposentadoria, entretanto (isso se observa em praticamente todos os países), tenderão a conduzir ao aumento da faixa etária do pessoal empregado, acompanhando o alongamento da expectativa de vida. Em consequência, será incentivada a manutenção de níveis de competitividade satisfatórios por meio de desenvolvimento continuado.

A questão crucial é simples: será economicamente viável investir no desenvolvimento de pessoas na faixa etária superior aos 50 anos de idade? Uma série de experimentos, investigações e observações mostra que a resposta a essa pergunta é "sim", e que existem crenças infundadas em relação à possibilidade de desempenho de idosos em projetos de desenvolvimento pessoal.

Importante constatação é a de que "estudantes mais maduros que retornam à universidade frequentemente saem-se tão bem, ou melhor, quanto seus colegas mais jovens" (Huffman, Vernoy e Vernoy, 2003:346).

Isso, em parte, deve-se à existência de conhecimentos anteriores, sobre os quais torna-se mais fácil agregar novos.

Muitas vezes, são pessoas acostumadas a práticas relacionadas com organização e método de trabalho e aplicam-nas, naturalmente, ao estudo – tornando-o muito mais produtivo e objetivo. Também é comum que possuam objetivos muito bem definidos para seu estudo, o que aumenta ainda mais a eficiência dos esforços despendidos na aprendizagem (Myers, 1999:94).

Essas pessoas têm padrões de referência sobre os quais colocam novas informações, criando um contexto favorável à memorização.

Também são relevantes as experiências anteriores, que lhes possibilitam associar conteúdos teóricos a questões eminentemente práticas, recolhidas de suas vivências. Em algumas áreas do conhecimento essa possibilidade torna-se óbvia.

Outra questão relevante e que levanta dúvidas a respeito da aprendizagem entre pessoas mais idosas, diz respeito à capacidade de memorização dos novos conteúdos. Não existe aprendizagem sem memorização.

Os estudos longitudinais de memória, em que o mesmo indivíduo é testado ao longo do tempo, indicam que não há redução de inteligência após os 30 anos (Myers, 1999:94), confirmando a noção popular de que "nunca é tarde demais para aprender".

Por outro lado, deve-se considerar, no processo de desenvolvimento de recursos humanos, o fato de a *inteligência fluida* (capacidade de raciocinar depressa, em termos abstratos) diminuir com a idade (Myers, 1999:96), enquanto a *inteligência cristalizada* (conhecimento acumulado) aumenta.

Em outros termos, o envelhecimento atua sobre a *velocidade* de processamento das informações, mas não parece afetar a *capacidade* de processamento (Huffman, Vernoy e Vernoy, 2003:347).

Isso sugere às Organizações valer-se de profissionais em maior faixa etária para as atividades de planejamento e gestão, intensas em reflexão e concentrar nos jovens as atividades do cotidiano dos processos, em que a rapidez pode ser mais importante do que a articulação sistêmica. Reforça essa ideia a propensão das pessoas mais idosas demonstrarem maior paciência na execução de suas tarefas, enquanto as mais jovens voltam-se à busca e aplicação de soluções rápidas.

Em síntese: a resistência das Organizações em proporcionar oportunidades de desenvolvimento a pessoas em idade produtiva, porém de maior faixa etária, justifica-se mais por motivos culturais e econômicos do que técnicos.

Por outro lado, a cultura contribui para que pessoas mais idosas descuidem – ou abandonem – o desenvolvimento cognitivo. Essa postura encontra forte estímulo nas famílias, pois prevalece a ideia de que, após certa idade, chega o momento de "parar e gozar vida". Esse procedimento apresenta efeitos perversos: no estagnar intelectualmente, regridem. Do estudo das funções mentais superiores (Capítulo 3) extraem-se muitos argumentos nesse sentido. Essa cultura ocasiona, também, efeitos marcantes sobre a *motivação*, que acentuam ainda mais a disposição do indivíduo para abandonar qualquer iniciativa de desenvolvimento.

O efeito cultural estende-se à Organização: qual é o motivo para investir em pessoas que, supostamente, em pouco tempo cessarão suas atividades?

São incontáveis os casos de profissionais altamente qualificados que optam por abandonar seu campo de atuação sem procurar outra atividade alternativa. As narrativas de deterioração intelectual, muito bem conhecidas de psiquiatras e psicólogos, comprovam a importância de o profissional manter-se mentalmente ativo.

Cessados os desafios, instala-se um círculo vicioso. Pessoas em idade mais avançada, embora produtivas, pela falta de atividades suficientemente desafiadoras, são reduzidas a uma condição de inferioridade no mercado de trabalho e na sociedade.

G. Plano de carreira e desenvolvimento de pessoas

A existência de um *plano de carreira* nas Organizações deve ser avaliada sob várias ópticas. Em primeiro lugar, esse tipo de plano encontra-se descartado na absoluta maioria das Organizações pela simples impossibilidade econômica de encará-lo como estratégia de empresa. Essas Organizações ou não dispõem de recursos financeiros, ou massa crítica de empregados (ou ambos) para viabilizar esse tipo de proposta.

Pode-se pensar em plano de carreira em Organizações de grande porte, incluindo órgãos públicos e iniciativa privada. Mesmo nessas Organizações, há uma nítida tendência a excluir aqueles que trabalham em atividades intensivas em mão de obra pela dificuldade de agasalhar esses profissionais nesses projetos, a despeito das mais louváveis intenções dos administradores. Na Organização, a existência de tratamento diferenciado entre grupos de trabalhadores ocasiona, entretanto, tensões e conflitos.

Em segundo lugar, existe uma dominância no pensamento administrativo em torno dos *planos de cargos e salários*. Os efeitos desse tipo de plano sobre as expectativas das pessoas são consideráveis: restringem-lhes os horizontes, delimitam-lhes as áreas de atuação, desestimulam a criatividade.

Trata-se, entretanto, de escola consolidada e consagrada. Somente o tempo se encarregará de substituí-la com a introdução gradativa de novos conceitos de gestão de pessoas. Costumes e interpretações arraigados entre juízes e advogados ampliam o desafio a ser superado.

Em terceiro lugar, a terceirização e o incentivo para que ela aconteça contribuem para reduzir os horizontes profissionais convencionais, ao inviabilizar propostas de carreiras de longo prazo. Planos de carreira pressupõem estabilidade e remuneração crescente. Para muitos estudiosos, a terceirização é percebida como um incentivo ao autodesenvolvimento, pela necessidade intrínseca do terceirizado em demonstrar autoeficácia.

Apesar dessas dificuldades, o conceito de um plano de carreira apresenta relevantes perspectivas positivas a serem consideradas pelos Administradores:

- uma carreira profissional tem a ver com o aumento da perícia, cujas vantagens foram amplamente vistas neste livro;
- ao propiciar carreiras sólidas a seus colaboradores, a Organização desperta motivação nos níveis mais elevados da hierarquia de Maslow;
- o plano pode ser um instrumento útil para gerar comprometimento e responsabilidade;
- ele pode, igualmente, fortalecer os laços emocionais entre os profissionais e entre estes e a Organização.

Uma carreira pode ser do tipo *empreendedora*, em que o indivíduo encontra estímulo para desenvolver sua capacidade de assumir riscos, inovar, criar e trabalhar de modo autônomo, mesmo atuando em uma única Organização.

Ela pode, também, ser do tipo *sociopolítico*, orientada para a ampliação dos relacionamentos interpessoais, o que enseja ao profissional estabelecer redes de relacionamentos técnicos, administrativos, sociais, políticos, por meio das quais gera oportunidades de negócios para a Organização.

Essas opções, em lugar de excludentes, podem compor-se na forma de uma carreira *sociotécnica*. Estas considerações, obviamente, ganham maior validade quando se consideram os profissionais de maior nível de conhecimento.

Independentemente da opção, um plano de carreira constitui oportunidade para o profissional conduzir um programa consistente de autoconhecimento e aquisição de conhecimentos, por meio do qual poderá fortalecer seus pontos fortes e neutralizar suas fragilidades, técnicas, psíquicas, emocionais e comportamentais.

O essencial é conseguir que o foco sejam as competências, não os cargos. A partir daí, as consequências de natureza psicológica serão amplas e estimulantes.

8.3 CONSIDERAÇÕES FINAIS

Um desafio básico para o contínuo desenvolvimento de pessoas consiste em identificar o *relevante*, dentro do extraordinário volume de informações disponíveis.

Desenvolver *o quê, para quê?*

A resposta a essa questão requer aguçada visão sistêmica e sensibilidade para discriminar temas válidos para a Organização e para os diferentes públicos-alvo que a compõem.

Deve-se cuidar para que o processo de desenvolvimento não incorra no erro de conduzir a uma preocupação excessiva com a aprendizagem, a ponto de torná-la um fim em si mesma, criando-se uma suborganização de ensino e aprendizagem dentro da Organização, com objetivos próprios e dissociados daqueles da Organização maior.

De maneira geral, as Organizações se deparam com a impossibilidade de estender os benefícios do processo de desenvolvimento a todos os seus colaboradores. Critérios de escolha devem ser estabelecidos. Torná-los transparentes, de acordo com as competências, evita ou minimiza conflitos e evita o surgimento de expectativas irreais.

A seleção de pessoas também passa por incertezas. A pessoa mais indicada hoje poderá não o ser amanhã; o quanto se está disposto a investir para que a escolha se mantenha justificada? Como obter o envolvimento da pessoa nessa missão?

Profissionais que "se acomodam" às tarefas tornam-se obsoletos: um especialista "deprecia" em período surpreendentemente curto. A maior parte das especialidades requer treinamento e aprendizagem contínuos. No serviço público, essas são questões de grande impacto, com importantes consequências financeiras e operacionais para a população em geral.

Nem sempre o indivíduo percebe a *depreciação cognitiva*: despertar a pessoa para essa realidade requer cuidadosa atenção por parte das áreas de Recursos Humanos nas Organizações, um esforço, muitas vezes, sem garantia de sucesso.

Muitas pessoas fixam-se em algum período de sua vida. Criam explicações racionais que justificam essa *cronificação* e privam-se de novas percepções. Aspectos sociais contribuem para esse ponto de vista.

Nas Organizações, esses indivíduos tornam-se obstáculos a movimentos de mudança, desafios para o administrador.

Este capítulo encerra-se com o alerta de Marcel Proust, citado em *Benchmarking: focus on world class practices*:

> *Nós não recebemos sabedoria; devemos descobri-la por nós mesmos após uma jornada que ninguém pode realizar por nós ou nela nos substitui* (AT&T, 1992:13).

APLICAÇÕES

Nos exercícios a seguir, considerar os efeitos psicológicos das estratégias indicadas, levando em conta, no mínimo, os aspectos emocionais e as teorias de motivação, além de outros puramente administrativos (p. ex., criação de precedentes, impactos sobre os processos produtivos etc.).

1/8. Quando se trata de desenvolvimento de pessoas, encontram-se inúmeras Organizações que, a título de *estimular a motivação* propiciam autonomia na escolha de cursos, palestras, seminários e outros programas eletivos de treinamento. Analise aspectos positivos e negativos dessa estratégia.

2/8. Repita essa análise considerando o costume, entre muitas Organizações, de premiar bom desempenho por meio de acesso a cursos de especialização ou similares.

Muitas vezes, esses cursos não têm uma adesão significativa com as atividades do profissional, sendo escolhidos pela disponibilidade na ocasião.

3/8. Analise a prática de se liberar profissionais para, às suas próprias custas (ou com custeio parcial pela Organização), participar de cursos de seus interesses pessoais comprometendo parcialmente o horário de trabalho, por exemplo, cursos de especialização de nível universitário.

4/8. Na afirmação "o artefato transforma o profissional", considere a palavra "artefato" em sentido amplo: qualquer coisa que a pessoa possa operar – *hardware* ou *software*, concreta ou virtual. Analise possíveis impactos sobre as funções mentais superiores (em consequência, sobre o comportamento), sob a perspectiva do desenvolvimento de novas competências.

5/8. Analise o autodesenvolvimento sob a perspectiva dos profissionais que se dedicam ao trabalho em domicílio. Considere os aspectos abordados anteriormente para os profissionais ligados por vínculo empregatício a Organizações.

Transtornos Mentais no Trabalho

> *"As empresas são frequentemente arenas nas quais a racionalidade é limitada e as neuroses, corriqueiras (...) Por trás encontram-se forças psicológicas pouco identificadas e pouco compreendidas."*
> Thomas Wood Jr. (Organizações Espetaculares)

Os principais objetivos deste capítulo são:

– ampliar a compreensão do leitor sobre o conceito de *transtorno mental*;
– transmitir dados e informações capazes de sensibilizar o Administrador para *efeitos sociais e financeiros* desses transtornos;
– mostrar suas *consequências no ambiente organizacional*, afetando a produtividade e a qualidade de vida;
– sugerir possibilidades de atuação do *psicólogo organizacional* na promoção da *saúde mental*.

9.1 INTRODUÇÃO

> *"Existe um 'paradoxo psíquico do trabalho': para uns, é fonte de equilíbrio; para outros, causa de fadiga."*
> Dejours, Abdoucheli e Jayet (1994:22).

Entende-se como indivíduo "mentalmente saudável" aquele que (Dejours, Abdoucheli e Jayet, 1994:5):

– compreende que não é perfeito;
– entende que não pode ser tudo para todos;
– vivencia uma vasta gama de emoções;
– enfrenta os desafios e mudanças da vida cotidiana;
– sabe procurar ajuda para lidar com traumas e transições importantes (isto é, não se considera onipotente).

Kaplan e Sadock associam saúde mental a vários modelos. Para a Organização de trabalho, o modelo de *saúde mental como inteligência socioemocional* apresenta-se bastante adequado. Segundo esse modelo, o indivíduo dotado de inteligência social e emocional (Kaplan e Sadock, 2017:127):

- apresenta percepção consciente e monitora corretamente as próprias emoções;
- modifica suas emoções para que a expressão destas seja adequada;
- reconhece e responde corretamente às emoções dos demais;
- estabelece relacionamentos íntimos dentro dos parâmetros adequados ao ambiente;
- foca as emoções no objetivo desejado.

A pessoa sadia mostra-se flexível em rever seus conceitos. Não se apega a eles; reformula-os quando confrontada com experiências que comprovam sua inadequação.

Essa conceituação, contudo, sofre limitações quando existe o *fanatismo*, já comentado anteriormente, pois o fanático não altera suas opiniões e crenças a despeito das evidências contrárias a elas.

Kaplan e Sadock destacam também o modelo de *saúde mental como bem-estar subjetivo*. Não se trata apenas de ausência de sofrimento, mas inclui a presença de *satisfação positiva* (Kaplan e Sadock, 2017:127-128).

Neste texto adota-se a expressão *transtorno mental*, empregada no DSM-5. Transtornos mentais são definidos em relação a normas, valores culturais, sociais e familiares (DSM-5, 2014:14). O desvio ou conflito social sozinho, *sem comprometimento do funcionamento do indivíduo*, não deve ser incluído como um transtorno mental.

Kaplan e Sadock (2017:1400) assinalam que "os transtornos mentais são altamente prevalentes em todas as regiões do mundo, representando uma fonte importante de incapacidade e encargos sociais".

As estatísticas são assustadoras e, a cada ano, os resultados – medidos pela Organização Mundial da Saúde – agravam-se (em parte, pelo aperfeiçoamento dos diagnósticos). Estima-se que uma em cada quatro famílias tenha pelo menos um membro com transtorno mental.

Para as Organizações, isso significa perda de produtividade, de criatividade e gastos diretos e indiretos – lembrando-se que os transtornos mentais constituem causa principal de inúmeras doenças físicas e fisiológicas, além dos suicídios. No mundo todo, morre-se mais de suicídios do que por violência ou guerra. Destaque-se que, no Brasil, essa comparação fica prejudicada pela precariedade das informações estatísticas; enquanto a violência atinge números elevadíssimos e ocupa os espaços midiáticos, por motivos culturais o suicídio costuma ser encoberto. Além disso, existe uma questão conceitual: o indivíduo que ingere uma quantidade absurda de bebida alcoólica e morre ao volante não é classificado como suicida, apesar do comportamento de altíssimo risco.

9.1.1 Aspectos culturais

A simples *sugestão* da presença de um *transtorno mental* acarreta reações imprevisíveis nas pessoas. Nas Organizações, trata-se o tema com absoluta discrição – em geral, protela-se qualquer ação objetiva até que as dificuldades e prejuízos tornem-se insuportáveis ou as relações interpessoais sofram prejuízos inaceitáveis.

Desinformação e *preconceito* constituem graves obstáculos. Em pleno século XXI, rotulam-se como "loucas" pessoas que consultam ou são encaminhadas a psicólogos, psicanalistas e psiquiatras!

Anedotas, relatos, notícias e filmes sobre "doentes mentais" e as formas de tratamentos favoreceram o desenvolvimento e a manutenção de um lúgubre imaginário, a despeito dos significativos avanços em diagnóstico, farmacoterapia e psicoterapia.

A partir de 1950, novos *psicofármacos* iniciaram sistemática redução do sofrimento, contribuíram para a efetiva humanização dos tratamentos e aumentaram o êxito na remissão dos efeitos de muitos transtornos mentais considerados incapacitantes para a vida social. A Psiquiatria começou a vestir roupa de salão.

Novas técnicas de psicoterapia foram (e continuam a ser) desenvolvidas, evidenciando-se e proporcionando consistência crescente ao trabalho conjunto de psicólogos e psiquiatras.

A essa evolução, entretanto, não correspondeu aumento equivalente da utilização desses conhecimentos pelas Organizações, o que se evidencia por:

- reduzida preocupação, na área de Saúde Ocupacional, com as questões ligadas à *saúde mental* dos trabalhadores;
- limitada participação de psicólogos nas atividades de apoio à gestão de pessoas e na promoção da saúde mental;
- concentração dos serviços de psicólogos em algumas áreas de atuação, notadamente a seleção, o aconselhamento, o treinamento e o desligamento de pessoas;
- pouca utilização de análises estatísticas, indicando não existir preocupação com a quantificação dos dados;
- escassa presença de pesquisas em Psicologia Organizacional.

A promoção da saúde mental, *no ambiente organizacional*, além de proporcionar aumento da produtividade e da qualidade de vida no trabalho, teria efeito multiplicador em toda a sociedade e contribuiria para modificar a percepção das pessoas em relação aos transtornos mentais.

A falta de ética, a competição exacerbada, o foco excessivo nos lucros em detrimento dos aspectos humanos alinham-se entre os muitos fatores internos às Organizações, que contribuem para a deterioração da saúde mental dos profissionais.

9.1.2 Transformações dos transtornos mentais

De acordo com o DSM-5:

> *Um transtorno mental é uma síndrome caracterizada por perturbação clinicamente significativa na cognição, na regulação emocional ou no comportamento de um indivíduo que reflete uma disfunção nos processos psicológicos, biológicos ou de desenvolvimento subjacentes ao funcionamento mental* (DSM-5, 2014:20).

Essa definição, elaborada com finalidades clínicas, é esclarecedora: o transtorno mental merece atenção quando há prejuízo para o *funcionamento* do profissional. Fica evidente, também, que não se trata de algo *estático*. As *características e o diagnóstico* dos transtornos, orgânicos ou mentais, sofrem contínua transformação ao longo do tempo.

Há consenso quanto à influência do comportamento e do estilo de vida para a saúde, fatores em contínua mudança, acompanhando as muitas transformações que ocorrem na sociedade.

Transtornos mentais pouco ou menos presentes há algumas décadas acentuam-se, enquanto outros apresentam redução. O mesmo acontece com os *resultados dos diagnósticos*, explica Thomas Szasz, professor emérito de Psiquiatria na State University of New York: pelo fato de serem *"interpretações sociais, eles variam de tempo em tempo e de cultura a cultura"* (Szasz, 1996:12). Exemplos: masturbação e homossexualidade.

Sintomas estão ligados à cultura; para alguns povos, "dor de cabeça" constitui resposta ao estresse; para outros, a resposta socialmente melhor compreendida é "perda de memória" (Huffman, Vernoy e Vernoy, 2003:533).

> Nas grandes cidades brasileiras, homicídios e acidentes de trânsito, causadores de gravíssimos desequilíbrios emocionais, superam por larga margem as doenças cardiovasculares e neoplasias. A escalada da violência acompanha o aumento dos transtornos mentais vinculados ao medo de viver em uma sociedade agressiva.
>
> A diversão, para amplos setores da sociedade, tornou-se uma atividade que somente se consuma combinando álcool com barulho, uma forma relativamente eficiente, porém com muitos efeitos adversos, de anestesiar sentidos e sentimentos. Aos danos físicos notáveis (desenha-se uma geração de surdos precoces, além de outros distúrbios) somam-se os psíquicos.

O comportamento em sociedade engendra transtornos mentais socialmente adaptados. Por exemplo, em um ambiente onde o perigo ronda em cada esquina, não se estranham pessoas fóbicas, temerosas de saírem desacompanhadas à noite.

Inúmeros transtornos funcionam como mecanismos psicológicos de defesa decorrentes da adaptação às circunstâncias da vida contemporânea. Os desafios modificam-se e os transtornos acompanham essas modificações.

Alguns sentimentos costumam, tipicamente, acompanhar os transtornos mentais. Por exemplo:

- **culpa** por apresentar sintomas e sinais (o indivíduo reluta em contar a familiares e amigos que sente determinados medos, fobias e desconfortos);
- **medo** de ser percebido como "louco" por outras pessoas (comportamentos compulsivos, dificultadores da vida, permanecem ocultos porque sinalizariam "desequilíbrio mental");
- indicação de "**personalidade fraca**", no jargão leigo (o indivíduo sente-se profundamente triste, ou extremamente ansioso, mas não relata suas reações a ninguém);
- **receio de perder o emprego** (porque a pessoa acredita – possivelmente com razão – que os superiores não tolerarão subordinados com determinadas "fraquezas");
- **medo** de "tomar remédio forte para a cabeça" (os remédios psiquiátricos ganharam a fama de ocasionarem graves prejuízos ao funcionamento normal do cérebro).

As transformações em características e diagnóstico combinam-se, tornando rico e complexo o quadro evolutivo dos transtornos mentais.

9.2 ORIGENS DOS TRANSTORNOS MENTAIS

Transtornos mentais podem relacionar-se ao *trabalho* do profissional, ao *ambiente familiar* e à *sociedade*, pela ação de inúmeros fatores, cujos efeitos sobre o profissional dependerão de suas características pessoais: cada pessoa reage de uma maneira – o que agride uma, pode nada significar para outra.

a) Trabalho

As condições de trabalho apresentam efeito quando provocam desequilíbrio emocional continuado. Alguns indivíduos não conseguem adaptar-se a elas e a resposta psicológica pode manifestar-se na forma de transtornos fisiológicos (somatizações) e/ou mentais.

Quando elas escapam à possibilidade de ação do profissional afetado, ocasionam desequilíbrios emocionais diversos, cujas consequências serão aprofundadas em tópico específico mais adiante.

> Destaque-se o efeito do "clima organizacional" (existem instrumentos específicos para avaliá-lo). Há Organizações em que se percebe, à primeira vista, um ambiente de paz e produtividade: as pessoas o demonstram em suas faces, nos *layouts*, na movimentação, no som ambiente e assim por diante. Respira-se com tranquilidade. Em outras, percebe-se o conflito no ar; competição excessiva, falta de confiança, ausência de companheirismo transpiram nos corredores – da recepção aos gabinetes dos gerentes.

b) Ambiente familiar

As condições de vida no lar, obviamente, influenciam o equilíbrio emocional.

Existem lares acolhedores, nos quais a harmonia favorece os relacionamentos. Neles, as dificuldades naturais do trabalho e da vida social são processadas e absorvidas. São lares onde se resolvem as contrariedades da vida cotidiana; neles as pessoas encontram forças para melhor enfrentá-las. São lares que *renovam* os indivíduos.

Outros, entretanto, constituem fontes constantes de desconforto emocional. O retorno ao lar após a jornada de trabalho significa mergulhar em um ambiente de conflitos e dificuldades (estas, muitas vezes, causadas por fatores que independem da vontade das pessoas – como doenças, acidentes, cuidados com deficientes e/ou idosos etc.). Não faltam motivos para as "paradas para tomar coragem" no bar, no *happy hour*... São lares que *sugam as energias* dos moradores.

As pessoas – ainda que muito se apregoe este engano – *não conseguem* se desvencilhar dos problemas familiares ao entrar no emprego e vice-versa. Se conseguissem, seriam aquelas cantadas por Lupicínio Rodrigues, "com nervos de aço, sem sangue nas veias e sem coração".

As questões familiares agravam-se com a crescente utilização das *drogas*, a permanência por mais tempo dos filhos nas casas dos pais, o aumento da expectativa de vida e outros fatores aparentemente irreversíveis da atualidade.

c) Sociedade

As doenças mentais, já se comentou, inserem-se dentro de um contexto social. No Brasil, as linhas mestras que delimitam o "espírito da época" compreendem vários aspectos, dois deles particularmente geradores de estresse:

- a **violência**, presente no cotidiano das pessoas sob inúmeras formas; lidar com a violência constitui, hoje, um dos grandes desafios;
- o **trauma**, decorrente da própria violência e de outros diversos fatores. Incontáveis famílias são afetadas por traumas gravíssimos, de dificílima superação; seus integrantes carregam o peso psíquico dessas ocorrências ao longo de suas vidas.

9.3 ATENÇÃO À SAÚDE MENTAL: UMA DECISÃO ESTRATÉGICA

A promoção da saúde mental integra as ações relacionadas com a saúde dos profissionais. Mente e corpo constituem unidade indissociável. Inúmeras patologias tidas como somáticas são, comprovadamente, consequências de desequilíbrios emocionais.

Existem, pois, sólidos motivos para que os Administradores empenhem-se na promoção da saúde mental:

a) Econômicos: o profissional que goza de equilíbrio emocional mostra-se mais produtivo; os desequilíbrios consomem insuspeitas energias, destroem a criatividade, originam afastamentos do trabalho.

b) Sociais: os transtornos mentais refletem-se em alterações do comportamento prejudiciais aos relacionamentos dos profissionais com colegas de trabalho, superiores, subordinados, fornecedores e clientes.

c) Familiares: dificuldades semelhantes àquelas que ocorrem no ambiente organizacional também acontecem no convívio familiar – muitas vezes, em grau ainda maior. A consequência desse estado de coisas reflete-se, naturalmente, no relacionamento profissional e cria-se um círculo vicioso: o que acontece no lar afeta a Organização e vice-versa.

Em síntese, os *transtornos mentais prejudicam o funcionamento do indivíduo.*

O profissional que é vítima de algum tipo de transtorno mental apresenta *sinais* de que algo se encontra fora da normalidade. Ocorre que, muitas vezes, superiores e colegas de trabalho evitam tocar no assunto para preservar a pessoa, por inibição ou outro motivo específico.

Entretanto, o supervisor ou gerente atento ao comportamento dos subordinados perceberá esses sinais, geralmente relacionados a uma modificação do *funcionamento* do indivíduo. Por exemplo:

- o profissional assíduo passa a apresentar faltas ou atrasos de maneira incompatível com seu histórico no trabalho;
- a qualidade no trabalho reduz-se e o profissional não dá demonstrações de que se esforça para alterar essa situação;
- o relacionamento com colegas, superior ou subordinados modifica-se; a pessoa pode tornar-se mais evasiva, mais reservada, menos cooperativa etc.;

– o indivíduo apresenta sinais de nervosismo, irritabilidade; alguns mostram-se sonolentos, displicentes; há casos em que a pessoa mostra-se pouco preocupada com a indumentária, com o asseio; outros derivam para o perfeccionismo etc.

Essas ocorrências recomendam uma abordagem reservada, para uma conversa exploratória, com o objetivo de identificar a presença de fatores justificativos de um desequilíbrio de ordem emocional.

Conversa de grande importância! As alterações comportamentais, muitas vezes, são plenamente explicáveis por situações relacionadas com a vida privada (ou profissional) da pessoa.

Pode ocorrer, por exemplo, alguma condição passageira, porém crítica, como um familiar doente ou que sofreu grave acidente, uma separação conflituosa, um sinistro na residência etc. Nesses casos, mudanças de comportamento são compreensíveis. Muitas vezes, por estilo próprio ou por falta de liberdade com a chefia, o profissional não expõe aquilo que o preocupa ou prejudica.

Nada justificando esses sinais mencionados, recomenda-se encaminhar o profissional para **atendimento psicológico**. Esse encaminhamento pode ser mais facilitado quando a Organização conta, em seu quadro de recursos humanos, com psicólogo organizacional ou tenha plano de saúde corporativo que prevê essa possibilidade. Essas condições, entretanto, são escassas em empresas de menor porte.

Assinale-se que o psicólogo organizacional pode realizar ações específicas com grupos de profissionais, porque alterações de comportamentos também se manifestam de maneira coletiva, com a *equipe* apresentando sinais similares aos anteriormente elencados.

São conhecidos casos em que setores da Organização apresentam-se com elevado nível de ansiedade, por exemplo, decorrente de metas demasiadamente desafiadoras, dificuldades de funcionamento por motivos diversos (como falta de material, de instalações adequadas, quadro subdimensionado), expectativas de transformações tecnológicas etc.

As Organizações, contudo, não estão isoladas na Sociedade. O que nela acontece impacta os profissionais e suas famílias.

Entre os mais conhecidos efeitos dos transtornos mentais assinalam-se:

– redução de produtividade, pela piora do desempenho e também pelos afastamentos, necessários para as consultas e decorrentes do estado emocional do indivíduo;
– conflitos interpessoais (com efeitos, também, sobre a produtividade);
– aumento do custo de vida para o profissional, decorrente de consultas médicas e aquisição de medicamentos, em geral de valor elevado, ocasionando maior necessidade de salários e benefícios.

Uma única palavra resume todos os efeitos: **custos**.

Entretanto, o *mascaramento* de muitos transtornos mentais por sinais e sintomas somáticos faz com que se invistam grandes somas no combate a manifestações secundárias.

Os indivíduos assim prejudicados *permanecem* com qualidade de vida e produtividade reduzidas, em contínua busca de assistência médica, aumentando os custos da medicina para toda a sociedade.

Observe-se, contudo, que *"normalidade e anormalidade existem em um continuum (...) À primeira vista, pessoas com distúrbios psicológicos são geralmente indistintas daquelas que não os têm"* (Weiten, 2002:411).

O diagnóstico por profissionais especializados é indispensável para qualquer conclusão. Ao Administrador *não cabe* realizar qualquer espécie de diagnóstico. Dele espera-se:

- a **compreensão** de que promover a saúde mental constitui estratégia para aumento de produtividade, com qualidade de vida;
- a aquisição de **conhecimentos mínimos** sobre transtornos mentais (assim como os tem sobre muitas patologias de fundo orgânico), capacitando-se para atuar na promoção da saúde mental por meio do planejamento tático e estratégico e para avaliar os resultados das ações.

9.4 O "ESPÍRITO DA ÉPOCA"

O aumento dos transtornos mentais *em profissionais de todos os níveis* e seus familiares encontra-se associado a alguns fatores típicos da contemporaneidade brasileira, que incluem:

- violência;
- estilo de vida;
- violência *como* estilo de vida;
- acidentes de trânsito;
- drogadição.

Esses fatores ocasionam custos diretos e indiretos para todas as Organizações e são relevantes para as elevadas taxas de transtornos mentais na sociedade brasileira.

- **VIOLÊNCIA**

Os dados publicados no Atlas da Violência 2017 são assustadores.

A taxa de homicídios chega a 28,9 por 100.000 habitantes (60,9 mortes por 100.000 na população jovem, que agasalha 54% das vítimas), uma das maiores do mundo! Agravante: os homicídios difundem-se por municípios do interior do país, tidos até recentemente como ilhas de tranquilidade. Pesquisa do Fórum Brasileiro de Segurança Pública, dados de 2015, mostra que um em cada três brasileiros já perdeu amigo ou parente vítima de homicídio ou latrocínio!

Não somente os homicídios encontram-se em situação alarmante: também as agressões contra as pessoas e contra o patrimônio (algumas de grave impacto, como os assaltos a bancos) acentuam o sentimento generalizado de insegurança.

- **ESTILO DE VIDA**

As pessoas refugiam-se em condomínios, cercadas por vigilância e proteção. Nesse estilo de "viver confinado", o indivíduo chega ao lar e tranca-se atrás de grades. Cada familiar que demora ao retornar para casa representa uma preocupação adicional.

Os telefones celulares constituem a tábua de salvação que permite ao indivíduo permanecer à tona na procela dessa espera ansiosa. Cada passo é relatado, na monitoria da segurança das mensagens por WhatsApp ou equivalente...

As consequências emocionais são inevitáveis. O cidadão leva, do lar para o trabalho e vice-versa, sequelas dessa condição. Aos poucos, o estado de tensão torna-se crônico, incorpora-se ao modo de ser do indivíduo e provoca consequências psicológicas.

- **VIOLÊNCIA COMO OPÇÃO DE VIDA**

A violência gratuita surpreende.

No futebol, grupos de pessoas organizam-se para sua prática, cercada de ritualismos. Coibidos nos estádios, praticam-na em ruas adjacentes! O esporte transforma-se em um argumento para a manifestação do desejo de agredir. A sociedade paga os custos.

No varejo da vida diária, sem a sofisticação organizacional dos grandes tumultos, pequenos incidentes tornam-se o estopim dos maiores, de agressões e de homicídios (um simples acidente de trânsito, por exemplo). Explosões derivadas do *estilo de vida* anteriormente comentado.

Existe uma poderosa mídia para realimentar esse estilo de vida, representada pelas incontáveis programações que apresentam a violência como forma de lazer. O indivíduo diverte-se com ela e passa a considerá-la algo banal. Ele a incorpora a seu estilo de vida.

- **ACIDENTES DE TRÂNSITO**

Inacreditável a quantidade de acidentes de trânsito! As estatísticas disponíveis, que não incluem a realidade das pequenas colisões, informam números que se aproximam das 50.000 mortes por ano – nenhum conflito bélico no mundo provoca tantas perdas. As estatísticas são paupérrimas quando se trata das **sequelas**: indivíduos que passam por longos e dispendiosos tratamentos de recuperação, que mudam de atividade por prejuízo na condição física ou fisiológica; famílias desfeitas em decorrência das mudanças socioeconômicas ocasionadas; traumas total ou parcialmente irrecuperáveis decorrentes da perda de entes queridos etc.

Raras as famílias em que não existe uma pessoa envolvida em acidente com algum grau de gravidade.

- **DROGADIÇÃO**

"As drogas pagam-se com a ruína daquele mesmo físico que serviram de estimular."
Fernando Pessoa (2006, p. 270).

Violência e acidentes de trânsito têm **forte** correlação com o uso de drogas de abuso.

As estatísticas brasileiras são frágeis, porém, a simples observação das notícias policiais mostra, com absoluta segurança, a presença de drogas associadas à prática da violência.

Entre as drogas que provocam os acidentes de trânsito e os comportamentos de elevada agressividade, a principal é o álcool, de consumo amplamente estimulado em todas as faixas sociais.

No segmento de baixa ou baixíssima renda, no tristemente famoso "barzinho" comercializa-se a *pinga* com margens de rentabilidade inacreditáveis, um dos principais motores dessa corrente de tragédias. Disseminada no país, compõe o conjunto de fatores responsáveis pela baixa produtividade, pela redução da qualidade de vida e pelos infortúnios familiares.

Os segmentos de renda mais elevada não se encontram imunes: em bares da moda, nas festas e "baladas", o álcool constitui o motor de arranque da irresponsabilidade ao volante que se manifesta nas perigosas ruas mais ou menos vazias das madrugadas, responsável por uma quantidade incalculável de mortes.

É inegável, também, a propagação do consumo de outras drogas, notadamente entre os jovens – bomba-relógio contra o futuro próximo.

O resultado desse panorama percebe-se no crescimento contínuo das internações psiquiátricas; a droga encontra-se presente em significativa parcela dos pacientes internados por causas variadas nos hospitais gerais. Cerca de metade dos internados em prontos-socorros ou pronto-atendimentos apresentam história de uso inadequado de substâncias psicoativas.

No trabalho, o impacto impressiona: deve-se à drogadição mais de **um terço** dos afastamentos do trabalho e das aposentadorias precoces – proporção que tende a aumentar.

Nas Organizações, são comuns **duas falsas crenças a respeito dos transtornos mentais**:

Primeira: "Aqui isso é raro. Empregados e familiares de **outras** Organizações encontram-se muito mais sujeitos a esse tipo de transtorno." A Gestão coloca a Organização em confortável, e ilusória, situação de exceção.

Segunda: "É um problema do *governo*." (Ou, ainda, dessa coisa vaga denominada *sociedade*).

O resultado desse quadro deplorável é evidente: **custos**, em vidas e em recursos financeiros.

Os custos **sempre** recaem sobre as Organizações, embora contabilizados impiedosamente nos balancetes financeiros das famílias.

9.5 NOÇÕES SOBRE TRANSTORNOS MENTAIS

Este tópico inclui breves descrições de alguns *sinais* dos seguintes transtornos mentais tipicamente presentes no ambiente de trabalho:

- estresse;
- transtornos de ansiedade;
- transtornos relacionados à trauma;
- transtornos depressivos;
- transtornos não orgânicos de sono;
- transtornos mentais e de comportamento decorrentes do uso de álcool.

9.5.1 Estresse

A. Conceito de estresse

O organismo humano busca, sempre, a *homeostase*, a estabilidade do meio interno. Essa homeostase, contudo, é *dinâmica*: a cada instante, o organismo atua em conformidade com seu percurso vital, desde o nascimento até a morte. Trata-se, pois, de um *processo,* por meio do qual o organismo mantém em equilíbrio suas variáveis essenciais.

O termo *estresse* tem sido adotado, vulgarmente, como explicação para todos os tipos de males. *Estresse* é o conjunto de reações do organismo a agressões de ordem física, psíquica e outras, capazes de lhe perturbar a *homeostase* e provocar desconfortos de natureza física e/ou psíquica.

É preciso distinguir entre *estresse agudo* e *estresse crônico.* São comprovados os efeitos do *estresse crônico* sobre a saúde dos indivíduos (Kaplan e Sadock, 2017:69).

Kaplan e Sadock (2017:129) apontam três classes de mecanismos para o enfrentamento de situações estressantes:

- busca consciente de apoio social;
- estratégias cognitivas conscientes;
- mecanismos de defesa.

A utilização desses mecanismos constitui um indicativo de saúde mental e evita que o estresse, tornado crônico, dê origem a transtornos mentais de diferentes graus de gravidade.

O estresse decorrente das condições de trabalho é amplamente relatado (Kaplan e Sadock, 2017:816) com relação às condições físicas e ambientais de sua execução, e com relação aos aspectos psicodinâmicos, várias vezes já comentados neste texto.

Kaplan e Sadock (2017:816) assinalam que, "com frequência, conflitos no trabalho refletem problemas semelhantes na vida pessoal do indivíduo, e deve ocorrer encaminhamento para tratamento", a menos que o próprio profissional se dê conta da situação. Idêntico raciocínio aplica-se ao caminho inverso.

As reações aos fatores potencialmente estressantes são estritamente individuais. *Aquilo que pode ser percebido como fonte de sofrimento para uns, para outros indivíduos pode ser relaxante ou estimulante, proporcionando-lhes bem-estar e motivação. Tudo depende das características pessoais.*

> Um engenheiro de sistemas sente-se incapaz de permanecer por três dias consecutivos em uma praia. "A inatividade me mata", declara.
>
> Entretanto, permanece tranquilo durante os períodos em que responde pela complexa e absorvente manutenção corretiva do parque de computadores que gerencia, onde um pequeno engano pode ocasionar graves consequências.
>
> Um administrador de clínica geriátrica passa prazerosamente o dia convivendo com os idosos, muitos deles padecendo de demência e sérias dificuldades físicas e fisiológicas. Por outro lado, irrita-se facilmente quando participa de qualquer evento onde jovens produzem agitação e barulho.

A palavra-chave para a identificação da presença de estresse é *distúrbio*, agudo ou crônico.

A perturbação torna-se indesejada quando a maneira de o indivíduo responder a ela não contribui para seu bem-estar. Em vez disso, desencadeia reações (comportamentais, físicas e emocionais) ***percebidas*** como indesejáveis, crônicas ou agudas, acompanhadas de efeitos negativos no organismo (na esfera física ou psíquica). Instala-se, então, o quadro conhecido como "estresse".

Por exemplo: o indivíduo reage com uma dor de cabeça persistente à presença de um aborrecimento; para combater essa perturbação, passa a ingerir analgésicos e potencializa a possibilidade de desenvolver, por exemplo, uma gastrite.

A continuação desse processo gera crescente comprometimento do organismo: diagnosticada a gastrite, a pessoa torna-se mais vulnerável emocionalmente e outros distúrbios tendem a ocorrer. Concentrada a atenção nas questões fisiológicas, a causa do aborrecimento permanece inatacada.

O estresse pode ter diferentes motivos (Weiten, 2002:351):

- *frustração*, pelo fracasso na busca de um objetivo;
- *conflito psíquico*, decorrente da competição entre motivações ou impulsos comportamentais incompatíveis;
- *mudança*, resultante de uma alteração na forma de vida da pessoa;
- *pressão*, envolvendo expectativas ou exigências para que a pessoa se comporte de determinada forma.

Deve-se observar que, *"além dos tipos crônicos de estresse, uma grande quantidade de estresse diário está na forma de aborrecimentos, pequenos problemas do dia a dia, que não são em si significantes, mas que podem acumular-se e tornar-se uma fonte importante de estresse"* (Huffman, Vernoy e Vernoy, 2003:467).

Gerentes e supervisores, muitas vezes, não valorizam reclamações a respeito de "picuinhas" do trabalho; insignificantes para eles, constituem pequenas "pedras no sapato" dos colaboradores. Ao longo do tempo, transformam-se em indesejáveis calosidades e ferem dolorosamente.

O prolongado processo e as inúmeras tentativas de lidar com determinadas situações de estresse conduzem ao estado que se denomina *burnout* (Rabin, Feldman e Kaplan, apud Stoll *et al.*, 2002:24). *Burnout* não resulta de um evento, mas de um processo (Stoll *et al.*, 2002:24) decorrente da persistência de problemas no trabalho (Myers, 1999:366).

Segundo Stoll *et al.*, o *burnout* é característico do mundo do trabalho, estreitamente ligado ao ambiente organizacional, e ataca, compreensivelmente, os profissionais que demonstram maior dedicação ao trabalho. Caracteriza-se por uma *"sensação de que não há mais energia disponível, seja para o trabalho ou mesmo para a diversão"* (Pereira, 2002:10), uma *"condição de exaustão mental, física e emocional"* (Myers, 1999:366).

Essa resposta ao estresse crônico interfere no trabalho, na vida pessoal e social e ocasiona transtornos de diversas ordens porque o quadro acomete justamente profissionais dedicados.

O diagnóstico por profissional especializado é de fundamental importância para que os sinais e sintomas não sejam confundidos com depressão (Stoll *et al.*, 2002:23), destacando-se que o transtorno **não se resolve** por simples interrupção do trabalho (do tipo "tire umas férias e relaxe").

B. Causas do estresse no ambiente de trabalho

As causas de *estresse* no ambiente de trabalho, de diversas naturezas, devem ser pesquisadas em quatro áreas distintas e inter-relacionadas, conforme sugere a Figura 9.1.

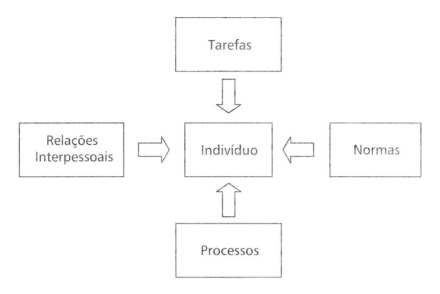

Figura 9.1 *O indivíduo na organização.*

Cada uma das quatro áreas apontadas contribui para testar os limites humanos. Considerando-se que os indivíduos têm diferentes limites de resistência ao estresse, um estímulo sem consequências para um poderá ser altamente estressante para outro.

Maeno (2010:22) observa que "existe um senso comum de que os adoecimentos são individuais. Isso não é verdade. As populações adoecem de forma coletiva". Esse fenômeno é bastante conhecido dos administradores, principalmente aqueles que se relacionam com quantidades expressivas de pessoas.

B.1. Fatores relacionados às tarefas

Esses fatores incluem a *competência técnica*, a *carga psíquica do trabalho* e outros relativos ao próprio trabalho.

- **Competência técnica**

A aceleração das mudanças tecnológicas obriga o profissional a investir tempo cada vez maior em atualização técnica, conforme já mencionado anteriormente. Quando essa atualização não acontece, surgem **sentimentos de insegurança** na execução do trabalho e quanto à permanência na Organização.

O enriquecimento das tarefas, por outro lado, aumenta a percepção do *risco* em caso de falhas. Muitas vezes, portanto, a causa primária do *estresse* encontra-se no **treinamento insuficiente para o próprio trabalho.** Essa percepção pode, com o passar do tempo, dar origem a *transtorno de ansiedade.*

> A percepção errônea de que o indivíduo com *visão holística* "sabe um pouco de tudo" e, com isso, aumenta seu valor de mercado – um falso conceito – torna-se *ruinosa* para o profissional. Transformado em "generalista", privado da especialização, ele perde competitividade – fato já alertado por Peter Drucker.

Quem aceitaria ser operado por um médico "holista" não especializado? Seu mecânico é "holista"? Que tal um sapateiro filósofo e pouco competente com... sapatos? No embalo de um falso conceito de visão holística, Organizações deixam de incentivar a contínua especialização de seus profissionais e, estes, de assegurá-la espontaneamente, acentuando sua relação de dependência para com elas.

Instala-se um círculo vicioso: cada vez menos competitivo, o profissional acomoda-se, perde a motivação para a autorrealização e fortalece o cordão umbilical emocional e econômico com a Organização que o sustenta.

Manter e estimular a competência técnica combate o estresse no trabalho, desperta a motivação e a criatividade.

- **Carga psíquica do trabalho**

Para Dejours, *"o prazer do trabalhador resulta da descarga de energia psíquica que a tarefa autoriza, o que corresponde a uma diminuição da carga psíquica do trabalho"* (Dejours, Abdoucheli e Jayet, 1994:24).

Privado da capacidade de expressão de suas aptidões, o trabalhador experimentará aumento da carga psíquica do trabalho e redução de motivação.

Dessa forma, *"se um trabalho permite a diminuição da carga psíquica, ele é equilibrante; se ele se opõe a essa diminuição, ele é fatigante"* (Dejours, Abdoucheli e Jayet, 1994).

Esses conceitos relacionam-se com os de enriquecimento sociotécnico estudados. *A questão coloca-se no equilíbrio: as possibilidades do trabalho devem guardar sintonia com os requisitos e características físicas e psíquicos do indivíduo.*

Dejours assinala: alguns precisam do trabalho intelectual, outros satisfazem-se com o trabalho físico (Dejours, Abdoucheli e Jayet, 1994:31). A sabedoria (ou arte) reside em estabelecer a justa medida entre o que o indivíduo *pode* e *quer* oferecer, e aquilo que o trabalho *permite*.

Privados da oportunidade de demonstrar perícia e promovidos para funções de supervisão e normativas, excelentes operadores tornam-se pessoas angustiadas.

De modo inverso, profissionais de elevada aptidão para desenvolvimento de métodos e processos sentem-se acuados em atividades mais operacionais (o que não significa que não consigam tornar-se capazes de dar conta delas).

A **dificuldade de acesso**, representada pela distância ao local de moradia e pela sensação de insegurança para chegar ou deixar o local de trabalho, também pode ser causa de estresse, eventualmente agravado pelo dilema entre permanecer ou não no emprego, acentuado em épocas de escassez de ofertas ou pela falta de opções decorrente da especialização do profissional.

Em síntese, *"nada é estressante até o avaliarmos como tal"* (Myers, 1999:376). Personalidade e interpretações influenciam decisivamente na classificação de um fato como estressante ou não.

- **Fatores relacionados às tarefas**

Características relativas estritamente às tarefas também podem contribuir para o aumento da ansiedade:

- desequilíbrio entre a capacidade física de produção e a quantidade exigida. O profissional desenvolve estresse por não atingir a meta;
- inadequação entre o perfil do profissional e as exigências da tarefa;

> Muitos profissionais apreciam tarefas repetitivas, nas quais podem concentrar-se; entretanto, tarefas em que se exige rapidez, tolerando-se maior taxa de erros, podem ser motivo de estresse.

- **agentes nocivos** ou perturbadores presentes no local da tarefa (excesso de ruído, temperaturas muito elevadas, gases, poeira e outros). Manifestam-se os fenômenos relacionados com a sensação e a percepção, estudados anteriormente. Nem sempre o profissional desenvolve ou mantém a *percepção* a eles ou a seus efeitos, mesmo sofrendo consequências da exposição;
- **exigências de qualidade** incompatíveis com as possibilidades tecnológicas disponíveis;
- **condições ambientais** insatisfatórias (periculosidade, penosidade, insalubridade); o profissional debate-se com a dúvida entre permanecer no emprego ou buscar um local mais adequado.

B.2. Fatores relacionados às normas: paradoxos

As *normas* incluem todos os tipos de instruções, políticas, regulamentos, diretrizes, formais ou não, existentes na Organização. Dois aspectos normativos impactam o equilíbrio emocional dos profissionais:

- a *congruência* entre os diferentes conteúdos; isso inclui tanto as incompatibilidades (mensagens paradoxais) como as exigências de desempenho incompatíveis com recursos e/ou poder de decisão;
- a *sintonia* entre as exigências normativas e as características de personalidade das pessoas. Aqui se inclui a *dissonância cognitiva,* vista no item 2.3.18.

Exemplos típicos: a tolerância com os desvios em relação aos padrões; as maneiras como são tratadas as não conformidades; o enfoque dado a situações que envolvem ética, princípios, valores.

> Encontram-se, por exemplo, discrepâncias entre qualidade e prazo para realização do trabalho (instruções paradoxais). Pressionado para ser rápido, porém atento aos detalhes da tarefa, o profissional desenvolve estresse por antecipar ou perceber a falha inevitável.
>
> Em atividades de controle de qualidade, esse tipo de mensagem constitui autêntica tortura emocional.

Fusões ou aquisições de empresas são reconhecidas como usuais causas de estresse. Quando implicam em ajustes das relações interpessoais aos novos estilos administrativos, consequências emocionais costumam se tornar evidentes.

B.3. Fatores relacionados às relações interpessoais

Albert e Ururahy apontam os *conflitos entre as pessoas* como a principal causa de origem do estresse nas Organizações (Albert e Ururahy, 1997:41). Múltiplos fatores contribuem para iniciar, manter e agravar esses conflitos:

- inexistência ou insuficiência de treinamento para tratar com clientes ou colegas de trabalho ansiosos, agressivos ou mal-educados;
- falta de treinamento em expressão verbal. O profissional pode não saber escolher palavras e frases mais adequadas à boa comunicação;

- preparo insuficiente de supervisores e líderes de equipes para orientar, treinar e coordenar as atividades;
- estilo da gerência imediata: agressividade, impulsividade, má conduta (sob diversas acepções), preconceitos etc.
- critérios personalísticos adotados pela supervisão e gerência, em decisões que envolvem os profissionais;
- falta de informação sobre papéis, responsabilidades e natureza das atividades dos colegas de trabalho, levando a interpretações errôneas dos *motivos* que os levam a fazer ou solicitar determinadas coisas;
- fatores inerentes às pessoas (conhecimentos, aptidões, habilidades, crenças, comportamentos), levando-as a interpretar, de forma errada, os *comportamentos* de colegas e clientes.

> Entre os comportamentos geradores de conflitos interpessoais destaca-se o "**assédio moral**":
> *Assédio moral são comportamentos emitidos por uma pessoa ou um grupo de pessoas e dirigidos a outra pessoa ou grupo de pessoas, por um longo período, ocasionando danos psíquico e/ou prejuízo de natureza funcional (Fiorelli, Fiorelli e Malhadas, 2015:19).*
>
> O assédio moral ganhou importância na gestão de pessoas devido à crescente atenção dos profissionais do Direito (advogados, promotores, juízes) a respeito do tema, refletida em ações geradoras de indenizações de vulto.
>
> As consequências do assédio moral, para os diretamente envolvidos e para a Organização, *vão muito além da questão financeira*, conforme se demonstra amplamente na referência citada.
>
> O assédio moral pode acontecer involuntariamente (os fenômenos da percepção – Capítulo 3 – e o condicionamento – Capítulo 4 – sugerem diversos motivos para isso), o que amplia, ainda mais, a necessidade da atenção dos gestores com o objetivo de evitá-lo.

As Organizações, de maneira geral, dedicam recursos insuficientes na preparação de seus líderes (gerentes, supervisores, coordenadores de equipes) para *gerenciar conflitos entre pessoas*.

Eventualmente, especialistas contratados *ad hoc* atuam em situações de grande impacto, como a negociação de acordos coletivos e programas de demissões. Contudo, *a maioria absoluta dos conflitos acontece no cotidiano das ações* e, muitas vezes, recebe tratamento inadequado ou são simplesmente ignorados.

Mal solucionados, os conflitos acumulam-se, formam um "passivo emocional" de antagonismos que, em momento propício, irão se manifestar. Muitos conflitos de vulto resultam da soma de inúmeras pequenas desavenças do dia a dia: uma gota d'água faz transbordar o copo, ao romper a frágil tensão superficial.

Entre os métodos de gestão de conflitos destaca-se a "mediação", "*um processo de transformar antagonismos em convergências, não obrigatoriamente em concordâncias, por meio de um terceiro escolhido pelas partes*" (Fiorelli, Fiorelli e Malhadas, 2008:58).

Desenvolvida no domínio das emoções, emprega técnicas psicológicas voltadas para comunicação interpessoal, responsabilização, reformulação de crenças e identificação de mecanismos de defesa inconscientes. A mediação de conflitos pode se valer de *mediador* externo ou pertencente ao quadro de profissionais da Organização.

O leitor encontra detalhada análise do *processo de mediação* em Fiorelli, Fiorelli e Malhadas, *Mediação e Solução de Conflitos* (2008).

B.4. Fatores relacionados aos processos

- **Qualidade e disponibilidade de informações**

Segundo o Quality Process Center da AT&T Bell Laboratories, *"a falta de informações precisas é citada como uma causa frequente de estresse e embaraço dos representantes de serviços ao cliente"* (AT&T, 1991:36).

No *atendimento a clientes*, são determinantes para o aumento da produtividade:

- informações cadastrais atualizadas;
- qualidade das informações referentes a procedimentos, solicitações, pagamentos, com indicação segura do andamento;
- onde couber, condições contratuais de prestação dos serviços de forma clara e objetiva, adequada à consulta dos profissionais do atendimento;
- registro de falhas na prestação dos serviços e outras ocorrências que fujam à rotina dos procedimentos.

De maneira geral, qualquer que seja a atividade, a palavra-chave em *processos de trabalho* é "informação". A falta dela sempre provoca desconforto e, dependendo da situação, pode ser importante fonte de estresse.

- **Exercício da autoridade**

Em muitas atividades, *"os assuntos que necessitam de aprovação são normalmente itens que os profissionais são capazes de resolver sozinhos. Além disso, o tempo envolvido para conseguir a autorização é frequentemente o tempo que o cliente não dispõe"* (AT&T, 1991:38).

Os mesmos autores continuam:

> *Assim que os empregados recebem a autoridade juntamente com regras de decisão para auxiliá-los a executar a autoridade de forma adequada, os níveis de estresse podem ser reduzidos e a satisfação do cliente pode aumentar* (AT&T, 1991:38).

Caso 9.1

Observou-se o caso a seguir em um banco, durante a liberação de valores de um fundo de investimento:
- o cliente dirigia-se a uma fila para ser atendido por uma jovem;
- após preencher um formulário, a jovem o encaminhou ao supervisor;
- o cliente enfrentava nova espera; competia, agora, com outros atendimentos realizados pelo supervisor;
- este, em um campo do formulário, anotava uma informação banal e assinava a liberação (sem qualquer cálculo ou consulta, que justificasse a etapa adicional).

O gerente (e, às vezes, a jovem) ouvia queixas de clientes sobre a etapa inútil do processo.

C. Redução de situações geradoras de estresse

Reduzem-se essas situações atuando-se nos detalhes e especificações de tarefas, processos, sistemas normativos e na gestão da Organização. Nos itens anteriores foram indicadas diversas possibilidades de atuação, às quais se somam as seguintes.

- **Melhoria da tecnologia utilizada na comunicação**

    Desafios modernos são incompatíveis com sistemas de comunicação ultrapassados. Os profissionais absorvem essa incompatibilidade na forma de *estresse*.

    A disponibilidade de tecnologia atualizada proporciona segurança ao profissional, além dos benefícios inerentes à execução das tarefas.

- **Melhoria da *comunicação interna***

    Muitas vezes, os acontecimentos surpreendem os profissionais antes de os mecanismos formais orientá-los.

    As deficiências na comunicação interna alimentam a panela de pressão dos populares *boatos*. Encontram-se Administradores que não se dão conta da importância e do custo financeiro real das informações veiculadas de maneira leviana e dos conflitos que ocasionam:

    - *boatos* "bons" esvanecem; informações ruins o tempo fortalece;
    - *notícias boas,* verídicas, tendem a se enfraquecer; as *más* ampliam-se exponencialmente;
    - a velocidade de transmissão de um boato é tanto maior quanto mais danoso o conteúdo;
    - as pessoas acreditam com mais facilidade nas notícias más do que nas boas;
    - é muito difícil neutralizar um boato. A notícia falsa muito reproduzida torna-se comunicado oficial.

- **Melhoria da forma de veicular as mensagens**

    A veiculação *das mensagens* oficiais merece atenção. Esta questão recebeu especial atenção no Capítulo 3, dedicado ao estudo das Funções Mentais Superiores.

    Os Administradores devem ter consciência de que:

    - as pessoas não gostam de ler. Acredita-se demais no poder dos memorandos, circulares e outras formas de comunicados fixados em quadros de aviso;
    - o correio eletrônico pode ser uma solução. Contudo, não há garantia de que a mensagem "aberta" foi lida e, menos ainda, de que tenha sido *compreendida*;
    - se há relutância para ler, há dificuldade muito maior para escrever com clareza, concisão, precisão e correção;
    - a transmissão oral das mensagens, além de não receber a devida atenção, é demasiadamente falha;
    - além da forma e do conteúdo, deve-se escolher com cuidado o *momento* de transmissão;
    - outro fator fundamental é a compreensão das características do *receptor* da mensagem. Entre elas, destaca-se o fenômeno da **distorção cognitiva**: o indivíduo coloca seus conteúdos psíquicos, que influenciam a *interpretação*.

- **Melhoria dos *comportamentos***

Sempre podem ser melhorados os comportamentos favorecedores do trabalho colegiado com clientes, colegas e fornecedores.

Todo comportamento comunica alguma coisa e, muitas vezes, o conteúdo dessa comunicação compromete o resultado esperado.

Um primeiro passo é *eliminar os comportamentos que prejudiquem o trabalho cooperativo*. São bem conhecidos os exemplos a seguir:

- atendentes apáticos(as), incapazes de um sorriso;
- profissionais que acreditam que, estando ao telefone, o cliente não identifica sua postura corporal;
- no atendimento pessoal, recepcionistas, secretárias e atendentes que ignoram o cliente enquanto concentradas nas telas de seus telefones celulares ou do computador;
- motoristas de ônibus, incapazes de um gesto de gentileza, sem demonstrar a menor intenção de estabelecer empatia com os passageiros;
- ascensoristas magnetizados(as) pelo painel de controle;
- executivos que atravessam os escritórios como se cruzassem um deserto desabitado etc.

Esses exemplos, relacionados com o público externo, aplicam-se, com os devidos ajustes, ao público interno da Organização. Os comportamentos dos profissionais estabelecem o "clima" do ambiente de trabalho.

Comportamentos aprendem-se e aperfeiçoam-se a todo momento. *Comportamentos favoráveis* reduzem o estresse no trabalho e contribuem para despertar a motivação. Entretanto, não se neutralizam situações de estresse no trabalho com *regras ingênuas* do tipo:

- "quando se sentir estressado, dê uma voltinha";
- "respire fundo";
- "delegue uma tarefa";
- "evite trabalhar à noite";
- "chegue mais cedo ao trabalho" (para muitos, isso aumenta o estresse) etc.

Na maioria das vezes, o profissional **não tem condições** de cumprir essas regras. Como imaginar uma telefonista "parando para dar uma voltinha"? Um cirurgião "delegando" a tarefa?

Existe também a crença de que as pessoas ficam estressadas por *trabalhar muito*. Muitas vezes, o trabalho por longos períodos representa uma forma inteligente (preferível a beber, jogar, drogar-se e outras) de escapar de questões (familiares, por exemplo) com as quais o indivíduo não pode conviver. A execução de trabalhos prazerosos propicia eficiente descarga de energia psíquica.

Pessoas incapazes de encontrar satisfação com o que fazem utilizam o desdém pelo trabalho como *mecanismo de defesa*: negam a realidade de que existem trabalhos altamente satisfatórios.

Fela Moscovici apresenta outra visão dessa importante questão. Ela aborda a **motivação deodôntica,** afirmando que *"o elemento mais relevante no trabalho não é o prazer, e sim o senso de obrigação com os outros"* (Moscovici, 1988:92).

Quando isso acontece, *"o prazer no trabalho advém de outras fontes, tais como sentimentos de sucesso, de valorização moral, de cumprimento das responsabilidades"* (Moscovici, 1988:92), e o trabalho torna-se fonte de autoestima pelo significado moral, e não somente pela demonstração de habilidade e sucesso.

Essa linha de pensamento explicaria a dedicação, jamais explicável por motivos financeiros, de profissionais intensamente voltados a trabalhos difíceis e desgastantes. Em algumas sociedades, o trabalho tem tal importância que se torna desonrosa sua perda e chega a ser impensável ir para casa mais cedo!

O estresse no trabalho atinge o trabalhador comum, o profissional qualificado e a chefia, e não há evidência de que um ou outro apresente maior vulnerabilidade.

Eliminar os fatores de geração crônica de estresse no trabalho torna o indivíduo mais disposto para exercer suas atividades. Ele dirigirá suas energias para objetivos profissionais, rompendo o *ciclo de geração de ansiedade* (Figura 9.2).

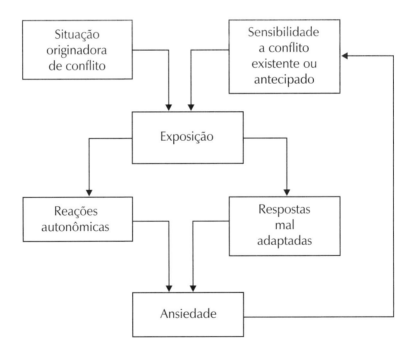

Figura 9.2   *Ciclo de geração de ansiedade.*

D. Consequência do estresse no desempenho

O Caso 9.2 ilustra como o estresse pode afetar o desempenho do profissional.

Caso 9.2

Profissional recém-admitido, por falta de experiência, comete um erro na realização de uma tarefa, o que provoca retrabalho, com os consequentes custos e consequências para o processo como um todo.

Receoso de causar má impressão, em uma fase na qual ainda é pouco conhecido na empresa, o profissional empresta ao episódio grande importância. Preocupa-se, continuamente, com ele; qualquer pequeno evento lembra-lhe o erro que gostaria de esquecer.

A partir dessa ocorrência, passa a vivenciar um possível conflito com o supervisor. A ideia persegue-o, obsessivamente.

Com o passar do tempo, sua digestão é afetada; em consequência, seu humor; passa a ter dificuldades para iniciar o sono (à noite, adormece lembrando-se de detalhes desagradáveis do episódio).

A situação não se resolve, pois o supervisor simplesmente desconhece o conflito. Trata-se, sem dúvida, de uma pessoa com nítidos traços obsessivos.

O profissional hipervaloriza o episódio – questão que se resolveria com uma simples conversa. Um *esquema rígido de pensamento* o faz *ruminar* o acontecimento. *Pensamentos automáticos*, pouco a pouco, conduzem a um quadro típico de estresse: início tardio do sono, dores de cabeça, dificuldades digestivas.

Naturalmente, o desempenho começa a ser prejudicado. A cronificação do estresse fará esse profissional desenvolver um *transtorno de ansiedade*.

O estresse crônico afeta o desempenho porque origina diversos transtornos mentais, os quais devem ser diagnosticados e tratados por especialistas.

9.5.2. Transtornos de ansiedade

A. Conceito

Estresse não se confunde com "ansiedade".

Ansiedade é a *"antecipação de uma ameaça futura"* (DSM-5, 2014:189). Trata-se de *emoção normal*, presente no cotidiano, necessária à concentração, à vigilância e toda uma série de comportamentos do indivíduo (Albert e Ururahy, 1997:18). Não se deve confundir "medo" com "ansiedade". O medo "é a resposta emocional a ameaça real ou percebida" (DSM-5, 2014:189).

Tudo se passa como se existissem "pontos de não retorno", a partir dos quais desenvolve-se o **transtorno de ansiedade**. Diagnosticado em todas as faixas etárias, é reconhecido como o mais comum entre os transtornos psiquiátricos.

No Caso 9.1, o estresse crônico persiste e o profissional, gradativamente, passa a apresentar o quadro descrito a seguir, que necessita de tratamento especializado:

– o início tardio do sono compromete o horário para despertar;
– atrasos passam a dificultar o relacionamento com o supervisor, que depende da pontualidade da equipe;

- o funcionário automedica-se para aplacar as dores de cabeça. Os remédios dificultam a digestão e surgem sintomas de gastrite;
- uma crise de gastrite afasta-o de trabalho por alguns dias; a produção atrasa.

As energias psíquicas do profissional concentram-se no mal-estar (a nova "figura"), no custo dos remédios e na preocupação em tomá-los na hora certa, comparecer a exames e esperar por resultados. Além disso, existe a pressão familiar decorrente do comprometimento do orçamento doméstico.

Em lugar de buscar o convívio com os colegas, prefere *isolar-se* (mecanismo de defesa) para evitar as perguntas óbvias ("O que há com você?", "Está tudo bem?") e os formais, tradicionais e irritantes "logo você estará bom", "cuide-se" etc. Nas reuniões de grupos no trabalho, *evita* momentos de amenidades; sai um pouco mais cedo (para não correr o risco de que alguém o acompanhe). Desiste do curso técnico noturno, indispensável para novas e melhores oportunidades.

Essa é a trajetória de um profissional que, por motivos que se entrelaçam de maneira complexa, desenvolve um estresse crônico que evolui para um transtorno de ansiedade. O mesmo incidente, se ocorrido com algum colega, poderia ser simplesmente ignorado!

As reações são individuais. Cada indivíduo apresenta comportamentos que refletem estratégias bem-sucedidas em ocasiões anteriores ou que se ajustam às suas características pessoais.

Há quem se transforme em um "bebê chorão": busca ouvidos para seus lamentos. Enquanto pessoas cercam-se de colegas com os quais possam dividir suas dificuldades, praticando um tipo de *terapia informal,* outras ocultam o que as aflige.

Importa compreender que o **deslocamento** da energia psíquica (referido em 1928 por Jung), para dar conta das consequências *de qualquer conflito*, faz-se à custa da **produtividade** e da **qualidade do trabalho** do profissional.

Médicos e psicólogos do trabalho devem questionar o profissional sobre potenciais conflitos com a Organização, com o objetivo de determinar causas psíquicas associadas aos distúrbios orgânicos.

O Caso 9.1 mostra que a simples *presença* de estresse não se encontra em questão – ela faz parte do cotidiano de todos. O que interessa são a *intensidade,* a *duração* e as reações do indivíduo.

Aspectos culturais encontram-se presentes: indivíduos de países desenvolvidos têm maior probabilidade de apresentar queixas relacionadas com os transtornos de ansiedade do que os de países não desenvolvidos; algo semelhante ocorre com indivíduos de descendência europeia em relação aos de outras origens (DSM-5, 2014:224).

B. Sinais e sintomas dos transtornos de ansiedade

Os três sistemas, nervoso, endócrino e imunológico, formam um "tripé homeostático essencial", ensina Wilson Salvino (apud Lent, 2001:490). Isso permite que as *manifestações de ordem **somática*** possam incluir vários tipos de distúrbios: de sensação de fraqueza até alterações da pressão arterial e perturbações gastrointestinais, geniturinárias etc.

As *manifestações psicológicas*, em geral, combinam-se com as somáticas, tornando o indivíduo presa de constante nervosismo, que lhe prejudica o desempenho.

Na ansiedade e no estresse, os ajustes fisiológicos extrapolam o âmbito do sistema nervoso autônomo, atingem os sistemas endócrino e imunitário e se tornam mais duradouros (Lent, 2001:665).

O diagnóstico sempre deve ser feito por profissionais habilitados.

As pessoas, em geral, não têm consciência de que, *durante o trabalho*, apresentam *sinais* ou queixam-se de *sintomas* como os seguintes, isolados ou combinados:

- *expectativa do pior ante qualquer notícia:* o profissional demonstra pessimismo consistente; qualquer dificuldade transforma-se no prenúncio de uma tragédia (um pequeno conflito com a chefia torna-se motivo para uma preocupação que não termina);
- *sensação de tensão, irritação, impossibilidade de relaxar* ao término do período de trabalho: encerra os dias com um rosário de queixas (carrega para casa o fardo das preocupações; não consegue livrar-se dele, daí a demora para adormecer);
- *dificuldade para se concentrar nas atividades*, associada a alterações de memória. Cresce a taxa de erros; nos treinamentos, fica evidente a dificuldade de aprender e memorizar instruções (qualquer coisa o faz recordar do conflito que desejaria evitar; quanto mais tenta esquecer, mais ele se faz presente; como não se concentra no que faz, não memoriza; Davidoff, 1983:444);
- *insônia*: o profissional "cochila" durante o trabalho, com frequência crescente (em casa, não consegue um sono completo, reparador: acorda muito cedo ou adormece tardiamente).

O nível de ansiedade do indivíduo difere do normal quando, *"em vez de impulsioná-lo, promovendo alerta e atenção, o atrapalha, não permitindo que ele desenvolva atividades triviais, se tiver que exercê-las dentro de um contexto social"*, segundo Saulo Castel, do Instituto de Psiquiatria da Faculdade de Medicina da USP (Sofrimento, 1996:6).

Distúrbios físicos podem se associar, em sua origem ou evolução, à patologia psíquica (DSM-5, 2014:222). Como costumeiramente acontece, o sintoma físico pode *encobrir* o transtorno de origem mental. Com isso, os tratamentos eternizam-se, porque não se identifica sua causa-raiz.

Surge o círculo vicioso: sem solução para as queixas, a pessoa não pensa em outro assunto e isso as agrava. A produtividade cai; aumentam os conflitos com colegas, supervisores, clientes e fornecedores, conforme as funções do profissional.

> Transtornos de Ansiedade acompanham Programas de Demissão Voluntária (PDV), Privatizações, Fusões, Incorporações (e, também, em grandes transformações tecnológicas que afetam a perícia do profissional e as condições de emprego).
>
> Profissionais ligados à saúde do trabalho, gerentes e supervisores comentam sobre o aumento de queixas (inclusive as próprias) a respeito de impossibilidade de relaxar, medos diversos, dificuldade para adormecer, alterações na memória, mau humor, distúrbios cardiocirculatórios e respiratórios, dificuldades com a digestão, redução da libido e outras.
>
> Relatam-se profundas mudanças de comportamento; são frequentes os efeitos sobre as relações interpessoais.

O cotidiano da clínica revela a emergência de um número surpreendente de casos relativos a esses programas, em três situações complementares:

- durante a espera das definições (a angústia da incerteza);
- no período seguinte ao da perda do emprego (dificuldade de adaptação imediata profissional e familiar) ou "período de turbulência";
- após esse período, na ocorrência de fracasso profissional ou familiar (dificuldade para reorganização de objetivos de vida em médio e longo prazos).

9.5.3 Transtornos de estresse pós-traumático

Esses transtornos decorrem da "exposição a episódio concreto ou ameaça de morte, lesão grave ou violência sexual" por (DSM-5, 2014:271 e Kaplan e Sadock, 2017:294):

- vivência do episódio;
- testemunhar sua ocorrência;
- saber do acontecimento com familiar ou amigo próximo;
- exposição repetida ou extrema a detalhes aversivos do evento traumático.

Estima-se que entre 15 e 25% das pessoas que vivenciam o evento traumático desenvolverão *transtorno de estresse pós-traumático*. Não surpreende, portanto, considerando-se os dados apresentados anteriormente a respeito da violência presente na sociedade brasileira, ser o *trauma* um dos mais importantes problemas com que as pessoas se deparam.

O transtorno do estresse pós-traumático ocasiona vários tipos de *consequências*, nem sempre atribuídas ao trauma, porque, muitas vezes, as pessoas o ocultam, por vergonha ou ignorância (Friedman, 1999:3):

- súbita *paralisação das atividades*, com períodos de afastamento mais ou menos longos, em decorrência do estado físico e emocional;
- as pessoas que convivem com os indivíduos que passaram pelos eventos traumatizantes sofrem consequências relacionadas com as *alterações comportamentais* dos afetados;
- *comprometimento financeiro*, nem sempre equacionável a curto prazo, agravando as consequências dos efeitos físicos e emocionais;
- permanência de *sinais físicos*, de difícil recuperação; isso *estimula a memória* e promove o retorno de imagens capazes de provocar profundo sofrimento;
- dificuldade de reinserção do indivíduo na prática de suas tarefas, devido às suas próprias emoções ou emoções suscitadas em seus colegas de trabalho e clientes, decorrentes de alterações físicas e/ou comportamentais;
- incapacidade de realizar determinadas tarefas, por exemplo, pela modificação de seus limiares de sensação e reação a determinados estímulos relacionados a perigo, risco de vida, risco de acidente etc.

Destaque-se a *durabilidade* das consequências e a dificuldade dos tratamentos, assinalando-se que podem ser de custo elevado, inacessíveis a grande parcela da população. A demora em iniciar o tratamento concorre para dificultá-lo e aumentar o impacto financeiro e emocional de suas consequências, assinala Deyken (1999:11-17).

Observa-se que o abuso de drogas psicoativas encontra-se, com significativa frequência, associado à presença desse transtorno.

Na gênese de substancial parcela das situações ocasionadoras de traumas encontra-se a **disseminação da agressividade** – apontada pelos estudiosos e confirmada pelas estatísticas –, um movimento social seguramente *não transitório* e, *de forma alguma, alarmista.*

Os dados são assustadores, confirmam as mais recentes pesquisas do Forum Brasileiro de Segurança Pública, dados divulgados em 2017:

- um em cada 3 brasileiros tem amigos ou parentes assassinados, vítimas de homicídio ou latrocínio;
- mais de 10% da população foi vítima de ferimentos com algum tipo de arma (de fogo ou armas brancas).

Principalmente a população mais carente, com maior concentração no Norte, Nordeste e periferias das maiores cidades, convive com a violência e contempla seus efeitos no círculo de relacionamento próximo.

Dessa população surge a maior parte da força de trabalho das Organizações. Os prejuízos são incalculáveis.

Incorporados ao cotidiano, os efeitos dos traumas compõem a paisagem social e desaparecem na percepção das pessoas, que se submetem à maneira dos sapos que morrem cozidos na água que esquenta aos poucos, sem se dar conta do que lhes acontece. Exemplo pungente encontra-se no trânsito: os indivíduos continuam a cometer os mesmos procedimentos que os vitimam, apesar dos resultados amplamente divulgados.

Os custos financeiros são monumentais; e os efeitos sobre a qualidade de vida são notáveis; agravam-se porque outros transtornos mentais podem ser decorrentes dos transtornos de estresse pós-traumático.

9.5.4 Depressão

> *"Estou num daqueles dias em que nunca tive futuro.*
> *Há só um presente imóvel com um muro de angústia em torno."*
> Fernando Pessoa (1999:210)

Os efeitos da "depressão" (denominação usual dos transtornos depressivos) são amplamente reconhecidos. Entretanto, confundem-se diversos estados emocionais, corriqueiramente, com depressão; muitas vezes isso provoca o uso de medicamentos inadequados, particularmente no Brasil em que a automedicação constitui um traço cultural.

Portanto, **o diagnóstico por profissional qualificado é indispensável.**

A. Conceito

A depressão afeta milhões de pessoas em todo o mundo e há indicações de que a idade para seu surgimento encontra-se cada vez menor, com *altas taxas no final da adolescência e início da idade adulta* (Monografia, 1996:5) – uma tendência que se mantém.

Uma série de sinais e sintomas acompanha a instalação desse quadro, entre eles (DSM-5, 2014:161):

- humor deprimido;
- acentuada diminuição do interesse ou prazer em todas ou quase todas as atividades;
- transtornos de sono;
- alterações psicomotoras observáveis por terceiros;
- deterioração da capacidade de pensar ou se concentrar;
- indecisão;
- redução da iniciativa;
- crescente isolamento.

Compreende-se, pois, que a *depressão* não é uma simples e passageira tristeza.

Na depressão crônica, *"apesar dos sintomas mais brandos, a cronicidade e a ausência de reconhecimento da doença fazem com que o prejuízo à qualidade de vida dos pacientes seja considerado maior do que nos demais tipos de depressão"* (Nardi, 1999:1).

Nessa situação, a pessoa desenvolve comportamentos adaptativos e, com o tempo, a falsa crença de que *"a tristeza e o mau humor são devidos a problemas do cotidiano ou uma questão de personalidade"* (Nardi, 1999:8).

B. Depressão e desempenho

O fenômeno essencial, central, do estado depressivo é o que Jean Sutter descreve como *"um comprometimento profundo da antecipação"* (Monografia, 1996). As consequências para os profissionais são importantes porque esse estado afeta:

- o processo de desenvolvimento pessoal, essencialmente ancorado na construção de uma visão do futuro;
- a capacidade de se *antecipar às necessidades dos clientes*, com prejuízo à competitividade;
- o gerenciamento de recursos de qualquer natureza, porque este fundamenta-se na antecipação aos problemas.

A depressão, portanto, prejudica diretamente o desempenho dos profissionais cujas atividades ancoram-se em processos mentais de maior sofisticação. Isso não significa que um profissional de atividades estritamente braçais não desenvolva um quadro depressivo; contudo, a observação de sinais correspondentes será muito mais difícil no ambiente organizacional.

O transtorno depressivo representa o **comprometimento parcial ou total das atividades do indivíduo**.

O efeito mais dramático da depressão é o suicídio. Kaplan e Sadock (2017:765) assinalam que "entre 60 a 70% das vítimas apresentam depressão significativa no momento da morte", e que o suicídio vem aumentando entre os jovens. Destaque-se, pois, a importância de *tratar a depressão*.

Pessoas deprimidas tendem a dar explicações para a ocorrência de eventos ruins ou indesejados por elas em termos estáveis, definitivos, globais e internos. Assim eles *sempre* ocorrem, *tudo* anda mal e *a culpa é delas* (Myers, 1999:332).

Elas apresentam esquemas rígidos de pensamento em torno dos acontecimentos; encaram-nos como ruins, percebem ou antecipam o fracasso, de forma que *"os pensamentos negativos da mente influenciam de alguma forma os eventos bioquímicos, que num círculo vicioso ampliam os pensamentos depressivos"* (Myers, 1999:332).

Mesmo um superior ou colega atento poderá não perceber uma modificação do padrão de desempenho, porque ele é *comprometido ao longo dos anos*, conforme alerta Nardi (1999:9; algo semelhante ocorre no âmbito familiar).

Resultado: o indivíduo e a Organização passam a conviver com baixa produtividade (e pior qualidade de vida no trabalho) sem que alguém perceba o que ocorre. Perde-se a ***discriminação*** para o fenômeno.

Por esses motivos, o **diagnóstico realizado por profissional qualificado é de extrema importância**, evitando o agravamento do transtorno.

C. Aspectos sociais

Diversos estudiosos, entre eles Martin Seligman, apud Myers (1999:311), apontam que a ***cultura de individualidade*** constitui terreno fértil para a propagação da depressão.

Essa hipótese sugere que os itens a seguir podem favorecer a redução dos quadros depressivos entre os profissionais:

– promoção do *trabalho em equipe* nas Organizações;
– adoção de *estilo antes cooperativo do que competitivo*.

Myers aponta que estudos demonstram que o exercício físico reduz a depressão e a ansiedade, existindo inegável ligação entre exercícios e estado emocional, embora ainda não se tenha conseguido demonstrar exatamente quais são as causas dessa conexão (Myers, 1999:372).

Sob essa ótica, a estimulação da prática regular de exercícios físicos, além de obviamente saudável, vem ao encontro da tendência social contemporânea de promover a estética corporal. Isso facilita iniciativas dessa natureza pelas Administrações.

O mesmo autor aponta a existência de evidências confirmando que "rir é o melhor remédio", sugerindo que efeitos semelhantes são obtidos por meio do riso. Portanto, pessoas bem-humoradas enfrentariam melhor os eventos estressantes (Myers, 1999:373).

Por outro lado, a "mídia das tragédias", dona de amplos horários dos meios de comunicação visual e espaços preferenciais na comunicação impressa, dissemina uma visão de mundo pautada pela falta de perspectivas. Essa estratégia em nada contribui para uma visão realista e empreendedora dos acontecimentos.

No Brasil, a perigosa automedicação, já mencionada anteriormente, torna a situação ainda mais complexa: a busca de remédios milagrosos, sem orientação médica, amplia as possibilidades de ruinosos efeitos colaterais, de aumento da gravidade do próprio transtorno e facilita o surgimento de outros.

9.5.5 Transtornos não orgânicos do sono

> *A maioria dos pesquisadores conclui que o sono exerce uma função homeostática restaurativa e parece ser essencial ao funcionamento normal da termorregulação e da conservação de energia*, assinalam Kaplan e Sadock (2017:536).

Apesar dessa evidência, "a seriedade dos transtornos do sono continua sendo pouco reconhecida pelo público em geral e pela ampla maioria dos clínicos" (Kaplan e Sadock, 2017:536).

Esses transtornos ocasionam gravíssimos acidentes, de elevadíssimo custo para a Sociedade e são caros para tratar, apontam Kaplan e Sadock (2017:536). Os danos para a indústria e a quantidade de acidentes de trânsito (terrestres, marítimos e aéreos) ocasionados pela sonolência são incalculáveis.

De fato, encontram-se longe de receber a merecida preocupação e avaliação. Os efeitos do sono escasso ou inadequado incluem:

- comprometimento do estado de alerta;
- aumento da fadiga;
- enfraquecimento do sistema imunológico (Myers, 1999:151);
- comprometimento da capacidade cognitiva, com prejuízo para o funcionamento das *funções mentais superiores*. Ocorre deterioração da concentração e da criatividade (Myers, 1999:154);
- lentificação do desempenho (Myers, 1999:154);
- aumento da probabilidade de ocorrência de falhas nas tarefas, pela redução da capacidade de concentração, com geração de perdas financeiras e diminuição da produtividade;
- devastadores efeitos sobre a aprendizagem; há constatações da ligação entre sono e memória, indicando que durante o sono consolidam-se lembranças importantes do dia (Myers, 1999:154);
- acidentes de trajeto e no trabalho resultantes da redução da atenção, contribuindo para o aumento da incidência de transtornos decorrentes de estresse por trauma ou pós-traumático;
- estresse pela expectativa de inserir falhas nas tarefas, ou de estar sujeito a acidentes;
- aumento da irritabilidade, com deterioração das relações interpessoais, ocasionando estresse ou ansiedade;
- aumento da ansiedade, que dificulta ainda mais o sono reparador. O indivíduo com dificuldade para um sono tranquilo pode desenvolver *ansiedade para dormir*, que alimenta ainda mais o círculo vicioso.

Por *desinformação*, muitos indivíduos ingerem bebidas alcoólicas para "relaxar". O álcool exerce efeito oposto: acentua a má qualidade do sono.

Na busca de soluções para dormir, os indivíduos praticam automedicação e agravam ainda mais o quadro – situação muito comum na sociedade brasileira. A automedicação, com o tempo, passa a incluir a recuperação do estado de alerta diurno; cria-se um processo de alto poder destrutivo para o indivíduo: medica-se para dormir e, depois, para permanecer acordado.

Nas grandes cidades, esses efeitos agravam-se pelo nível de ruído elevado em todas as horas do dia e da noite.

Os distúrbios do sono podem ocasionar efeitos orgânicos e, também, ser consequentes a doenças de fundo orgânico. Podem estar relacionados a transtornos de ansiedade, transtornos depressivos, transtornos de estresse pós-traumático e drogadição, além de outros transtornos mentais.

Conclui-se que o correto diagnóstico do quadro que cerca o transtorno do sono, complexo e demorado, é **necessário, e deve ser feito por profissionais especializados**.

A redução da produtividade pela má qualidade **crônica** do sono passa, em geral, despercebida, porque a redução de desempenho é gradativa. De um lado, os indivíduos desenvolvem comportamentos de adaptação, *ajustando os requisitos das tarefas às suas possibilidades*; por outro, superiores e colegas acostumam-se, pouco a pouco, com os padrões de desempenho do profissional.

Tem especial relevância para a Administração o combate à *sonolência diurna excessiva*, que leva a pessoa a adormecer sem ter a intenção, em momentos inoportunos.

A ela são creditados gravíssimos acidentes técnicos, como o da usina nuclear de Chernobyl, da nave espacial Challenger e do navio Exxon Valdez, que resultaram em catástrofes – sem mencionar os incontáveis acidentes de trânsito diariamente (Mahowald, 2002:4).

Observe-se que os indivíduos que padecem de insônia provocam o dobro de acidentes com veículos automotores, se comparados com a população em geral (Kaplan e Sadock, 2017:540).

O Dr. Mark W. Mahowald (2002:4) assinala:

> *A causa mais comum de excessiva sonolência diurna é, de longe, em nossa sociedade, a privação crônica do sono. Dormimos 25% menos que nossos antepassados há um século. (...) Nossa privação de sono é intencional, muitas vezes impulsionada por fatores sociais ou econômicos.*

É importante destacar que a pessoa não se acostuma a ficar privada de sono. O Dr. Mahowald, no mesmo artigo, destaca o fato de que o indivíduo que trabalha em turnos chega a dormir oito horas a menos, por semana, do que o trabalhador diurno – uma perda irrecuperável, muitas vezes, injustificável.

A simples observação da programação da televisão mostra o incentivo para manter as pessoas despertas. Os melhores programas, ou, no mínimo, os que despertam maior interesse, ganham horários tardios; por outro lado, sabe-se que o público morador das grandes cidades enfrenta dificuldades para chegar ao trabalho, sendo comuns os deslocamentos com duração superior a 30 minutos. Os horários dos clássicos de futebol realizados em dia útil parecem indicar que os torcedores chegarão tarde a seus trabalhos no dia seguinte.

Ao desafio fisiológico somam-se as consequências psicológicas: dorme-se após a meia-noite para se acordar antes das sete horas da manhã. Não se estranhe que o indivíduo torne-se mais propenso a cometer falhas, envolver-se em acidentes e a irritar-se. Ele, simplesmente, precisa dormir!

9.5.6 Alcoolismo

O álcool e o tabaco constituem as drogas mais consumidas; seguem-se os inalantes, os ansiolíticos (redutores da ansiedade) e as anfetaminas. A dependência em relação ao álcool atinge índices alarmantes e crescentes na faixa etária compreendida entre 12 e 17 anos (superior a 6% para meninos e 3% para meninas).

O álcool, a droga mais presente, tem uma característica peculiar: todos os tecidos do corpo são permeáveis à sua molécula, solúvel em água e em lipídeos. Ele influencia **todas** as funções, orgânicas e mentais. A natureza de seus efeitos sobre o organismo recomenda atenção da Administração, quer por razões humanitárias, quer pelos danos causados às Organizações e à Sociedade.

A. Efeitos do álcool sobre o organismo

As *alterações cognitivas* incluem:

- focalização da atenção na situação imediata, inibindo a avaliação de consequências futuras (a pessoa cede mais facilmente a seus impulsos; Myers, 1999:152); daí crimes e condução irresponsável serem costumeiramente precedidos de ingestão de bebida alcoólica;
- deterioração do processamento de experiências recentes (Myers, 1999:163), fazendo a pessoa ter maiores dificuldades para fixar as experiências em registros permanentes da memória; portanto, há prejuízo para a aprendizagem;
- redução da autopercepção, embotando temporariamente a angústia do autoconhecimento (Myers, 1999:167), resultando em ilusória supressão da consciência de fracasso ou culpa (que acaba sendo substituída por estresse ou depressão);
- comprometimento da concentração, distúrbios do pensamento e/ou da percepção (Drogadição, 1990:4).

Cria-se um círculo vicioso perverso: o alcoolista torna-se *mais sujeito* a traumas e, ao mesmo tempo, um agente para a *promoção de traumas*, pelo aumento da agressividade e comprometimento das funções mentais superiores;

Kaplan e Sadock assinalam diversas psicopatologias induzidas pelo álcool: demência, transtorno depressivo, transtorno de ansiedade, disfunção sexual, transtorno de sono, personalidade antissocial, hábito patológico de jogar e outros (Kaplan e Sadock, 2017:632-634).

B. Sinais de dependência

O DSM-5 (2014:491) aponta grande quantidade de *sinais* indicativos de que o indivíduo encontra-se dependente do álcool. Em boa parte, claramente perceptíveis pelos colegas e supervisores no ambiente de trabalho, ensejariam a tomada de providências com o objetivo de recuperar o profissional. O álcool rouba a vida: trata-se de devolvê-la.

Alguns sinais destacam-se pela facilidade de observação:

- forte desejo de ingerir a substância. O indivíduo encontra argumentos para ausentar-se e consumi-la nas proximidades do trabalho. É difícil de observar e controlar profissionais que exercem atividades externas;
- odor alcoólico ao chegar no trabalho. A pessoa bebe assim que desperta. Não consegue iniciar suas atividades sem ingeri-lo;
- irritabilidade não usual. A maior parte dos alcoolistas tende a apresentar-se menos tolerante, mais irritável;
- sinais corporais perceptíveis, especialmente na face, nos olhos;
- acompanhando sinais mencionados, dificuldade em concentrar-se nas atividades e na aprendizagem, gerando queda de produtividade.

Por outro lado, tratamentos especializados são caros e escassos, em geral inacessíveis à absoluta maioria dos brasileiros – cabe registrar que a dependência existe em todos os segmentos da população.

Daí a importância do engajamento das famílias e das *Organizações* na *cruzada antidroga*.

Mais vulnerável a diversas doenças, o custo médico do alcoolista eleva-se com o passar do tempo. Traumatismos diversos, acidentes de trânsito e brigas tornam-se parte do cotidiano desses indivíduos. Os danos e perdas por eles provocados levam-nos a enfrentar incontáveis processos judiciais com prejuízos óbvios para toda a Sociedade.

As Organizações perdem profissionais na faixa etária de maior produtividade, vítimas de acidentes e violência dessas pessoas. O alcoolismo, acentue-se, é a *causa-raiz* do estresse decorrente de traumas, na maior parte dos casos.

O alcoolismo ocasiona aumento dos valores pagos aos planos de saúde e às seguradoras de veículos automotivos e encarece o custo do Serviço Público de Saúde.

Por tudo isso, é surpreendente a benevolência com que a sociedade brasileira encara o flagelo do álcool, presente em mais de 40% das mortes no trânsito.

C. Consequências para a Organização

As consequências **diretas** do alcoolismo para as Organizações compreendem:

– absenteísmo;
– acidentes de trabalho;
– acidentes de trajeto;
– queixas diversas em relação à saúde;
– aumento de falhas na execução das tarefas;
– redução da produtividade;
– conflitos com colegas, superiores e clientes.

Ao mesmo tempo que são colecionadas informações a respeito dos prejuízos causados pelo álcool e outras drogas, observa-se a timidez das Organizações na prevenção e no tratamento do uso abusivo.

Tem-se a impressão de que os gestores das Organizações acreditam que seus profissionais se encontram imunes ao que acontece na sociedade, seja na condição de agentes seja na de vítimas!

Por outro lado, ao propor a adoção de um programa permanente de combate e prevenção às drogas, a Administração deve estar consciente de que, ao mesmo tempo em que favorece o aumento de produtividade, promove uma incursão no domínio da individualidade.

O Administrador deve considerar que a droga e suas consequências extrapolam os limites da Organização e refletem-se nas relações familiares (e vice-versa). Ações relacionadas com o tratamento da drogadição (e, em especial, do alcoolismo) mostram-se mais efetivas quando consideram os desdobramentos no ambiente familiar. Limitá-las à esfera do trabalho significa uma simplificação capaz de inutilizar os esforços.

D. Aspectos socioculturais

Todas as drogas têm seus efeitos psicológicos mediados pela cultura (Myers, 1999:152). Uma droga considerada causadora de euforia em uma cultura poderá não o ser em outra; os efeitos psicológicos acompanham as expectativas daqueles que as utilizam – o álcool não escapa a essa regra: é o poder da crença (item 2.3.17)!

O enfrentamento da drogadição – e, muito em especial, do alcoolismo – requer profissionais altamente especializados e, preferencialmente, integrando equipe multidisciplinar.

Os *prejuízos* com as drogas psicoativas, indicam as estatísticas, tendem a aumentar por vários motivos. Entre eles:

- a utilização das mais diversas drogas encontra-se em expansão na Sociedade;
- o álcool é porta de entrada para outras drogas;
- o lazer, notadamente dos jovens e adultos jovens, encontra-se fortemente centrado no consumo abusivo do álcool;
- fortíssima propaganda vincula álcool a satisfação, conquista amorosa e felicidade; a população é altamente vulnerável a essas mensagens;
- na população de baixa renda, a *disponibilidade* do produto contribui para o consumo: os bares, estabelecimento tipicamente brasileiro, constituem um chamariz a cada esquina a atrair aquele que retorna do trabalho em busca de antídoto contra as frustrações da vida.

9.6 MODIFICAÇÕES EM PADRÕES DE COMPORTAMENTO

Conceituou-se personalidade como o conjunto de padrões estáveis de comportamentos. Esses padrões modificam-se ao longo do tempo e duas situações merecem a atenção da área de Saúde e Medicina do Trabalho: *alterações* e *transtornos de personalidade*.

9.6.1 Alterações de personalidade

Alterações de personalidade são modificações em padrões de comportamento, eventualmente decorrentes de estresse prolongado. Interessam ao administrador, pela frequência com que ocorrem situações organizacionais e sociais capazes de provocá-las, como:

- políticas demissionais, já mencionadas neste texto;
- alterações significativas no trabalho;

Caso 9.3

Organização realizou a experiência de modificar o *layout* da área de trabalho, instituindo mesas, telefones e terminais de computador de uso comum.

As pessoas passaram a ocupar lugares – qualquer lugar – à medida que chegavam ao trabalho. Para acomodar seus pertences, dispunham de pequenos armários privativos, com chave.

Muitos gerentes, de larga experiência, acreditaram que a experiência resultaria em absoluto fracasso, pelo radicalismo da modificação, embora simples à primeira vista. A Administração preocupava-se com o efeito emocional relacionado com a perda de um "espaço privativo".

Após alguns meses, constatou-se que a alteração provocou profundas modificações na consciência de uso dos equipamentos e materiais, na responsabilidade pelos resultados e no sentimento de pertencer a uma equipe.

A experiência, acompanhada por 12 meses, comprovou a notável plasticidade comportamental de um conjunto de 40 pessoas. Todas incorporaram-se ao novo "estado de espírito" resultante da alteração ambiental.

– mudanças de atribuições, autoridade e responsabilidade.

> Exemplo típico de alteração de padrões de comportamentos acontece quando o indivíduo passa a ocupar cargos de maior responsabilidade.
>
> Principalmente no início das novas atividades, ele modifica comportamentos para dar conta de sua insegurança (mecanismo de defesa). Por exemplo, uma pessoa comunicativa pode assumir postura mais reservada.
>
> Para muitas pessoas, trata-se de fenômeno passageiro; outras alteram definitivamente seus comportamentos, com consequências sobre os relacionamentos no trabalho e fora dele.

O *estudo das alterações de comportamentos* é um campo a ser explorado pela Psicologia Organizacional, com o objetivo de apoiar e orientar processos de mudanças, para adequá-los às características das pessoas, reduzir seus custos de implementação e aumentar a eficiência dos resultados.

Alterações de comportamento, de modo geral, não necessitam de apoio especializado para serem administradas. Eventuais conflitos no ambiente de trabalho, delas decorrentes, resolvem-se naturalmente (ainda que preocupantes em um primeiro momento). Conforme mencionado no caso anterior, a plasticidade comportamental das pessoas basta para promover as acomodações.

Alterações comportamentais são indispensáveis à vida em sociedade. As transformações contínuas a que todas as pessoas são submetidas, nos ambientes organizacionais e fora dele, impõem que elas ocorram como forma de ajustamento dos profissionais a seus ambientes. Quando não acontecem da maneira necessária, as dificuldades podem evoluir para *transtornos de personalidade*.

9.6.2 Transtornos de personalidade

"Um transtorno de personalidade é um padrão persistente de experiência interna e comportamento que se desvia acentuadamente das expectativas da cultura do indivíduo, é difuso e inflexível, começa na adolescência ou no início da fase adulta, é estável ao longo do tempo e leva a sofrimento ou prejuízo", de acordo com o DSM-5 (2014:646).

A palavra-chave é *inflexibilidade*.

Na prática psicológica diagnostica-se esse tipo de transtorno ao longo da vida das pessoas, em geral desencadeado por *traumas* ou *mudanças* persistentes e de grande impacto, como já mencionado em diversos tópicos deste livro.

A *inflexibilidade* de comportamento tem como consequência a perda ou redução substancial da *capacidade de adaptação* exigida pelas circunstâncias do trabalho. Ocorrem situações como as seguintes (DSM-5, 2014:645):

– *desconfiança sistemática e excessiva*: o indivíduo interpreta de maneira errada ou distorce as ações das outras pessoas; percebe segundas intenções e objetivos escusos;

qualquer detalhe levante suspeitas e gere *medidas de segurança*, em cuja formulação ele concentra suas energias;

– *perfeccionismo extremo, capaz de comprometer a conclusão das tarefas*; o profissional torna-se obcecado em elaborar *checklists* e fluxogramas minuciosos; nada escapa do controle, que se torna um fim em si mesmo;

Caso 9.4

Engenheiro, projetista de novos produtos, passou – de maneira surpreendente – a despender tempo considerado excessivo em suas atividades de desenvolvimento.

A gerência constatou que isso se relacionava aos contratos de risco com parceiros que realizavam testes e experiências, necessários aos novos protótipos. O profissional, constatou-se mais tarde, enfrentava grave crise conjugal.

As dificuldades iniciavam-se quando o projetista buscava formas de celebração dos acordos que evitassem **todas** as possibilidades de ocorrência de comportamentos indesejáveis por parte dos parceiros (na tentativa de conseguir contratos de risco *sem* risco).

Os inúmeros mecanismos de controle encareciam os contratos e tornavam a celebração dos acordos extremamente demoradas.

Os prejuízos superavam os eventuais benefícios dos controles. Além disso, a Organização contava com parceiros já conhecidos e historicamente ligados a ela, sugerindo relacionamentos pautados pela confiança mútua.

Solução encontrada: limitar suas responsabilidades aos **aspectos técnicos** dos contratos, deixando os administrativos e financeiros para um profissional mais flexível.

– *marcante indiferença a críticas e a elogios*; o indivíduo aumenta a reserva, busca atividades solitárias e introspectivas. Não manifesta vontade de se relacionar com os colegas; o distanciamento social é marcante e observável;

– *impulsividade excessiva*: o profissional facilmente "perde a cabeça", envolve-se em conflitos com os colegas, clientes e fornecedores. Demonstra baixa resistência a pequenas frustrações, típicas do cotidiano organizacional.

Caso 9.5

Após muitos anos chefiando o Laboratório de Ensaios de uma Organização, engenheiro foi indicado para posição de gerência de importantes contratos de fornecimento. Na atividade anterior, mostrava-se um líder ponderado, negociador, marcado pela sensatez de suas decisões.

Entretanto, ao assumir a nova posição, de reconhecido destaque na Organização, passou a entrar em conflito com os fornecedores por detalhes das obras que passou a gerenciar. Passou a apresentar um comportamento irreconhecível, considerando o histórico profissional.

É comum, em obras complexas, que haja certo nível de tolerância para agasalhar pequenos atrasos, necessidades de retrabalhos menores, alterações secundárias de especificações para ajustamento a variações de insumos e materiais etc.

Aconselhado a procurar apoio terapêutico, o profissional recusava-se porque considerava isso "coisa para loucos".

Com o tempo, seu comportamento tornou-se cada vez mais impulsivo; os conflitos acumulavam-se. Pressionada por outros gerentes e pelos fornecedores, a Diretoria transferiu-o para uma atividade burocrática. Organização e profissional saíram prejudicados.

- *expansividade inadequada* para o local ou momento; a pessoa passa a demonstrar excessiva preocupação com a aparência física; pode apresentar-se ruidosa, falante, gesticuladora, sempre em busca de atenção;
- *preocupação excessiva com as críticas*; a pessoa torna-se tensa e apreensiva; evita relacionamentos interpessoais; demonstra intolerância com os colegas; pode tornar-se perfeccionista;
- *medo de decidir*; o indivíduo obriga-se a delegar ou a evitar funções em que possa ser chamado a decidir. Torna-se submisso. O medo de decidir pode conduzir à protelação da decisão muito além do que seria razoável pelo excesso de cuidados com os resultados.

Em todas essas situações, **o diagnóstico por profissional habilitado é fundamental para o correto encaminhamento**.

Na realidade da maioria das Organizações, a opção que mais se utiliza quando não há ou não se aventa a possibilidade de um remanejamento interno, é a demissão do profissional, o que agrava, ainda mais, a difícil situação em que ele se encontra.

9.7 CONSIDERAÇÕES FINAIS

Psicopatologias e transtornos mentais ocasionam efeitos em cascata, com flagrantes prejuízos para a qualidade de vida e para a produtividade.

A complexa interdependência das atividades nas Organizações, em particular naquelas de sofisticada tecnologia, multiplica as consequências da redução de produtividade de um único profissional.

Essas ocorrências acometem profissionais de todos os níveis e capacidades. Evitar seus efeitos multiplicativos aumenta a competitividade e a produtividade.

Uma das maiores dificuldades encontra-se em combater o preconceito, presente na sociedade.

Promover a saúde mental é economicamente mais rentável do que reparar os efeitos dos transtornos mentais, cujos custos (na maior parte invisíveis), afetam todas as Organizações.

O psicólogo organizacional é um profissional qualificado para contribuir com essa missão. Entretanto, as Organizações, em geral, não utilizam o potencial da psicologia na promoção da saúde mental.

Cabe reproduzir o ensinamento, sempre atual, do Professor Wanderley Codo, da Universidade de Brasília. Segundo ele, as empresas e instituições dividem-se em três grupos em seu posicionamento com relação à Psicologia do Trabalho.

No primeiro, encontra-se a entidade que "não quer e nada procura"; não sabe e não quer ouvir. Enfrenta-se o preconceito.

Um segundo grupo quer "fórmulas mágicas". Deixa-se conquistar por profissionais muitas vezes pouco preparados, hábeis em apresentar fórmulas para a felicidade. Campo fértil para o charlatanismo.

O terceiro corresponde às Organizações que buscam um trabalho sério, consistente, sólido e de efeitos duradouros.

Dentro desse panorama desenha-se o longo caminho a ser percorrido pela Psicologia Organizacional para ocupar todo o espaço que lhe cabe nas Organizações, indo além das tradicionais (e, sem dúvida, importantes) funções nas áreas de Recrutamento, Seleção e Desenvolvimento de profissionais.

Há um vasto caminho a percorrer no campo da saúde mental no trabalho. Parcerias com Universidades e Faculdades produziriam excelentes resultados. Fica a sugestão.

APLICAÇÕES

1/9. Em um caso de *acidente no trabalho*, trabalhadora na área de limpeza e conservação predial, com fratura no fêmur, foi hospitalizada para intervenção cirúrgica. A empresa disponibilizou o acompanhamento necessário, extensivo ao marido, inválido, dela dependente para alimentação e cuidados pessoais. O tratamento prolongou-se, na forma de exercícios fisioterapêuticos em domicílio. A empresa arcou com todos os custos. Encerrada essa etapa, a fisioterapeuta que passou a acompanhar a evolução do tratamento relatou que a paciente deixou de realizar os exercícios, indispensáveis à perfeita recuperação dos movimentos (prejudicados pela atrofia normal de músculos e tendões). Analise, do ponto de vista psicológico, o comportamento da paciente (Fiorelli e Malhadas, 2003:53).

2/9. Vigia foi encontrado dormindo, nu, na recepção da agência bancária onde trabalhava durante a noite. Interrogado, afirmou que o infortúnio de ter sido abandonado pela esposa levou-o a embriagar-se durante seu turno de trabalho. Analise a situação sob o ponto de vista psicológico; a partir dessas considerações, avalie possíveis alternativas de ação administrativa. Considere não somente o ato em si, mas antecedentes presumíveis (Fiorelli e Malhadas, 2003:361).

3/9. Em um pedido de indenização por danos morais, acatado pela Justiça do Trabalho, assistente de finanças sentiu-se ofendida por receber a determinação, dada pela gerente, de modificar sua maneira de vestir-se que, no entender da chefia, "não coadunava com os valores morais preconizados pelo Banco". A assistente alegou preconceito e perseguição, justificando que o Banco nunca recebeu reclamações de clientes a seu respeito, apresentava resultados altamente satisfatórios e nenhuma norma administrativa estabelecia qualquer orientação a respeito. Analise o caso sob o ponto de vista psicológico. Considere: (a) possível histrionismo da empregada e (b) aspectos emocionais associáveis à conduta da chefia (Fiorelli e Malhadas, 2003:346).

4/9. Analise a modalidade de trabalho no lar (*home office*) em relação às psicopatologias típicas do ambiente de trabalho, apresentadas neste capítulo. Considere, em especial, os fatores apontados como favorecedores dos diversos tipos de transtornos.

Aplicações

> *"Utilizar a psicologia para controlar, dominar e manipular pessoas é um abuso autodestrutivo do conhecimento. É também uma forma repugnante de tirania."*
>
> Martin e Spillane (2005:256)

Os temas a seguir integram todos os conceitos visitados ao longo do texto e que compõem o vasto campo da Psicologia Organizacional. Eles se aplicam às Organizações em geral e, também ao ambiente acadêmico. Cada tema enseja a realização de debates, em sala de aula ou em eventos, e/ou desenvolvimento de estudos avançados.

Para finalidades organizacionais, seguem 20 sugestões de *projetos de melhoria* para os administradores e psicólogos.

> 1. **Conceito de cliente**: desenvolvimento da *percepção* focada na identificação de necessidades dos clientes internos e externos.

Treinamento sistemático dos profissionais para criar, manter e aperfeiçoar suas *percepções* para as necessidades dos clientes.

Estruturação dos instrumentos normativos para agasalharem essas percepções.

Inclusão nos programas de desenvolvimento dos profissionais, de forma explícita e sistemática, projetos específicos para o aperfeiçoamento da visão de cliente.

> 2. **Saúde mental**: integração dos pontos de vista orgânico e psíquico, na promoção de saúde física e mental, para aumento de produtividade e qualidade de vida.

Estabelecimento de diretrizes para promoção da saúde mental.

Integração de projetos relacionados com a saúde física e mental.

Desenvolvimento de programas estruturados de gestão de conflitos, para que estes não se tornem fonte de estresse.

Diagnóstico e eliminação de fatores geradores de estresse.

> 3. **Adequação ao trabalho**: ajuste sistemático dos requisitos das tarefas às características de comportamento das pessoas.

Avaliação periódica de "*gaps*" entre as características comportamentais e os requisitos impostos pelas tarefas.

Estabelecimento de objetivos e desenvolvimento de ações de melhoria por meio de comparações com Organizações escolhidas como padrões de referências (*benchmarking*).

Integração entre os resultados dessas avaliações e os projetos de desenvolvimento continuado dos profissionais.

Utilização dos resultados para atualizar os critérios de recrutamento e seleção de profissionais.

> 4. **Aspectos sociotécnicos**: influência nos comportamentos.

Identificação dos reflexos dos comportamentos de grupos ou equipes sobre os fluxos dos processos e imagem percebida pelos clientes.

Integração de grupos e equipes por meio do fortalecimento da visão e dos objetivos da Organização.

Diagnóstico sistemático dos aspectos positivos a serem reforçados, e dos negativos a neutralizar, nos programas de estímulo à motivação.

Avaliação periódica dos mecanismos que asseguram que as preferências dos clientes sobrepõem-se às dos grupos e equipes internos, por exemplo, na seleção de tecnologias e no estabelecimento de padrões de resultados.

> 5. **Tecnologia**: avaliação e utilização de sua influência nos comportamentos e na cultura da Organização.

Atualização tecnológica como fator de integração e estratégia para despertar a motivação.

Certificação de que os profissionais possuem percepção clara dos efeitos das modificações tecnológicas em suas aptidões e possibilidades de desempenho.

Desenvolvimento de estratégias destinadas a criar percepções favoráveis em caso de mudanças tecnológicas.

> 6. **Liderança**: identificação e desenvolvimento contínuo de lideranças situacionais.

Estímulo ao desenvolvimento das habilidades para coordenar e liderar pessoas.

Sintonia dessa ação estratégica com os programas de desenvolvimento continuado de profissionais.

Utilização desse esforço para fortalecimento do trabalho em equipe nas situações em que favorece a produtividade e a qualidade dos resultados.

Alinhamento dos projetos de desenvolvimento de lideranças com a visão estratégica da Organização, estabelecida pela administração superior.

7. *Imagem da Organização*: promoção e "fidelização".

Projetos e procedimentos específicos com o objetivo de estabelecer, manter, fixar e atualizar continuamente a Imagem da Organização nos profissionais e clientes.

Identificação dos *símbolos organizacionais* e sua utilização para estimular a integração, a cooperação e o reconhecimento pelos clientes.

Estabelecimento de procedimentos para assegurar uniformidade de percepção da Imagem Organizacional por todos os profissionais.

Homogeneização da percepção da Imagem da Organização, pelos clientes.

Comparação das diferenças de percepção da Imagem da Organização por parte dos clientes, em comparação com as imagens dos concorrentes.

8. *Visão sistêmica*: integração por meio do conhecimento geral.

Desenvolvimento do conceito de "visão sistêmica" em programas que promovem a integração da Organização para que a concentração na parte não se dissocie da percepção do todo.

Discriminação, pelos profissionais, dos detalhes fundamentais dos serviços e produtos que executam, capazes de afetar os resultados dos processos com os quais interagem.

Estabelecimento de mecanismos de *feedback* capazes de assegurar que os profissionais percebam os reflexos sobre os demais processos, de alterações, falhas ou melhorias que introduzem nas atividades e processos que executam ou se encontram sob suas responsabilidades.

9. *Qualidade pessoal*: enriquecimento do ser humano.

Enriquecimento da pessoa, como forma de expandir a visão de mundo e disposição para a prática de melhorias e fidelização dos clientes.

Eliminação de *hábitos inadequados* e fortalecimento de *comportamentos favorecedores* do trabalho cooperativo.

Desenvolvimento da *consciência social*, conjugando-se aspectos humanos e ambientais, relacionados com os processos organizacionais.

Estabelecimento de mecanismos, incorporados aos processos de desenvolvimento profissional, para *combate a preconceitos* de qualquer natureza.

Avaliação sistemática dos processos de desenvolvimento profissional com o objetivo de assegurar que todos discriminem a relação entre os resultados desses processos e a qualidade dos serviços oferecidos aos clientes.

10. *Comunicação interna*: aumento da eficácia.

Utilização da comunicação interna como elemento estratégico para proporcionar maior competitividade, reduzir conflitos e aumentar a eficiência dos processos.

Associação entre os conteúdos da comunicação interna com a Imagem da Organização.

Utilização de linguagem ajustada aos diversos públicos-alvo no âmbito da Organização, considerando-se os diferentes níveis de pensamento.

Estabelecimento de mecanismos para verificação da eficiência da comunicação interna.

> 11. **Comunicação externa**: ajuste das mensagens ao tipo de cliente e ao produto.

Adoção de cuidados semelhantes aos sugeridos para a comunicação interna, na comunicação com os clientes, fornecedores, mercadológica e institucional.

> 12. **Reclamações de clientes**: processo de tratamento.

Estabelecimento de *esquema flexível* de avaliação das reclamações de clientes, assegurando-se de que todos os profissionais que as recebem e analisam têm *visão de cliente* claramente voltada para a identificação das causas-raízes dos problemas.

Foco na melhoria contínua dos processos a partir da análise das reclamações de clientes.

Desenvolvimento da percepção de que clientes, internos ou externos, que se queixam de produtos ou serviços são *colaboradores* da Organização.

Nas áreas de projeto, de operação e de reparos, entendimento de que as reclamações e queixas dos clientes constituem mecanismos válidos de *feedback* de suas atividades.

> 13. **"Intuição"**: processo de tratamento das sugestões.

Estabelecimento de mecanismos de estímulo aos profissionais para que exponham suas ideias, com incentivo à manifestação de conteúdos emocionais.

Tratamento sistematizado de sugestões, para assegurar que propostas resultantes da *sensibilidade* dos profissionais possam ser aproveitadas vantajosamente para possíveis projetos e melhorias.

> 15. **Perícia**: valorização como forma de preservação da excelência e fortalecimento do autoconceito dos profissionais.

Fixação do conceito de *perícia* como um dos valores da Organização, assegurada, contudo, a visão sistêmica dos processos.

Estimulação continuada do aperfeiçoamento da perícia dos profissionais por meio dos programas de Desenvolvimento de Recursos Humanos e de estímulo à competitividade.

> 16. **Gerência e planejamento**: desenvolvimento da criatividade.

Focalização dos programas continuados de desenvolvimento da criatividade gerencial na satisfação dos clientes e no aumento da produtividade.

Participação ativa das equipes de planejamento e gerência nos projetos de *identificação de necessidades dos clientes* e de *desenvolvimento de novas soluções*.

17. **Condicionamento**: uso das técnicas e estabelecimento dos resultados desejados.

Análise crítica das *técnicas de ensino e aprendizagem*, empregadas nos projetos de desenvolvimento dos profissionais, para que o estabelecimento de padrões (condicionamento) não iniba o trabalho criativo.

Avaliação sistemática dos procedimentos técnicos e administrativos, onde couber, com o objetivo de assegurar o exercício do *espírito crítico* dos profissionais, com foco no resultado final para os clientes internos ou externos.

18. **Afeto**: espaço para o relacionamento interpessoal.

Consideração das manifestações de conteúdos afetivos nos programas de estímulo à criatividade e aumento da satisfação com o trabalho.

Incentivo à manifestação de conteúdos afetivos de maneira a não colocar em risco o espírito crítico em relação às normas e procedimentos, a prática de melhorias contínuas e a competitividade.

19. **Normas e orientações**: consistência.

Revisão crítica e sistemática dos conteúdos normativos com o objetivo de detectar possíveis inconsistências, geradoras de determinações incompatíveis entre si ou contraditórias.

Sistematização de avaliação continuada das percepções dos profissionais a respeito da validade, da exequibilidade e da razoabilidade dos conteúdos expressos nas normas.

Inclusão, na avaliação dos instrumentos normativos, das normas escritas e não escritas.

20. **Sistemas de recompensa**: valorização da produtividade.

Avaliação contínua da consistência entre os procedimentos adotados para recompensas e os objetivos de produtividade e satisfação dos clientes.

Critérios de avaliação estimuladores da busca de desenvolvimento pessoal, autoconhecimento, perícia e visão de cliente.

Sistema de recompensas estimulador da competição interna saudável, sem prejuízo para o trabalho cooperativo e sem comprometimento da visão de cliente.

Apêndice
Visão Sistêmica das Relações Humanas nas Organizações

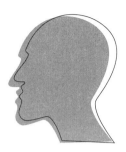

Palavras-chaves: conflito, aliança, papéis, organização, sistema, subsistema, fronteira, ciclo vital, comunicação.

1. INTRODUÇÃO – A VISÃO SISTÊMICA

Todo *sistema* tem um conjunto de elementos que se integram e que determinam sua natureza:

- *forças internas*;
- *subsistemas* em que se divide;
- *padrões de funcionamento*;
- *ciclos vitais*;
- *limites* ou *fronteiras*;
- *comunicações internas e com o meio*.

Esses elementos estabelecem a maneira como o sistema interage com o meio ambiente e realiza as trocas necessárias à sua evolução e sobrevivência. Neste ensaio, eles são vistos à luz das teorias de psicologia, com o objetivo de trazer percepções adicionais aos administradores e psicólogos organizacionais para melhor compreensão do comportamento humano nas relações de trabalho.

2. AS FORÇAS ORGANIZACIONAIS

Em qualquer sistema coexistem *forças de natureza oposta*:

a) De um lado, busca-se preservar poder, *status quo*, relações pessoais e comerciais, tecnologia, procedimentos, processos etc. Essas forças atuam com o objetivo de *preservar o sistema* e evitar riscos; elas dirigem as ações para territórios conhecidos.

b) Do lado oposto, busca-se evoluir e ampliar as fronteiras do sistema, incorporar novos participantes, ampliar o campo de ação, atualizar os procedimentos, experimentar novidades etc. Essas forças convidam a ousar, criar, inovar; elas impulsionam em direção ao desconhecido.

Dessa dualidade resulta o que se denomina "*homeostase dinâmica*", uma característica dos sistemas vivos.

Os sistemas, na busca incessante de permanência e transformação, percorrem um *ciclo vital*, muito bem conhecido nas ciências biológicas e, por analogia, aplicável às Organizações. Os agentes desse ciclo vital são *pessoas*.

> **Caso A1**
>
> O conflito entre Mariano e Sérgio, diretores de Marketing e Industrial, é elucidativo.
>
> Mariano sempre incentiva a venda de novos produtos, para ampliar mercados; argumenta que a Organização cresce ou é "engolida" pela concorrência. Acredita que a chave para o sucesso encontra-se na *expansão dos negócios*.
>
> Sérgio dedica-se ao aperfeiçoamento dos produtos existentes; ele considera essa estratégia fundamental para consolidar o espaço ocupado e manter a lealdade dos clientes. Acredita que o segredo para vencer a concorrência encontra-se na *fidelização*.
>
> O presidente da empresa promove a conciliação entre essas forças conflitantes, cuja confrontação evidencia-se na disputa periódica por verbas orçamentárias.
>
> Desse conflito resultam os planos de desenvolvimento que, há muitas décadas, dirigem os esforços da empresa de porte médio em que esses profissionais atuam.
>
> Mariano e Sérgio, contudo, separam bem os momentos: conflitam saudavelmente na etapa de planejamento; defendem e seguem as decisões nas etapas de desenvolvimento e implantação.

Coexistem nos sistemas forças *construtivas* e *destrutivas*.

As primeiras compreendem a busca de objetivos comuns, a cooperação para superar desafios, as tentativas de encantamento dos clientes etc.

Forças *destrutivas* manifestam-se nos rancores, invejas e outros sentimentos enfraquecedores dos laços de união entre os profissionais; elas originam-se em inevitáveis diferenças individuais e grupais.

> **Caso A2**
>
> Leosmar almeja o cargo de Gerson, que dentro de algum tempo deixará a Organização, por aposentadoria.
>
> Gerson, entretanto, modifica seu comportamento à simples presença do postulante. Mostra-se irônico e até agressivo com o colega de trabalho. A realização de reuniões de trabalho com a presença de ambos significa um exercício de diplomacia para os coordenadores.
>
> Gerson, conhecedor das intenções do oponente, tudo faz para lhe minar as mínimas esperanças de que sua substituição por Leosmar possa acontecer no futuro. Seu comportamento, no entender de alguns colegas, beira ao *assédio moral*, por meio de humilhações eventuais destinadas a provocar o pretendente ao cargo.
>
> O gerente de recursos humanos, um psicólogo organizacional, percebe a situação e vem sugerindo medidas administrativas para dar fim a ela. Ele entende que esse conflito serve de exemplo (ruim) para os demais profissionais.
>
> Os diretores, contudo, mostram-se indiferentes; aparentemente, encontram uma espécie de satisfação com essa disputa.

Uma força destrutiva não é necessariamente *má*. Ela pode ser utilizada para diversas finalidades, como:

- identificar pontos fracos dos procedimentos;
- orientar estratégias de recursos humanos;
- prevenir problemas maiores;
- tornar claros sentimentos e comportamentos que permeiam as pessoas e são mascarados pelos rituais da civilização.

Esse tipo de força assemelha-se às viroses que, por um lado, trazem dor e sofrimentos mas, por outro, colocam à prova os mecanismos de defesa dos organismos afetados, que aprendem a gerar anticorpos e, quando bem-sucedidos no enfrentamento, tornam-se mais resistentes.

A força destrutiva testa os mecanismos de defesa da Organização; há sempre aspectos positivos e negativos nos mais diversos comportamentos organizacionais, e isso torna a gestão de empresas algo que se aproxima do artístico, em inúmeras situações. Os *sistemas de controle, algumas políticas administrativas, as auditorias e ouvidorias* constituem exemplos de reações construtivas das Organizações, derivadas de comportamentos potencialmente destrutivos.

A administração desse conjunto de forças organizacionais é complexa porque a pessoa, conforme alerta Fonkert (2000:106), "não é um ser isolado, mas um membro ativo e reativo de grupos sociais". Na concepção sistêmica, as pessoas participam de uma *rede de relações* em que cada integrante influencia e é influenciado pelos demais.

De fato, em uma Organização, o que acontece com qualquer integrante afeta todos os outros, ainda que em diferentes intensidades e maneiras; o comportamento organizacional resultante, visto como um todo, *não* é a soma do comportamento de cada uma das partes, mas o resultado de uma complexa equação com múltiplos fatores e variáveis.

Caso A3

Esse fenômeno evidencia-se, por exemplo, nas reações das pessoas a aumentos de salários que beneficiem um ou outro empregado.

A pretensa "racionalidade" diria que um ganho salarial interessa apenas a quem o recebe; entretanto, isso não ocorre. O benefício de um atrai a atenção de outros. Comportamentos reativos acontecem, desde o improvável "isso não é da minha conta" até o conhecido "eu também tenho direito, afinal, trata-se de isonomia"!

Essas reações, em geral cobertas de emoção, geram inúmeros conflitos e, não raro, desembocam na Justiça do Trabalho.

Exemplo banal e bastante conhecido é a disputa por vagas no estacionamento. Os espaços para deixar o veículo são símbolos de *status*, por isso, surpreendentemente disputados. O deslocamento de um indivíduo para uma "vaga melhor" pode gerar uma reação em cadeia de ressentimentos.

Os sistemas, para funcionar, valem-se de suborganizações denominadas "subsistemas", que contribuem para administrar com maior eficiência as forças internas.

3. SUBSISTEMAS: CONFLITOS E ALIANÇAS

Subsistemas são organizações internas especializadas, com objetivos e metas específicos, relativa independência e, em algum grau, culturas particulares. O conjunto dos subsistemas forma o sistema maior.

> **Caso A4**
>
> Exemplos típicos de subsistemas são as "áreas organizacionais" tradicionais: contabilidade, engenharia, atendimento a clientes, logística e tantas outras.
>
> Elas se diferenciam entre si por suas metas (embora persigam os objetivos maiores da Organização), linguagens e maneiras de funcionamento.
>
> Cada área tem uma identidade que se reflete na forma de pensar, de se comunicar e de agir de seus integrantes. Quanto mais coesa uma área, maior essa identificação e a dificuldade de integrá-la ao sistema como um todo.
>
> Isso é percebido pelos integrantes dos demais subsistemas, que reconhecem e aceitam a existência dessas particularidades.
>
> Isso tem vantagens e desvantagens, nem sempre óbvias.

São comuns alianças e coalizões entre subsistemas e entre os elementos que compõem cada um deles.

Alianças são uniões ocasionadas pelas identidades de interesse, simpatias e afeto entre pessoas, na busca de objetivos comuns. Reserva-se o termo *coalizão* para os casos em que as pessoas unem-se por *oposição* a outras (estratégia comum entre grupos rivais). As coalizões têm caráter mais transitório, naturalmente, do que as alianças.

Coalizões e alianças entre grupos internos fazem parte do desenvolvimento de todos os sistemas e contribuem para que eles amadureçam e se desenvolvam.

Coalizões malconduzidas ou com propósitos inadequados, consumem energia e enfraquecem o sistema.

> **Caso A5**
>
> Exemplos desse fenômeno são as dissoluções de sociedades, muitas vezes realizadas com custos elevados e prejuízos irreparáveis.
>
> As emoções tornam-se tão poderosas que as pessoas optam por prejuízos econômicos para satisfazer outros tipos de objetivos (p. ex., vingança).
>
> Outros exemplos encontram-se na criação de novas estruturas, na transformação daquelas já existentes e na extinção de áreas.
>
> Os integrantes dos subsistemas apresentam os mais diversos comportamentos no sentido de preservar ou facilitar a alteração, dependendo da *percepção* que desenvolvem a respeito dos resultados, de suas *expectativas* e das ações recíprocas entre as áreas afetadas.

As alianças saudáveis aumentam a energia da Organização. Elas são representadas pelos subsistemas que se apoiam mutuamente, reforçando-se nos momentos de dificuldade e dividindo entre si os benefícios das boas iniciativas.

Caso A6

As áreas de atendimento de clientes e de reparos de uma empresa de máquinas dão um exemplo claro: profissionais de cada uma delas unem-se para realizar encontros periódicos com o objetivo de trocar de ideias e analisar questões de interesse comum.

A sistematização desses procedimentos, liderada pelos supervisores, contribui para que os integrantes das duas áreas funcionem como uma grande *equipe*, com os benefícios decorrentes.

O *espírito de equipe* contribui para que o trabalho aconteça em perfeita sintonia. As equipes de reparos são *aliadas* na arte de prestar bom atendimento aos clientes. Resultado: ganhos de produtividade superiores aos das empresas similares, reduzidos absenteísmo e menor incidência de doenças ocupacionais.

Um subsistema, dependendo do enfoque da análise, pode incluir outras entidades, *juridicamente independentes* da Organização em estudo. Dois exemplos:

- um sindicato, cujo poder sobre os profissionais é de grande alcance, capaz de afetar suas decisões e comportamentos;
- uma empresa terceirizada, prestadora de serviços técnicos ou administrativos.

Nestes casos, diz-se que a Organização possui as fronteiras *ampliadas* – subsistemas externos são incorporados a ela para efeitos de planejar, administrar, controlar e gerenciar determinadas atividades, que obedecem a *padrões de funcionamento*.

4. PADRÕES DE FUNCIONAMENTO

O sistema, para lidar com os desafios externos, desenvolve *padrões de funcionamento,* conjunto de procedimentos por meio dos quais o sistema (e os subsistemas que o compõem) realiza trocas com o ambiente.

Os padrões de funcionamento incluem fatores como política de preços, qualidade dos produtos ou serviços, métodos de produção, adequação aos requisitos da sociedade ou de outros sistemas etc. Tecnologia e processo fazem parte desse conjunto.

Quanto maior a identidade própria de um subsistema, tanto mais peculiares a ele serão os padrões de funcionamento que utiliza. Um padrão de funcionamento constitui um elemento distintivo de um subsistema ou sistema, um fator de identidade – por analogia, uma "característica de personalidade" da Organização.

Existem sistemas que desenvolvem padrões de funcionamento nitidamente não funcionais, se consideradas as leis e regras da *sociedade*.

Caso A7

Organizações dedicadas a tráfico de drogas, contrabando, desvios de recursos financeiros, assaltos organizados, sequestros constituem exemplos típicos. O que se mostra *funcional* na perspectiva do próprio sistema revela-se não funcional sob a ótica da sociedade e de outros sistemas.

> Exemplos menos agressivos encontram-se, com frequência, na área do serviço público, onde as tentativas de modificar estruturas e entidades esbarram na ação coordenada e coesa de seus integrantes no sentido de preservar seus padrões de funcionamento.
>
> São conhecidíssimas situações em que as modificações ocorrem no âmbito normativo e não chegam a produzir resultados na prática, porque enfrentam barreiras corporativas.

Os padrões de funcionamento de cada sistema pressupõem o desempenho, por seus integrantes, de determinados *papéis*. Falhas nesse desempenho contribuem para a não funcionalidade do sistema e dos subsistemas que o compõem. A exata *compreensão dos conteúdos dos papéis* constitui um dos fatores fundamentais para a boa produtividade.

Outro cuidado é a *não superposição de papéis*. Em muitas situações, é nítida a **confusão de papéis**, por vezes decorrente de questões de fundo psicológico dos profissionais detentores de poder de decisão.

> **Caso A8**
>
> Nomeado gerente de uma área de resultados, Lucas não conseguia abdicar de seu papel de *supervisor* do setor ao qual pertencia anteriormente.
>
> Por meio de visitas frequentes, interferia diretamente no trabalho e proporcionava, involuntariamente, orientações conflitantes com as do supervisor que o substituiu, Ramon; este via-se forçado a tolerar as intromissões por respeito à hierarquia e, também, por ainda se encontrar inseguro no cargo.
>
> A permanência dessa situação acabou resultando em um "bate-boca" entre Lucas e Ramon, presenciado pelos empregados, com muito desgaste profissional para ambos.

Essa situação ocorre quando o profissional recebe uma promoção e ainda "mantém um pé" na área de origem, em que se sentia confortável e confiante. Trata-se de óbvio mecanismo de defesa inconsciente.

A confusão de papéis tem origem, também, na falta de especificação clara *do que* deve ser feito pelo profissional no papel que desempenha. Ante a imprecisão, ele atua no sentido de ocupar espaços, preencher o tempo e justificar sua posição; dessa maneira, elimina o *sentimento de insegurança*; entretanto, provoca conflitos com outros profissionais.

Por outro lado, a falta de clareza em especificações também pode ter origem em motivos inconscientes; nada melhor do que as indefinições para manter ativos os procedimentos de controle por meio dos quais pessoas exercem o poder sobre outras pessoas e/ou demonstram perícia e competência técnica.

Os papéis se encontram em contínua transformação e *devem* acompanhar a evolução da sociedade e da tecnologia. O supervisor ou gerente, de repente, vê-se solicitado a dialogar e a renegociar metas; a utilização de uma nova tecnologia de produção afeta o entendimento da palavra "controle"; uma fusão de empresas altera substancialmente o objetivo de alguns departamentos etc.

A modificação e a manutenção dos papéis proporcionam exemplos bem conhecidos de como atuam as forças internas mencionadas no início deste texto, seja para preservar, seja para transformar as atividades.

Caso A9

Tancredo gerenciava uma linha de montagem em série; cada profissional realizava uma pequena parcela das operações de fixação de partes e componentes.

A Organização realizou uma transformação tecnológica e Tancredo passou a chefiar uma célula de produção, em que cada pessoa controlava várias máquinas e realizava uma parcela substancial da montagem do produto, com muita independência e autocontrole.

Nessa nova situação, os papéis dos profissionais modificaram-se substancialmente.

Tancredo, contudo, permaneceu apegado à sua forma tradicional de controlar defeitos e de se relacionar com os subordinados. Os atritos começaram, estimulados pelas *diferenças de percepção de papéis* entre supervisor e subordinados.

Ocorre o fenômeno da "incorporação dos papéis". O exemplo anterior mostra como as *expectativas de desempenho* refletem-se nas *crenças* dos profissionais e daqueles que com eles convivem e tornam-se determinantes em seus comportamentos.

Se o *papel* requer agressividade, o indivíduo incorpora-a ao seu repertório; se requer *autoridade*, passa a praticá-la e assim por diante; se exige autocontrole, ele reage para atingi-lo. Não havendo a resposta adequada, surgirão dificuldades de adequação.

Os padrões de funcionamento constituem um dos fatores fundamentais para estabelecer os limites de cada subsistema e do sistema como um todo. A uniformidade de padrões representa um indicativo de que um conjunto de indivíduos e processos pertence ou caracteriza um determinado subsistema. Os diferentes subsistemas são mantidos separados por *fronteiras*. O mesmo acontece com o sistema em relação ao meio ambiente.

5. FRONTEIRAS ENTRE SISTEMAS E SUBSISTEMAS

Fronteiras são delimitações que os subsistemas estabelecem entre si, dentro de um sistema maior, e que os sistemas estabelecem em relação a outros sistemas. Elas indicam *"limiares que não devem ser ultrapassados e também as condições sob as quais elas são permeáveis"* (Minuchin, Minuchin e Colapinto, 1999:25).

As fronteiras estabelecem, para cada integrante ou grupo de integrantes, os limites de seu espaço vital e o início do espaço dos outros. Por meio delas, uma área organizacional tem estabelecido o limite de sua autoridade e responsabilidade; por exemplo, seus integrantes sabem até onde podem ir com suas ações e reações e conseguem distinguir os eventos que requerem determinados comportamentos de resposta.

As fronteiras modificam-se.

O sistema familiar, por exemplo, estende suas fronteiras ao trabalho, ao clube, à escola; o sistema organizacional troca influências com o familiar, como muito bem explica a professora Regina Carvalhal em sua já citada obra de arte da literatura administrativa: não se deixam os problemas *em casa* ou *no trabalho*; eles acompanham o trabalhador, onde quer que vá.

As fronteiras desempenham importante papel nos relacionamentos. Bem definidas, propiciam desempenho produtivo e seguro de cada profissional, que se sente dominando suas responsabilidades e motiva-se para exercer autoridade nos limites estabelecidos para sua área de ação.

Quando existe *divisão de fronteiras* nebulosa e *insuficiente diferenciação de papéis,* surgem inevitáveis conflitos organizacionais. Dois deles têm especial importância:

- conflitos de responsabilidade (as pessoas não sabem distinguir quem é o responsável pelo quê);
- conflitos de autoridade (gerentes e supervisores emitem ordens que se superpõem ou conflitam). Consequente ao conflito de autoridade surge também a *omissão,* decorrente de as pessoas não saberem quando podem ou não podem agir ou decidir.

Caso A10

Os conflitos entre Deodato e Walmir, gerentes de almoxarifado e de distribuição de uma empresa de produção de produtos alimentícios, originavam-se da má delimitação das fronteiras dos subsistemas que cada um gerenciava.

A frota de caminhões, sob a hipotética autoridade de Walmir, era utilizada para transportar material estocável (sob a orientação direta de Deodato) e produtos acabados (sob as ordens de Walmir). Conclusão: os motoristas e carregadores atendiam dois gerentes *ao mesmo tempo*.

Eliminou-se o conflito com a criação de uma terceira área – o *transporte* – para supervisionar e administrar a frota, de tal forma que Walmir e Deodato eram clientes internos, sem autoridade sobre os caminhões. Cada qual deixava os produtos e materiais em locais designados e, a partir daí, a área de transporte deles se encarregava.

Eliminou-se o conflito de autoridade. O sistema, como um todo, ganhou em produtividade.

Algo semelhante acontece quando relações de negócio misturam-se com as sociais e familiares (ocorre, mais visivelmente, nas empresas "familiares"; contudo, também se percebe *nas empresas privadas e públicas*, mais do que pode se imaginar em uma análise superficial).

Cônjuge ou familiar de sócio ou diretor influente imiscui-se no negócio, participa indiretamente de decisões e afeta o funcionamento da Organização; resultado: insegurança gerencial, falhas no processo decisório e inúmeros conflitos que ratificam a importância de uma delimitação clara das fronteiras.

Fronteiras extremamente permeáveis ou impermeáveis geram conflitos.

As primeiras são representadas por unidades organizacionais que experimentam *fusão emocional intensa*; seus integrantes "amam-se e odeiam-se" com notável intensidade e uns não vivem *sem* os outros.

Caso A11

O fenômeno da fusão emocional tornou-se evidente com as equipes de vendas e de distribuição de uma Organização produtora de um tipo de alimento perecível.

A integração entre as duas áreas proporcionou-lhes poder suficiente para gerar compromissos à revelia da área de produção.

Seus profissionais beneficiavam-se de gratificações por resultados, às custas de conflitos com a área industrial, surpreendida por aumento de custos, exigências de redução cada vez maior do tempo de *set up* e o risco de trabalhar com reduzidas manutenções preventivas, capazes de comprometer a qualidade e a segurança dos operadores de máquinas.

A situação oposta é representada por unidades que se tornam absolutamente desagregadas da Organização (não vivem *com* as demais); ocorre baixa fusão emocional, indicando a impermeabilidade das fronteiras.

Caso A12

Certo departamento de informática, em razão da influência de seu gerente, profissional dotado de característica de personalidade fortemente independente e dominadora, conseguiu autorização para assinar um contrato de fornecimento de serviços para terceiros.

Esse contrato, com o tempo, tornou-se o embrião da transformação daquele departamento em uma empresa autônoma, que veio a prestar serviços para a Organização à qual originalmente se vinculava.

Desapareceram os elos emocionais entre seus integrantes e os antigos colegas e restaram as ligações puramente comerciais.

A impermeabilidade ou a grande permeabilidade, vistas de maneira global e a longo prazo, não necessariamente representam um mal ou um defeito; contudo, devem ser estudadas com cautela pelos gestores da Organização.

Entender o funcionamento das fronteiras facilita a compreensão das comunicações no interior do sistema e entre ele e o ambiente.

6. COMUNICAÇÃO

Para funcionar, o sistema necessita que ocorram trocas de informações, isto é, *comunicação* através das fronteiras.

Quando a comunicação entre os subsistemas que compõem o sistema e entre este e o ambiente fluem com qualidade, fica facilitado o funcionamento dos processos de acordo com os padrões esperados. Aperfeiçoar continuamente a comunicação entre as pessoas e entre os grupos e equipes é, pois, uma estratégia de gestão necessária.

No *sistema disfuncional*, as comunicações internas (entre subsistemas) ou trocadas com o ambiente apresentam-se encobertas, distorcidas e geram elevada *tensão emocional*. Resultado: conflitos.

Caso A13

Lucas e Ramon, já mencionados no Caso A8, aos poucos deixaram de se comunicar abertamente; com o tempo, surgiram as trocas de mensagens sarcásticas ou agressivas.

Em lugar de procurarem ajudá-los a restabelecer o diálogo, outros gerentes e o diretor da área adotaram a postura de "ignorar o conflito", sob a justificativa de que se tratava de profissionais adultos.

Ocorre que, muitas vezes, em períodos de transição, de adaptação (geradores de grande insegurança), pessoas "adultas", pressionadas pela emoção, manifestam comportamentos incompatíveis com suas posições, experiências e responsabilidades.

As dificuldades de comunicar podem iniciar lentamente; uma possível consequência é as pessoas se acostumarem com esse fenômeno. As situações cronificam-se; surgem justificativas do tipo "é melhor manter o conflito do que prejudicar a Organização", ou "sempre foi assim", ou, simplesmente, não surge uma oportunidade para interromper o estado de beligerância.

Quanto mais compartimentalizada, segmentada, a Organização, tanto mais surgem "blindagens" e "distorções" quando a comunicação perde a franqueza, a liberdade e a objetividade.

As áreas em conflito criam *rituais* para a troca de dados e informações entre elas (mecanismo de defesa coletivo), privando os envolvidos do desconforto de enfrentar seus "rivais" internos. Fugas e evitações tornam-se comuns.

A comunicação deficiente faz com que os envolvidos *pensem de modo pouco satisfatório* e se deixem dominar por emoções negativas. Os aspectos negativos das narrativas dominam a cena e acentuam "distorções cognitivas" (Dattilio e Rangé, 1995:177), do tipo:

- *inferências arbitrárias*: conclusões sem evidências que as apoiem ("Isso só poderia ter sido produzido por *aquela* turma");
- *hipergeneralização*: conclusões tiradas a partir de uma ou outra situação ("Eles *sempre* agem com má intenção").

Com o passar do tempo, os integrantes dos diferentes subsistemas passam a se referir, uns aos outros, empregando linguagem onde se expressam os sentimentos que os dominam (desconfiança, medo, dominação, rancor etc.).

Caso A14

Organização de grande porte, prestadora de serviços, contratou consultoria especializada para aperfeiçoar a comunicação interna. Na etapa inicial do trabalho, foi realizado um diagnóstico da situação.

A investigação revelou o distanciamento entre diferentes áreas da Organização, sinalizado por frases do tipo:
- "A turma do processamento de dados decidiu que...";
- "Viram a última do pessoal da contabilidade?";
- "Somente da cabeça do diretor de planejamento poderia ter saído...";
- "Tinha que ser coisa da gerente de marketing" etc.

A falta de informação transparece nos levantamentos efetuados: as pessoas não conhecem os *motivos* que levam às ações das outras áreas e ignoram os *objetivos* que as movem. Cada área organizacional desconhece detalhes dos impactos que suas ações provocam nas demais.

Estereótipos desenvolvidos a partir de inferências e hipergeneralizações passam a alimentar o clima de desunião que domina a Organização e se estabelece um círculo vicioso. Uma única ação mal realizada ou mal explicada engendra um rosário de queixas e insinuações a respeito deste ou daquele profissional ou da área por ele representada.

Na linguagem utilizada para comunicar encontram-se expressos os mais diversos sentimentos e intenções:

- dominação e controle;
- vontade de perdoar;
- raiva, despeito, desprezo;
- espírito de equipe;
- cooperação e simpatia etc.

O conteúdo de cada palavra apresenta dimensões socioculturais específicas da história de cada pessoa, da área em que atua e da Organização como um todo.

A linguagem pode ser o fator que consolida e fortalece um subsistema dentro da Organização maior; o *hermetismo*, por exemplo, serve para separá-lo dos demais e lhe atribuir *status* diferenciado, que caracteriza a união ou o afastamento (são os conhecidos "jargões da categoria", que facilitam a comunicação interna ao subsistema, porém, afastam-no ou diferenciam-no dos demais).

Merecem atenção os fenômenos que cercam a linguagem e o pensamento (comentados no item 3.7), especialmente no que diz respeito às possibilidades de compreensão das mensagens em razão das diferenças de desenvolvimento cognitivo dos diversos públicos internos que compõem a Organização.

A linguagem adequada possibilita a correta compreensão das mensagens e utilizá-la pode ser crucial para gerentes e gestores, principalmente em momentos de crise.

Evidencia-se a importância desse requisito pela eficácia dos líderes de equipes. Os melhores líderes, muitas vezes, não são aqueles que detêm maiores conhecimentos técnicos, mas os que conseguem comunicar-se de maneira mais eficiente com seus colaboradores, desenvolvendo *sintonia de linguagem* (item 7.4).

Quando se trata de comunicação, é indispensável considerar o impacto que as redes sociais exercem sobre ela.

As redes sociais "funcionam, em larga medida, como um amplificador daquilo que vai pela cabeça das pessoas" (Editorial, 2014:A3). Nelas, é comum encontrar indivíduos "empedernidos na defesa de suas posições, [que] renunciam ao debate de ideias para simplesmente ofender, cada vez mais agressivos em relação a quem pensa diferente", e isso faz brotar polaridades irreconciliáveis. Cada vez mais, elas "refletem, ainda que de maneira hiperbólica, a forma como a população em geral pensa e sente as relações sociais (...)" (Editorial, 2014:A3).

A rede social funciona como remédio (ou seria um placebo?) contra a solidão, de discutível eficácia. Tornou-se refúgio, fonte de aconselhamento e de orientação e palco para representação.

É mais do que notória a compulsão do indivíduo de permanecer conectado, digitando ou observando o equipamento de comunicação a todo momento, em qualquer lugar. Nas Organizações, esse comportamento pode significar obstáculo à boa comunicação interna dependendo da natureza das informações que os profissionais troquem por meio das redes.

Pode-se pensar na rede social como uma *entidade com vida própria*, que administra os passos dos que a utilizam; o indivíduo reporta todas as suas principais ações a pessoas ou grupos. Nada se faz antes de consultá-la. Em troca, recebe *segurança psicológica*. *O objeto controla o criador.*

As Organizações, de modo geral, não possuem a flexibilidade, a agilidade e a capilaridade das redes sociais em seus processos de comunicação. Muitas utilizam-nas para seus propósitos – principalmente as de cunho político e religioso.

As comunicações são profundamente vulneráveis às transformações que ocorrem nos períodos de transição entre *ciclos vitais* das Organizações, da mesma maneira que acontece nas famílias (por exemplo, na complexa transição da adolescência para a idade adulta). Nesses períodos, em geral traumáticos, as comunicações encontram-se sujeitas a graves distorções e interrupções e a se tornar fonte de conflitos entre os profissionais.

7. CICLOS VITAIS

Os sistemas vivos (as Organizações não constituem exceção a essa regra) têm **ciclos vitais** divididos em *fases ou etapas*. A passagem de uma fase para outra constitui um *período de transição*, em geral caracterizado por grande vulnerabilidade do sistema como um todo e por invulgar *instabilidade emocional* dos que dele participam.

Esse quadro explica por que a Organização, nesses períodos, enfrenta os mais diferentes tipos de *conflitos interpessoais*, pois os valores, as crenças, os padrões de funcionamento, as fronteiras entre os subsistemas sofrem reformulações que, inevitavelmente, afetarão as vidas das pessoas. Estas, então, reagirão.

A maneira como o sistema assimila esses conflitos pode ser *construtiva e evolutiva*, isto é, o sistema aprende com eles e melhora seus padrões de funcionamento, ou *destrutiva e involutiva*, quando acontece o oposto.

Alguns desses períodos de transição são bastante reconhecidos por seu impacto e pelo espaço que ocupam nos mais diversos meios de divulgação e muitos dos seus impactos foram vistos ao longo do texto:

- aquisições e fusões de empresas;
- mudança radical de tecnologia de produção ou de prestação de serviços;
- mudança de diretoria;
- abertura do capital social;
- demissão de muitos colaboradores;
- perda ou conquista de importantes clientes;
- falência etc.

Sob a perspectiva sistêmica, nesses períodos ocorrem importantes ajustes:

- redesenham-se os subsistemas;
- surgem novos tipos de alianças e coalizões;
- fixam-se novos padrões de funcionamento;
- aperfeiçoam-se ou, no mínimo, modificam-se as técnicas e estratégias de comunicação;

- alteram-se as fronteiras entre sistemas e subsistemas;
- são revistas as normas formais e informais que regem os comportamentos dentro do sistema e nas transações entre ele e o meio.

Todas estas transformações podem representar *ganhos de funcionalidade*, e isso fortalecerá e consolidará o sistema; entretanto, às vezes, significam o oposto, sua *redução*.

Caso A15

A mudança pode até promover a dissolução do sistema; por exemplo, da fusão de duas empresas, resultar uma terceira com diferentes características.

A fusão de duas empresas de serviços, ambas de âmbito regional, ensejou o estabelecimento de uma nova Organização com poder de alcance nacional e recursos para criar uma área de desenvolvimento até então inexistente em cada uma delas.

Para ajustar a capacidade de trabalho às novas dimensões e possibilidades, promoveu-se ampla modificação no *perfil profissional* de todos os principais gerentes, com previsíveis consequências para o recrutamento, seleção e fixação desses especialistas. As consequências para os profissionais foram radicais: muitos deixaram a Organização.

Um exemplo bastante conhecido de mudança de ciclo vital é aquele que acompanha a *descentralização* de operações de uma Organização, necessária para ajustar os processos administrativos às suas dimensões e às características do mercado consumidor.

Quando esta acontece, os mecanismos de poder e de comunicação sofrem profunda alteração; surgem mudanças estruturais obrigatórias; os fluxos de comunicação, produção, distribuição e outros são redesenhados e toda a Organização passa por adaptação sofisticada. O mesmo acontece no movimento inverso, a *centralização*.

Os acontecimentos ligados aos ciclos vitais provocam reações de ansiedade, medo e expectativas que devem ser administradas para evitar reações indesejáveis, como boicotes, sonegação de informações, formação de grupos de pressão, busca de apoio e influência fora da Organização e outros, principalmente quando as transformações afetam as relações de liderança e estabilidade das equipes de trabalho. Renovam-se as lideranças, metas, objetivos etc.

As Organizações, contudo, não se encontram isoladas da sociedade à qual pertencem. Tudo o que nela acontece é modulado, em maior ou menor grau, por essa sociedade, com a qual a Organização troca comunicação, realiza interações através de suas fronteiras e da qual recebe *feedback* relativo aos seus padrões de funcionamento. Além disso, toda Organização existe a partir de e para uma sociedade à qual serve e pela qual é atendida em suas necessidades.

8. SISTEMA SOCIAL

As Organizações participam de um sistema social, que pode ser percebido como o ambiente próximo (visão microscópica) ou incluir toda a sociedade (visão macroscópica).

O sistema social impõe desafios à Organização e é, também, afetado por ela de diferentes maneiras. Basta uma única decisão de impacto para que uma poderosa estatal afete toda a vida nacional; mesmo uma microempresa prestadora de serviço ocasiona impactos na sua restrita área de influência.

As transformações sociais, por sua vez, também se refletem nas Organizações, que são levadas a se adaptar para se ajustarem aos novos requisitos (direitos das gestantes, de idosos, de pessoas com necessidades especiais são exemplos de como isso acontece). O processo adaptativo provoca variados níveis de "estresse" nas Organizações, com inevitáveis consequências para seus profissionais.

O sistema social, em síntese, pode produzir profundos desequilíbrios organizacionais que se refletem nas relações interpessoais e produzem efeitos, muitas vezes, imprevisíveis.

> **Caso A16**
>
> As transformações ocorridas, principalmente nas últimas décadas, nos "direitos dos consumidores" constituem exemplo significativo.
>
> Elas produziram uma reformulação das estruturas hierárquicas das Organizações e a modificação de diversas funções, para poder responder a novos requisitos, incluindo-se entre eles os de qualidade de produtos e serviços.
>
> Profissionais que experimentaram particular dificuldade para compreender e aceitar esses novos requisitos – e os casos foram inúmeros em todos os níveis funcionais – acabaram por sofrer as mais variadas consequências, desde a demissão até o deslocamento para outras funções. Essa falta de plasticidade adaptativa deve-se muito mais a fatores emocionais do que técnicos e, seguramente, pouco ou nada tem a ver com a capacidade cognitiva dos indivíduos.
>
> No âmbito das relações interpessoais, o reconhecimento do *assédio moral* constitui um exemplo recente de como as transformações sociais podem interferir em questões até então consideradas tipicamente internas das entidades.
>
> Não fogem a esse tipo de influência os estilos administrativos; comportamentos tidos como habituais no relacionamento entre superior e subordinados tiveram que ser revistos e ajustados a um novo panorama do que se considera social e politicamente correto, independentemente de possíveis efeitos sobre a produtividade. A competência para o trabalho em equipe e a habilidade para liderar encontram-se inseridas no mesmo contexto de transformações.

Se o sistema social mais amplo tem relevância do ponto de vista sistêmico, o mesmo acontece com aquele próximo ao indivíduo e seu núcleo de convivência, que inclui trabalho, escola e outras entidades (clube, igreja etc.) e, principalmente, a família. Há situações em que o conflito no trabalho é consequente ao que ocorre na família (Fishman, 1998:143) e vice-versa.

Há, pois, de se compreender de que maneira o que se passa no âmbito social externo ao ambiente de trabalho reflete-se na saúde, nos comportamentos e nas motivações dos profissionais.

A questão é complexa. O estresse provocado por um conflito familiar pode ser o disparador de um comportamento explosivo e pouco cooperativo no trabalho; esta situação leva, por sua vez, a conflitos com clientes e/ou colegas e torna a pessoa ainda mais predisposta a acentuar o desentendimento familiar. Desenvolve-se um círculo vicioso prejudicial ao profissional, à organização, ao núcleo familiar e, enfim, à sociedade.

Isso acontece em grande dimensão (p. ex., a modificação nos padrões de remuneração consideráveis satisfatórios para uma dada função ou categoria profissional, estreitamente associados aos mecanismos de oferta e procura) e em pequena dimensão (por exemplo, um trauma particular conduzindo a modificações comportamentais que afetam o desempenho na função, como sugere o exemplo seguinte).

Caso A17

Abigail, chefe de uma equipe de atendimento a clientes, sempre compreensiva e bem-humorada, tornou-se explosiva e intransigente desde que sua filha entrou em crise depressiva (logo após ter constatado que o pai – seu grande ídolo – traía a mãe com uma pessoa conhecida).

De repente, os valores familiares, que ela supunha bem estabelecidos e estáveis, mostraram-se demasiadamente frágeis e essa realidade destruiu-lhe a autoconfiança, o alicerce principal de sua trajetória profissional.

A partir desses tristes eventos, os conflitos com sua equipe ganharam corpo rapidamente. Os índices foram implacáveis: o absenteísmo aumentou, a rotatividade ultrapassou os limites toleráveis, o desempenho deteriorou-se gradativamente. Em pouco tempo Abigail viu-se na iminência de perder uma posição pela qual lutara bravamente no passado.

A reação de Abigail deve ser compreendida dentro do quadro social que cerca seus relacionamentos e influencia sua visão de mundo.

Destaque-se que a inclusão do social – micro e macro – na compreensão dos fenômenos comportamentais do ponto de vista sistêmico não negligencia as emoções das pessoas. Toda ocorrência sistêmica contém elementos emocionais que a permeiam, ainda que de maneira sutil e, às vezes, aparentemente distante.

9. PALAVRAS FINAIS

A visão sistêmica inclui a identificação das emoções presentes, as influências que exercem sobre as pessoas e as consequências dos estados emocionais sobre cada uma delas.

Os fenômenos organizacionais são fenômenos de pessoas, individualmente ou em grupo, não de equipamentos.

Ciclos vitais, padrões de funcionamento, fronteiras, comunicação entre subsistemas, influências sociais, em essência, são ocorrências de e entre os indivíduos que compõem a malha humana das Organizações.

Todos os fenômenos mentais, os condicionamentos, as motivações, os modelos, os valores que orientam as ações de cada indivíduo encontram-se presentes, recebendo e exercendo influência sobre o todo, segundo uma equação extremamente complexa, permeada pelo social.

O denominador comum dessa equação é a *emoção*. O ser humano, para o bem ou para o mal, é um *ser emocional*. A visão sistêmica constitui uma ferramenta a mais para entender a extensão dessa emoção, os limites da racionalidade de cada indivíduo e dos arranjos sociais em que se insere e que ajuda a construir.

Referências Bibliográficas

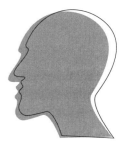

ACLAND, Andrew F. *Cómo utilizar La mediación para resolver conflictos en las organizaciones*. Barcelona: Paidós, 1993.

AGOSTINHO, Santo. *Confissões*. São Paulo: Nova Cultural, 1987. (Os Pensadores.)

AGUIAR, Maria A. F. *Psicologia aplicada à administração*. São Paulo: Excellus, 1997.

ALBERT, Eric; URURAHY, Gilbert. *Como tornar-se um bom estressado*. Rio de Janeiro: Salamandra, 1997.

AMERICAN PSYCHIATRIC ASSOCIATION. *Manual diagnóstico e estatístico de transtornos mentais: DSM-5*. Porto Alegre: ArtMed, 2014.

ANTECIPAÇÃO E DEPRESSÃO. *Coleção Científica Survector*. Rio de Janeiro: INCIBRA, Referências Internacionais nº 100, 1994.

AT&T Quality Steering Comitee. *Achieving customer satisfaction*. Indianapolis: AT&T Customer Information Center, 1990. (Select code 500-443.)

_____. *Benchmarking*: focus on world class practices. Indianapolis: AT&T Customer Information Center, 1992. (Select code 500-454.)

_____. *Great performances*. Indianapolis: AT&T Customer Information Center, 1991. (Select code 500-450.)

BECK, Aaron; FREEMAN, Arthur. *Terapia cognitiva dos transtornos de personalidade*. Porto Alegre: Artes Médicas, 1993.

BORDINI, Maria da G.; AGUIAR, Vera T. *Literatura*: a formação do leitor – alternativas mercadológicas. Porto Alegre: Mercado Aberto, 1988.

BOUDITCH, James L.; BUONO, Anthony F. *Elementos de comportamento organizacional*. São Paulo: Pioneira, 1992.

BRAGHIROLLI, Elaine M.; BISI, Guy P.; RIZZON, Luiz A.; NICOLETTO, Ugo. *Psicologia geral*. 18. ed. Petrópolis: Vozes, 1998.

BUROW, Olaf A.; SCHERPP, Karlheinz. *Gestaltpedagogia*: um caminho para a escola e a educação. 2. ed. São Paulo: Summus, 1984.

CALAZANS, Flávio. *Propaganda subliminar multimídia*. 3. ed. São Paulo: Summus, 1992.

CAMPOS, Vicente F. *TQC*: controle da qualidade total. 2. ed. Belo Horizonte: Fundação Christiano Ottoni, 1992.

CARNEIRO, Terezinha F. *Família*: diagnóstico e terapia. Rio de Janeiro: Zahar, 1983.

CARVALHAL, Regina. *Cara ou coroa*: breve mitologia do processo decisório administrativo. São Paulo: Livros Técnicos, 1981.

CHIAVENATO, Idalberto. *Introdução à teoria geral da administração*. 4. ed. São Paulo: McGraw-Hill do Brasil, 1993.

CRONBACH, Lee J. *Fundamentos de testagem psicológica*. 5. ed. Porto Alegre: Artes Médicas, 1996.

DAMÁSIO, António R. *O erro de Descartes*. São Paulo: Companhia das Letras, 1996.

DATTILIO, F. M.; RANGÉ, B. "Casais". In: RANGÉ, B. (Org.) *Psicoterapia comportamental e cognitiva* – pesquisa, prática e solução de problemas. Campinas: Editorial Psy, 1995.

DAVIDOFF, Linda L. *Introdução à psicologia*. São Paulo: Makron Books do Brasil, 1983.

DAVIS, Cláudia; OLIVEIRA, Zilma. *Psicologia na educação*. 2. ed. São Paulo: Cortez, 1992.

DEJOURS, Christophe; ABDOUCHELI, Elizabeth; JAYET, Christian. *Psicodinâmica do trabalho*. São Paulo: Atlas, 1994.

DEWALD, Paul. *Psicoterapia*: uma abordagem dinâmica. 5. ed. Porto Alegre: Artes Médicas, 1989.

DIBIE, Pascal. *O quarto de dormir*. Rio de Janeiro: Globo, 1988.

DOLLE, Jean-Marie. *Para compreender Jean Piaget*. 4. ed. Rio de Janeiro: Zahar, 1981.

DOLTO, Françoise. Prefácio. In: Mannoni, Maud. *A primeira entrevista em psicanálise*. Rio de Janeiro: Campus, 1981.

DORIA, Pedro. *Como trabalhar hoje?* Sorocaba: Jornal Cruzeiro do Sul, pág. A2, 09/05/2017.

DROGADIÇÃO – parte 1. *NeuroPsicoNews*, São Paulo: Sociedade Brasileira de Informações de Patologias Médicas, no 6, p. 3-4, 1998.

DRUCKER, Peter. *A sociedade pós-capitalista*. São Paulo: Pioneira, 1999.

EDITORIAL, *Jornal Cruzeiro do Sul*. Sorocaba: Fundação Ubaldino do Amaral, p. A3, 18 jun. 2014.

ELLIOT, T. S. *Poesia*. 4. ed. Rio de Janeiro: Nova Fronteira, 1981.

FADIMAN, James; FRAGER, Robert. *Teorias da personalidade*. São Paulo: Harbra, 1986.

FELLOWS, Miranda. *The life and work of Escher*. Baar: Parragon Book Service, 1995.

FERGUSON, Niall. *A ascensão do dinheiro*: a história financeira do mundo. São Paulo: Planeta, 2009.

FERNANDES, Millôr. *Livro vermelho dos pensamentos de Millôr*. Rio de Janeiro: Nórdica, 1973.

FERREIRA, Vera R. de M. Entrevista. *Jornal Psi*. São Paulo: CRP-SP, nº 165, p. 18-19, maio/jun. 2010.

FIORELLI, André. *Análise do documentário: O Sal da Terra*. Joinville: Faculdade Guilhermina Guimbola, 2017.

FIORELLI, José O.; MANGINI, Rosana C. R. *Psicologia Jurídica*. 8. ed. São Paulo: GEN/Atlas, 2017.

_____; FIORELLI, Maria R.; MALHADAS, Marcos J. O. *Assédio moral*: uma visão multidisciplinar. 2. ed. São Paulo: GEN/Atlas, 2015.

_____; _____; _____. *Mediação e solução de conflitos*. São Paulo: Atlas, 2008.

_____; MALHADAS, Marcos J. O. *Psicologia nas relações de trabalho*. São Paulo: LTr, 2003.

FISHMAN, H. C. *Terapia estrutural intensiva* – tratando famílias em seu contexto social. Porto Alegre: ArtMed, 1998.

FONKERT, R. Mediación padres-adolescente: recurso alternativo a la terapia familiar em la resolución de conflictos en famílias con adolescentes. In: SCHNITMAN, D. F., SCHNITMAN, J. *Resolución de conflictos* – nuevos diseños, nuevos contextos. Buenos Aires: Granica, p. 97-120, 2000.

FRANKL, Viktor E. *Psicoterapia para todos*. 2. ed. Petrópolis: Vozes, 1991.

FREUD, Sigmund. *Obras psicológicas completas*. (Edição Standard Brasileira, v. 14.) Rio de Janeiro: Imago, 1974.

FURTH, Hans G. *O conhecimento como desejo*. Porto Alegre: Artes Médicas, 1995.

GRIFFIN, Gerald R. *Maquiavel na administração*. São Paulo: Atlas, 1994.

HALL, Calvin S.; LINDZEY, Gardner; CAMPBELL, John B. *Teorias da personalidade*. 4. ed. Porto Alegre: Artmed, 2000.

HUFFMAN, Karen; VERNOY, Mark; VERNOY, Judith. *Psicologia*. São Paulo: Atlas, 2003.

JUNG, Carl Gustav. *A energia psíquica*. 5. ed. Petrópolis: Vozes, 1994.

_____. *A natureza da psique*. 3. ed. Petrópolis: Vozes, 1991.

_____. *Fundamentos de psicologia analítica*. 6. ed. Petrópolis: Vozes, 1991.

_____. *O homem e seus símbolos*. 13. ed. Rio de Janeiro: Nova Fronteira, 1995.

KAPLAN, Harold I.; SADOCK, Benjamin. J. *Compêndio de psiquiatria*. 11. ed. Porto Alegre: Artes Médicas, 2017.

KATZ, Daniel; KAHN, Robert L. *Psicologia social das organizações*. 2. ed. São Paulo: Atlas, 1975.

KIENEN, Nádia; WOLFF, Sabrina. Administrar comportamento humano em contextos organizacionais. *Psicologia*: Organizações e Trabalho. Florianópolis: Programa de Pós-Graduação em Psicologia da Universidade Federal de Santa Catarina, v. 2, nº 2, p. 11-37, jul./dez. 2002.

KRECH, David; CRUTCHFIELD, Richard S.; BALLACHEY, E. L. *O indivíduo na sociedade*. 2. ed. São Paulo: Pioneira, 1973.

LAPLANCHE, Jean; PONTALIS Jean-Bertrand L. *Vocabulário de psicanálise*. 2. ed. São Paulo: Martins Fontes, 1995.

LENT, R. *Cem bilhões de neurônios*: conceitos fundamentais de neurociência. Rio de Janeiro: Atheneu, 2001.

LOBOS, Júlio A. *Comportamento organizacional*: leituras selecionadas. São Paulo: Atlas, 1978.

LOSCHER, J. L. A Obra de Escher. *Humanidades*, Brasília: Universidade de Brasília, nº 1, p. 30, out./dez. 1982.

LUNDIN, Robert W. *Personalidade*: uma análise do comportamento. 2. ed. São Paulo: EPU, 1977.

LURIA, A R. *Curso de psicologia geral*. 2. ed. Rio de Janeiro: Civilização Brasileira, 1991. v. 1.

_____. *Curso de psicologia geral*. 2. ed. Rio de Janeiro: Civilização Brasileira, 1991. v. 2

MAENO, Maria. Quando o trabalho adoece. *Jornal Psi*. São Paulo: CRP-SP, nº 166, p 22, ago./set. 2010.

MAGALHÃES, Dulce. Onde mora o perigo? *Amanhã*. Porto Alegre: Plural Comunicação, nº 191, p. 26, set. 2003.

MAHOWALD, M. W. *Neuropsiconews*. São Paulo: Sociedade Brasileira de Informações de Patologias Médicas, no 43, p. 4-7, 2002.

MARTIN, John; SPILLANE, Robert. *Personality and performance*. Sidney: University of South Wales, 2005.

MICHAEL, Camile. *Gothic art*. Londres: Calmann and King, 1996.

MINUCHIN, P.; MINUCHIN, S.; COLAPINTO, J. *Trabalhando com famílias pobres*. Porto Alegre: ArtMed, 1999.

MIRANDA, Clara Feldman; MIRANDA, Márcio Lúcio. *Construindo a relação de ajuda*. 8. ed. Belo Horizonte: Crescer, 1993.

MONOGRAFIA: *Efexor*. São Paulo: Wyeth, 1996.

MOORE, C. W. *O Processo de Mediação*. 2. ed. Porto Alegre: ArtMed, 1998.

MORGAN, Gareth. *Imagens da organização*. São Paulo: Atlas, 1996.

MOSCOVICI, Fela. *Desenvolvimento interpessoal*. 4. ed. Rio de Janeiro: José Olympio, 1995.

_____. *Renascença organizacional*. Rio de Janeiro: Livros Técnicos, 1988.

MYERS, David. *Introdução à psicologia geral*. Rio de Janeiro: LTC, 1999.

NARDI, Antonio Egidio. Estudo epidemiológico em distimia. *Separata do Jornal Brasileiro de Medicina*, Rio de Janeiro, v. 77, nº 1, p. 82-96, jul. 1999.

OHFUJI, Tadashi; ONO Michiteru; AKAO, Yoji. *Métodos de desdobramento da qualidade* (1). Belo Horizonte: Fundação Christiano Ottoni, 1997.

OLHO MÁGICO: uma nova maneira de ver o mundo. São Paulo: Martins Fontes, 1994.

PATTERSON L. E.; EISENBERG S. *O processo de aconselhamento*. São Paulo: Martins Fontes, 1988.

PERROW, Charles B. *Análise organizacional*: um enfoque sociológico. São Paulo: Atlas, 1976.

PESSOA, Fernando. *Correspondência 1905-1922*. São Paulo: Companhia das Letras, 1999.

RANGÉ, Bernard (Org.). *Psicoterapia comportamental e cognitiva*: pesquisa, prática e solução de problemas. São Paulo: Psy, 1995a.

_____. Psicoterapia comportamental e cognitiva de transtornos psiquiátricos. Campinas: Psy, 1995b.

REGO, A.; CARVALHO, M. T.; LEITE, R.; FREIRE, C. Vieira, A. Justiça nas organizações: um modelo tetradimensional. *Psicologia*: Organizações e Trabalho. Florianópolis: Programa de Pós-Graduação em Psicologia da Universidade Federal de Santa Catarina, v. 2, nº 2, p. 113-142, jul./dez. 2002.

SACKS, Oliver. *Um antropólogo em Marte*. São Paulo: Companhia das Letras, 1995.

SAVATER, Fernando. *O valor de educar*. São Paulo: Planeta, 1997.

SCHEIN, Edgar H. *Psicologia organizacional*. 3. ed. Rio de Janeiro: Prentice Hall, 1982.

SENNE, Wilson. Entrevista: Medições e futurologia – equação impossível. Revista Ciência e Profissão: Diálogos, nº 3, Brasília: Sistema Conselhos de Psicologia, nº 3, p. 40-42, dez. 2005.

SILLAMY, Norbert. *Dicionário de psicologia*. Porto Alegre: Larousse/ArtMed, 1998.

SOFRIMENTO silencioso do fóbico social. Psicorama. São Paulo: Roche, ano 7, nº 2, 1996.

SKINNER, B. Frederic. *Ciência e comportamento humano*. 8. ed. São Paulo: Martins Fontes, 1992.

SOUZA, César. *O papel do medo justificador do estado em Hobbes*. Momento, Rio Grande, Furg, v. 9, p. 191-212, 1996.

SPITZ, René A. *O primeiro ano de vida*. 2. ed. São Paulo: Martins Fontes, 1980.

STOLL, K. L. et al. Estresse ocupacional e síndrome de burnout no exercício profissional da psicologia. *Psicologia Ciência e Profissão*. Brasília: Conselho Federal de Psicologia, nº 2, p. 22-29, 2002.

SZASZ, Thomas. *Doença mental ainda é um mito*. Insight, São Paulo: Lemos, nº 63, p. 9-15, jun. 1996.

TUPINAMBÁ, A. C. R. A influência de fatores culturais e socioeconômicos sobre o potencial de sucesso de estratégias empresariais. Psicologia: Organizações e Trabalho. Florianópolis: Programa de Pós-Graduação em Psicologia da Universidade Federal de Santa Catarina, v. 2, nº 2, p. 85-114, jul./dez. 2002.

VERGARA, Sylvia C. *Gestão de pessoas*. São Paulo: Atlas, 1999.

VYGOTSKY, L. S. *A formação social da mente*. São Paulo: Martins Fontes, 1984.

WAGNER III, John A.; HOLLENBECK, John R. *Comportamento organizacional*: criando vantagem competitiva. São Paulo: Saraiva, 1999.

WATZLAWICK, Paul; WEAKLAND, John H.; FISCH, Richard. *Pragmática da comunicação humana*. São Paulo: Cultrix, 1973.

WEITEN, Wayne. *Psicologia*: temas e variações. 4. ed. São Paulo: Pioneira Thomson, 2002.

WILSON, R. R. Minha luta contra o trabalho em equipe. *Humanidades*, Brasília: Universidade de Brasília, v. II, nº 6, p. 63-72, jan./mar. 1984.

WILTON-SMITH, Jane. *Canterbury cathedral*. Andover: Pitkin Pictorials, 1994.

WRIGHT, Robert. *O animal moral*. 4. ed. Rio de Janeiro: Campus, 1996.

Sites:

http://www.defesanet.com.br/pm/noticia/26009/Atlas-da-Violencia-2017-mapeia-os-homicidios-no-Brasil/

http://www.vias-seguras.com/os_acidentes/estatisticas/estatisticas_nacionais

http://pt.wikipedia.org/wiki/experiênciadehawthorne

http://www.forumsegurança.org.br